SVETLANA ALPERS

WALKER EVANS

SVETLANA ALPERS

WALKER EVANS AMERICA

LEBEN UND KUNST

Aus dem amerikanischen Englisch
übersetzt und mit einem Nachwort von
Wolfgang Kemp

Mit einer Folge von
117 Walker Evans-Photographien

SCHIRMER/MOSEL

Autorisierte deutschsprachige Ausgabe des bei Princeton University Press, Princeton, New Jersey 2020 erschienenen Werkes *Walker Evans, Starting from Scratch*.

Lithographie: Dieter Kirchner, Radebeul
Druck und Bindung: Longo, Bozen
Printed in Italy

ISBN 978-3-8296-0910-4
www.schirmer-mosel.com

Inhalt

Vorwort 7

Einleitung: Das Auge des Walker Evans 11

1 Das Frankreich des Walker Evans: real und virtuell 25

2 Das Potential des Mediums 87

3 Tage in Kuba 114

4 Das Amerika des Walker Evans: Leben und Kunst 137

5 Portraits in der U-Bahn 185

6 Auszeit bei *Fortune* 199

7 Rückzug nach innen 216

Nachwort und Dank 240

Anmerkungen 245

TAFELN 257

Nachwort: Wolfgang Kemp 385

Bildnachweis 402

Register 409

In Erinnerung an Adrienne Rich, die auch ein Auge hatte.

Vorwort

Ein junger Mann, 1903 im Mittleren Westen geboren und aus einer Mittelklassefamilie stammend, mit einem Hang zur Literatur und sprachlich begabt, ein Bewunderer Frankreichs, was Lebensart und Dichtung anbelangt, allen voran Flaubert und Baudelaire (aber auch Gide und Cendrars), dieser junge Mann kehrt nach einem Jahr in Frankreich (1926/27) nach New York zurück, freut sich in der Folgezeit, dass es die Reichen im Börsenkrach des Jahres 1929 hart trifft, greift zu einer Kamera und macht beinahe von den ersten Bildern an bemerkenswerte Photographien von der Welt, wie er sie sieht – und diese Welt ist die amerikanische.

Dieses Buch ist mein erstes Buch über einen Photographen und auch mein erstes Buch über einen Amerikaner. Ich nähere mich Walker Evans nach lebenslanger Beschäftigung mit europäischer Kunst. Im College habe ich Literatur studiert, blieb aber nicht dabei, weil mich die Einzigartigkeit eines Bildes mehr begeisterte. Verglichen mit einem Text, den es vielfältig veröffentlicht und offen für unendlich viele Interpretationen gibt, ist das Gemälde ein materielles Objekt. Nicht seine Interpretierbarkeit, sondern seine Herstellung haben mich interessiert. Ich war nicht dabei, aber ich habe immer die Fiktion aufrecht gehalten, ich könnte davon berichten, wie der Künstler sein Werk gemacht hat.

Photographie stellt diese meine Grundeinstellung in Frage. Zuallererst, Photographien sind keine Unikate. Die Herstellung einer Photographie ist in zweiter Hinsicht nicht nur verschieden von der eines Gemäldes, es ist auch schwer, sich auf *eine* Photographie festzulegen. Von ein und demselben Objekt werden oft viele Photographien geschossen, ein Negativ entsteht, es wird ediert (wie Evans das nannte und wir das weiter nennen wollen), und es kann auf verschiedene Weisen abgezogen werden, um in verschiedenen Größen präsentiert und rezipiert zu werden, in einem Buch (diese Form bevorzugte Evans) oder in einer Zeitschrift oder an einer Wand. Die Frage ist also: Wo fassen wir die Herstellung?

Einige Photographen unterhielten eine enge Beziehung zu Werken der Malerei. In der Mitte des 19. Jahrhunderts wurden viele Photographen als Maler ausgebildet. Im 20. Jahrhundert fingen zum Beispiel Henri Cartier-Bresson und Irving Penn als Maler an, und Cartier-Bresson wandte sich dem Zeichnen zu, als er aufhörte zu photographieren. Obwohl er auch einige minimalistische Gemälde anfertigte, blieb Evans überzeugt, dass Photographie ein eigenes Medium war. Ich, die ich von der Malerei herkomme, teile diese Ansicht: Wenn eine Photographie gut ist, dann ist sie gut auf ihre eigene Weise. Doch trotz der tiefen Differenzen werden im Werk von Evans Gedanken angeregt und Leidenschaften wachgerufen, Freuden, die zu meiner Überraschung der Wirkung von Malerei gleichkommen.

Für Evans war Literatur wichtiger als Malerei. Er behauptete, dass die Photographie von allen graphischen Künsten der Literatur am nächsten kam. Nachdem ich das Studium der Literatur zugunsten der Malerei verlassen hatte, war ich erstaunt, dass Walker Evans, als Leser, Autor und als Photograph, mich wieder zu Texten zurückgeführt hat und zu der Frage nach der Berechtigung seiner Behauptungen.

Heute, da Photographie von Kunstmuseen und Privatpersonen gesammelt wird, ist die Frage, ob und wann sie eine Kunst ist, immer noch ein Dauerbrenner. Ich stimme Gombrich zu, wenn er schlicht und wahr mit dem ersten Satz seiner *Geschichte der Kunst* (1950) konstatiert: „Genau genommen gibt es ‚die Kunst' gar nicht. Es gibt nur Künstler."[1] Die Frage interessiert mich eigentlich nicht, aber man muss sich ihr stellen.

Ich fing dieses Buch in dem Glauben an, dass Walker Evans *der* klassische Photograph war, eine Art von Maßstab. Die Photographien, die er machte, und die Weisen, wie er sie machte, und auch die Natur des Mannes, der sie machte, erschienen mir exemplarisch. Doch wenn auch viele seiner Photographien wie Klassiker aussehen, bin ich heute der Meinung, dass er einzigartig ist. Die Besonderheit seines Vorgehens ist es, die einen fesselt. Ich möchte eine Liste aufstellen: Dass er ein Auge hatte, das ist essenziell. Weiter, dass er auf den schönen Abzug wenig gab, weil für ihn das Edieren des Negativs wichtiger war als der Abzug, und schließlich dass er bei verschiedenen Gelegenheiten, für bestimmte Abnehmer und Präsentationen, ein und dieselbe Aufnahme verschieden abgezogen hat – eine Praxis, die Photographen, die ich kenne, überrascht. Er hatte nicht vor, ein ikonisches Bild zu machen.

Ich hoffe, dass diejenigen, die Evans nicht kennen, seine Größe erkennen. In diesem Sinne wendet sich das Buch an Leser, die überzeugt sind von der Größe der Literatur und der Kunst, aber in diesem Punkt den Beitrag der Photographie bezweifeln. Aber das Buch richtet sich auch an diejenigen, welche die Photographie lieben und ihre Liebe vielleicht durch diese Betrachtungen von Evans Arbeitsweise erweitern möchten.

Der englische Titel „Walker Evans. Starting from Scratch" tönt einige der Aspekte an, die ich in diesem Buch anspreche – ich nenne vier: Er nimmt an, dass die photographische Weltaneignung nicht auf einer Tradition aufbaut, sondern vielmehr aus einer frischen Wahrnehmung resultiert; er verweist auf die Umstände, die Evans bewogen, die Kamera und nicht die Feder zu ergreifen; er beschreibt das Ursprüngliche der amerikanischen Situation und den Grund dafür, dass Photographie ein amerikanisches Medium wurde; schließlich spricht er von mir, die ich von der Erforschung der Historienmalerei zu Walker Evans und von Europa zu Amerika überwechselte.

EINLEITUNG

Das Auge des Walker Evans

Es fällt auf, dass Walker Evans immer wieder mit großem Nachdruck, ja mit aggressivem Unterton den Unterschied, der ihn von anderen Photographen trennte, damit begründet hat, dass er ein Auge habe. Für einen Photographen könnte dies eine gängige Behauptung sein, aber so war es nicht, und Walker wusste das. Nicht über die Kamera, sondern über das Auge sprach er, wenn es um das Wichtigste der Photographie ging.

Ich gebe eine kurze Liste einschlägiger Äußerungen, in der Art von Evans selbst, der gerne Listen anfertigte:

– Ein Zitat in *Time* aus Anlass seiner Ausstellung in Chicago 1947: „Nach grob 20 Jahren fällt es mir immer noch schwer, in aller Ruhe gut zu arbeiten, wenn eine Art von Perfektion in Sicht ist.“[2]

– In einem *New Yorker*-Artikel, in dem er zum Schluss darauf kommt, was er die Studenten der Universität Yale lehren will: „Es läuft darauf hinaus, in einem endlosen, informellen Gespräch die Kunst des Sehens zu lehren. Photographie ist nicht gleich Bilder schießen. In ihr geht es darum, ein Auge zu haben.“[3]

– Ein Vorschlag für den Titel eines Essays über Photographie für Louis Kronenberger (1969): „The Seeing-Eye Man“.[4]

– Kommentar zur Entstehung der Photographie „Wellblechfassade“
(1971): „Diese Photographie ist eine instinktive Reaktion auf ein sichtbares Objekt.“[5]

– Über seine Lehre in Yale (1971): „Ich nutzte diese Gelegenheit, um ziemlich frei vorzugehen und vorzunehmen, was mir gerade vor's Auge kam.“ „Ja, es ist das Sehen, über das ich spreche. Oh ja.“[6]

– In einem Interview über seine Photographie im Vergleich mit den Photographen, die in den 1930er Jahren für die Farm Security Administration (FSA) arbeiteten (1977): „Ich wusste damals, wer ich war, wenn es um das Auge ging. Ich hatte ein wahrhaftiges Auge, und andere Leute taten *gelegentlich* so als ob, oder sie konnten wirklich nicht sehen.“[7]

– Aus einem Interview in Yale (1974): „Ein Mülleimer kann hin und wieder schön sein, für mich zumindest. Wenn Sie sehen, ist das so. Einige Menschen haben die Fähigkeit es zu sehen – zu sehen und zu fühlen. Ich verneige mich vor der bezwingenden, visuellen Stärke des ästhetisch abgewerteten Gegenstandes.“[8]

– Aus einem Vortrag, den Evans im Ratcliff College 1975, zwei Tage vor seinem Tod gehalten hat: „Ich habe eine Theorie, die bei mir anscheinend funktioniert hat. Sie besagt, dass die besten Dinge, die du erreichst, ihren Ursprung in dir selbst haben. Du weißt nicht, woher der Impetus und die Reaktion auf das kommen, was vor deinen Augen ist, aber du gebrauchst deine Augen unablässig und belehrst dich effektiv selbst vom Morgen bis zum Abend.“[9]

– Ein Zitat aus Joseph Conrads *Nigger of the Narcissus*, das wiederholte Male in den Notizen auftaucht, die im Metropolitan Museum aufbewahrt werden: „Meine Aufgabe … besteht vor allem darin, dich sehen zu machen.“

– Menschen, die Evans kannten, bewunderten ihn vor allem für sein Auge. James Agee schrieb 1937: „[er] hat das beste Auge, das ich kenne … die strikteste und klarste Theorie – ich meine Kenntnis – darüber, was das Auge und was eine Kamera können oder nicht können.“[10]

– Nora Sayre, eine junge Freundin, mit der er in seinen späteren Tagen in New York und London verkehrte, hat beschrieben, wie Evans sein Auge auf einem Gang ohne Kamera einsetzte:

> „Als ich Evans zuerst kennenlernte, war ich nicht geschult, mein Auge zu gebrauchen. Mein ganzes Training hatte meinem Ohr, hatte Literatur und Musik gegolten. Der zurückhaltende Beobachter teilte gerne seine Einsichten mit, wenn man mit ihm einen Spaziergang machte. Diese Gänge waren ziemlich lang und niemand konnte ihn antreiben. Wie der Schriftsteller James Stern sagte, Evans war ‚langsam wie ein Leichenwagen‘. Wenn wir die Third Avenue oder das Chelsea Embankment entlanggingen, packte er mich hin und wieder bei der Schulter – Schau mal! – und drehte mich in Richtung dessen, was er gerade gesehen hatte: eine Ansicht oder ein Detail, die mir entgangen waren. Ein viktorianischer

> Lampenmast oder die Textur eines alten Steins, ein Posten gebrauchter Badewannen, die zum Verkauf auf dem Gehweg ausgestellt waren, eine Konstellation verschiedener Gebäude – jedes Mal zeigte mir Evans, wo ich stehen sollte, um die Dinge neu zu sehen. Solche Momente rissen ihn schnell hin: Wie viel Freude er einem alten eisernen Gitterwerk oder der Spiegelung in einem Fenster abgewinnen konnte!“[11]

Soweit ist das evident. Aber wozu taugt diese Evidenz? Ein Auge zu haben, was macht das, wenn man eine Photographie anfertigt? Wirken deshalb Evans’ Photographien erkennbar anders? Die folgende Einführung schlägt einige vorläufige Antworten auf diese Fragen vor.

Widmen wir uns zunächst einem Fall, den wir zum Teil mit Evans’ eigenen Worten beantworten können. Er hat beschrieben, wie er *Wellblech-* 1
fassade in Moundville, Alabama 1936 photographiert hat. Aber ich möchte erst einen Blick auf die Aufnahme werfen: Sie ist beeindruckend flach, diese komplexe, fast schattenlose Oberfläche aus vielfältig belebten Grautönen, einfachen vertikalen Streifen geformten Blechs, die im quer einfallenden Licht aufscheinen und mit einem Firmenschild beschriftet sind: Das ist die Blendfassade eines Bauhofes, direkt und zentral ins Bild gesetzt, links und rechts von Schuppen und Bäumen begrenzt, unterbrochen durch die irregulären Konturen eines Sandhaufens und unterstrichen von einem Straßenzug.

Betrachten wir die Photographie mit den Worten von Evans. In seiner Jugend war er ein mit sich selbst unzufriedener Autor, der seine Ambitionen so hoch gesteckt hatte, dass er das Schreiben aufgab. Er trat zur Photographie über, weil ihm die Gegenstände fehlten – so hat er später gesagt.[12] Also geht es zunächst darum, einen Gegenstand zu finden:

> „Als ich auf sie stieß, wurde ich vor allem durch das schräg einfallende Licht auf dem verrosteten Blech gefangen. Dies war einfach so schön, dass ich meine Kamera aufstellte, umgehauen von dieser Oberfläche, fasziniert von dem kargen Aussehen der Blendfassade und wie der Dreckhaufen dazu beitrug.“[13]

Man merke sich seine Begeisterung für Blech. Es handelt sich um ein niederes amerikanisches Material, auf das Evans' Blick gefallen war. Aber seine Schönheit ist in diesem Fall wie in vielen anderen das Anzeichen von Verlust und Mangel: eine Blendfassade vor einem Bauwerk und ein Haufen Dreck. Evans beschreibt weiter den Impuls, der ihn bewegte, hier seine Kamera aufzustellen:

> „Diese Photographie ist eine instinktive Reaktion auf ein sichtbares Objekt. Ich wusste sofort, dass ich dies wollte, und fand nachher noch mehr Gründe, als ich die Aufnahme edierte. Sie bemühen sich um etwas, und wenn das nicht geht, merken Sie das später. Aber zuerst bannen Sie es auf Film, Sie sammeln es ein."

Ein Photograph macht ein Bild. Aber für Evans besteht das ursprüngliche Interesse im gesehenen Objekt. Sein Auge ist nicht auf die Schönheit des Ausschnitts, sondern auf das Objekt aus, sei es eine Fassade, ein Schuppen, ein Haus, ein Zeichen, eine Person, eine Hauptstraße, eine weggeworfene Blechdose. Das ist der Unterschied. Wenn wir uns eine Photographie von Evans ansehen, ist die erste Frage. „Was hat seinen Blick eingefangen?" Ein Objekt sehen und eine Aufnahme machen, ist aber nur der erste Schritt. Zu Evans' Verfahren gehört die Bearbeitung der Negative – mit dem Markierstift oder mit der Schere fokussierte er, schnitt er wörtlich verstanden aus, was er wollte. Es ist das Objekt, das er nach Hause bringen, „ernten" wollte. Das Auge ist ein Sammler, pflegte er zu sagen. In seinen späteren Jahren ging er dazu über, seine Gegenstände tatsächlich aufzuheben – Schilder entlang einer Straße in Connecticut oder Flaschendeckel – und mit nach Hause zu nehmen. Auf ähnliche Weise bewahrte er jedes Papier, das er mit Schrift bedeckt hatte, sein Leben lang auf. Heute findet man diese Materialien in seinem Archiv im Metropolitan Museum. Er schließt seine Äußerungen über die Aufnahme mit der Blechfassade wie folgt:

> „Du fühlst, das ist transzendent. Das ist da, die verschwundene Transzendenz und Nachdrücklichkeit von Wandel, Aktion und Zufall. Das ist da, und dieses Gefühl kannst du nicht leugnen."

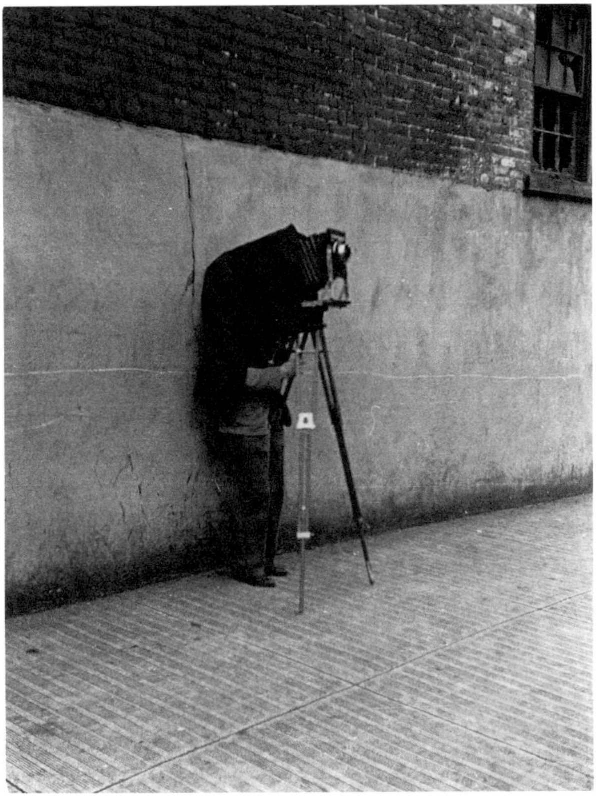

Abb. 1 Peter Sekaer, Walker Evans mit seiner Großbildkamera, um 1936

Wie gelangte Evans von dem visuellen Objekt zu dessen transzendenten
Aspekten – um sein Wort zu gebrauchen? Einen Teil der Antwort gibt die
von ihm benutzte Ausrüstung. Er photographierte die Blechfassade mit 1
einer 8 x 10-Großbildkamera. Das ist ein schwerfälliges Instrument, aber
eines, das ihm die höchste Detailschärfe und die bevorzugte frontale Stel-
lung gegenüber dem Objekt garantierte. Es erlaubte ihm weiterhin, das
Objekt während der Aufnahme vor Augen zu behalten, umgekehrt und
umgedreht, auf einem großen Mattglasschirm. Obwohl er viele verschie-
dene Kameras besaß und sie ingeniös einsetzen konnte, äußerte er, dass
eine 8 x 10- und 4 x 5-Kamera wegen der Mattscheibe seine Favoriten waren:
„Es ist sehr aufregend, durch sie zu sehen."[14] Wir wissen, dass er auch seine
Rolleiflex sehr schätzte, weil sie ebenfalls eine Mattscheibe hat. Ausgerech-

net Roy Striker, für und gegen den er bei der FSA arbeitete, hat gesagt, Evans habe „einen 8 x 10 Blick auf die Welt um ihn herum“.[15] Das ist eine Vereinfachung, aber die Bemerkung trifft einen Zug, der sein Werk zentral betrifft. Mit einer 8 x 10 zu arbeiten heißt, dass der Photograph die Position einnimmt, von der aus er schießen will, wo er auch bleibt und abdrückt. Andere Photographen – Robert Frank und Gary Winogrand zum Beispiel – waren berühmt dafür, dass sie aus der Bewegung heraus photographierten. Den richtigen Standort, den richtigen Blickpunkt zu finden, trifft für Evans das Herz der Sache. Kurioserweise gilt das auch, wenn die gewählten Umstände es unmöglich machten, mit der Kamera zu sehen – man denke an die Serie der U-Bahn-Bilder.

Ein anderer Teil der Antwort ist in Evans' Grundhaltung gegeben. Das ist nicht nur eine Sache des Stehens und Stehenbleibens, sondern auch des fixierten Abstands gegenüber einem Objekt. Heute, da Performances, Körpereinsatz und Light Shows überall vorkommen und Selfies eine Form der Kommunikation sind, ist es notwendig, daran zu erinnern, dass das Auge ein Organ ist, welches notwendig auf die Distanz angewiesen ist, aus der es sieht. Ein Photo, das sein Freund und Kollege, der Photograph Peter Sekaer aufgenommen hat, zeigt seinen Kopf unter dem Tuch seiner 8 x 10. (Abb. 1) Der Freund, der ihn photographierte, konnte ihn sehen, aber Walker Evans muss sich sicher verborgen gefühlt haben. So kann man das Photographieren mit einer 8 x 10-Kamera als einen Akt des Verschwindens beschreiben. Diskretion und Zurückhaltung waren für Evans und sein Naturell wesentlich. Es gibt genug Zeugnisse dafür, dass er im Leben unnahbar und verschlossen war. Aber was uns interessiert, ist sein Verhalten als Photograph und wie daraus seine Bilder entstehen.

Mit Worten konnte Evans gut umgehen. Sayre zitiert ihn, als er sich unter das Opernpublikum auf dem Festival in Glyndebourne mischte, um zu photographieren: „Beobachte mich, ich werde jetzt verschwinden.“[16] In
1 diesem Sinne schaue man noch einmal auf die *Wellblechfassade*: Evans ist nicht da, aber was sein Auge sah, ist absolut präsent.

Ich möchte jetzt auf Evans in Frankreich zurückblicken, besonders auf
2 den April 1927, als eine Photographie entstand, die seine Freundin Georgette Maury in der Nähe von Grasse zeigt. In den Jahren 1926/27 lernte er

französische Grammatik und hielt Abstand von den großen Schriftstellern in Paris. Er lernte, wie er in einem Brief schreibt, zu sehen:

> „In der Öffentlichkeit blicken die Menschen in Amerika einander nicht oft an. … Ich erinnere mich an meine erste Erfahrung als Café-Gänger in Europa. Das Gaffen dort verstört den Amerikaner. … Ich gaffe und gaffe auf Menschen, schamlos. Ich erhielt meine Lizenz zum Gaffen im Deux Magots."[17] (datiert 1926)

Dies wurde niedergeschrieben, bevor Evans die geringste Idee hatte, ein Photograph werden zu wollen, eine Art Schnappschuss und ein bescheidener Hinweis. Er beobachtet, wie eine Freundin mit einem Turban auf dem Kopf an einem Zaunpfosten lehnt, der von einer steinernen Kugel bekrönt wird. Ihm wird vermutlich das Profil der Frau und das Echo der Formen von Turban und Kugel aufgefallen sein. So spielt er Verhältnisse aus, von Bauernhaus und Hügel, wie sie nicht in der Ferne, sondern auf der Oberfläche des Abzugs erscheinen, der selbst eine Anordnung von Oberflächen ist – Zement, Stein, Kleid, gepflügtes Feld, Haus, Hügel. Wir schauen nicht hinein in die Person und den Ort, sondern wir schauen auf alles drauf. In einer Photographie von Evans ist die Welt eine Fläche. Um den flächigen Effekt zu erreichen, benutzte er gerne ein Dreifach-Cabrio-Objektiv (*triple convertible lens*) mit seiner 8 x 10-Kamera, ein Objektiv, das große Distanzen sehr nahe heranholt.

Zurück in New York zwei Jahre später schlug seine Stunde. Die Frau in Grasse ist eine entfernte Verwandte der Frau mit Glockenhut, einer wunderbaren Aufnahme, entstanden 1929 in der Fulton Street. Ein zweites Mal 4
eine Frau mit einem auffallenden Hut und mit einer Welt von Dingen um sie herum. Echoeffekte entstehen hier nicht durch Gestalten, sondern durch die Spiegelungen im Schaufenster. Zumindest in seiner Frühzeit war Evans an Verdopplungen der Welt in der sichtbaren Welt interessiert. Sie bedeuteten eine Verlängerung und Bestätigung seines photographischen Schaffens. In dieser Beziehung folgte er dem französischen Photographen Eugène Atget, einem anderen Meister der Spiegelungen, dessen Werk er 1929 kennenlernte. Ungefähr ein Jahr nach *Junge Frau in der Fulton Street* ent-

12 stand die Aufnahme *Umzugswagen und Spiegelkommode, Brooklyn, New York,* ein spektakuläres Experiment in Spiegelstudien à la Atget. Letzterer starb 1927, war aber noch am Leben, als Evans sich in Frankreich aufhielt.

4 Aber es war die Frau auf der Fulton Street, die Evans' Auge fesselte – eine statiösere Version ihrer französischen Kollegin, mit einer Dreiviertelansicht des Gesichts, der Kopf befestigt durch einen passenden schwarzen Glockenhut, der Mantel geziert mit großem Pelzkragen und Muff. Ein
3 Filmstreifen mit drei Negativen, leider nicht nummeriert, zeigt den Pfad an, auf dem der Photograph sich dem Sujet annäherte. Beide halten still, sie und er, er in diesem Fall mit einer Kleinbildkamera ausgerüstet, während Männer mit Fedora-Hüten vorbeigehen. Evans wurde durch die Spiegelungen in dem Fenster hinter ihr angezogen, ebenso durch die ansteigende Diagonale des Krans in der Nähe ihres Kopfes, das Schild mit dem Buchstaben R, weitere fragmentierte Schilder auf der anderen Seite der Straße und den Schriftzug SPAGHETTI über ihrem Kopf. Der reflektierende Streifen wird in den Aufnahmen weiter und schmaler, Gesichter und Hüte geraten dazwischen, aber schließlich hat Evans sein Bild. In der mittelgroßen Spiegelung erscheinen ein Gebäude, die Figur eines Mannes mit Hut und nicht zu identifizierende Gegenstände. Um diese Elemente festzuhalten, opferte Evans das Schild mit den Buchstaben SPAGHETTI, aber behielt den unteren Rand dieses Schildes über ihrem Kopf.

Es ist nicht ganz leicht, die Bedeutung dieses Prozesses zu erfassen, aber es lohnt sich der Versuch, weil die Momente wieder und wieder in Evans' Werk auftauchen. Zuerst ist da die distanzierte Erfassung einer gesehenen Frau. Ihre Kraft liegt in ihrer Präsenz, im distinktiven Aussehen ihrer Züge und ihrer Kleidung. Das Formelle seiner Annäherung macht, dass sie nicht einfach angezogen, sondern eher kostümiert erscheint. Aber mehr will er nicht wissen. Er mag, was er sieht, und lässt sie so, wie sie ist. Er hält sich zurück, und weder urteilt er noch greift er ein. Diese Zurückhaltung, diese Distanz sind eine große Fertigkeit. Ich könnte sagen (und ich glaube tatsächlich), dass das grundlegend zur Natur der Photographie gehört. Aber es ist Evans mit seiner Kamera. Sie steht still, während um sie herum die Welt wirbelt – Fulton Street, die Stadt. Der Wirbel ist etwas Vorübergehendes, es bewegen sich Teile aus Stahl, Eisen, Glas, Textil, Stein. Und ihre stille

Gegenwart hält gegen diese Welt aus. Wir dürfen ganz stark annehmen, dass Evans nicht nur die Frau, sondern auch ihre Peripherie sah.

Wir haben *Junge Frau in der Fulton Street* als das Bild betrachtet, für das Evans sich entschieden hat. Dennoch gibt es verschiedene Versionen dieses Bildes. Evans hatte keine Probleme damit, zu verschiedenen Zeiten Varianten auszustellen oder zu publizieren. Die *Junge Frau in der Fulton Street*, die er in *American Photographs* publizierte, weicht leicht ab von dem Bild, das er bei seiner Ausstellung *American Photographs* im Museum of Modern Art in New York 1938 an die Wand hing. (Das Getty Museum, das die Abzüge aller Aufnahmen von Evans in seiner Sammlung auflistet, spricht in diesem Fall von Varianten.) Ich möchte das Besondere dieses Verfahrens betonen. Wir sind daran gewöhnt, manche Photographien als ikonisch zu betrachten: *Das Zwischendeck* von Stieglitz zum Beispiel oder *Blinde Frau* von Strand (Abb. 19), ein Werk, das Evans sehr bewunderte. Aber Evans arbeitete nicht so. Er ließ multiple Versionen zu, ohne – und das ist ein wichtiger Unterschied – auf die *subversive* Natur von Multiplizität abheben zu wollen (man denke an Sherrie Levine).

Zwei Bemerkungen dazu. Erstens glaube ich, dass Evans die Tatsache akzeptierte, dass Photographie ihrer Natur nach repetitiv ist. Wenn man mehrere Negative anfertigt, warum soll man nicht zulassen, sie zu bearbeiten? Es besteht keine Notwenigkeit, sich nur für eine Version zu entscheiden. Multiplizität anzuerkennen ist verwandt mit Evans' Entscheidungen für die Beobachterdistanz, die frontale Kamera-Perspektive und das Flächenhafte des Abzugs. Photographen haben alle diese Gegebenheiten in Frage gestellt. Evans tat das nicht. Für ihn waren die Zwänge der Straight Photography wichtig. Nicht nur das Aussehen, auch die Machart von Photographien kann klassisch sein.

Der zweite Punkt bringt uns zum Thema Sehen zurück. Wenn Evans sich auf das gesehene Objekt konzentrierte, dann war dessen Bildeinstellung (siehe die Versionen von *Junge Frau in der Fulton Street*) nicht so wichtig. 3
Sein Edieren konnte sich ganz auf die Frau konzentrieren und mehrere akzeptable Bilder von ihr hervorbringen. Es war die Freude am originalen, gesehenen Gegenstand (durch den eigenen Eingriff präzisiert), welche er suchte.

Als Portraitist hielt sich Evans zurück. Die Reichen und Berühmten interessierten ihn nicht. Er hielt sich an seine Freunde und konnte Männern viel abgewinnen. Aber seine bemerkenswertesten Bilder machte er von Menschen, die er nicht kannte, anonyme Menschen, die ihm auffielen, meistens auf der Straße. Er überwand die Grenzen von Rasse und Klasse. Evans arbeitet nicht die Unterschiede heraus. Man muss sich selbst klarmachen, dass diese Person schwarze, dunkle oder helle Haut hat. Ist die Frau in *Junge Frau in der Fulton Street* weiß? Die 8 x 10-Distanz, die Evans zu einer Person einhält, hat einen gleichmachenden Effekt. Und im Grunde gilt das auch für die anderen Kamera-Typen, die er benutzte. Er nimmt eine radikale Position ein. Vielleicht ist das auch teilweise der Grund dafür, dass Agee *American Photographs* als gefährlich bezeichnete.[18]

Noch ein Wort zu den Buchstaben des Spaghetti-Schildes, die er geopfert hat. Die Photographien von Evans sind voll von Buchstaben und Wörtern verschiedenster Art: handgeschriebene Namen und Preise von Waren auf Schaufenstern, Schilder mit Wörtern und Bildern aller Arten, Graffiti auf Wänden, Buchstaben auf gedruckten Plakaten, Wörter, die Glühbirnen in der Nacht aufscheinen lassen. Seine Buchstaben können der Gegenstand eines ganzen Bildes sein oder einen Teil der Komposition ausmachen, wie im Fall der Inschrift Spaghetti. Sie zu finden hat ihm großes Vergnügen bereitet. Er feierte ihre Erscheinung und den inhärenten Witz von Wörtern und Phrasen, die aus ihrem Kontext losgelöst für sich bestehen. Als ein Photograph, der im Innersten ein Schriftsteller blieb, bezeichnete Evans die Photographie gerne als die literarischste unter den bildenden Künsten. Aber es war mehr die äußere Gestalt als der Sinn von Buchstaben und von Wörtern, die ihn fesselten. Dieses Motiv ist auch der Hintergrund seiner klugen Bemerkung über Brassaïs Photographie *Das Atelier von Picasso* aus dem Jahr 1944: „Brassaï pflegt zu stark zu belichten, was man mit kursiver Schrift vergleichen könnte."[19]

„Der Blick verweilt auf ihnen wie auf einem Schriftstück."[20] Das hat mit Erstaunen Jim Dow gesagt, als er zum ersten Mal *American Photographs* sah – Dow war ein junger Photograph, der Evans 1971 bei seiner Ausstellung im Museum of Modern Art assistierte. Auf zwei Dinge sei hingewiesen. Zunächst einmal auf den Gebrauch des Wortes *Schrift* anstelle von *Text*. Ein

Text wird gelesen, eine Schrift wird gesehen. Natürlich bezog sich Dow nicht auf die Buchstaben und Wörter in den Photographien, aber diese können als Verkörperungen seiner Beobachtung gelten. Rein formal betrachtet (was nicht die ganze Wahrheit ist), hat die Faszination für Wörter in Photographien sehr viel mit Evans' Interesse für das Sehen zu tun.

Zweitens fordert Sehen Zeit. Das Verb *verweilen* trifft den Takt, den die Photographien vorgeben. Es stimmt, dass Evans das Wahrnehmen abbremste, wenn er in Büchern und in Zeitschriftenartikeln Photographien zu Sequenzen anordnete. Aber wir bleiben auch an seinen einzelnen Photographien haften. Die Buchstaben, die man in seinen Photographien entziffert, tragen wesentlich zu dieser verzögerten Wahrnehmung bei.

Die Menschen, welche die Schriftzüge anbrachten, die Evans faszinierten, sind nirgendwo zu sehen. Sagen wir also, dass die Wörter von Leuten zurückgelassen wurden, die abwesend sind. Abwesenheit ist ein Zustand, den Evans kannte und schätzte. („Beobachte mich, ich werde jetzt verschwinden.") Er schätzte es auch, leere Räume zu photographieren, deren Einrichtung auf Bewohner zurückgeht, die abwesend sind. Mit seinen eigenen Worten: „Ich liebe es, Menschen manchmal durch ihre Abwesenheit anzudeuten. Ich liebe es, meine Betrachter fühlen zu lassen, dass ein Interieur gerade noch von jemandem belebt wurde."[21] Zum Beleg sehe man
sich *Friseurladen für Schwarze, Atlanta* und *Frühstücksraum der Belle Grove Plan-* 67
tage an. 51

Ein leerer Raum ist wie eine Schachtel, ganz besonders dann, wenn dieser Raum in sich geschlossen ist, so wie der Raum der Belle Grove Plantage mit seinen hölzernen Säulen, die vom Boden bis zur Decke reichen und sich zu beiden Seiten fortsetzen. Man ist versucht, die Beziehungen zwischen Evans' 8 x 10, die ja selbst ein Stück Architektur oder genauer ein Raum (*camera*) ist, und den Innenarchitekturen zu untersuchen, die er für seine Aufnahmen fand.[22] Waren das für ihn resonante Größen: Raum und Kamera? Eine Aufnahme wie *Belle Grove Plantage* legt das nahe.

Evans' Impuls, ein passendes Gehäuse zu schaffen, lässt sich auch auf Außenräume übertragen. Man denke an sein Lieblingssujet, die leere Main Street einer Stadt. Für einen Auftrag von *Fortune* schoss er 1946 eine Reihe
von Aufnahmen in Paducah, Kentucky. In der für den Druck ausgewählten 5

Photographie zieht sich ein enges Netz sich kreuzender Drähte wie ein Dach über die obere Zone des Hochformats, während rechts eine Wand aus einer Reihe dunkler Gebäude aufsteht, die mit dem für Evans typischen spiegelnden Fenster durchbrochen ist. Evans setzt ein Spiel in Gang zwischen den besonderen Zügen des Ortes (verschieden gestaltete niedrige Bauten auf der linken Straßenseite, Schilder, Markisen, eine auffällige Straßenbeleuchtung, die Reihe von Telefonmasten) und der Innenraum-Ordnung, die er überall sieht. Das Ergebnis ist ein seltsames Bild. Eine essentielle Qualität eines großen Photographen ist die Begabung, die Welt seltsam erscheinen zu lassen.

Zum Schluss möchte ich Walker Evans und sein Auge mit dem „period eye“, dem „Epochenauge“ in Verbindung bringen. Das gut bekannte Konzept von Michael Baxandall wandele ich ein wenig ab, indem ich sage: Evans hatte ein Auge für seine Epoche. Das scheint sich von selbst zu verstehen. Oft hat man gesagt, dass Evans uns das Amerika seiner Zeit zeigt. Das würde heißen, dass er Stück für Stück, Thema für Thema Objekte seiner Gegenwart ergreift, die als Vergangenheit erscheinen – seine Worte: Schilder, Häuser, Autos, Menschen, Statuen und so weiter. Aber da muss man noch etwas anderes hervorheben. Der Stil von Evans traf den ästhetischen Stil seiner Welt. Nicht die anonymen Gegenstände zählen unabhängig voneinander, sondern ihr gemeinsames Aussehen. Mit anderen Worten: Es ist die *ästhetische Wahrnehmung des alltäglichen Amerika*, der er sich widmete. Wir befassen uns nicht mit einem Inventar von Gegenständen, sondern mit der Verwandtschaft zwischen der Ästhetik des von ihm gesehenen Amerika und seiner Art zu photographieren. Ich möchte das an einem Beispiel klarmachen.

Die amerikanischen Häuser und Kirchen, die Evans photographierte, sind flache und rechtwinklige Strukturen, mit überlappenden hölzernen Brettern, weiß gestrichen oder roh belassen. Keine mächtigen Hallen aus Marmor, sondern dünne Wände aus Holz. Die horizontale, zentrierte und direkte Kamera-Perspektive geht mit dieser Ästhetik konform. „Die amerikanische Idee von Struktur beinhaltet das Zusammenwirken vieler schlanker Teile, einen eckigen, festen Stand, der auf leichte Weise konzentriert, autonom und behutsam ist.“[23] Diese Beschreibung des amerikanischen Bauens und seiner moralischen Färbung bestätigt unsere Auffassung von dem, was Evans sah und festhielt. Es sind die Worte Lawrence Gowings, eines herausragenden englischen Kunstkritikers und Malers, dessen vergessene Kritik amerikanischer Malerei aus dem Jahr 1958 modellhaft den Zusammenhang zwischen der einheimischen Kultur Amerikas und seiner Kunst beschreibt. Er impliziert, dass die Erscheinungsweise einer Baukultur selbst eine ästhetische Konstruktion ist. Ohne es zu wissen, hat er mit Formulierungen wie „eckiger, fester Stand" und „auf leichte Weise konzentriert, autonom und behutsam" unserer Auffassung von der Verwandtschaft zwischen einer Photographie von Evans und dem Stil des alltäglichen Amerika das Wort geredet.

Gowing widmet sich auch dem Stil der Beschriftungen und der Schilder, wie wir ihn bei Evans wiederfinden: „Amerikas konformer Umgang mit Graphik, die Einheit freier, distinkter Formen, die konsistente, Cluster bildende Verteilung von Schildern entlang jeder Straße gehören zu einem Land, für das gilt, dass die natürliche Konsistenz und Einheit nur die neue, unbekannte Konsistenz eines Verhaltens ist, das in einem immensen, leeren Raum freigelassen wurde."[24] Und von dieser Position aus wendet sich Gowing direkt den anderen Interessen von Evans an den ästhetischen Qualitäten der Kultur des Landes zu, in dem er lebte: dem Interesse an Blech, aber auch an der Materialität von Automobilen. Hier und an anderen Stellen hat man den Eindruck, dass Gowings Stil Evans' Bilder in Worte zu fassen versucht. „Dieser Stil ist geschnitten, nicht wie Marmor, sondern wie Eisenblech geschnitten wird, auf dieselbe scharfe Weise wie die Häufung von Zeichen – die metallenen Pfeile, die mit innerem fluoreszierendem Licht in diese oder jene Richtung zeigen: auf Fische, Kurzwaren und die eingerollten metallenen Warenzeichen von Soft Drinks, das alles vor dem Himmel dieses Erdteils ausgeschnitten."[25]

Man weiß nicht genau, ob Evans das Amerika seiner Jugend aufgezeichnet oder erfunden hat, hat John Szarkowski einmal gesagt.[26] Einige Jahre später hat er dasselbe über Eugène Atget, den großen Vorläufer von Evans gesagt, als er bemerkte, dass es vielleicht nicht darauf ankomme, festzustellen wie viel von Atgets Paris zu Paris und wie viel zu Atget gehört.[27] Die Photographien von Atget und von Evans sind voll von einheimischer Kultur. Aber vielleicht ist die Frage falsch gestellt. Kann man nicht sagen, dass da eine glückliche Übereinstimmung zwischen einem Photographen und der Umwelt seiner Wahl bestand? Vielleicht sprach Evans über sich selbst, als er 1931 schrieb; „Amerika ist effektiv die natürliche Heimat der Photographie."[28]

I

Das Frankreich des Walker Evans: real und virtuell

11.–12. November 1926
„J'ai lu votre travail avec délices. Vous avez les idées et du tempérament. Mais votre français a besoin de devenir moins heurté, moins télégraphique, moins obscure et ... plus correct.
Courage"

Mme Berthier[29]

Es dürfte angemessen sein, den Bericht über das Frankreich des Walker Evans mit den Kommentaren seiner Lehrerin über einem Aufsatz zu beginnen, den er im Herbst 1926 eingereicht hatte. Ich zitiere den Text auf Französisch und übersetze ihn nicht. Evans würde die Stirn ob einer solchen Nachfrage gerunzelt haben. Délices ... idées ... tempérament ... heurté ... Courage. Wir hoffen, dass Evans zufrieden war. Damit sind wir bei Evans' Jahr in Frankreich (April 1926 – Mai 1927). Er wollte am angesagten Ort zur angesagten Zeit sein, und er wollte sich als Franzose ausgeben – in der Lebensart, in Kleidung und Schriftstellerei. Evans' Interesse am Schreiben zwingt uns, seinen Worten Aufmerksamkeit zu zollen, fast genau so viel wie seinen Bildern.

Aber zunächst einmal ein Rückblick auf sein Leben vor Paris, vor 1926. Walker Evans III wurde am 3. November 1903 in St. Louis, Missouri geboren. Sein Vater war im Anzeigengeschäft tätig, seine Mutter Hausfrau. Eine ältere Schwester, Jane mit Namen, war im Februar 1901 zur Welt gekommen. 1905 ging der Vater nach Chicago, und die Familie ließ sich in Kenilworth, einer neuen Modellsiedlung im Süden der Stadt, nieder. Das Idyll endete 1914, als der Vater sein Geschäft nach Toledo verlegte, wo Evans auf eine Privatschule geschickt wurde. Schaut man von Evans' späterer ausschließlicher Beschäftigung mit der Photographie zurück auf seine Jugend, so erscheint diese zerrissen und unstet. 1918 zog sein Vater aus, um mit einer verheirateten Frau zusammenzuleben, in die er sich verliebt hatte.

1919 zog seine Mutter nach New York und nahm die Kinder mit. Walker Evans wurde nach Loomis, in eine private Jungenschule in Connecticut geschickt. Das funktionierte nicht. Im Januar 1921 schickte man ihn auf die Mercersburg Academy in Pennsylvania. Auch das ging nicht gut. Im Herbst 1921 wurde er für sein letztes Highschool-Jahr an der Phillips Andover Academy in Massachusetts eingeschrieben. Viele seiner Freundschaften fürs Leben wurden damals, in diesem guten Jahr geknüpft. In Yale wurde er nicht aufgenommen, obwohl er irrtümlicherweise das Gegenteil geglaubt hatte. Da schrieb er sich am Williams College ein. Dort verbrachte er das Jahr 1922/23, vor allem mit Lesen in der Bibliothek. Nach einem Jahr stieg er aus und zog nach New York mit Ziel New York Public Library, wo er in der Folgezeit Arbeit in der Landkarten-Abteilung fand. Sein Vater ließ sich schließlich überzeugen, dass ein Jahr in Paris ein Äquivalent zum Studium wäre, für das sein Sohn nicht geschaffen war. Am 6. April 1926 stach dieser auf der RMS Orduna in See, Ziel Cherbourg.

Die literarischen Werke von Evans aus der Zeit in Paris und darauffolgend in New York sind oft diskutiert worden. Es handelt sich um Übersetzungen aus dem Französischen und Erzählungen in Französisch und Englisch. Dasselbe gilt für seine Reisen: Paris seit dem 26. April 1926, dann Marseille im Juli, Paris im August, September in der Normandie, Januar 1927 in Juan-les-Pins und im April per Schiff für einen Monat nach Italien (Neapel, Rom, Florenz). Nach New York kam er am 16. Mai 1927 zurück. Photographien zeigen, dass er mit Freunden reiste. Er machte Schnappschüsse von sich selbst, von einigen Orten und von Freunden. Die bemer-
2 kenswerte Aufnahme von Georgette Maury, angefertigt in Grasse gegen Ende seines Aufenthalts dort im April 1927, ist ein erster Beweis für etwas, das seinem aufmerksamen Auge auffiel und aus dem er ein besonderes Bild machen wollte. Dieses weist, wie ich ausgeführt habe, auf kommende Dinge voraus. Zusammen mit anderen Photographien aus der französischen Zeit bewahrte er das Bild sein Leben lang auf, und es endete wie alle anderen Dinge, auf die er Wert legte, im Archiv des Metropolitan Museum. Im Hinblick auf die Bedeutung, die seine französische Zeit für sein ganzes Leben besaß, ist es kennzeichnend, dass Evans einmal in einem Interview behauptete, er habe in Frankreich zwei Jahre lang gelebt.[30]

Als Evans Jahre später die Frage „Warum Paris?“ beantwortete, sagte er kurz, er habe in dem Gefühl gehandelt, „dass die Stadt das glühende Zentrum war, der angesagte Ort. Das gilt heute nicht mehr. Damals galt es. Stellen Sie sich vor, was damals dort los war, wer dort lebte! Proust war gerade gestorben. Gide lebte. … Ich war durch und durch ein Franzose damals und wollte nicht Englisch sprechen. Ich zog mich sogar wie ein Franzose an.“[31]

Zum Teil half das Französischsein ihm dabei, der amerikanischen Gemeinde in Paris zu entgehen.

> „Ich fühlte mich ganz stark als Außenseiter, weil ich ein Niemand war. Und ich tat ja auch nichts. Ich nahm alles nur auf. Was mich von den Amerikanern fernhielt, war meine antiamerikanische Einstellung. Ich floh nicht vor ihnen, aber ich verachtete den wohlhabenden, müßigen, auf frivole Weise oberflächlichen Amerikaner, also jemand wie Scott Fitzgerald. Ich würde ihm keine Aufmerksamkeit geschenkt haben, wie berühmt und erfolgreich er auch immer als Schriftsteller war, denn er sprach kein Französisch und seine Werte waren materialistischer Art. Auch waren diese Leute älter. Hemingway zum Beispiel war fünf Jahre älter. In meinem Alter damals war das sehr viel.“[32]

In Wahrheit war Hemingway, geboren 1899, nur vier Jahre älter. Aber was Hemingway und Evans wirklich trennte, war der Erste Weltkrieg. Wie viele zukünftige Schriftsteller hatte Hemingway als Sanitäter im Krieg gedient. Es fällt auf, dass Evans niemals den Krieg erwähnt. (Ich glaube im Übrigen, dass er auch den Zweiten Weltkrieg niemals erwähnt hat.) Man muss das verstehen, dass er in seinem Alter den Krieg nicht auf dieselbe Weise erlebt hatte wie die anderen Amerikaner in Frankreich. Er war zu spät zur Welt gekommen, um der „Verlorenen Generation“ anzugehören – wie das später genannt wurde.

Es ist eine merkwürdige Mischung aus Passivität (er war ein Niemand, tat nichts, beobachtete nur alles) und Aggressivität in seinen späteren Äußerungen über seine Zeit in Frankreich. Wie so oft bei Evans richtete sich sein Ärger nicht nur gegen Amerika, sondern auch gegen seine Eltern. „Ich nutzte das Abgelenktsein meiner Eltern, was auch immer sie gerade durchmachten, und dieser Nutzen war Teil meiner Erziehung."[33] Er erwähnt hierbei und später nicht, dass ihn seine Mutter (und möglicherweise auch seine Schwester) nach Paris begleitete, bis er sie zurückschickte – aus welchen Gründen und wann das geschah, wissen wir nicht. Auch äußerte er sich nicht über das, was er das Abgelenktsein seiner Eltern nennt. Seine Eltern hatten sich auseinandergelebt und 1918 getrennt. Evans behielt das bei sich.

In verschiedenen späten Interviews kommen verschiedene Dinge heraus. Er gab zu, dass er „sehr arm und ziemlich unglücklich und einsam" war. Ein glühendes Zentrum mag die Stadt ja gewesen sein, aber: „Nein, Paris war damals nicht das, was die Leute für sein Goldenes Zeitalter halten. Nicht für mich." Wenn man einen entsprechenden Blick auf das Goldene Paris werfen will, greift man am besten zu den Aufnahmen von Berenice Abbott (1898–1991), einer amerikanischen Photographin, die zur selben Zeit wie Evans in Paris lebte und die er später in New York kennenlernte. In den 1920ern kamen viele Menschen aus der Pariser Bohème zu ihr in ihre Wohnung in 6. Arrondissement, um photographiert zu werden. Bei ihrer ersten Ausstellung im Jahr 1926 zeigte sie Portraits von James Joyce, Jean Cocteau, Sylvia Beach, Djuna Barnes, Marie Laurencin und André Gide. (Abb. 2) (Es ist eine außerordentliche Welt, die Evans in Paris *nicht* kennenlernte.) Die einzige photographische Aufnahme, die wir von Eugène Atget und damit vom vielleicht wichtigsten Vorbild für Evans besitzen, stammt von Berenice Abbott. Das war 1927, genau genommen am Vorabend seines Todes. (Abb. 3) Abbott benutzte eine Plattenkamera, photographierte bei Tageslicht, machte mehrere Aufnahmen, wählte eine aus und beschnitt sie. Ihre Bilder sind direkt, schnörkellos, elegant – eine Eleganz, die sich zum Teil dem Kleiderstil und der Haltung der Menschen im damaligen Paris verdankt. Die Wirtschaftskrise, die kurz nach ihrer Rückkehr nach New York 1929 einsetzte, war für Abbotts Arbeit schädlich, aber sie sollte in der Folgezeit die von Evans freischalten.[34]

Es ist aufschlussreich, dass Evans 1931, nur wenige Jahre später in New York Zugang zu einem Salon der Bohème fand. Das geschah, als er wahrscheinlich durch die Vermittlung von Lincoln Kirstein Muriel Draper kennenlernte. Aber er photographierte nicht die anderen Gäste, sondern

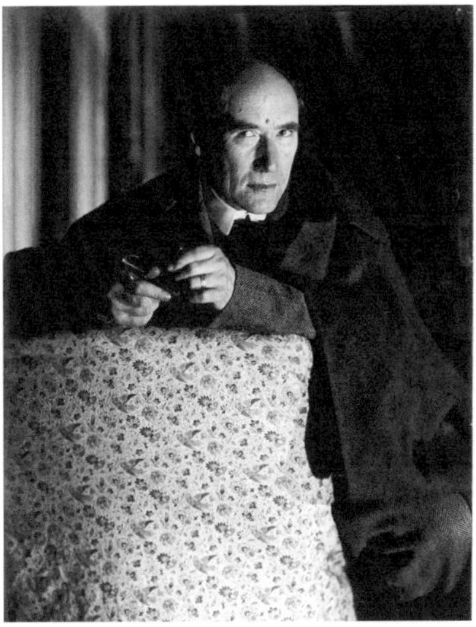

Abb. 2 Berenice Abbott, *Portrait André Gide*, 1920er Jahre

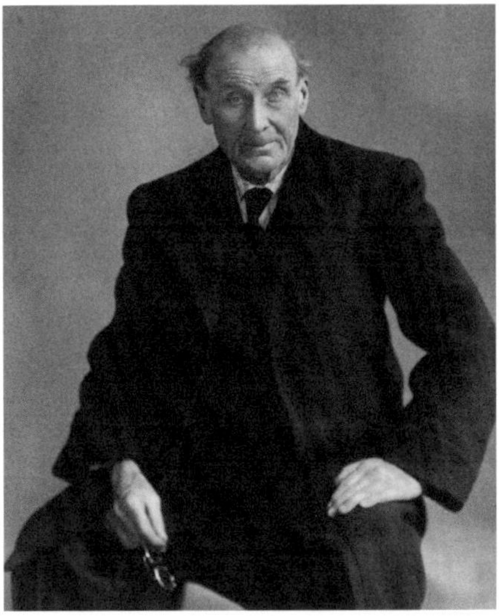

Abb. 3 Berenice Abbott, *Eugène Atget*, 1927

nahm auf, was von der Party übrig blieb. Nora Sayre, eine kluge, viel jüngere Freundin, schrieb, dass „er, obwohl frankophil, … niemals ein Exilant sein wollte".[35]

Eklatant ist, wenn man bei Durchsicht der in Frankreich entstandenen Schriften feststellt, wie seine Ideen und sein Temperament (um Mme Berthier zu zitieren) so bald so französisch waren. Wie schnell er sich einen Stil aneignete. Und dieser Stil sollte bleiben. Viele Jahre später schrieb seine in der Schweiz geborene, zweite Frau über ein Abendessen mit Freunden, dass „Walker unser fröhliches Beisammensein in seinem makellosen Französisch anführte".[36] Aber viel bedeutender ist noch, dass Flaubert, Baudelaire und Atget (dessen Photographien er durch Berenice Abbott kennenlernte, als beide wieder nach New York zurückgekehrt waren) zur Grundlage seines photographischen Schaffens und Stils wurden – wie er selbst gesagt hat. „Ich denke, meine Generation war die erste, die nach Europa ging, nicht um europäische Kunst zu studieren und nach der Rückkehr zu imitieren, sondern um eine europäische Technik zu lernen und sie auf Amerika anzuwenden. Es galt eine Perspektive und eine Technik zu erlernen. Und deswegen spreche ich über Baudelaire und Flaubert."[37] Evans hebt auf eine Perspektive und einen Stil ab, die er in Frankreich gelernt hatte, um sie auf Amerika anzuwenden. Aber da ist noch etwas anderes:

> „Es war mir damals nicht so bewusst, aber ich weiß heute, dass Flauberts Ästhetik absolut die meinige ist. Ich denke, dass ich mir Flauberts Methode beinahe unbewusst angeeignet habe, sie aber in jedem Fall auf zweierlei Weise nutzte: sein Realismus und Naturalismus und die Objektivität seines Verfahrens sowie das Verschwinden des Autors, das Nicht-Subjektive. Diese Qualitäten sind wörtlich auf meine Art des Kameraeinsatzes zu übertragen. In geistiger Hinsicht freilich ist es Baudelaire, der den wichtigsten Einfluss auf mich hat.“[38]

Beide Zitate stammen aus den Unterhaltungen mit Leslie Katz im Jahr 1971, die aus Anlass der großen, von John Szarkowski kuratierten Evans-Ausstellung im MoMA im gleichen Jahr veröffentlicht wurden. Allerdings ist dort nur das zweite Zitat zu finden.

Die folgenden Seiten werden diejenigen Leser überraschen, die Photographien betrachten wollen. Warum wird das jetzt durch Flaubert und Baudelaire unterbrochen? Aber der Schriftsteller, der Evans am Anfang werden wollte, geht nicht einfach weg und verschwindet. Die Bemerkungen, dass Flaubert und Baudelaire ihn anzogen, der eine wegen seines Stils, der andere wegen seiner geistigen Haltung, verstehen sich nicht von selbst. Sie werfen Fragen auf. Was bedeuten sie? Wichtiger noch: Was bedeuten sie für Evans' photographisches Schaffen? Es gibt auch andere sehr belesene Photographen, Atget zum Beispiel. Aber für die Art und Weise, wie Evans mit Literatur verbunden ist, gibt es keinen Präzedenzfall. Auf Flaubert und Baudelaire berief er sich erst spät im Leben. Vielleicht, wie einige gesagt haben, um seine Reputation zu polieren oder in eine bestimmte Richtung zu lenken. Aber diese Referenzen sind sehr stark. Und verlangen von uns zu klären, wie der Vergleich mit Flaubert unsere Sicht und unser Verständnis fördern kann. Es wird sich zeigen, dass bestimmte Aspekte von Flauberts Schreibweise und Baudelaires Spiritualität die Aufmerksamkeit auf komplexe Phänomene bei Evans zurücklenken können, die man bisher übersehen hat. Fangen wir mit Flaubert an.

EVANS UND FLAUBERT

Man kann nachweisen, dass Evans *Madame Bovary* und fünf Bände von Flauberts Korrespondenz in Französisch besaß, die 1910 erschienen waren (ein Datum, das einen frühen Erwerb nahelegt), weiterhin die von Francis Steegmuller besorgten *Selected Letters* von 1953.[39] Freunde sagen, dass er kurz vor seinem Tod Flauberts ägyptische Reisen las. Vielleicht war er kein Flaubert-Spezialist, aber Flauberts Schreiben bietet uns Weisen an, Evans zu sehen, und umgekehrt können wir vielleicht mithilfe von Evans' Photographien Flaubert anders lesen.

Das Nichterscheinen oder die Abwesenheit des Autors im Werk, auf die Evans sich bezieht, wurde von Anfang an bei Flaubert beobachtet. Er selbst hat es kommentiert und als grundlegend für seinen Schreibstil bezeichnet. Zum Beispiel hier: „Der Autor muss in seinem Werk wie Gott im Weltall sein, überall anwesend und nirgends sichtbar."[40] In den großartigen Briefen, die Flaubert an seine Geliebte Louise Colet schrieb, als er an *Madame Bovary* arbeitete, kommt er immer wieder und in verschiedenen Formulierungen auf die Abwesenheit des Autors zurück:

> „Ich will, dass es in meinem Buch *keine einzige* Bewegung und *keine einzige* Betrachtung des Autors gibt."[41]

> „Das ist lang, drei Jahre derselben Idee gewidmet, in demselben Stil schreibend, in diesem Stil obendrein, in dem meine Persönlichkeit so abwesend ist wie die des Kaisers von China."[42]

Was Evans' Beschreibung von Flauberts Methode angeht, ist nicht die Ähnlichkeit des Autors mit Gott, sondern seine Abwesenheit im Text von Bedeutung. In den Interviews aus seiner Spätzeit kommt er immer wieder darauf zurück. Es ist überliefert, dass er zwei Tage vor seinem Tod im Rahmen seiner Vorträge am Radcliffe College ohne Umstände erklärt hat: „Ich liebe es, außen vor zu bleiben, so wie Flaubert es in seinen Werken tat." Realismus und Naturalismus haben mit Gegenständen zu tun. Um es einfach zu sagen: Wie Flaubert schaute Evans auf die Welt um ihn herum.

Aber die „objektive Darstellung“ war für Flaubert eine Sache des Stils. Und darin liegt das Interesse an dieser Beziehung. Seinem Bericht über die angesprochene Vorlesung gab der *Harvard Crimson* vom 1. Mai 1975 die clevere Überschrift „Der Flaubert der Photographie“.

Auch ohne großes Nachdenken kommt man unschwer auf die Ähnlichkeit einer Photographie mit dem Schreibstil eines Autors, der als Autor nicht in seinen Werken anwesend sein will. Anders als ein Text muss eine Photographie ohne die Stimme des Autors auskommen und anders als ein Gemälde entbehrt sie der Spuren von der Hand ihres Schöpfers. Die Abwesenheit des Photographen als Urheber ist für Evans sehr charakteristisch: die direkte und frontale Sicht und das Fehlen einer Tiefe, der Respekt vor den Oberflächen der Welt und des Abzugs, die menschliche Distanziertheit in optischer, emotionaler, politischer Hinsicht von dem, was man im Bild festhält. Viele Photographen haben sich auf verschiedene Weisen mit dem unpersönlichen Charakter der Photographie auseinandergesetzt. Einige wollen in ihren Werken anwesend sein. Sie wollen ihre Gefühle über die Welt, wie sie sie sehen, ausdrücken. Robert Frank und Garry Winogrand, die Evans' Arbeit bewunderten und fortsetzten, haben sich in dieser Hinsicht von Evans entfernt. Es ist bezeichnend, dass Frank, als er in noch jungem Alter mit der Photographie Schluss machte, weil er Zweifel an dem entwickelt hatte, was für Evans grundlegend war: dass die Aufgabe darin besteht, die Welt und nicht sich selbst zu beschreiben. 1977 hat er das nachdrücklich so formuliert: „Ein Großteil meiner Arbeit handelt von mir selbst, besonders gilt das für meine Filme. Ich komme nur sehr schwer von mir los. Fast scheint es so, als wäre das alles, was ich habe.“[43]

Franks Bemerkung über das Selbst als unverzichtbare Voraussetzung seines Schaffens bringt uns zurück zu Evans und seinen Anspruch, draußen zu bleiben. Von Zeit zu Zeit nannte er das „straight photography“.[44] Diese Haltung kommt dem Versuch gleich, Photographie über ihre Zwänge definieren zu wollen. Ungeachtet all der anderen Dinge, die sie kann, mehr kann, als nur auf die Welt zu schauen, ist Photographie doch das einzige Medium, welches die sichtbare Welt auf die Weise darstellt, die sie kann. Man muss schon eine sehr besondere Person sein, will man das tun – das macht der Fall Evans klar. In seinem Vorwort zum Katalog der Evans-Show im MoMA von 1971 schreibt Szarkowski: „Vielleicht ähneln die besten Photographen in ihren besten Jahren ihren unbelichteten Filmen: passiv, ohne Vorurteile, geduldig, auf die Eingebung wartend, die bewirkt, dass der Kameraverschluss aufgeht."[45] Sich jemanden als unbelichteten Film vorzustellen, ist merkwürdig. Die Einzigartigkeit von Evans als Photograph beruht dann auf besonderen, nicht normalen Bedingungen in der Person Evans. Zurück zu Flaubert. Was können wir über die Eigenschaften einer Photographie von Evans aus den Eigenschaften eines Textes von Flaubert lernen. Die Relektüre von Flaubert lehrte mich zweierlei im Blick auf Evans: Zuerst die endlos langen Beschreibungen. Ich wollte sie zuerst überspringen, denn Beschreibungen halten auf. Der Text wird unbeweglich. Als Leser möchte man aber vorankommen. Nicht von ungefähr brachte genau dieses ein Kritiker von damals zum Ausdruck, einer, der die Photogaphie nicht bewunderte: „Man könnte sagen eine Folge von Medaillons, von Szenen, eine Sammlung von Photographien … Die Episoden führen nirgendwohin."[46] Hier ist ein Beispiel für Flauberts Beschreibungen, das ich zufällig aufgegriffen habe, nur um festzustellen, dass es von der Literaturwissenschaft häufig behandelt wurde. Es geht um die Mütze, die der junge Charles trägt, als er seiner neuen Schulklasse vorgestellt wird: eine wilde, unwahrscheinliche Mütze. Wir sind noch ganz am Anfang von *Madame Bovary*:

> „… le nouveau tenait encore sa casquette sur les deux genoux. C'était une de ces coiffures d'ordre composite, où l'on retrouve les éléments du bonnet à poil, du chapska, du chapeau rond, de la casquette de loutre et du bonnet de coton, une de ces pauvres choses, enfin, dont la laideur muette a des profondeurs d'expression comme le visage d'un imbécile. Ovoïde et renflée de baleines, elle commençait par trois boudins circulaires ; puis, s'alternaient, séparés par une bande rouge, des losanges de velours et de poils de lapin, venait ensuite une façon de sac qui se terminait par un polygone cartonné, couvert d'une broderie en soutache compliquée, et d'où pendait, au bout d'un long cordon trop mince, un petit croisillon de fils d'or, en manière de gland. Elle était neuve, la visière brillait."

„… der Neue hielt noch immer seine Mütze auf den Knien. Es war eine jener bunt zusammengesetzten Kopfbedeckungen, in denen sich die Grundbestandteile der Bärenfellmütze, der Tschapka, des steifen Huts, der Otterfellkappe und der baumwollenen Zipfelmütze vereinigt fanden; mit einem Wort, eins der armseligen Dinge, deren stumme Hässlichkeit Tiefen des Ausdrucks besitzt wie das Gesicht eines Schwachsinnigen. Sie war eiförmig und durch Fischbeinstäbchen ausgebaucht; sie begann mit drei großen kreisrunden Wülsten; dann wechselten, getrennt durch einen roten Streifen, Rauten aus Samt und Kaninchenfell miteinander ab; dann folgte eine Art Sack, der in einem mit Pappe versteiften Vieleck endete; dieses war mit komplizierter Litzenstickerei bedeckt, und am Ende eines langen, viel zu dünnen, daran herabhängenden Fadens baumelte eine kleine, eichelförmige Troddel aus Goldfäden. Die Mütze war neu; der Schirm glänzte."[47]

Als ich mich durch diese Beschreibung las, stieg Ungeduld in mir auf. Aber dann dachte ich, eine *Photographie* des Jungen würde meine Aufmerksamkeit sofort gefesselt haben – man denke an einen Jungen, wie ihn August Sander in Deutschland, Walker Evans in Amerika aufgenommen hätten. Das Zweite, das mir auffiel und was ich sogleich notierte, das war die Luftleere dieses Textes. Es gibt in ihm keinen Raum, keine Atempause, keine Stimme, keine Verbindungen zwischen Flauberts Worten. Das Sonderbare (der Beschreibung und der Mütze) entsteht auf der Ebene der Worte. Wieder bin ich nicht die einzige, der dies auffiel. Ein zeitgenössischer Autor hat dasselbe so ausgedrückt: „Ich kenne keinen anderen großen Schriftsteller, dessen Stil so wenig Luft lässt wie Flaubert."[48]

Die unwahrscheinliche Mütze auf den Knien des Jungen existiert in einer in sich abgeschlossenen Welt, einer Welt aus Worten. Man gehe noch einmal zurück zu „die zusammengesetzte Kopfbedeckung … wie das Gesicht eines Schwachsinnigen … drei große kreisrunde Wülste … eine Art Sack, der in einem mit Pappe versteiften Vieleck endete …" usw. Eine solche Kopfbedeckung hat noch nie jemand gesehen. Eine Lust am Umgang mit Worten hat sie hervorgebracht. Gegen alle sprachliche Intensität und Klarheit bleibt dieses Objekt unmöglich. Da ist etwas Zügelloses, Unnachgiebiges und, um auch das zu sagen: Unerschrockenes an Flauberts Vorgehen. Er konnte einen Jungen in eine Mütze verwandeln, und Evans konnte in einer Pflanze eine Familie sehen.

Neben Flauberts Mütze auf den Knien eines Jungen möchte ich Evans' Bild eines Kaktus auf einer Kommode stellen. In einem engen Bildaus- 7
schnitt, umgeben von mancherlei Krimskrams, arbeitet sich ein gewaltiges Gewirr ungebändigter Blätter aus einem dicken Stamm nach oben und in alle Richtungen. In Teil 1 des Buches *American Photographs* hat das Bild den Titel *Stillleben im Haus von Portugiesen.* Aber wir können es auch als eine Photographie betrachten, die ein Leser von Flaubert gemacht hat: ein wirrer Kaktus in einem hölzernen Eimer, der einmal die Farbe Triple White enthalten hat, eine schmale gläserne Vase mit kleinen, schlaffen Blättern, Photographien von Menschen, Rahmen, ein Stück amerikanische Flagge. Das Pflanzenleben dominiert: siehe den Brautstrauß des Paares in dem ovalen Rahmen unten, die Blume auf der Bluse der Frau in dem Photo links, das Blumenmuster der Tapete. Die Zimmerpflanze, die Fahne und alles andere sind nur verkürzt und beschnitten in einem engen Ausschnitt gegeben.

Die Lektüre Flauberts schärft unseren Blick auf Evans. So wie die Dinge in den Worten von Flauberts Text stehen die Dinge, die wir in Evans' Photographie sehen, für sich selbst. Sie ist ein Bild, das sich aus Bildern gesehener Dinge zusammensetzt. Gesehen ja, aber wenn es um einen Film ginge, würden wir von Schwarzweiß sprechen. Evans' *Stillleben im Haus von Portugiesen* ist ein photographisches Kunstwerk, das mit visuellen Informationen gefüllt ist, die das Auge mitbekommt, aber allein nicht erschließen kann. Wenn wir ganz nahe herangehen, identifizieren wir den Namen der Parfümerie Houbigant, der auf der Dose links von der Mitte auf dem Kaminsims steht.

In Worten und im Bild werden Mütze und Kaktus verfremdet. In ihrer einander sehr ähnlichen Kombination unähnlicher Dinge zeugen sie auch von Witz – *esprit* auf Französisch, wie Evans an dieser Stelle vielleicht gedacht hätte. Aber Evans' Photographie mit Hilfe eines Paragraphen von Worten aus *Madame Bovary* zu lesen, wie ich das gerade getan habe, ist ein Fehler. Flaubert bringt seine Mütze in einem deskriptiven Paragraphen hervor. Aber Evans will, dass wir seine Pflanze ohne Worte sehen. Flaubert braucht dazu einen ganzen Absatz, Evans braucht das nicht.

Ich habe besagte Photographie auch ausgewählt, weil sie zu den vielen Werken gehört, an denen wir beobachten können, wie Evans an einem Motiv arbeitet und seine Abzüge ediert. An jenem Tag machte er in dem Fischerhaus in Truro am Cape Cod eine zweite Aufnahme und wählte einen Standort weiter weg von der Ecke mit der Pflanze. Ein Tisch vor einem ge-
8 schlossenen Kamin steht unter dem Blumentopf und daneben ist noch ein weiterer Tisch und rechts eine Tür.[49] Indem er näher heranging, verlieh Evans den ausgesuchten Objekten größere sichtbare Präsenz. Sie füllen den Rahmen und sind so wirklich gesehen.

Flaubert, um seine kantigen Effekte zu erzielen, pflegte ebenfalls seine Texte zuzuschneiden. Er revidierte Seite für Seite, strich Wörter und fügte andere hinzu, um den Text kompakt zu machen. Eine solche überarbeitete Seite zu sehen, ergreift einen. Aber der Vergleich zwischen der Bearbeitung eines Textes und einer Photographie führt nicht sehr weit, obwohl Flaubert und Evans beide offen darüber sprachen. Zum einen ist der zeitliche Rahmen ein anderer. Aber beide gingen ohne Vorbehalt mit der Schere an ihre Werke, an den Text, an das Negativ, oder Evans schoss noch eine zweite Aufnahme. Wenn sie erfanden, hatten sie den Stift in der Hand, Flaubert, wenn er seine Auskreuzungen hinkritzelte, Evans, wenn er mit einem orangenen Stift seine Kontaktabzüge überarbeitete. Man muss dazu wissen, dass Evans alles edierte, seine Kontaktabzüge genauso wie jedes seiner schriftlichen Zeugnisse – und das geht zurück bis auf seine Französisch-Übungen in Paris. Sein Leben lang hat er Texte ediert, auch wenn sein Hauptgeschäft die Photographie war.

Ohne Zweifel haben Flauberts gründliche Beschreibungen Evans gefallen. Er sah Objekte und feierte sie, und Flaubert hätte ihn dabei bestätigt und ermutigt. Aber es gibt noch eine tiefere Verwandtschaft zwischen beiden, die Evans vielleicht nicht bewusst war, und die hat mit dem Sinn für Zeit zu tun – genauer noch mit dem Sinn für zeitliche Dinge. Um dem näherzukommen, müssen wir uns mit den verbalen Mitteln befassen, mit denen Flaubert sein „Außenvorbleiben“ bewerkstelligte. Flauberts Methode hat man in der Literaturwissenschaft gewürdigt, Evans' vergleichbares Verfahren in der Photoliteratur nicht. Mit der Analyse von Flaubert und seinem Schreibstil werden wir uns ein wenig entfernen, um dann umso besser zu verstehen, wie Evans vorging.

Die besondere Form, die Flaubert benutzte, um aus seinem Text herauszubleiben, heißt in Französisch *le style indirect libre*, auf Englisch *represented thought and speech*, auf Deutsch *freie indirekte Rede*.[50] Flaubert vermeidet das Präsens und das Perfekt und bevorzugt das *imparfait*. Im Modus der erlebten Rede zu schreiben, macht, dass man weder die auktoriale erste Person, noch ein Gegenüber braucht. Er kann nicht zugeschrieben werden, ist unpersönlich. Dieser Modus präsentiert, er kommuniziert nicht. Wenn Evans Flauberts Abwesenheit im Text bewunderte, muss er auch den *style indirect libre* geschätzt haben, ohne ihn unter diesem Begriff zu kennen.

> „La colline qui **suivait** à droite le cours de la Seine peu à peu s'abaissa, et il en **surgit** une autre, plus proche, sur la rive opposée. ... Des arbres la **couronnaient** ... Plus d'un, en apercevant ces coquettes résidences, si tranquilles, **enviait** d'en être le propriétaire ..."[51]

> „Der Hügelzug, der am rechten Ufer die Seine begleitete, wurde nun immer niedriger, und jetzt erhob sich auf dem Ufer gegenüber ein anderer, näher noch. Ihn krönten Bäume ... So manch einer mochte sich beim Anblick dieser lockenden und so stillen Wohnsitze sehnen, eines solchen Besitzer zu sein ..."[52]

Ich hebe diese Passage hervor, weil es diejenige ist, die Proust in seinem maßgebenden Essay *À propos du „style" de Flaubert* von 1920 zitiert hat.[53] Er lobt an Flaubert den Stil, aber nicht sein Werk als Ganzes, das ihm nicht sehr zusagte, und er lobt im Besonderen Flauberts Gebrauch des *imparfait*. Er spricht von einer völlig neuen Erfindung in der Literatur, einem Wandel, den er mit der starken Metapher *déménagement*, Umzug belegt.[54] Wenn vorher die Romanautoren eine Aktion nach der anderen erzählt hätten, würden daraus bei Flaubert Impressionen ohne Ursachen. Dinge können so viel Leben haben wie Menschen. Im *imparfait* gegeben erscheinen dem Leser die Ufer der Seine einfach so.

Es ist wichtig, dass man erkennt, dass Flauberts innovative Beschreibungen eine zeitliche Dimension haben. Dies hat Implikationen für das Medium Photographie. Das *imparfait* fällt aus der Zeit heraus, in der wir die Welt erleben. Aber die Ersetzung der Präsenz des Autors in der ersten Person durch das *imparfait* bedeutet, dass im Text Präsenz und Jetzt nicht notwendig zusammenfallen, was in der Realität nicht möglich ist. Als Ergebnis kann das Jetzt gleichzeitig mit der Vergangenheit und die Vergangenheit gleichzeitig mit dem Jetzt werden. Man lese die Verben im *imparfait,* die das Ufer der Seine beschreiben: *suivait, couronnaient, enviait.* Diese Worte stammen nicht von Flaubert. Die Dinge werden im *imparfait* als vergangen beschrieben, aber sie sind jetzt und hier da. Da soll heißen: im Text. Das ist der grundstürzende Wandel, oder wie Proust sagte: der „Umzug", den der *style indirect libre* in die Literatur brachte.[55]

Flaubert blieb außen vor, um Evans' Worte zu benutzen, indem er die erste Person und damit die Gegenwart des Autors durch die Vergangenheit des *imparfait* ersetzte. So erfährt man die Dinge im Text unmittelbarer als durch die Stimme eines Erzählers. Man lese die Beschreibung der Mütze und stelle sich vor, Flaubert würde sie schreiben. Evans sagte über Flauberts Methode: „Ich denke, dass ich mir Flauberts Methode beinahe unbewusst angeeignet habe." Die Gleichzeitigkeit von damals und jetzt, die für Flauberts unpersönliche Schreibweise zentral ist, ist auch zentral für Evans' photographischen Stil. Auf welche Weise wollen wir im Folgenden untersuchen.

Eine gedruckte Photographie zeigt etwas, das vergangen ist. Man hat diese Tatsache oft dahingehend interpretiert, dass Photographie Verlust bedeutet und möglicherweise Erinnerung. Evans hat so nicht gedacht. Für ihn ist das Photographierte im Jetzt da, wenn der Photograph es sich vor Augen hält. Die Vergangenheit bezieht sich auf das Gegenwärtige der Gegenwart. Aber wie kann das geschehen? Evans hat sich darüber Gedanken gemacht. Hier sind seine sorgfältig abgewogenen Worte: „Evans war und ist an dem Anblick interessiert, den jegliche Gegenwart als Vergangenheit bieten wird."[56] Das hat er am 29. November 1961 für die Vorbemerkung zu einer Neuausgabe von *American Photographs* geschrieben, die dann am 8. Juni 1962 erschien. Wie immer hat Evans unendlich lange auch an diesem

Satz gearbeitet und mit kleinen, aber nicht unbedeutenden Abweichungen aufgeschrieben. Ich zitiere hier die starke Version, die Frances Lindley in *Walker Evans at Work* benutzte. Eine schwächere Version wurde in dem neuen Vorwort unter dem Namen Monroe Wheeler publiziert: „Evans betrachtet hin und wieder die Gegenwart so, wie sie in der Zukunft gesehen werden könnte."

Der Satz ist elegant, unpersönlich, gnomisch. Es lohnt sich, herauszufinden, was Evans meinte. Obwohl er an der Beziehung von Gegenwart und Vergangenheit interessiert ist, assoziiert er nicht auf die gängige Weise Verlust und Erinnerung. Er sagt, eine Photographie bringt zusammen, was jetzt ist und was vergangen sein wird. Das kommt dem Effekt von Flauberts *style indirect libre* ziemlich nahe. Es setzt nicht voraus, dass alle Photographien im Modus der Vergangenheit existieren. Von dieser Position aus wollen wir Evans' Satz noch einmal lesen:

> „Evans was, and is, interested in what any present time will look like as the past."

> „Evans war und ist an dem Anblick interessiert, den jegliche Gegenwart als Vergangenheit bieten wird."[57]

Beim zweiten Lesen fallen einem die ersten vier Worte auf. Sehr geschickt bezieht sich Evans auf sich selbst in der Vergangenheit und in der Gegenwart. Ich war bemüht, hinter die Stärke von Evans' Satz zu kommen. Aber es sind Evans' Photographien, die den Beweis antreten. Ist es nicht wahr, dass eine Photographie von Evans immer wie aus der Zeit gefallen wirkt, ungeachtet ihrer Präsenz vor seinen und dann vor unseren Augen?

Nehmen wir zum Beispiel seine Photographien von zwei Wagen: einen
aus der landwirtschaftlichen Sphäre, der auf einem Feld im Ossining, New 9
York, nahe der Wohnung von Evans' Schwester, stand (1931), und ein Ge-
päckwagen neben Eisenbahnschienen in Galena, Illinois (1963).[58] 11

Ein Wagen, der direkt und in voller Breite photographiert wird, strahlt eine gewisse Würde aus. Die Räder zeugen von handwerklicher Eleganz. Auf den ersten Blick wird man nicht wahrnehmen, dass der Wagen in Ossining ein Wrack ist. Die Räder sind verzogen, die Ladefläche gebrochen oder verformt. Er ist außer Betrieb genommen. Das Gras und die Zweige bestätigen sein Aufgegebensein und zugleich schützen sie den Wagen. In der Tat vermindert die Sorgfalt der Aufnahme das Gefühl des Verlustes. Der Gepäckwagen in Galena hingegen ist betriebsbereit. Doch so wie er im Sonnenlicht zwischen dem helleren Feld darüber und den dunkleren Schienen darunter erscheint, ist es nicht ganz klar, wie funktionsfähig er ist. Er wird gesehen, er wartet, auf seinen vielen schönen Rädern stehend.

In beiden Fällen verbindet sich der Respekt vor der Würde eines Wagens mit einem Respekt vor historischem Gebrauch. In der Landwirtschaft und im Transportwesen wurden hölzerne Gefährte durch metallene ersetzt. Die Distanziertheit, mit der Evans alles photographiert, rückt seine Gegen-
7 stände in eine gewisse Ferne. Das gilt auch für den Kaktus in Truro. Hier aber reflektiert er über die vergehende Schönheit amerikanischer Wagen aus Holz. Zwei Dinge wirken zusammen, um den Vergangenheitseffekt dieser Photographien hervorzurufen: der photographische Stil und der kulturelle Stil. Für Evans wie für Flaubert überlappen sich Gegenwart und Vergangenheit. Flaubert benutzt die Vergangenheitsform, um Gegenstände auf unpersönliche Weise zu vergegenwärtigen, während Evans das unpersönliche Präsens benutzt, um Gegenstände, die vergangen sein werden, zu erhalten und zu würdigen.

Evans äußerte sich mehrfach verächtlich in Bezug auf das, was er Nostalgie nannte. In einer Rezension des Buches von Helmut und Alison Gernsheim über Daguerre schrieb er 1956 in der *New York Times*:

> „Bei Daguerreotypien denkt man oft an Antiquitäten, und ihre Attraktion wird der Nostalgie zugeschrieben. Aber ein Sinn für die Vergangenheit, ein Sinn für die Geschichte, das ist nicht Nostalgie. Nostalgie wurde herabgestuft zu einer Art von Sirup, den wehleidige Menschen bevorzugen, wenn sie bessere Zeiten, komische Hüte und eine Unschuld heraufbeschwören, die zu keiner Zeit jemand besaß.“ [59]

Das Thema Nostalgie tauchte 1971 in einem Interview mit Leslie Katz wieder auf. Evans fürchtete, dass man sein Werk mit Nostalgie assoziierte.

Wenn er schon 1956 in der Gernsheim-Rezension darauf zu sprechen kam, ist es möglich, dass er 1971 besonders sensibilisiert war, als Nostalgie zum Merkmal des neuen Jahrzehnts in Amerika wurde. Der Theaterkritiker Clive Barnes schrieb im Jahr 1971: „Nostalgie könnte das vorrangige Gefühl der 70er Jahre werden.“[60] Im Gespräch mit Katz versucht Evans zu definieren und zu verteidigen, was er den dokumentarischen Stil nannte. Nostalgie, so sein Argument, verfehle den spezifischen Sinn der Vergangenheit, wie er sich in den amerikanischen Artefakten niederschlage, denen er sich bevorzugt in seinen Photographien widmete.

> „Sie können sicher sein, dass ich leide, wenn Philister auf Werke von mir schauen, die von Vergangenem handeln, und ausrufen: *Oh, wie nostalgisch*! Ich hasse dieses Wort. Mit meinen Intentionen hat das nichts zu tun. Sich für etwas zu interessieren, von dem Sie sehen, dass es aus der Geschichte fällt, selbst wenn es sich um einen Straßenbahnwagen handelt, den Sie irgendwo gefunden haben, das ist kein Akt der Nostalgie. Man könnte Proust als ‚nostalgisch‘ lesen, aber das ist nicht das, was Proust wollte.“[61]

Evans erwähnt einen Straßenbahnwagen und fährt mit seiner Ablehnung des Begriffs Nostalgie fort, indem er überraschenderweise auf Proust zu sprechen kommt. Es ging ihm nicht um Namedropping, er war ein Leser. Man sollte seine Hinweise auf Literatur ernst nehmen. Evans bezog sich zum ersten Mal auf Proust, als er in Paris studierte, und dann wieder in Gesprächen, die er zur Zeit seiner Ausstellungen im MoMA und in Yale führte – das war 1971/72. Proust war in seiner Bibliothek mit mehreren Bänden vertreten.[62] Das erklärt, warum er Proust im Gespräch mit Katz ins Spiel brachte, aber wie kam der Straßenbahnwagen dazu? Obwohl er einem der Artikel, die er für *Fortune* schrieb, den Titel gab: *Ein Portfolio von amerikanischen Bildpostkarten aus der Zeit der Straßenbahnen*, hat er nur einmal eine Reihe von Straßenbahnwagen photographiert. Eine der Aufnahmen diente zur Illustration in *The Crime of Cuba*, dem Buch von Carleton Beals, für das Evans die Bilder machte. Er gab ihr den Titel *Straßenecke*. Ich setze hier an die Stelle des Straßenbahnwagens den hölzernen Wagen. Beide sind, mit

Evans Worten, „etwas, von dem Sie sehen, dass es aus der Geschichte fällt". Beschäftigt sich man sich länger mit seinem Werk, überrascht einen die Tatsache, dass er hölzerne Wagen photographiert hat, wo immer er sie antraf, seine ganze aktive Schaffenszeit lang. Lesen wir, was Evans über Wagen zu sagen hat, und schauen wir sie uns an.

HÖLZERNE WAGEN: EIN EXKURS

Worte

Es geht bei den Wagen also um Evans' Interesse an historisch werdenden Objekten in Verbindung mit Flauberts Gebrauch des *imparfait*, den Evans instinktiv bewunderte. Bei zwei wichtigen Gelegenheit gab Evans in der Öffentlichkeit den Wagen als ein Emblem für sein Werk aus. In seinem letzten Vortrag am 8. April 1975, also in seinen letzten überlieferten Worten, kam Evans introspektiv auf „nur einen Wagen" zu sprechen. Er redet – trotzig – über seine photographischen Anfänge:

> „In der Beziehung war ich allein. In meiner Jugend waren sich viele Photographen ziemlich unsicher, ob das, was sie machten, Kunst sei oder nicht. Mich hat das nie gekümmert. Die meisten Leute, die sich meine Arbeiten anschauten, dachten eher, dass das gar nichts sei. *Nur ein Wagen auf der Straße oder irgendjemand* waren da zu sehen. Aber daraus erwuchs, wenn ich das sagen darf, ein Vorteil." [63] (Hervorhebungen S. A.)

Als Evans 1975 über einen Wagen nachdachte, ging das wahrscheinlich auf das Jahr 1964 zurück, als er in Yale die Rede „Lyric Documentary" hielt. Da-
104 mals wählte er als letztes Dia den leeren Gepäckwagen neben den Gleisen in Galena, Illinois, den er im Jahr davor für *Fortune* photographiert hatte. Hier sind seine ausschweifenden, aber rührenden Worte über diese Photographie:

> „Also das hier ist ebenfalls ein ganz neues Bild von mir. Und ich glaube, dass es, weil gänzlich ohne Retouchen … es handelt sich um einen alten Eisenbahnkarren, der, wie Sie sehen, noch im Gebrauch ist … in Galena,

> Illinois, am Bahnhof. Zufällig war da dieses Gras im Hintergrund und diese Menge an ausgebleichtem Holz und dieses Nützliche daran … *Unter diesen Lichtverhältnissen*, und das ist sehr wichtig, es war das Licht spät am Tag, entsteht für mich eine Qualität von … Wie ich sagte, ich wusste nicht, was daraus werden würde, als ich das machte, und ich war auch nicht hinter einer solchen Stimmung her, wie sie meiner Meinung nach das Bild jetzt hervorbringt. Ich möchte behaupten, dass ich das entdeckt habe – und dass ich das mir zuschreibe – das hat die Qualität, die ich nicht gesucht habe. So ediere ich das Bild wirklich.“[64]

Die Bezugnahme auf das Licht erinnert uns daran, dass Evans in eigenen
Worten das schräg einfallende Licht so attraktiv fand, das die Wellblech- 1
fassade in Moundville traf. Die Bemerkung, er habe nicht gewusst, wie die
Photographie aussehen würde, und der Hinweis auf das Edieren eröffnen
einen Blick auf die ganz besondere Art seines Photographierens. Ich denke
dabei vor allem daran, wie es sich von der Arbeitsweise eines Malers oder
einer Malerin unterscheiden würde.

In seinen späteren Jahren war Evans nicht so zwingend, stark und konsistent in seinen Äußerungen wie in seiner Jugend. Aber geistig war er ganz da. Und die Bemerkungen, die er als alter Mann in Bezug auf seine frühere Praxis machte – ich würde sie nicht retrospektiv nennen –, diese Äußerungen sind sehr aufschlussreich. Den großartigen Satz, der mit „Evans war und ist interessiert“ beginnt, hat er 1961 geschrieben, und die überraschenden Worte „nur ein Wagen“ hat er am Vorabend seines Todes ausgesprochen.

Photographien

Obwohl er sie selbst nie als Gruppe veröffentlich hat, verdienen es die Photographien von Wagen im Zusammenhang betrachtet zu werden. Schließlich haben sie seine Aufmerksamkeit immer wieder auf sich gezogen. Gehen wir zurück zu den Anfängen und verfolgen wir seinen Weg bis zu dem, was er, dem eigenen Ende nahe, „nur ein Wagen“ nannte.

In Brooklyn, im Old Wallabout Market hat Evans seine Begeisterung für
das Thema Wagen entwickelt, in diesem Fall für sogenannte Flachbett-Bau- 10
ernwagen. Als Themen markieren die Wagen seine Wendung weg von den

Wolkenkratzern und der modernen Welt: erst die Moderne und dann, an ihrer Stelle, was sie zurücklässt. Er machte eine Anzahl von Aufnahmen von Wagen, wie sie ruhig und leer in Clustern zusammenstehen[65] oder wie ihr hölzernes Gestänge sich in eckigen Mustern von Gebäudehintergründen oder dem Himmel abhebt. Ein besonderes Interesse galt den hölzernen Rädern. Als Evans bei seiner Schwester in Ossining zu Besuch war, fiel ihm
9 der aufgegebene Bauernwagen im tiefen Gras auf. Auf einer anderen Aufnahme posiert ein Fahrer auf einem solchen Wagen.[66] Er ist der „Irgendjemand“, von dem Evans in seiner letzten Rede sprach. Wenn er auch hauptsächlich an den Dingen an sich interessiert war, hielt er doch in nebenher geschossenen Aufnahmen auch jene fest, welche die Hüter der Dinge waren: hier den stolzen Bauern auf seinem Wagen.

Im Katalog seiner MoMA-Ausstellung verstand es Szarkowski, den
10 Schnitt durch ein Gewirr hölzerner Teile, also den Wagen in Wallabout
12 neben *Umzugswagen und Spiegelkommode, Brooklyn* zu stellen.[67] Dort legt Evans den Schnitt durch hölzerne Stühle und ihre Reflektion im Spiegel einer alten Kommode mit geschwungenem Rahmen, das Ganze auf einem hölzernen Wagen in einer Straße und vor einer hölzernen Kiste und der Ziegelmauer eines Gebäudes. Meine vollgepackten Sätze werden dem dicht gepackten Wirrwar der Dinge in dieser Aufnahme nicht gerecht. Wir fin-
7 den hier wieder die Flaubert'sche Luftleere wie im Bild der Kaktee in Truro.

Evans' Liebe zu den Wagen kam ganz zu sich in Kuba im Jahr 1933. Kuba erwies sich als Schatzkammer für Evans – eine merkwürdige, neue, fremde, widerständige Gesellschaft. So wie heute die Besucher dort die alten Autos bewundern, so bestand auch damals ein Gutteil der Faszination darin, dass eine Reise nach Kuba eine Reise zurück in die Vergangenheit war. Die Wagen, die zuhause aufgegeben wurden, wurden in Kuba noch stark genutzt. Obwohl sich auch an seinen Aufnahmen Vorzeichen für ihr zukünftiges Ende finden. Er photographierte sie ohne Unterlass, 31 Aufnahmen produzierte er für *The Crime of Cuba* und bot vier zur Illustration an. Die Photographie, an der sich die Vergänglichkeit des Motivs besonders gut ablesen lässt, zeigt ein Feld mit verstreut aufgestellten, leeren
13 Wagen und im Hintergrund Gebäude. Evans' Titel lautet: *Wagen und Wirtschaftsbauten einer Zuckerplanatge.* Die Aufnahme wurde von erhöhtem und

distanziertem Standort aus geschossen: die Wagen wirken wie ineinander verhakt und an den Grund gepresst, während die Gebäude und die Wolken eher nahe rücken. Evans' Luftleere ist hier eine Kompression des Raumes, die er durch das Abschneiden des Vordergrunds erzeugt. Denselben Effekt erzielte er nach 1935, als er anfing, eine 8 x 10-Kamera mit einem Dreifach-Cabrio-Objektiv zu benutzen, das außer einer normalen die zwei längeren Brennweiten anbot, die Evans bevorzugte.

Obwohl die Aufnahmen von Wagen nicht gerade Aufmerksamkeit erregten, fuhr Evans doch fort, sie aufzuspüren, als er die Pachtbauern in Alabama 1936 für das Buch *Let Us Now Praise Famous Men* photographierte. Die
Bauern benutzten sie, um die Baumwolle zur nächsten Mühle zu fahren. 14
Und dann gelang es ihm 1938, zurück in New York, dort noch einen hölzernen Wagen zu finden, und das wollte etwas heißen.

Schließlich ist da der verblassende Glanz der Zirkuswagen der Ringling Brothers, denen er begegnete, als er 1941 beautragt wurde, ein Buch über die Mangrove Coast im Westen Floridas zu machen. Volkstümliche Schnitzereien, die den ganzen Wagen überziehen, stechen aus der hölzernen Oberfläche hervor, bringen sie zum Leben. Eine dieser Aufnahmen mit
dem Titel *Ringling Zirkuswagen, Sarasota, Florida* (1941) bildete in *Message from* 15
the Interior, dem eleganten Band der Eakins Press von 1966, den Abschluss. Dort stand das Gefährt mit Absicht nicht in einer Reihe anderer Wagen, sondern am Ende einer Serie von Interieurs. Die skulpierte Nymphe, die in einer Arkade und direkt über einem großartigen Rad auf ihren Zehen balanciert, scheint die Kategorien Interieur und Wagen zu sprengen. Um das zusammenzufassen: Arbeitswagen, wenn man sie so nennen darf, wurden in *The Crime of Cuba* (1931), Zirkuswagen in *The Mangrove Coast* (1942) und als überraschendes Schlussbild in *Message from the Interior* (1966) publiziert. Um 1933 herum, kurz vor oder nach Kuba, wurde Evans beauftragt, eine Sammlung von Kutschen zu photographieren.[68] Aber mit dieser Serie hat er nie etwas angefangen, obwohl er sie gut in seine *Fortune*-Portfolios hätte aufnehmen können. Er entschied, sich Zügen zuzuwenden.

NOCH EINMAL EVANS UND FLAUBERT

Nach diesem Exkurs über Wagen kehren wir zu Evans und Flaubert zurück. Wir haben ihre Beziehungen auf der Ebene des künstlerischen Stils untersucht. Es ging um das Echo dessen, was Evans Flauberts Methode nannte, also um Distanziertheit, Beschreibung und den Sinn für die Zeitlichkeit der Dingwelt. Es gibt noch andere Ähnlichkeiten zwischen den beiden Männern, die es verdienen hervorgehoben zu werden. Beide führten ihr Leben lang Listen – Flaubert sogar in seinen Romanen und Evans auf losen Blättern, die er aufbewahrte und die heute in seinem Archiv liegen. Weiterhin: Beide klagten oft über Langeweile. Diese beiden Momente, Listen und Langeweile, können durchaus etwas miteinander zu tun haben. Listen zu führen, ist auch eine Art und Weise, Langeweile zu vertreiben. Aber wenn Evans hier ein verwandtes und ihn anziehendes Temperament in Flaubert spürte, hat er sich darüber niemals geäußert.

In ihrem künstlerischen Schaffen ist jedoch ihre komplexe Beschäftigung mit der Gegenwart ein aufschlussreicher gemeinsamer Zug. In der Kunst waren sie distanzierte Beschreiber, und als solche waren sie in ihren Welten tief engagiert. Flaubert im 19. Jahrhundert, Evans im 20. Jahrhundert hassten die Bourgeoisie, um das französische Wort zu benutzen, und beide verfluchten die Moderne. Hier ist Evans, in einem Brief, den er am 19. Mai 1932 an seinen Freund Hanns Skolle schrieb – er war nach vier Monaten von einer Bootstour in der Südsee nach New York zurückgekehrt:

> „Ich bin jetzt seit drei Wochen wieder in New York … diese Stadt ist ein beispielloses Schauspiel der Disintegration … Komm nicht nach Amerika. Nicht, wenn Du Dich nicht geändert hast, seit Du es verlassen hast. Wenn Du immer noch ein Individualist und ein Künstler und ein menschliches Wesen und ein Mann mit Charakter bist. Kannst Du weiter in Europa leben, bleibe dort. Doch wenn Dir daran liegt, Dich aufzulösen und zu sehen, wie alle Deine Freunde das auch tun, dann komm hierher und lese die paar Krumen auf, die unsere immer noch überversorgte Oberschicht fallen lässt … Wenn die Zeit für den Untergang der Oberschicht kommt, dann kannst Du immerhin die Qual derer studieren, die sie verdienen.“[69]

Es ist wichtig, dann zu erinnern, dass Evans bei dieser Einstellung blieb. Folgendes sagte er in seinem letzten Vortrag am Vorabend seines Todes:

> „Die Gesellschaft war damals von Hass erfüllt, und das erbitterte alle Menschen meines Alters. Die Zustände waren auf unbewusste Weise sehr faschistisch, und die Amtsinhaber begegneten dem Bürger fast mit Beleidigungen. Entweder man schloss sich dem Gleichschritt an, oder man wurde wie ein Rumtreiber behandelt. Ich hüpfte jedesmal vor Freude, wenn ich las, dass einer dieser Börsenmakler sich aus dem Fenster geworfen hatte! Im Village tanzten sie auf den Straßen an dem Tag, da Michigan bankrott ging und alle Banken dort schlossen.“[70]

Wenn sie auch beide gegen Reichtum zu Felde zogen (anders als Evans besaß Flaubert davon ein beträchtliches Stück), so muss doch zugestanden werden, dass beide es sehr schätzten, unter Reichen zu leben. Aber wenn wir uns ihrer Kunst zuwenden, so stoßen wir auf das Faktum, dass beide sich für Menschen aus den niedrigsten Schichten einsetzten. Nehmen wir als Beispiele eine Bäuerin aus dem Werk von Flaubert und die Frau eines Pachtbauern aus dem Werk von Evans. Ihre Beschreibungen in Wort und Bild entsprechen einander. Was können wir dem entnehmen?

Hier ist eine alte Magd, die nach 45 Jahren Dienst mit einer Medaille geehrt werden soll. Der Anlass, den Flaubert in *Madame Bovary* erzählt, ist die jährliche Landwirtschaftsausstellung. Ich werde Flauberts (gekürzte) Worte mit zwei Photographien von Evans konfrontieren. In Haltung und Kleidung kommt der Magd bei Flaubert die *Frau des Pächters* (Mrs. Frank 16
Tingle) nahe. Ihre Hand, wie sie am schäbigen Kleid herunterhängt, und das Zögerliche ihres Auftritts leiten zu Flauberts Bild der Magd über.

> „une petite vieille femme de maintien craintif, et qui paraissait se ratatiner dans ses pauvres vêtements.... Son visage maigre, entouré d'un béguin sans bordure, était plus plissé de rides qu'une pomme de reinette flétrie, et des manches de sa camisole rouge dépassaient de longues mains à articulations noueuses.... Quelque chose d'une rigidité monacale relevait l'expression de sa figure... elle avait pris leur mutisme

et leur placidité. C'était la première fois qu'elle se voyait au milieu d'une compagnie si nombreuse ; et, intérieurement effarouchée par le drapeaux, par les tambours, par les messiers en habit noir et par la croix d'honneur du Conseiller, elle demeurait tout immobile, ne sachant s'il fallait s'avancer ou s'enfuir … Ainsi se tenait, devant ces bourgeois épanouis, ce demi-siècle de servitude."[71]

„eine kleine alte Frau mit ängstlicher Gebärde begann zur Estrade hinzulaufen. In ihren Lumpen sah sie selber wie zerfallen aus. … Ihr mageres Gesicht, von einer schlichten Haube umrahmt, war runzeliger als ein verschrumpfter Apfel, und aus den Ärmeln ihrer roten Jacke langten zwei dürre Hände mit knochigen Gelenken heraus. … Es lebte nichts Weiches in ihrem bleichen Gesicht, nichts Trauriges oder Rührseliges. … Heute befand sie sich zum ersten Male inmitten einer solchen Masse von Menschen. Die Fahnen, der Trommelwirbel, die vielen Herren in schwarzen Röcken, das Kreuz der Ehrenlegion auf der Brust des Rates, alles das erschütterte sie bis ins Herz. Sie stand ganz erstarrt da, sie wusste nicht, ob sie zur Estrade vorlaufen oder enteilen sollte … Sie stand vor diesen aufblühenden Bürgern als ein verkörpertes halbes Säkulum der Knechtschaft."[72]

Flauberts Worte (man beachte wieder das *imparfait*) bilden eine erstaunliche Parallele zu Evans' Photographie. Beide bieten eine eindringliche, rückhaltlose Beschreibung einer sicher unglücklichen Person. Und Flauberts letzte Sätze berühren das schwierige Verhältnis, das zwischen ihm bzw. Evans und den einfachen Menschen bestand. Das war ein Verhältnis, das beide unaufdringlich, aber aufmerksam und respektvoll unterhielten. Man beachte, dass Flaubert nicht die Beziehung zwischen sich und der Frau, sondern zwischen der Frau und „diesen aufblühenden Bürgern" (*ces bourgeois épanuis*) beschreibt, zwischen denen sie steht. Obwohl es um die Bourgeoisie geht, hält sich Flaubert hier zurück. In dieser Szene mit der Frau lässt er die Bourgeosie die Arbeit tun.

Auf gewisse Weise tat Evans das Gleiche. Im Bildteil zu *Let Us Now Praise
Famous Men stellte er ganz an den Anfang Watson Tidmore, einen Grund- 17
besitzer. Er steht breitbeinig da, in Jacke und Hose, von der Kamera direkt gesehen und in diese genauso direkt zurücksehend. Indem er ihn an die erste Stelle setzt, hebt Evans ihn von den Menschen ab, deren Photographien folgen, wie zum Beispiel die Familie Burroughs, die in einem seiner hölzernen Schuppen lebte und sein Land bearbeitete. Tidmore führt in die Serie ihrer Bilder ein.

Gut vergleichbar mit Flauberts Magd der Preisverleihung ist auch das
Bild, das denselben Titel trägt: *Frau des Pächters.* Die Aufnahme von Ellie 18
Mae Burroughs (genannt Allie Mae Burroughs) wurde ebenfalls in *Let Us Now Praise Famous Men* veröffentlicht. Viele Jahre später klagte Burroughs in einem Interview über Tidmore und die schlechte Behandlung und das Misstrauen, das er ihnen entgegenbrachte. Im Kontrast dazu fand sie freundliche Worte für Evans und seinen Mitarbeiter James Agee. Die beiden hätten ihre Familie ganz anders behandelt als Tidmore. Die mittlerweile ikonisch gewordene Aufnahme von ihr bezeichnete sie freilich als „diese hässliche alte Photographie". Viele Menschen mögen die Photos nicht, die man von ihnen gemacht hat, aber die Lebensbedingungen, unter denen Burroughs photographiert wurde, waren sehr hart. Sie sprach darüber, dass sie sich dem Photographiertwerden entzogen und nur zögerlich nachgegeben hätte.

Über die vier Aufnahmen, die Evans an jenem Tag im Jahr 1936 von Burroughs machte, ist viel geschrieben worden. Die interpretativen Ansätze, welche letztlich auf die Grundfrage: Ist die Frau Subjekt oder Objekt? hinauslaufen, könnten sich ebenso an Flauberts Darstellung der Frau unter den Bürgern auf der Landwirtschaftsmesse richten. Was zog diese beiden Künstler an ihren Personen an? Von welcher Art war ihre Beziehung? Vielleicht gehörte die Magd auf der Messe zum sozialen Einzugsbereich, den man in einem Roman wie Flauberts *Madame Bovary* erwartete. Aber im Gegensatz dazu fällt auf, dass man in Amerika kein Publikum voraussetzen konnte, das daran interessiert war, sich Baumwollfarmer in Alabama anzuschauen. Die Reise, die Evans mit Agee und im Auftrag von *Fortune* in die Südstaaten unternahm, war ein glücklicher Zufall, aus dem Evans etwas schuf, das bleiben sollte – in einem ganz anderen Register als Agee. Die Frage, warum genau diese Bilder „blieben“, ist noch zu beantworten.

ALS EIN ABSCHLUSS: EVANS UND EDMUND WILSON

Zu Flauberts Beschreibung der alten Magd in *Madame Bovary* kam ich nicht per Zufall. Sie war Thema in *The Politics of Flaubert*, einem Essay, den der amerikanische Kritiker Edmund Wilson (1895–1972) in einer Sammlung mit dem Titel *The Triple Thinkers* (1938) herausgebracht hatte. Mit „dreifacher Denker“ hatte Flaubert die Kraft eines wirklich großen Schriftstellers bezeichnet. Evans und Wilson waren einander von Zeit zu Zeit begegnet.[73] Zuerst 1931 auf einer Party in New York, vermutlich durch Vermittlung von Lincoln Kirstein; danach trafen sie sich wieder in New York in den späten 1930er Jahren und auf Cape Cod im folgenden Jahrzehnt. Für Wilsons Buch *The Wound and the Bow* wurde hinten auf dem Schutzumschlag von *Let Us Now Praise Famous Men* geworben. Beide Bücher erschienen 1941 im Verlag Houghton Mifflin. Es geht hier nicht um die Natur der Freundschaft zwischen Evans und Wilson, sondern um den kulturellen Kontext, in dem wir Evans’ Beziehung zu Flaubert sehen müssen.

In dem Essay, den Wilson vor dem Hintergrund der 30er Jahre in Amerika schrieb, wendete sich Wilson gegen eine Auffassung, die in Flaubert „den großen Verkünder und Praktiker einer Dichtkunst sah, die sich von den menschlichen Belangen, den privaten und den öffentlichen, fernhält“.[74] Obwohl sein Aufsatz im Wesentlichen eine Verteidigung von *Éducation sentimentale* ist, benutzt er doch die Beschreibung der alten Magd in *Madame Bovary* als Beleg für Flauberts politisches Engagement.[75] Liegt er da richtig? Näher noch: Hat sich Flaubert wirklich auf die Seite der Bauernmagd gestellt?

„Der Schurke“, schreibt Wilson, „ist natürlich die Bourgeoisie, und ganz allgemein gilt, dass Flaubert die gegenwärtige Welt verdammt … [Es sind] die Bauern und die Arbeiter, die er als Prüfstein zu benutzen pflegt, um gegen sie die Ansprüche der Bourgeoisie zu halten … und hier beschreibt er die Bäuerin …“[76] Das heißt, dass Wilson zufolge Flauberts Engagement ein indirektes war. Anstatt sich auf die Seite der Dienstmagd zu stellen, stellt er sich gegen die Bourgeoisie. Auch Evans hat etwas von dieser Haltung. In den Photographien, die er in Alabama machte, treibt ihn der Hass auf die Bourgeoisie und auf das ökonomische System an, das sie trug. Deswegen steht Tidmore, der Landbesitzer und Verpächter, am Anfang des Bildteils von *Let Us Now Praise Famous Men*. In seinen Pächtern sah Evans zum Teil eine Alternative. Einen Teil, das ist noch nicht das Ganze.

EVANS UND BAUDELAIRE

Eine Photographie

Von Allie Mae Burroughs hat Evans an jenem Tag in Alabama vier ähnliche Photographien gemacht. Gegen die Aufgabe Portrait hatte Evans ein Leben lang Vorbehalte. Er wandte sich dagegen, Leute aufzunehmen, weil sie berühmt waren. Namedropping nannte er diese Art von Photographie in einer Rezension des Buches *Decisive Moments* (1952) von Cartier-Bresson in der *New York Times*.[77] Er prahlte damit, Hemingway nicht photographiert zu haben, als man ihn einlud, eine Woche mit ihm in Kuba zu verbringen.

Die Portraitphotographie von Burroughs ist ein einzigartiges Bild, obwohl keiner bedeutenden Person gewidmet. Was macht sie so einzigartig? Wie konnte das geschehen? Versuche, dies zu erklären, haben die spezielle Art der Begegnung zwischen Photograph und Sujet hervorgehoben. Mit seiner 8 x 10-Kamera stand Evans weniger als einen Meter entfernt von der ernsten, hageren Frau und der Wand des Holzhauses hinter ihr. Sie stellt sich vor die Kamera und behauptet sich als ein Subjekt eigenen Rechts und nicht als Objekt, das sich der Kamera unterwirft. Die Einzigartigkeit der Frau ist also in einer Beziehung begründet: es geht um Photograph und Subjekt und nicht um Photograph und Objekt. Das ist die Tendenz des Lobs von Lionel Trilling in einem bekannten Text.[78]

Ich möchte mich dem Thema anders nähern. Besagte Aufnahme erinnert mich an eine Photographie Baudelaires (Abb. 4) von Nadar. Zumindest dachte Evans, dass sie von Nadar stammte – tatsächlich ist sie von Étienne Carjat –, als er sie unter die 20 Photographien aufnahm, mit denen er seinen Essay über Photographie illustrierte, einen Beitrag zu dem von Louis Kronenberger herausgegebenen Band *Quality: Its Image in the Arts*

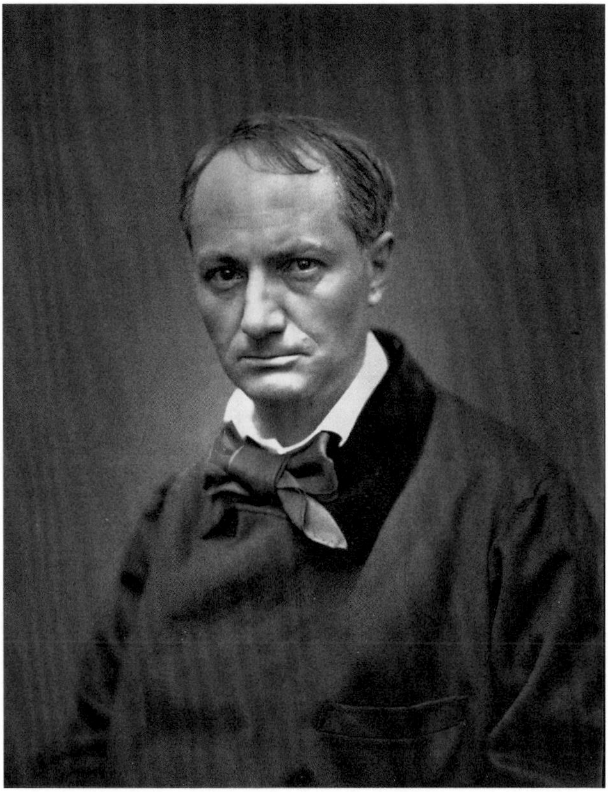

Abb. 4 Étienne Carjat, *Charles Baudelaire*, ca. 1863

(1962). Von allen Photographien Baudelaires, eines berühmten Gegners der Photographie, der sich oft photographieren ließ, ist dies die reduzierteste, ganz sich auf das Gesicht konzentrierende Aufnahme. Man muss dazu bemerken, dass dieses von Evans, dem Bewunderer Baudelaires, ausgewählte Bild vom Dichter selbst wohl nicht geschätzt wurde. In einem Brief an seine Mutter verdammte er eine Photographie, in der alle seine Warzen, Runzeln, Falten, alle Trivialitäten sehr sichtbar, sehr übertrieben gemacht werden: „toutes les verrues, toutes les rides, toutes les fautes, toutes les trivialités du visage sont rendus très visibles, très exagérés".[79]

Es macht Sinn, dass der Photograph, der diese Aufnahme Baudelaires ausgewählt hatte, auch Allie Burroughs auf diese ganz bestimmte Weise aufnahm. Betrachten wir die Bilder von 1861/62 und 1936 nebeneinander.

Baudelaires Kopf steht wie der von Burroughs aus der Oberfläche des Abzugs heraus, der Mund ist geschlossen, Falten ziehen sich diagonal von der Nase zum Ende des Mundes. Verwandt sind die Augen, die unter den dichten Brauen stark nach außen gerichtet sind und das absichtsvoll arrangierte Haar. Wenn man zwischen den Bildern hin und herschaut, wird jedes für sich stärker, wirft es mehr Fragen auf.

Evans hat Flaubert wegen seiner Methode und Ästhetik bewundert, aber er bewunderte Baudelaire als geistige Größe. „In geistiger Hinsicht freilich ist es Baudelaire, der den wichtigsten Einfluss auf mich hat", waren seine Worte zu Leslie Katz. Den Sinn dieses Statements gilt es zu ergründen, und wir können mit der Annahme anfangen, dass Evans etwas von Baudelaires Geist in der Photographie fand, die er von ihm auswählte. Dieser Text ist auf der Seite gegenüber dem Portrait in Kronenbergers Buch zu lesen:

> „Der Name Charles Baudelaire steht unter diesem bohrenden, bitteren Portrait des Pariser Photographen Nadar. Es wäre ein bemerkenswertes Bildnis auch ohne Unterschrift. Baudelaire oder ein anderer, dies ist zweifellos das Bild eines sensiblen Mannes des 19. Jahrhunderts. Das Gesicht brennt sich in den Geist des Betrachters ein, mit Genauigkeit, Ehrlichkeit und vor allem mit Intensität, alles Attribute, die auf unheimliche Weise zufällig auf C. B. zutreffen."[80]

Evans beschreibt die Photographie Baudelaires als „zweifellos das Bild eines sensiblen Mannes des 19. Jahrhunderts" und betont, es wäre eine bemerkenswerte Aufnahme auch ohne die Referenz auf Baudelaire. Indem er dessen Bild auswählt, scheut er gleichzeitig vor dessen Größe zurück. (In dieselbe Richtung verweisen die beiden Bilder, die auf Baudelaire folgen: „Portraits" walisischer Bergleute von Eugene Smith und einer anonymen Wassernymphe von Julia Cameron). Die eindrucksvolle Präsenz und Konzentration verleiht die Kamera einer typischen Konstellation von Mensch, Zeit und Ort. Obwohl es sich um Baudelaire handelt, sieht Evans in ihm einen Repräsentanten seiner Epoche.

Wenn wir dies vom Portrait Baudelaires auf Evans' Aufnahme der Allie Mae Burroughs übertragen, so dürfen wir auch sie als das unverkennbare

Bild einer sensiblen Frau der 1930er Jahre beschreiben. In diesem Fall einer von Entbehrungen gezeichneten Frau. Auch die Qualitäten, die Evans am Gesicht Baudelaires hervorhebt, treffen zu: „Genauigkeit, Ehrlichkeit und vor allem Intensität". Das waren auch für Evans die wichtigsten Werte im Leben und in der Arbeit. Wenn Evans in Nadars/Carjats Baudelaire einen repräsentativen Mann erkannte, dann machte er Burroughs zu einer repräsentativen Frau. In beiden Bildern, dem von Evans photographierten und dem von ihm beschriebenen, verschmelzen Individualität und Repräsentativität. Die schmerzliche Intensität des Bildes von Borroughs besteht im Gegensatz zu dem von Baudelaire freilich darin, dass sie eine Niemand war und in Evans' Augen zu einem Jemand wurde.

Man kann nicht sagen, dass Evans solche Absichten verfolgte, als er seine Kamera an jenem Tag in Alabama aufstellte. Aber als jemand, der sich für das Nadar/Carjat-Portrait begeistern konnte, dürfte ihn das Ergebnis zufriedengestellt haben. Und da ist noch etwas anderes. Für die französische Portraitkunst, ob gemalt, ob photographiert, gilt allgemein, dass die Modelle von sich selbst und von ihrem Stand in der Welt sehr überzeugt sind. Anders als die Angehörigen anderer Nationen posieren die Franzosen natürlich, wenn man das so sagen darf. Nadars Modelle, aber auch die von David und Ingres distinguieren sich selbst, bevor sie dank dem Künstler distinguiert aussehen. An jenem Tag in Alabama traf das auch für Allie Mae Burroughs zu. Sie zeigte sich der Herausforderung gewachsen.

Ihr Bild ist so überzeugend, dass man leicht übersieht, dass Evans einer Frau und nicht einem Mann den Ehrenplatz einräumte. Daraus resultiert zum Teil der Schock, wenn man ihre Photographie neben die von Nadars/Carjats Baudelaire stellt. In seinen Aufnahmen war Evans im weitesten Sinne indifferent, was Geschlecht und Klasse anbelangt. Man fühlt sich an die Worte erinnert, die Agee über das Buch *American Photographes* schrieb: „Es ist auch gefährlich."

Um nun mit Evans und Baudelaire fortzufahren, wollen wir zu den Worten zurückkehren, die Evans über das Portrait Baudelaires schrieb. Ich habe den Schluss des Kommentars auf den gegenüberliegenden Seite ausgelassen. Es ist ein einziger Satz:

> „Diejenigen, die so etwas schätzen, werden sich gerne daran erinnern, dass derselbe Nadar, der diesen Baudelaire aufnahm, auch der Mann war, der 1859 mit Stil die Katakomben und die Abwasserkanäle von Paris photographierte."

Auch wenn Nadar nicht der Photograph dieses Baudelaire-Portraits war, sind Evans' Worte doch von Interesse. Zum Ersten: Indem er Nadar als denjenigen beschreibt, „der diesen Baudelaire aufnahm", vermeidet er demonstrativ jegliche Hagiographie. Die Photographie ist für ihn schlicht und einfach eine Aufnahme. Zweitens: Der Nadar, der berühmt dafür wurde, dass er den dunklen Untergrund von Paris photographierte, wird mit Baudelaire und Evans' Interesse an ihm assoziiert. Das Gefühl dieses Dichters für weggeworfene Dinge, für Abfall sprach Evans an. In einer erstaunlichen Erklärung, die sich in der gedruckten Fassung des Interviews von Katz findet, spricht Evans Baudelaire direkt an. Er bezieht sich auf eine beigefügte Photographie, die entlang dem Bordstein einer kaputten Straße Dreck und Zigarettenkippen aufzeichnet. „[Abfall] 1960er Jahre. Entfernt 19
von der Natur ist dieses Bild eines Rinnsteins in gewisser Weise doch sehr menschlich. Es hat etwas von Baudelaire. Ich wünschte, Baudelaire wäre hier und könnte es sehen."

Dinge, die vergehen, interessierten Evans vom Anfang seiner photographischen Karriere an – man denke noch einmal an die hölzernen Wagen. Müll auf der Straße wurde zu einer Obsession seiner letzten Jahre. Als die entsprechenden Bilder zunahmen, nahm ihre Qualität ab, was auch damit zu tun hat, dass er Polaroid benutzte. Der für ihn damals wichtige Gegenstand spricht heute den postmodernen Geschmack an. Man sehe die große Zahl entsprechender Aufnahmen in der von Clément Chéroux kuratierten Evans-Ausstellung 2017.[81] Doch auch wenn er in Wort und Bild den Abfall mit Baudelaire assoziierte, trifft das noch nicht ins Herz dieser Beziehung. Wir müssen versuchen den Sinn der folgenden Äußerung zum Thema Baudelaire besser zu verstehen: „Wer schätzt Baudelaire wirklich, der für mich ein Gott ist? Geistig und psychologisch wurde das Werk von Baudelaire zu einer bedeutenden Kraft, die Quelle einer ganzen Psychologie und Richtung, die im Endeffekt Kunst und Leben beeinflusst."[82]

Geschickt hat man Evans den Flaubert der Photographie genannt. In der Tat kann man durch seine Photographien auch Flaubert neu lesen. Aber es würde keinen Sinn machen, ihn den Baudelaire der Photographie zu nennen, und seine Photographien helfen uns nicht, Baudelaire zu verstehen. Die Beziehung zwischen beiden ist nicht reziprok. Wenn wir Evans' Photographien mit einer schärferen Einstellung sehen wollen, ist nicht unmittelbar klar, wie seine Verehrung von Baudelaire dabei helfen könnte. Was also hat Baudelaire, der zu Lebzeiten die Akzeptanz und Verbreitung der Photographie attackierte, mit Evans zu tun? Evans hatte als Schriftsteller angefangen und blieb ein Leben lang den Worten treu, unabhängig, aber parallel zu seiner Hingabe an die Bilder. Die Figur Baudelaires als Schriftsteller, vor allem als europäischer Schriftsteller bedeutete für Evans sehr viel. „Ich habe Baudelaire nicht sehr genau studiert", gestand Evans 1960 ein und doch betrachtete er ihn, „als *den* Einfluss auf mich".

Das Herz der Dinge

Was also ist das Herz der Dinge? Wie Baudelaire hatte sich Evans entschieden von der Natur ab- und dem Menschen zugekehrt. Nicht immer dem Menschen in der Stadt wie Baudelaire, aber auf jeden Fall dem Menschen. Man vergisst leicht über Evans' intensiver Beschäftigung mit der Welt, dass er nichts mit der großen Tradition amerikanischer Landschaftsphotographie zu tun hatte. Die wenigen Landschaften bestätigen diese Ablehnung: ein trockenes, gepflügtes Feld hier, vom Wind gepeitschte Bäume an einem Strand der Südstaaten dort, oder Äcker in Mississippi, von der Erosion ausgetrocknet. In der Evans-Literatur wird oft auf Baudelaire, den Flaneur Bezug genommen. Das aber ist ohnehin typisch für einen Photographen, und dazu benötigte Evans Baudelaire nicht.

Wenden wir uns den Übersetzungen zu, die Evans nach Baudelaire in seiner Pariser Zeit anfertigte. Er übersetzte wörtlich und nah am Text. Das Englische hat ein sehr viel größeres Vokabular als das Französische, aber Evans hielt sich an Wörter gleicher Abstammung. Zwei Übersetzungen galten *petits poèmes en prose* aus dem posthum veröffentlichten Band *Le Spleen de Paris*: *La chambre double* (Das Doppelzimmer) und *À une heure de matin* (Um 1 Uhr nachts). Der Flaneur spielt hier keine Rolle. Beide Gedichte handeln von einem Mann, der tagsüber das Haus nicht verlässt und sich nachts in die tiefe Dunkelheit seines Raumes zurückzieht. Das lyrische Ich in den beiden Gedichten fühlt sich herausgefordert: einmal durch einen eingebildeten Gerichtsvollzieher, das andere Mal durch schreckliche Zusammenstöße in der Stadt am Tag zuvor. Die Gedichte enden jeweils mit einem *cri du coeur* und einem Bekenntnis zu Leben und Kunst.

Es war sicher die Doppelnatur des Raumes, die Evans an Baudelaires Gedichten anzog. Baudelaire schreibt darüber, wie die Dinge im Raum sich im Zustand eines träumerischen Bewusstseins zu bewegen beginnen. Obwohl Evans vielleicht nicht an diese Verbindung gedacht hat, er trifft hier auf jenen Wahrnehmungszustand, den er selbst transzendent genannt hat: „Une chambre qui ressemble à une reverie. Une chambre vertitablement *spirituelle*, où l'atmosphère stagnante est légèrement teintées de rose et de bleue.“[83] „Ein Raum wie ein Traum, ein wahrlich *spiritueller* Raum, in dem die stagnierende Atmosphäre leicht rosa und blau angefärbt ist.“

Sich in einen Raum zurückziehen ist nicht ungewöhnlich für einen in Paris allein lebenden jungen Mann, der viel liest und seinen Platz in der Welt noch nicht gefunden hat. Einsamkeit und die Begabung mit sich selbst auszukommen, sind typisch für Baudelaire. Um es deutlicher zu sagen: Baudelaire eröffnete für Evans einen Weg, sich eine absolut unabhängige und singuläre (*singulier*) Existenzform vorzustellen, um Baudelaires Lieblingswort zu gebrauchen. Als er aufgefordert wurde, im August 1926 einen Aufsatz zu schreiben, identifizierte er sich mit dem Thema, das er gerade bei der Übersetzung des Prosagedichts bearbeitete. Er überschrieb seinen Aufsatz mit *Le Soir, je me sentais isolé* und schreibt über Baudelaire und sein Gedicht *Les Bijoux*, über das er sagt, er habe es zuerst in der New York Public Library gelesen.[84] Der Aufsatz endet mit. „Ich wünschte, ich wäre ein Dekadenter.“ Evans' Übersetzung und seine eigenen Worte sind aus einem Stück.

In der von Baudelaire geprägten Vorstellung gehört zu Einsamkeit und Selbstgenügsamkeit das Gefühl, dass man als Flaneur nicht gesehen wird. Allein sein ist nicht notwendig gleichbedeutend mit Beobachter sein, für Baudelaire war das aber so. Etwas Geheimnistuerisches umgab ihn wie auch Evans. Diese besondere Begabung, sich in der Menge unsichtbar zu machen, war in beiden tief verwurzelt.

Hier schreibt Baudelaire in einem Stil, der Evans angeregt hätte:

> „La foule est son domaine … Pour le parfait flâneur, pour l'observateur passionné, c'est une immense jouissance que d'élire domicile dans le nombre … Être hors de chez soi, et pourtant se sentir partout chez soi ; voir le monde, être au centre du monde et rester caché au monde, tels sont quelques-uns des moindres plaisirs de ces esprits indépendants, passionnés, impartiaux, que la langue ne peut que maladroitement définir. L'observateur est un prince qui jouit partout de son incognito."

> „Die Menge ist sein Bereich. … Für den vollendeten Flaneur, den leidenschaftlichen Beobachter, ist es ein ungeheurer Genuss, Aufenthalt zu nehmen in der Vielzahl … Draußen zu sein und sich doch überall zu Hause zu fühlen; die Welt zu sehen, mitten in der Welt zu sein, und doch von der Welt verborgen zu bleiben, solcher Art sind einige der geringsten Vergnügungen dieses unabhängigen, leidenschaftlichen, unparteiischen Geistes, den näher zu bezeichnen der rechte Ausdruck fehlt. Der Beobachter ist ein *Fürst*, der überall sein Inkognito genießt." [85]

Diese Beschreibung könnte in der Tat auf Evans zutreffen, den Mann, der Photographien macht. Man denke an Glyndebourne und wie er dort zu Nora Sayre sagte: „Beobachte mich, ich werde jetzt verschwinden." Das klug gewählte Wort „Inkognito", das Katz als Titel für die posthume Veröffentlichung seiner Interviews mit Evans nahm, stammt direkt aus Baudelaire. Es ist das letzte Wort des letzten Zitates. Auf der Suche nach Worten benutzte Evans oft den Terminus „poetisch". In Bezug auf Atget tat er das immer, und Baudelaire gehörte für ihn sicher in dieselbe Kategorie, Baudelaire, der, wie oben zitiert, sagte: „diese unabhängigen leidenschaftlichen, unparteiischen Geister". Wenn wir Evans in dieser Gesellschaft sehen, so ist da doch bei Baudelaire eine Extravaganz in der Mischung aus Selbst, Gefühlen, Haltung, die Evans nicht teilte und imitierte. Es ist also nicht leicht, feststellen zu wollen, was er mit Baudelaires „Einfluss auf mich“ meinte und was er wirklich von dem Dichter übernommen hat. Anders als im Falle Flaubert trägt Baudelaire mehr dazu bei, Evans als Mensch und Schriftsteller und nicht so sehr seine Photographien zu verstehen. Das entspricht Evans’ Aussage, dass Baudelaire als geistige Größe für ihn wichtig war.

Als er in Paris studierte, traf er auf Baudelaire als Teil der französischen Kultur. Wenn Madame Berthier, seine Lehrerin, ihm sagte: „vous avez les idées et du tempérament“, dann lobt sie ihn mit Worten, die für Baudelaire zentral waren. In seiner Kritik des Salons von 1846 konstatiert Baudelaire, dass ein Künstler, „der kein Temperament hat, des Bildermalens nicht würdig ist“. Kurioser ist aber, dass Berthier, wenn sie ihn ermahnt, „moins heurtée“, „weniger abgehackt“ in seinem Schreibstil zu sein, ein Wort gebraucht, das Baudelaire selbst benutzte, um den Stil seiner *petites poèmes en prose* zu definieren und anzupreisen. Das tat er in den Vorbemerkungen zu *Le Spleen de Paris*, die an Arsène Houssaye gerichtet sind. Die Geheimnisse einer poetischen Prosa bestünden darin, „assez souple et assez heurtée“, „weich genug und abgehackt genug“ zu sein, um die lyrischen Bewegungen der Seele, die Schwingungen des Traums, den plötzlichen Ruck des Bewusstseins aufzufangen. Die Reihenfolge dieser wunderbaren Liste ist ganz und gar Baudelaire, aber das gilt auch für *heurtée*. Was Madame Berthier kritisierte, war exakt der Prosastil, den Evans im Einklang mit Baudelaire anstrebte. Evans schreibt nicht dahinfließend, sondern roh und ruckartig. Was er im Moment sagen will, ist ihm wichtiger als eine schöne Formulierung.

Evans’ Prosa, die wir seine poetische Prosa nennen können, ist sein ganzes Leben lang das Medium, in dem er dem von ihm bewunderten Dichter folgt. Immer wieder hat er kleine Texte geschrieben, die auf die eine oder andere Weise mit seinen Photographien zu tun haben und die er nur indirekt anzusprechen pflegte. Bis auf wenige interessante Ausnahmen hat er Photographien nicht erklärt, sondern in einer Art Parallelaktion über sie geschrieben. Texte bildeten den verbalen Hintergrund seiner Arbeiten. Sie konnten auf den Seiten eines Buches, einer Zeitschrift, einer Wand erscheinen oder, wie so häufig bei Evans, Worte enthalten. (Man vergleiche damit, wie verschieden die Rolle der Worte war, die James Agee schrieb.)

Solche Texte und ganz besonders die kurzen Essays, mit denen er seine Beiträge zu *Fortune* begleitete, sind in einem Stil verfasst, der in bestimmten Zügen Baudelaire folgt. Baudelaire hatte in den *petites poèmes en prose* eine neue populäre und demokratische Form des Schreibens initiieren wollen. Kurioserweise korrespondierte die neue Form der *petites poèmes en prose* mit dem neuen Medium der Photographie, gegen das er so wütete. Was Evans' kurze Essays mit Baudelaire gemeinsam haben, ist eine freie, unabhängige Grundhaltung, die das Spiel der Gedanken im Prozess des Schreibens feiert.

Während eine Photographie sehr schnell gemacht ist, ist Schreiben ein langsamer Prozess, was vor allem für Evans gilt. Der Unterschied gilt weiter, auch wenn wir die Zeit hinzunehmen, die Evans brauchte, um seine Photographien zu edieren. Ein Effekt der Texte, die er in Zeitschriftenbeiträgen neben seine Bilder stellte, war die Verlangsamung der Wahrnehmung. Der Text erklärte einem die Photographie nicht. Evans ließ das offen, aber Worte gaben einem zu denken und strengten die Wahrnehmung an.

107 Hier ist der Text zu einer Photographie, die Evans in *Fortune* im September 1950 veröffentlichte – der Beitrag war überschrieben mit „Along the Right-of-Way", „Immer dem Wegerecht lang", die Photographie *Blick aus dem Zug*:

> „In Schlafwagen 6, Wagen 287, ist das Licht noch nicht eingeschaltet. Eine Stunde lang schaukelte und ratterte der Zug durch das Land. Dieses gemietete Stahlgehäuse mit seinen ernsten und fesselnden gedruckten Anweisungen, wie man die verschiedenen Vorrichtungen zu bedienen hat, ist der Rückzugsort des gehetzten Menschen. Die Kapitäne und die Könige verschwinden. Hier vor allem, an diesem Ort und in dieser Stimmung, kann der Reisende sich ganz und gar dem nachhaltigen Zeitvertreib des Hinausschauens hingeben.
>
> Entlang den Gleisen ist das Land halb ausgezogen. Man kann etwas von der Anatomie seines Lebens erblicken: einen Hinterhof, in dem ein Bürger in seinem zum Werkzeugkasten umgebauten Notsitz kramt, eine Gruppe von Jungen auf einem Bolzplatz, eifrig Ball spielend, eine ver-

> fallende Fabrikmauer, ein einsames Kind mit einem Karren. Auf dem platten Land dann die zeitlosen Scheunen, die Bataillone von Kohlköpfen …
>
> Für manche gewinnen diese Anblicke an Bedeutung, weil Männer wie Mark Twain und Sherwood Anderson und Thomas Wolfe gewissermaßen Hand auf sie gelegt haben. Für andere können solche vorüberziehenden Landschaften die Bilder und die Bezauberung zurückbringen, die sie als Kind bei Fahrten mit der Eisenbahn hatten: am Morgen erwachend und ein frisches Kornfeld sehen, das eine zerfurchte Straße durchzieht, ein Bauer auf seinem Wagen, an der Kreuzung haltend, das TING TING TING TING TING der Warnglocke, dieses herzzerreißende blecherne Decrescendo, das einem früh die Relativität der Sinne lehrt."[86]

Die Subtilität und die Reichweite von Evans' Text, von „halbausgezogen" für den Zustand des Landes bis zu den Lebensaltern und Sinnen, kommen einer Dichtung besonders im Stil von Baudelaires *petites poèmes en prose* gleich. Schaut man dann von den Worten zu der Photographie auf der anderen Seite hinüber, hat das etwas von dem zerstreuten Hinausschauen an sich, von dem Evans spricht.

Wenn Evans in seiner Arbeit für Zeitschriften Bilder mit Worten kombinierte, dann kam er Baudelaire näher, als er wusste. Was Evans in *Fortune* gelang, hatte sich Baudelaire für ein Projekt vorgenommen, aus dem nichts wurde. Er bewunderte die eindringlichen, dunklen, dokumentarischen Radierungen, die Charles Meryon (1821–1868) von Paris angefertigt hatte. In seiner Besprechung des Salons von 1859 nahm er sich genauso viel Zeit für eine Verdammung der Photographie wie für das Lob Meryons. Meryons starke, detailreiche Radierungen des gegenwärtigen Paris (Abb. 5) vermittelten für Baudelaire die Freuden und Leiden der Stadt, die er liebte, an der er aber auch verzweifelte. Baudelaires Worte über Meryon verdienen es, in der Nähe von Evans' Worten über die Vermischung von historischer mit gegenwärtiger Realität zitiert zu werden: „die Odalisken der Industrie, die vom Firmament ihren Rauch in dichten Schwaden entgegenspeien".[87] Aber die Bezugnahme funktioniert auch anders herum. Ein Verleger hatte Baudelaire angeregt, seine *petites poèmes en prose* in Zusammenarbeit mit

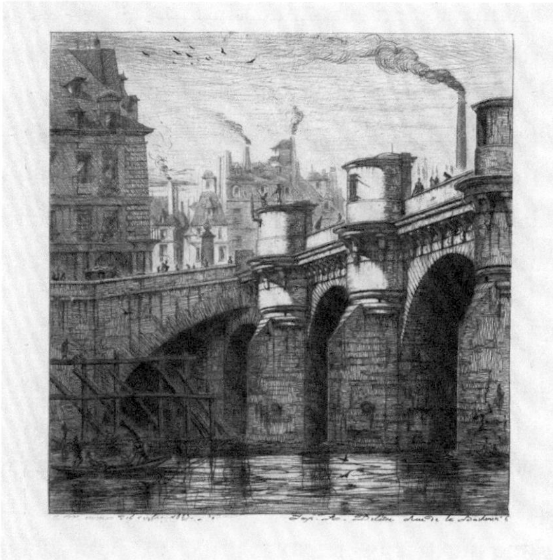

Abb. 5 Charles Meryon, *Pont-Neuf, Paris,* 1853

Meryon zu verfassen. Seine kurzen Texte hätten dann Meryons Radierungen begleitet. Meryon hat dieses Projekt brüsk abgelehnt. Er wollte, dass seine Radierungen zusammen mit sachlichen, dokumentarischen Texte erschienen und nicht mit den „rêveries philosophiques d'un flâneur parisien". Evans gelang also, was Baudelaire nur wollte, Photographien und begleitende Texte über die moderne Welt zu publizieren.

Wenn wir gerade das Wort modern gebrauchten, dann muss hinzugefügt werden, dass Baudelaire und Evans modern in ihrer Kunst, aber antimodern in ihrer Einstellung zum Leben waren. In der Beziehung lagen sie mit ihrer Zeit überkreuz. Beiden war Fortschritt verdächtig, beide bevorzugten Altes vor Neuem. Baudelaire zog das Dunkel dem Licht vor. Er wandte sich gegen die Gasbeleuchtung der Straßen, die für ihn auf gewisse Weise mit der Photographie verbunden war, die Licht benötigte. Wir erinnern uns daran, dass Evans den Wolkenkratzern den Rücken zukehrte, um auf vergehende Dinge wie hölzerne Wagen zu schauen. Es ist natürlich nichts Ungewöhnliches, wenn Modernisten überkreuz mit der modernen Welt sind. Für Flaubert und Baudelaire gilt das genauso wie für Eliot, Joyce und Evans.

Baudelaire und Evans waren beide zornig. „Nun, der Zorn ist mein Normalzustand“, schrieb Baudelaire an seine Mutter.[88] Er war immer in der Offensive, attackierte literarische Autoritäten wie die Herausgeber von Zeitungen und Zeitschriften. Das Gedicht *À une heure du matin*, das der junge Evans übersetzte, enthält eine lange Tirade gegen all diejenigen, auf die das lyrische Ich am Tag zuvor in der Stadt gestoßen war. Was Evans betrifft, so hatten wir schon oben erwähnt, dass er die Bourgeoisie attackierte und sich wünschte, Banker würden sich aus dem Fenster stürzen. Der wütende und antimoderne Ton, den Evans in Baudelaire fand, passte ihm sehr gut.

Aber gewisse Aspekte von Baudelaires Leben und Werk finden sich bei Evans nicht wieder. Wir können die Unterschiede benutzen, um einige wichtige Dinge über Evans anzusprechen. Es stimmt, dass Evans in dem Aufsatz *Le Soir*, den er in Frankreich verfasst hatte, erwähnt, dass er Baudelaires Gedicht *Les Bijoux* in der New York Public Library gelesen hatte. In einer Passage des Interviews mit Leslie Katz, die nicht gedruckt wurde, zitierte Evans 1971 Baudelaire nicht ganz korrekt, aber mit Hingabe und spricht über die französische Sprache als seine Sprache:

> „Calme, luxe, volupté – ich begreife, dass der Mann, der dies aussprach, in der Sprache, wie ich sie damals verstand, etwas gesagt hat, das mir zutiefst vertraut war.“[89]

Aber die sinnliche Aufladung dieses Gedichts, die so sehr der Imagination und dem Leben Baudelaires entspricht, ist nicht eins zu eins auf Evans zu übertragen. Man weiß von ihm, dass er zu erotischen Erregungen in der Öffentlichkeit Distanz hielt. Bei aller sinnesfreudigen Färbung seiner Photographien von Kuba und seinen Menschen, die Prostituierten photographierte er sehr diskret. Und Lincoln Kirstein erzählt eine aufschlussreiche Episode, in der Evans ihm einen Schriftsteller mit Namen Carl Carlson vorstellte, einen attraktiven, virilen, zugänglichen früheren Matrosen. Kirstein und Carlson wurden ein Liebespaar, während Evans sich gänzlich aus der Szene und Erzählung entfernt.[90]

Baudelaire war vom Tod besessen und griff dieses Thema in vielen seiner Gedichte auf. Für ihn war der Tod „das Ziel des Lebens, „le but de la vie“, wie er in *La Mort des Pauvres* schrieb. *Le Spleen de Paris* entstand unter der Androhung des Todes und wurde ja auch erst posthum veröffentlicht. Mit Evans verhält es sich ganz anders. Wenn der Tod in seinen Photographien auftaucht, dann in der Distanz. An einem Punkt aber haben sich Baudelaire und Evans getroffen. Tod hat für beide dieselbe Form. Baudelaire beabsichtigte, auf das Frontispiz der zweiten Ausgabe von *Les Fleurs du Mal* einen Holzschnitt aus einer Totentanz-Serie des 16. Jahrhunderts setzen zu lassen.[91] Das ließ sich nicht machen. Aber ein Gedicht dieser Sammlung trägt den Titel *Le Squelette Laboureur* (Das Skelett als Arbeiter). Es bezieht sich auf eine anatomische Illustration eines enthäuteten Skeletts, das wie ein Bauer gräbt. Baudelaire hatte das Buch in einem Stand an der Seine gefunden. Das Gedicht kam Evans insofern nahe, als er 1964 in einem Vortrag in Yale einen *muscolo,* ein enthäutetes Skelett ansprach, das Jan van Calcar für Vesalius und seinen Traktat *De humanis corporis fabrica* geschaffen hatte. (Abb. 6) Evans hatte dieses Buch zuerst in der New York Public Library bewundert. Beide Männer waren Männer des Buches. Hier begegnen sie sich im Auffinden von Skeletten in der Buchillustration.

Der Vortrag in Yale wurde vor allem dadurch bekannt, dass Evans einen Einblick in seine Postkarten-Sammlung eröffnete. Evans definiert zuerst seinen lyrisch dokumentarischen Stil, wie wir ihn in dem Text über die Eisenbahnfahrt kennengelernt haben, und bringt dann den Calcar und andere, von ihm geschätzte Bilder ein. Die langen Listen von charakteristischen Merkmalen erinnern an Baudelaire, sein Idol im Geistigen:

> „Das wahre Ding, über das ich spreche, besitzt Reinheit und eine gewisse Strenge, Stringenz, Einfachheit, Unmittelbarkeit, Klarheit und ist ohne künstlerische Prätention im selbstbewussten Sinne. Das ist seine Basis: es ist hart und stark. Medizinische Traktate sind voll von diesen Dingen … Tatsächlich sind einige von ihnen ziemlich schockierend. Aber das stört mich nicht im Geringsten. Ich lasse mich gerne schockieren."[92]

Baudelaire hätte das verstanden. Wenn er aber den Tod umarmte, gibt uns das Anlass zu zeigen, wie Evans ihn auf Distanz hielt. Eine Reaktion war sein Umgang mit Photographien aus Zeitungen. Sie sind grob und sie

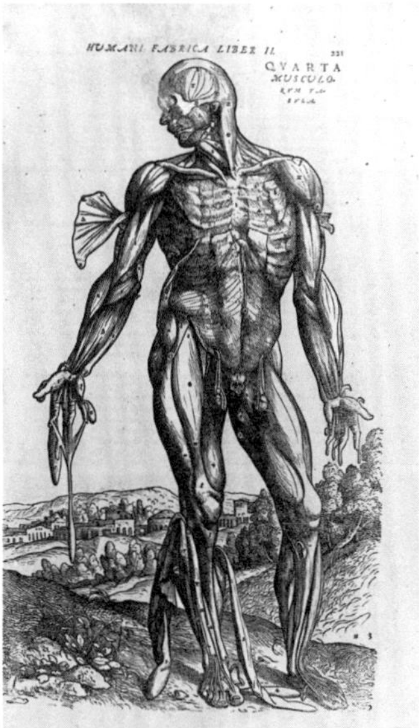

Abb. 6 Andreas Vesalius, „Muscolo“, aus *De humani corporis fabrica* (1555)

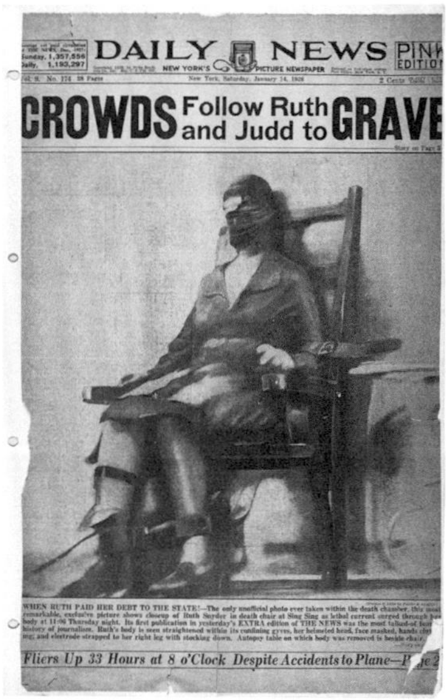

DAILY NEWS
NEW YORK'S PICTURE NEWSPAPER
PINK EDITION
CROWDS Follow Ruth and Judd to GRAVE
Fliers Up 33 Hours at 8 o'Clock Despite Accidents to Plane

Abb. 7 Ruth Snyder auf dem elektrischen Stuhl, Ausschnitt aus den *New York Daily News* (14. Januar 1928), S. 1, aus der Sammlung von Walker Evans, späte 1930er Jahre

schockieren, aber sie halten den Betrachter gleichzeitig auf Abstand vom Geschehen. Zuerst stieß er auf solche Aufnahmen, als er in Kuba war und der Aufstand gegen Präsident Gerardo Machado stattfand. In den Abbildungsteil zu Beals *Crime of Cuba* stellte er zwei darauf bezügliche Bilder ein: den schönen verstümmelten Kopf eines jungen Mannes und den Torso eines Mannes, der neben Seil und Hut ausgestreckt daliegt. Der Leichnam eines anderen Mannes auf der Straße wurde nicht in das Buch aufgenommen, aber Evans behielt die Aufnahme. Dann gibt es noch die Zeitungsphotographien, die Evans in einen Klebeband aufnahm, den er für sich selbst in den 30er Jahren angelegt hatte. Ruth Snyder, an einen elektrischen Stuhl gefesselt (Abb. 7), die erste Frau, die auf diese Weise hingerichtet wurde; ein gelynchter Schwarzer, wahrscheinlich Amerikaner, aber einer französischen Publikation entnommen; ein politisches Attentat in vollem Gange.

Im Kontrast zu den schockierenden Bildern bieten Evans' eigene Photographien eine undramatische Sicht auf den Tod. Tod kann die Ruhe sein,

die über tote Körper kommt. Ja, da ist Gewalt, aber Menschen sterben auch friedlich. Er brauchte beides, und er suchte nach Ausgleich zwischen beidem. Das Kind in Alabama liegt unter einem erstickenden Haufen Erde mit Zeichen pietätvollen Andenkens in der Gegend seines Kopfes. Und da sind die vielen erstaunlichen Bilder von Schlafenden, die er in Kuba anfertigte –
31 Menschen, die es sich in der Hitze des Tages auf Bänken bequem gemacht hatten. Sie sind nicht tot, aber mit Sicherheit erinnerten sie Evans an den Tod. Er ist da, er wird kommen. Schließlich sind da die Friedhöfe, die Evans
30 liebte, mit Grabsteinen von schlicht bis phantasievoll. Die schlichten steinernen Gräber mit Kreuzen zeigt er manchmal vor dem Hintergrund einer Fabrik, so als sei diese der Killer. Die phantasievollen posieren vor der Kamera. Die in Stein gehauenen Leben stehen dort an Stelle des Todes.

EVANS UND ATGET

Der Blick auf die steinernen Monumente leitet uns weiter von Evans' Baudelaire zu Evans' Atget. Evans befolgte oder teilte das Interesse des französischen Photographen an der Aufnahme skulpierter Denkmale. Atget hatte einen Sinn für die mythischen Skulpturen, die in Parks in und außerhalb von Paris stehen. Er photographierte pathetische Hermen und flüchtige Figuren, die im Relief in einem ewigen Reigen Vasen umrunden. (Abb. 8) Evans liebte Friedhof-Skulpturen und auch die Heldenstatuen, wie sie auf
68 amerikanischen Plätzen stehen. Ein Heldenbild streckt bei Evans seinen Arm für immer triumphierend aus. Ist es der Bildhauer oder der Mann mit der Kamera, welcher die Welt anhält und einfriert? Das doppelte Stillstellen – des Bildes und des Abbildes – ist eine große Attraktion, die Skulpturen für Photographen haben, zumindest für diejenigen, die auf ihr Medium achtgeben und Freude an der Stille eines Bildes haben.

Aber wer war Atget und in welcher Hinsicht können wir von Evans' Atget sprechen? Eugène Atget (1857–1927) war ein großer, für sich arbeitender Photograph der Pariser Szene. Evans' literarische Helden, Flaubert und Baudelaire, beide 1821 geboren, waren Männer des 19. Jahrhunderts, ungeachtet ihrer Aktualität für ihn, aber Atget war beinahe sein Zeitgenosse. Er lebte noch, als Evans sich in Paris aufhält. Evans war zurück in New York

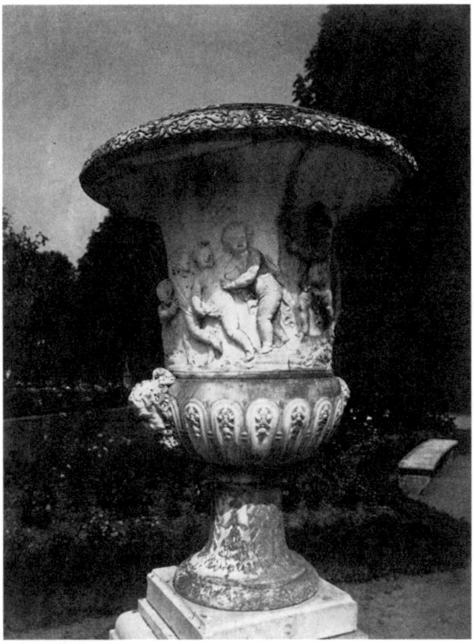

Abb. 8 Eugène Atget, *Versailles, Vase*, 1905

im Mai 1927, Atget starb am 4. August 1927. Evans entdeckte sein Werk erst, als er mit dem Photographieren anfing. Das war vermutlich im Herbst 1929 im Apartment von Berenice Abbott, als diese selbst aus Paris zurückgekehrt war. Sie hatte im Jahr zuvor die bemerkenswerte Eingebung gehabt und die Photographien erworben, die Atget in seinem Studio zurückgelassen hatte. Sie hatte sie dann nach New York mitgenommen, wo Teile von ihnen später das Museum of Modern Art erwarb. Das ist der Grund dafür, dass so viele Werke eines großen französischen Photographen in New York sind.

Evans sprach mit Neid von „der Fülle des Materials", das Atget in Paris vorfand. Doch obwohl Evans selbst Paris kannte, sprach er von der Stadt niemals als etwas, das er mit Atget teilte. Was er mit ihm teilte, war nicht ein Ort, sondern eine Art, Bilder zu machen. Er beschrieb Atget als seinen größten photographischen Vorläufer. Das haben beide Seiten anerkannt, die Atget-Forschung und die Evans-Forschung. Was bleibt also noch zu sagen? Atgets Werk steht hinter dem Interesse Evans' an vielen Bildmotiven, aber auch hinter der speziellen Zuversicht, mit der Evans sich der Welt um ihn herum photographierend annahm. Evans' Amerika wurde entscheidend gefördert durch das Vorbild von Atgets Frankreich.

Zu Lebzeiten von Evans hat die Atget-Forschung herausgearbeitet, dass Atget seine Bilder in einer dokumentarischen Absicht anfertigte und vertrieb. Das hat in der Photoszene einige Gelehrte, Kritiker und Kuratoren bewegt, den Status seines Werks anzuzweifeln. Er habe, so das Argument, nicht angestrebt, was als autonome Kunst gelten und wahrgenommen werden könnte. Würde ein solches Wissen Evans' Sicht auf Atget geändert haben? Evans wusste um die eigensinnig undefinierbare Natur der Photographie. Atgets Bedeutung blieb für ihn unangefochten.[93]

Einen Überblick über die Breite und Tiefe des photographischen Schaffens von Atget erhält man am leichtesten, wenn man die vier hervorragend gedruckten Bände *The Work of Atget* durchblättert, die John Szarkowski und Maria Morris Hambourg für das Museum of Modern Art zwischen 1981 und 1985 herausgegeben und kommentiert haben. Sie geben den Alben, die Atget für den Markt zusammenstellte, eine neue Ordnung in vier Gruppen: die erste, weniger bekannte, ist der ländliche Raum um Paris herum; die zweite ist das alte Paris mit seinen Schaufenstern, Trinkstellen und metallenen Objekten, sie ist das Kernland dieses Œuvres; die dritte hat die königlichen Gärten von Versailles, Saint-Cloud und Sceaux zum Gegenstand; die vierte gilt dem Paris der Gegenwart, von den Schaufenstern über die Kulissen des Karnevals bis hin zur Baracke des Lumpensammlers. Im Überblick haben diese Photographien in der Zusammenstellung von Szarkowski und Hambourg die Komplexität und Aussagekraft eines großen Textes über die französische Kultur. Einen leichteren Zugang gewinnt man durch das Buch *Atget*, das Szarkowski mit 100 Aufnahmen in der Art eines Albums anlegte, so wie Atget selbst mit seinen Aufnahmen verfuhr.[94]

Evans entdeckte seine Leidenschaft und seine Begabung für Photographie direkt nach seiner Rückkehr aus Paris. Er nahm das Werk anderer Photographen zur Kenntnis und reagierte darauf, oft mit Ablehnung. Aber er verehrte Atget. Diese Spur wollen wir verfolgen. Als Evans 1926 nach Frankreich ging, waren die Photographien von Atget noch nicht sehr bekannt. Als er wieder in New York war, änderte sich das schnell. Die Chronologie ist erforscht, die Folgen von Evans' Bezugnahme auf Atget sind es

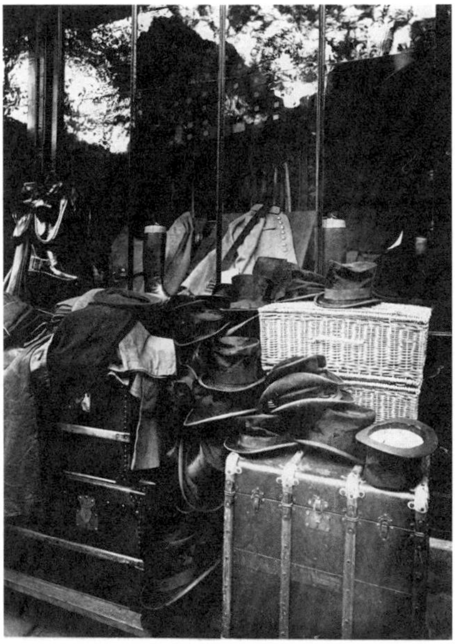

Abb. 9 Eugène Atget, *Boutique, Marché aux Halles*, 1925. Abzug von Berenice Abbott, 1929

weniger, obwohl die Ähnlichkeiten schon früh festgestellt wurden. Klären wir zuerst einige Fakten und erfahren wir aus der Chronologie den Zustand der photographischen Welt in diesem Augenblick. Darauf sollen Evans' gesprochene und geschriebene Worte über Atget[95] und entsprechende Bezüge zu photographischen Werken folgen.

– Mai 1927: Evans ist aus New York zurück.

– 4. August 1927: Atget stirbt in Paris.

– 28. Juni 1928: Bekanntmachung, dass Berenice Abbott alle Abzüge und Aufnahmen im Besitz des Nachlassverwalters André Calmettes erworben hat.

– Ausstellungen in Europa zeigen Atget. Über ihn wird geschrieben.

– Mitte 1929: Abbott kehrt mit ihren Atget-Schätzen aus Paris zurück.

– Herbst 1929: Evans und anderen werden Atgets Photographien in Abbotts Apartment gezeigt. Evans besitzt danach offenbar vier neue Abzüge (ein Kleiderladen in Les Halles (Abb. 9), ein zugehängtes Schaufenster, eine Karnevalsdekoration, eine verarmte Pariser Vorortgegend). Eine sehr glückliche Auswahl, da alle Sujets und die photographische Haltung Evans'

Geschmack entsprachen. Man kann nicht sagen, dass sie ihn formten, aber mit Sicherheit passten sie und förderten ihn.[96]

– 1930: Erhard Weyhe publiziert ein Buch über Atget und veranstaltet eine Ausstellung in seiner Galerie in New York. Gezeigt werden Aufnahmen, die Abbott aus Paris mitgebracht hatte.

– Herbst 1930: Die Harvard Society of Contemporary Art zeigt eine Ausstellung mit Werken von Atget, Abbott, Evans und anderen. Drei Jahre nach seiner Rückkunft gibt Evans phantasievoll an, in Europa und New York zu leben und seit drei Jahren zu photographieren.

– April/Mai 1931: Evans' Arbeiten werden zusammen mit denen von Margaret Bourke-White und Ralph Steiner in der New Yorker Becker Gallery, 520 Madison Avenue, gezeigt. In einer Broschüre zur Ausstellung bewertet Mehmed Fehme Agha Evans als einen Nachfolger von Atget.[97]

– Oktober bis Dezember 1931: Evans rezensiert in *Hound & Horn* fünf Bücher über Photographie, darunter Weyhes *Atget. Photographie de Paris.*[98]

Wegen der Ähnlichkeiten im Werk von Evans und Atget nannte Szarkowski später Evans den größten Schüler von Atget. Er sagte:

> „Ich denke, dass Atget von allen der unerschöpflich interessanteste aller Photographen bis heute ist. Interessanter als Stieglitz oder Weston oder Cartier-Bresson, sogar interessanter als Walker Evans, der sein größter Schüler war."[99]

„Atgets Schüler": liegt Szarkowski damit richtig – bei aller Wertschätzung, die er für Evans hatte? Was wäre, wenn man sagt: Atget bestimmte nicht, was Evans tat, sondern bestätigte ihn in dem, womit er schon angefangen hatte? Das ist in etwas das, was Evans selbst in Radcliffe, am Vorabend seines Todes in Bezug auf die Konstanten seines Schaffens sagte. Er mag da partiell richtig liegen, aber die Behauptung, dass er Atget erst entdeckte, als er „schon eine ganze Weile unterwegs war", ist klarer Selbstschutz.

> „Ich mag nicht zu viel von Atgets Werk sehen, weil ich ihm selbst zu nahe bin. Ich entdeckte ihn erst, als ich schon eine ganze Weile unter-

> wegs war, und als ich es tat, war ich sehr elektrifiziert und alarmiert … Eine gewisse Unsicherheit und Furcht vor einem solch großartigen Vermögen und Stil bleibt zurück. Wenn das zu nahe an einem dran ist, fragt man sich, wie originell man ist. Natürlich kommt das ganz oft vor, dass Menschen in geistigen und künstlerischen Dingen eigenständig einen Stil entdecken und nicht wissen, dass jemand anders das Gleiche tut.“[100]

So spricht ein Photograph über seine Beziehung zu einem anderen Photographen. Würde ein Maler so über seine Beziehung zu einem anderen Maler sprechen? In historischen Berichten über Malerei wird die stilistische Verwandtschaft im Werk verschiedener Künstler als ein Effekt von Lernen, Borgen, Stehlen, Wiederholen etc. gesehen.[101] Da ist die Rede von einer künstlerischen Tradition. Es gehört zur Malerei, dass Kunst aus Kunst entsteht – Raffael, Rembrandt, Velázquez, Cézanne hätten nicht malen können, ohne nicht ganz aufmerksam diejenigen, die vor ihnen kamen, studiert zu haben. Verhielt sich das auch so auf dem Gebiet der Photographie? Können wir vom Entstehen einer photographischen Tradition in derselben Weise wie von einer malerischen Tradition sprechen? Impulsiv (einige denken zum Selbstschutz) hat Evans das angezweifelt. Später hat sich Evans dazu entschiedener geäußert:

> „Wenn man jung ist, ist man für Einflüsse offen und man sucht sie auf, man geht in Museen. Dann wird die Straße dein Museum, das Museum selbst ist schlecht für dich. Du möchtest nicht, dass deine Kunst von Kunst kommt.“[102]

Aber Kunst aus Kunst zu machen, war essentiell für die Schriftsteller, die Evans in seiner Jugend am meisten bewunderte – für T.S. Eliot, der sich mit Tradition in Essays und praktisch in seinem Werk auseinandergesetzt hatte, und für James Joyce, der ganz klar wusste, dass er ohne eine Tradition des Schreibens nicht so schreiben konnte, wie er schrieb, eine Tradition, die in seinem Fall vielleicht bis zu Homer zurückging. Es ist interessant, dass sich Evans die Praxis der Photographie anders denkt, als Schriftsteller und Maler das tun.

An jenem Abend in Radcliffe setzte Evans seinen Bericht über das Werden seines Stils damit fort, dass er sich von einem anderen Photographen distanzierte, indem er im Sinne des obigen Zitats Nähe ohne Kenntnisname behauptete: „Mir ist das mehrmals passiert. Ich besitze eine gewisse Straßenschnappschuss-Affinität zu Cartier-Bresson, und ich habe auf diese Weise gearbeitet, bevor ich irgendetwas über ihn wusste."

Wenden wir uns nun Evans' berühmten Worten über Atget zu, die er 1931 in *Hound & Horn* publizierte, kurz nachdem er „elektrifiziert und alarmiert" worden war. Wir haben gesehen, dass Atgets Photographien nach seinem Tod und durch den Einsatz und die Energie Abbotts in Ausstellungen und Texten sehr gewürdigt wurden, erst in Europa, dann in Amerika. Dazu gehört Evans' berühmter Text mit dem Titel „The Reappearance of Photography", den Lincoln Kirstein für seine literarische Vierteljahrsschrift *Hound & Horn* in Auftrag gegeben hatte. Es schmälert Evans nicht, wenn man sagt, dass dieser Text nicht allein stand. Charakteristisch ist für Evans eben, dass er nicht nur hingeschaut, sondern auch gelesen hat.

Evans' anfängliche Beschreibung der zwei guten Zeiten der Photographie (Daguerres Periode und die Gegenwart) mit der Zwischenzeit des Piktorialismus (der Photograph als „erfolgloser Maler") folgt Franz Rohs Buch *Foto-Auge* von 1929.[103] (Später im Text wird Evans aus Roh ausführlicher, aber aus anderen Gründen zitieren.) Mit Nachdruck weist er Beziehungen zum Surrealismus zurück und lehnt ebenso die Charakterisierung von Atgets dokumentarischem Stil ab, die kurz zuvor in der *New Republic* unter dem Label „Paris, der Künstler" erschienen war. Dann fährt Evans fort und schreibt über Atget, wie es zuvor noch niemand getan hatte. Zwei Jahre, nachdem er dessen Photographien zum ersten Mal gesehen hatte, verstand er, was er gesehen hatte. Anders gesagt, er verstand den Photographen, zu dem er jetzt selbst wurde. Man hat den Eindruck, als spräche er über sein eigenes Werk. Wir sollten den Text in dieser Perspektive lesen:

> „Man hat einige Männer des vergangenen Jahrhunderts neu wahrgenommen, weil sie aus dieser Verwirrung herausgestanden sind. Eugène Atget arbeitete in einer Zeit totaler Dekadenz in der Photographie. Er

> stand einfach allein, und seine Geschichte ist nicht ganz einfach zu verstehen. Es scheint, als hätte er alles andere vergessen, um sich ganz der Notwendigkeit zu widmen, Paris und seine Umgebung zu photographieren. Aber es ist nicht klar, welche Vision er von dem Monument in sich trug, das er hinterließ. Es ist möglich, dass wir viele Dinge in seine Photographien hineinlesen, an die er niemals gedacht hat. In einigen Werken stellt er sich selbst in einer Position auf, die auch ein orthodoxer Surrealist eingenommen hätte. Sein Ton ist ganz allgemein ein lyrisches Verstehen der Straße, eine geschulte Beobachtung derselben, ein besonderes Gefühl für Patina, ein Auge für enthüllende Details. Über das Ganze ist eine Poesie ausgebreitet, die nicht die ‚Poesie der Straße' oder die ‚Poesie von Paris', sondern eine Projektion von Atgets Person ist. Die gedruckten Reproduktionen sind äußerst enttäuschend. Zusammen mit der Typographie und der Bindung machen sie, dass das Buch wie ein Raubdruck einer anderen Publikation wirkt."[104]

Dass Atget unter „einige Männer des vergangenen Jahrhunderts" gestellt wird, verwirrt aufs Erste, denn er ist ja gerade erst gestorben. Aber dann kommen die entscheidenden Punkte: 1. seine Isolation, 2. die Notwendigkeit, seine Umwelt zu photographieren, 3. die Möglichkeit, in sein Werk Dinge hineinzulesen, die er selbst nicht formuliert hat, eingeschlossen die irreführenden Öffnungen in Richtung Surrealismus. Doch kann man durchaus ein Element von Surrealismus identifizieren, aber das gilt im Grunde für jede photographische Aufnahme der Welt (ich werde darauf zurückkommen), und das haben die Surrealisten ganz unabhängig von ihren eigenen Interessen verstanden. Diese ganz allgemeinen Feststellungen gelten für beide Künstler, für Atget wie für Evans, aber sie geben einiges zu denken auf.

Isolation: Woher kam Atgets photographische Praxis? Er hatte als Seemann angefangen, dann war er Schauspieler, er war sehr belesen, und er dilettierte als Maler. Aber Photographie? Es gab in Frankreich vor ihm eine bedeutende Tradition dokumentarischer Photographie. Aber das Kuriose ist an der Photographie, dass jeder sie sich selbst aneignen kann. Darin unterscheidet sie sich von der Malerei. „Ich habe außerordentlich schnell und ohne Lehrer gelernt", sagte Evans zu Leslie Katz.[105] Sich selbst als Photographen hat Evans manchmal wie ein Medium beschrieben, durch das seine Kunst ganz einfach hervorkam: „Ich glaube gerne, dass Künstler auf gewisse Weise wie ein Medium sind, viele zumindest. Viele wissen nicht, was sie da gerade tun." Tatsächlich ist die Behauptung „ohne Lehrer" nicht ganz richtig. Evans hat angegeben, dass er Unterweisung von Ralph Steiner bekam, einem etablierten New Yorker Photographen, der ihm seine Unterstützung anbot. Das war ein direktes Lehrer-Schüler-Verhältnis. Bevor es Akademien und Kunstschulen gab, war für Maler ein solches Verhältnis die Regel. Es gab anerkannte Fertigkeiten, die man erlernen musste. Für die Photographie gilt das nicht. Bis vor nicht allzu langer Zeit konnte man Photographie nicht studieren.

Wenn Evans sich auf die von Atget gefühlte „Notwendigkeit", Paris zu photographieren, bezieht, wissen wir nicht, ob er über die kommerzielle Natur von Atgets Arbeit informiert war – über seine Alben, über die Institutionen, über die er sie anbot, über seine privaten Kunden. Das Ladenschild, das Atget aushing, hieß: „Documents pour Artistes". Evans dagegen photographierte vom Anfang seiner Karriere an und auch für lange Zeit danach ohne kommerzielle oder vermarktbare Interessen: „Ich denke nicht, dass ich viel über die Funktion meiner Versuche nachdenke … es geht eigentlich nur darum, Dinge zu tun, ein Kunstwerk zu machen."[106] Heute, in einer Hochzeit vermarktbarer Photographie, würde man über Evans' ausbleibenden finanziellen Erfolg verzweifeln. Aber Evans ist nicht Teil unserer Zeit.

Was die Interpretation der Werke anbelangt, so lässt sich auch in Evans' Arbeiten vieles hineinlesen. Es mag überraschen, aber Evans widersetzte sich Interpretationen seiner Werke nicht, obwohl doch seine einzelnen Aufnahmen sehr klar sind und obwohl er sich vehement gegen politische Lesarten aussprach. Solange die Leute einen Geschmack für seine Photographien hatten, konnten sie damit machen, was sie wollten. Sie taten es zu seinen Lebzeiten, und sie tun es auch heute noch.[107]

Nun zu dem, was Evans über Atgets Photographien zu sagen hat.

Er wartete mit dem Begriff „lyrisch dokumentarisch" auf, wie so oft, wenn er versuchte zu erklären, was es hieß, dokumentarisch zu photographieren.[108] Manche der für Evans typischen Begriffe und so auch diesen kann er von Menschen in seiner Umgebung geborgt/gelernt/akzeptiert haben. Den exekutiven Direktor des Museum of Modern Art in New York, Thomas Mabrey, hat man als Quelle benannt. Aber Evans machte diese Begriffe zu seinen eigenen. In seinem Vortrag in Yale beginnt er, was die Qualität des Lyrischen anbelangt, bei Leonardo und führt dann Atget ein und nennt ihn „den höchsten lyrischen" Photographen. In seinem frühen Essay für *Hound & Horn* hatte er „lyrisch" zuerst auf Atgets „Verständnis der Straße" bezogen.

Die anderen Elemente von Atgets Stil – geschulte Beobachtung, ein besonderes Gefühl für Patina, ein Auge für enthüllende Details – sind schön getroffen. Die beginnende Einsicht in sein eigenes Werk hat Evans sie eingegeben.

Aber der wichtigste Punkt ist, dass „über das Ganze eine Poesie ausgebreitet ist", die mit Evans' Worten „eine Projektion von Atgets Person ist". Also nicht Paris, sondern der Photograph ist verantwortlich für den Charakter des Werks. Evans erkannte Atgets Person in dessen Werk, weil er sich bereits selbst in seinem Werk wiedererkannte. Später zog er anstelle von *Poesie* ein anderes Wort vor. Auf Atget in dem Interview mit Katz zurückkommend, sagte er: „In seinen Werk fühlt man, was einige Menschen *Poesie* nennen. Ich sage das auch, aber ein besserer Ausdruck ist für mich, also, wenn Atget eine Baumwurzel photographiert, dann *transzendiert* er das Ding." Wir haben schon gesehen, dass er diesen Begriff bei der Interpretation von *Wellblechfassade* anwandte. Es ist interessant, dass Evans sich 1
auf eine Baumwurzel bezieht. Er erinnert ganz richtig Atgets erstaunliche Baumwurzeln, aber er selbst hat sich nur selten auf Bäume konzentriert.

Seit Abbott Evans eingeladen hatte, einen Blick auf Atget zu werfen, verstand er, dass Photographie eine ganze Kultur präsentieren – oder sollte man sagen: erfinden? – kann und damit eine eigene Welt. Dies wurde zu einer Lebensaufgabe. Evans kommt darauf am Ende der Rezension in *Hound & Horn* zu sprechen. Da ist die Rede von August Sander, den er in einer typischen, komplexen Redewendung mit Atgets Vergangenheit und seiner Zukunft in Verbindung bringt:

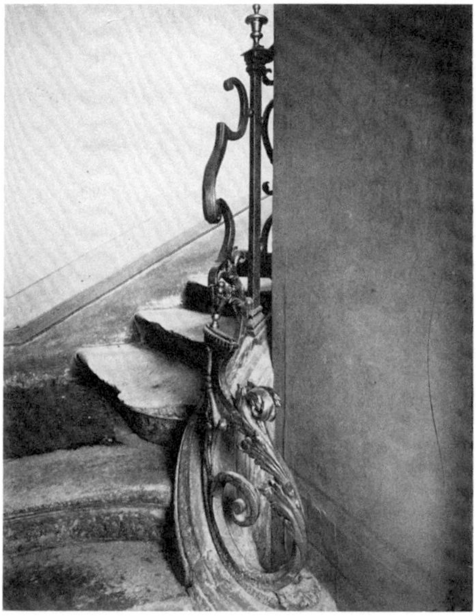

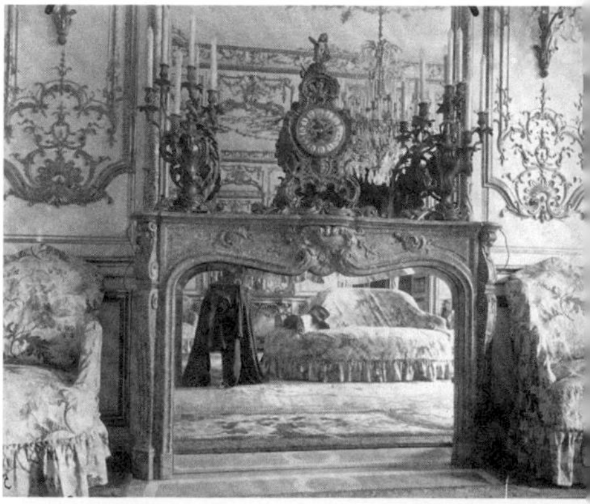

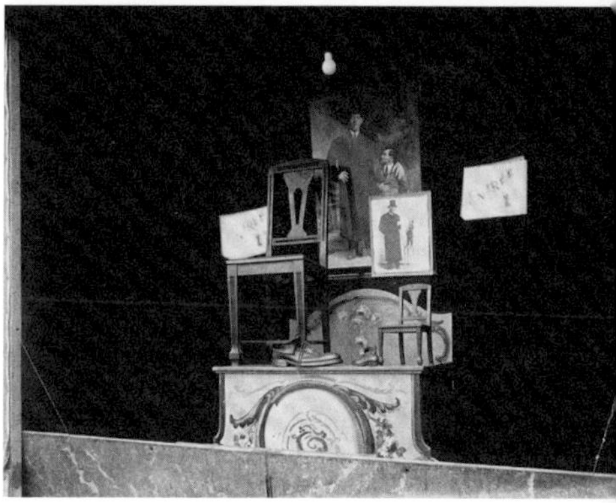

Abb. 10 *(oben links)* Eugène Atget, *91 rue de Turenne*, 1911

Abb. 11 *(oben rechts)* Eugène Atget, *Die österreichische Botschaft, 57 rue de Varenne*, 1905

Abb. 12 *(rechts)* Eugène Atget, *Fête du Trône (Krönungsfest)*, 1925

„ein Fall, in dem die Kamera in die richtige Richtung schaut, was Menschen betrifft. Das ist eine der Richtungen zukünftiger Photographie, die Atget vorausgesehen hat. Es handelt sich um ein photographisches Edieren der Gesellschaft, einen klinischen Prozess, ja, eine kulturelle Notwenigkeit, die die Frage aufwirft, warum andere Länder, die man fortgeschritten nennt, noch nicht auf diese Weise untersucht und festgehalten wurden."[109]

„Edieren" und „klinisch" treffen auf Sander zu, aber auch auf Atget? In seiner Sicht auf Frankreich ist ein Moment von Liebe, ja man könnte sagen: von Umarmung. Ihm erscheint Frankreich schön, und schön wird es für uns durch seine Photographien. Das gilt nicht für Evans' Sicht auf Ame-

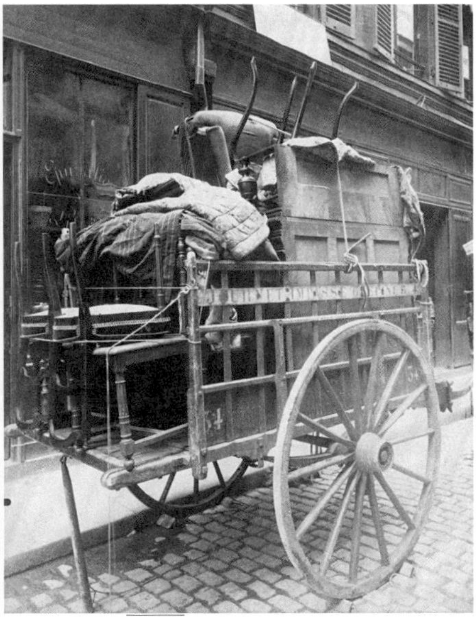

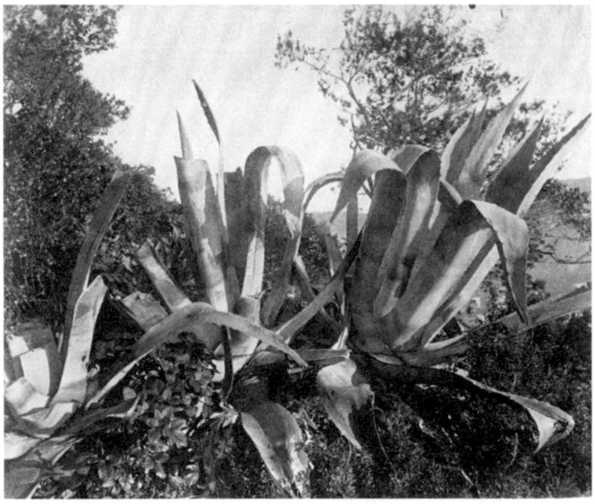

Abb. 13 (*links*) Eugène Atget, *Ohne Titel (Umzugswagen)*, 1908

Abb. 14 (*oben*) Eugène Atget, *Kaktus, Nizza*, vor 1900

rika. Seine Bilder schmeicheln nicht dem Auge. Seine Sichtweise ist eine ironische.

Wir sollten das an einzelnen Photographien klären: die Ähnlichkeiten und die Unterschiede in Bezug auf den französischen Meisterphotographen.

DIE PHOTOGRAPHIEN

Die Behandlung von Evans' frühem Schaffen verwirrt. Was nach den Anfängen im Stil des Neuen Sehens und den Wolkenkratzern kam, wird in
verschiedene Schubladen gesteckt: Landschaftsformate wie *Blech-Relikt* 20
(1930) wurde Schule von Paris genannt, kubistisch dagegen hieß *Wagen, Old* 10
Wallabout Market, surrealistisch *Umzugswagen und Spiegelkommode* (ca. 1931). 12
Arbeitete Evans mit solchen Kunstwerken vor Augen? Warum verweist man nicht auf Atget? *Blech-Relikt* ist ein Echo von Atgets zahleichen Bildern französischer Metallarbeiten. Evans' Fund dieser Metallreste auf dem Dach von Fifth Avenue Nr. 92 ist ein Gegenstück zu dem Eisengeländer einer Treppe im Haus Nr. 91 der rue de Turenne. (Abb. 10) Aber welch ein Unter-

schied, was die Gegenstände anbelangt! Atgets sind ausgehöhlt und bearbeitet. Evans' sind verbraucht und weggeworfen.[110] Thematisch ist der
12 Marktwagen nahe an Atget, und der Spiegel sieht aus wie auf dem Bild, das Atget von dem Kamin mit Spiegel der österreichischen Botschaft gemacht hat.[111] (Abb. 11) Evans reagierte sehr schnell auf das, was er auf der Straße sah. Man stelle sich vor, dass er auf den Spiegel traf, an Atget dachte und das Ganze mit Abstand und Witz wiederholte. Evans' Low antwortete auf Atgets High.

Gelegentlich machte Evans solche Wieder-Aufnahmen nach Atget[112] –
7, 8 Spiegel, Karren oder der wilde Kaktus von Truro in einem Interieur, wie es Evans und vor ihm Atget sehr schätzten. Beide waren an den Betten in diesen Innenräumen interessiert. Aber es können noch mehr Gemeinsamkeiten festgestellt werden. Szarkowski meinte, dass Evans den gesamten Themenkatalog Atgets mit Ausnahme der Parks abgearbeitet hat: „die Schlafzimmer und Küchen, die Läden, die Schilder, die geräderten Fahrzeuge, die Straßenhändler und die Ruinen großer Vorhaben".[113] (Abb. 12)

Nehmen wir, wenn es um die Nähe der beiden Photographen geht, die Karren und Wagen. Atget hatte Wagen vor Evans photographiert. Tatsächlich waren sein Vater und sein Großvater Wagenbauer gewesen. 1910 stellte Atget als Album eine Sammlung von sechzig Photographien unter dem Titel *La Voiture à Paris* zusammen. Evans hätte das gutgeheißen, diese Vorliebe Atgets für einfache, altmodische, pferdegezogene Lastwagen und nicht für die schicken, modischen Automobile, die damals schon überall in Paris unterwegs waren. Atget übergeht die Wagen der Bourgeoisie. Drei von seinen Photographien zeigen eine *voiture déménagement*, einen Umzugswagen. (Abb. 13) Der Impuls, von der Bewegung des Umzugs oder Abtransports bewegt zu werden – Dinge gehen vor unseren Augen in die Vergangenheit über –, findet sich wieder in Evans' *Umzugswagen und Spiegel-*
12 *kommode, Brooklyn, New York* von 1931. Damals hatte Evans bereits in New York Berenice Abbott besucht, ihre Atgets studiert und einige mitgenommen und kannte das Buch von Weyhe, das einige Fahrzeuge und Jahrmarktszenen und auch eine *agave du Mexique* enthielt, einen wild wachsenden Kaktus. (Abb. 14) Waren das Inspirationen für Evans? Sich den gleichen Bildgegenständen zuzuwenden, sie zu „borgen", ist oft das Indiz

dafür, dass ein Photograph sich für einen anderen interessiert und ihm Ehre erweist.

Als Photographen von Menschen waren beide misstrauisch gegenüber den Mächtigen. Atget ging ihnen aus dem Weg, Evans warf ein kaltes, iro-
nisches Auge auf die Männer in Uniform wie die Legionäre und Polizisten 54
in Havanna und den Landbesitzer[114] Tidmore in Alabama. Ganz allgemein 17
betrachtet spielen Menschen im Werk von Evans eine größere Rolle als bei Atget. Aber was wirklich zählt, ist die Art, wie sie photographieren. Sie empfanden die Beschränkungen und die Möglichkeiten ihres Mediums sehr ähnlich. Spiegelungen faszinierten sie. Beide favorisierten eine frontale Herangehensweise, wenn auch Atget bisweilen den Blick von der Seite attraktiver fand, und sie zogen die Kamera weder zur Aufsicht nach unten noch zur Untersicht nach oben. Die Welt, die sie sehen, ist breit ausgestreckt, das Bild ist mit Absicht begrenzt.

Das führt uns zur Wahl der Kamera. Auch in dieser Hinsicht herrscht in den Arbeiten über Evans' frühes Schaffen Verwirrung. Ziemlich bald fing Evans an, eine Plattenkamera und ein Stativ zu benutzen. Das waren auch Atgets Werkzeuge. Uneinigkeit herrscht in Bezug auf die Daten. Einige sagen 1931, als Evans anfing mit Kirstein Architektur zu photographieren, andere 1929. Nach Jerry L. Thompson arbeitete Evans zuerst 1931 mit einer geliehenen Kamera und später dann, ab 1933 mit seiner eigenen. Aber Evans besaß immer mehrere Kameras, und er hatte sich so etwas wie einen Plattenkamera-Effekt angeeignet, auch wenn er mit einer Kleinbildkamera und mit 35-mm-Film arbeitete. Für Evans waren die frontale und nicht die gekippte Perspektive, Ruhe, Abstand und scharfe Ränder wichtig. Man
schaue sich noch einmal *Junge Frau in der Fulton Street* an, aufgenommen 1929 4
mit einer Kleinbildkamera. Evans liebte es, aus Fragmenten der Vielfalt vor seinen Augen eine Ordnung zu schaffen. Diese Tendenz würde sowohl zu Flaubert wie zu Atget passen.

Evans und Atget gefielen die unerwarteten Informationen, die die Plattenkamera einfing. Graffiti sind dafür ein gutes Beispiel. „Come up and see me some time" lautet die witzige Inschrift, die man auf einer Wand neben
zwei weißen Händen liest. Zu sehen in *Photostudio, New York*, einer Aufnahme 21
von 1934, die man mit den Graffitti vergleichen kann, die Atgets Aufnahme

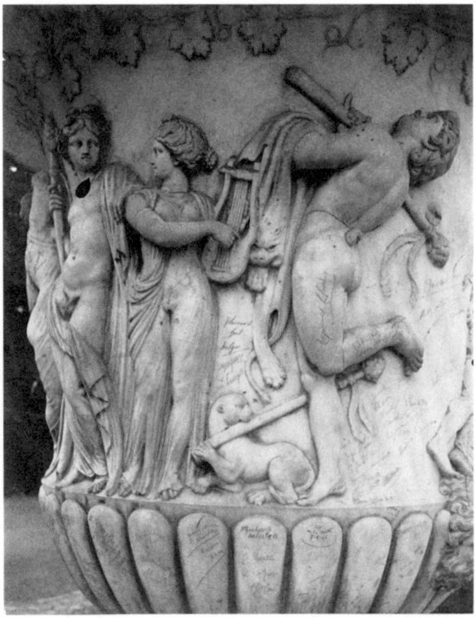

Abb. 15 Eugène Atget, *Versailles, Vase (Detail)*, 1906

einer Vase in Versailles enthält. (Abb. 15) Szarkowski meint, dass Atgets Graffitti eine „merkwürdig tröstliche Wirkung“ auf uns haben. Hängt das nicht damit zusammen, dass der Photograph die Stärke und Kunstfertigkeit des Kameraauges zur Geltung bringen wollte? Doch zwischen der antikischen Vase in Versailles und einem populären Photostudio in einem New Yorker Slum klafft der Abstand zweier Kulturen.

Ein anderer Faktor ist die Wahl der Kameralinse. Atget bevorzugte ein Objektiv mit kurzer Brennweite, das die Kamera und den Photographen direkt in die Szene einbezieht. Seine Aufnahmen zeigen uns einladende Straßenzüge, die sich in die Tiefe entfernen, und Marmorstufen, die sich nach außen ergießen. Evans dagegen bevorzugte ein Objektiv mit langer Brennweite, das den Photographen auf Distanz hält. In seinen Photographien gehen Straßen nach oben und nicht in die Tiefe, und Stufen verlaufen bildparallel. Die lange Brennweite betont das Flächige eines Abzugs. Aber Abstand zu halten und Dinge flach abzubilden, war schon Evans' Tendenz gewesen, bevor er sich für die Plattenkamera entschied. Wir
2 haben das schon an den Photographien von Georgette Maury in Grasse

und von der Frau in der Fulton Street in New York festgestellt. Kennzeichnend ist für Evans, dass er, um näher an ein Objekt heranzukommen, nicht die Kamera bewegte, sondern stattdessen einen Ausschnitt aus dem Negativ machte. So hält er Distanz. 4

Was diese Unterschiede in der Wahl der Objektive angeht, kann man einmal versuchen, über kontextuelle Hintergründe nachzudenken. Wenn Szarkowski auch falsch lag, wenn er Evans einen Schüler Atgets nannte, so traf er doch die Bedeutung der jeweiligen Nationalkulturen für die Photographen richtig. Atget, so Szarkowski, war ein Einwohner in seiner Kultur, während Evans sich wie ein Besucher in der seinigen bewegte. Davon lässt sich vieles ableiten. In Atget wirkt vieles selbstevident: Genau das würden wir sehen, wenn wir im frühen 20. Jahrhundert in Paris und Umgebung unterwegs wären. Dass Atget gezielt auswählte und seine Kamera ausrichtete, drängt sich uns nicht auf, wohl aber die Liebe, mit der er sich seinen Gegenständen zuwandte. Evans dagegen wirkt ein wenig gezwungen. Atget hatte seine Routen durch Paris und Umgebung genau geplant. Verglichen damit waren Evans frühe Exkursionen in New York und Neuengland (Brooklyn Bridge, Coney Island, die Uferzeilen des Geschäftsbezirks, Cape Cod, Masschusetts, Upstate New York) nicht geplant, wir merken vielmehr, wie Evans spontan Spuren aufnimmt und bewusst auswählt, was und wie er photographiert. Vielleicht könnte man so sagen: Atget bestätigte eine Kultur, wohingegen Evans eine erfand.

Auch als Photograph Amerikas sah Evans sein Land immer von außen und oft in einer ironischen Perspektive. Sein Aufenthalt in Frankreich hatte da seine Wirkung getan. Hören wir die schnell hingesagten, weisen Worte aus dem Jahr 1971, als er begründen sollte, warum er in New York, Paris und London zu Hause war. Es überrascht das Wort „Teilzeit":

> „Ich unterhalte zu den Amerikanern und zu Amerika eine Teilzeit-Liebe, aber eine, die mich sehr beschäftigt. In geistiger Hinsicht bin ich in diesem Land wirklich zu Hause. Ich bin ein Yankee mit tiefliegendem Auge, das geht weit zurück und ist tief gefühlt. Zum Beispiel arbeite ich nicht gerne in London und Paris. Ich spiele da nur eine Rolle, einen müßigen Gentleman – ich weiß nicht genau. In London denke ich, ich bin ein Mil-

> lionär, was ich nicht bin. Aber hier fühle ich mich angesprochen, hier ist die Essenz von dem, was mich ausmacht. Ich reagiere darauf."[115]

Kürzer hat er das zu einem Journalisten des *Old Saybrook Pictorial* am 9. Februar 1972 gesagt:

> „Ich wollte ein Franzose sein. Wenn ich meinen Heimatboden verlasse, dann begehe ich die Sünden des Romantisierens und Dramatisierens. Ich funktioniere dann nicht. Um zu arbeiten, muss ich zuhause sein."[116]

CODA: EVANS IN AMERIKA

Es ist eine erstaunliche Geschichte. Berenice Abbott brachte über 4000 Photographien und 1300 Negative Atgets nach Amerika mit, als sie 1928 zurückkehrte. Die wurden dann 1961 vom Museum of Modern Art in New York erworben. Mit einem Schlag war ein französisches Kulturerbe in amerikanischer Hand und wurde Frankreich verweigert. Evans schloss daran an. Seine Geschichte ist eine amerikanische Geschichte: Wie macht man aus diesem neuen Ort Kunst, dessen Anfänge sich aus Europa ableiteten, aber es nicht länger tun. Damit sei nicht gesagt, dass wir Evans' Werk als eine Art amerikanische Volkskunst betrachten wollen, weil er viele Gegenstände aus dieser Sphäre photographiert hat. Europäische Interpreten behaupten das gerne.[117] Aber es führt in die Irre, wenn wir annehmen, dass seine Photographien auf dieser Kultur basieren.

Evans selbst positionierte sich als Teil der amerikanischen Photographie in seiner Rezension für *Hound & Horn*. Später bezog er sich besonders auf Alfred Stieglitz, den Künstler und Romantiker, als jemand, dem er entgegenwirken konnte.[118] Aber es führt weiter, wenn wir seine Bemühungen um eine amerikanische Kunst mit den vergleichbaren Bestrebungen der modernen Schriftsteller seiner Epoche in Verbindung bringen. Diese würden, so sagte er, „gegen alles Vornehme" ankämpfen: „Seepocken des Viktorianismus klebten überall, die sich nicht abkratzen ließen ... Ich rebellierte gegen die Werte meiner Eltern ... In diesem Land ist es ... anders, sagen wir, als in der europäischen Kultur. Der Künstler hier ist sehr wütend und kämpferisch."[119] Aber lassen wir die Reden über Wut und Rebellion beiseite, Evans und die Schriftsteller fanden einen positiven Ausweg. Für einige Schriftsteller lag das Problem in der Sprache. Die Sprache Europas – und das war die Sprache, die sie benutzten – war nicht ihre Sprache. Die Modernisten unter ihnen begriffen, dass sie eine Sprache erfinden mussten und als Lyriker auch eine Prosodie.

So kann man Evans sehen: nicht als Photographen im Wettstreit mit seinen Kollegen oder als amerikanischen Volkskünstler, wie die Europäer es tun, sondern als einen Photographen, der eine neue Sprache für Amerika-Bilder erfindet und auf diese Weise vergleichbar ist mit William Carlos Williams, E. F. Cummings und Marianne Moore (ich würde auch Elisabeth Bishop hinzunehmen), die dasselbe versuchten. Weil Evans ihn so schätzte, müsste auch der Prosaist Hemingway dazugehören.

Williams und Evans bewegten sich in denselben Kreisen. Zum Beispiel nahm Williams am 7. Dezember 1929 an einer Party teil, die Hart Crane aus Anlass des Erscheinens von *The Bridge* gab.[120] Evans war ebenfalls anwesend, er hatte Cranes Buch illustriert. Williams war mit vielen Schriftstellern und Künstlern befreundet und unterhielt eine enge Beziehung zu Alfred Stieglitz, *bête noir* für Evans. Es ist nicht belegt, dass der ältere Dichter (geboren 1883) und der jüngere Photograph (geboren 1903) einander trafen. Aber in diesen Kreisen fielen Ähnlichkeiten auf. Etwa ein Jahrzehnt später erwähnte Lincoln Kirstein Williams zweimal in seinem scharfsinnigen, weit ausgreifenden Essay für den Katalog zur Ausstellung *American Photographs* im MoMA. Evans ist neben Dos Passos, Hemingway und Williams für ihn ein Künstler, „der sich von Europa abwandte, um die Gegenstände des eigenen Landes in Angriff zu nehmen". Zu Crane und James Agee übergehend spricht Kirstein von Evans' dichterischem Auge. Später assoziiert Kirstein Evans' Talent mit verschiedenen Kunstformen: dem Skulpturenschmuck von Schiffen, populären Songs und Drucktypen und in der Dichtung mit Marianne Moore und dem „lyrischen Patientenbuch von Dr. Williams Carlos Williams".

Williams' Besprechung von Evans' *American Photographs* in der *New Republic* vom 11. Oktober 1938 ist in dreierlei Hinsicht charakteristisch für den Dichter. Zum einen ist er sehr genau: „Dies ist ein Buch im Format achtmal-neun [inches] mit 87 Photographien auf Glanzpapier. Die Bilder wurden im Osten der Vereinigten Staaten während der letzten sieben Jahre von einem Mann aufgenommen, der Walker Evans heißt. Sie halten fest, was es an Ort und Stelle für Herrn Evans zu sehen gab und was Herr Evans an Ort und Stelle sah." Zum anderen ist Williams gut informiert: „Sie [die Bilder] spezifizieren, so wie es Atget für das Paris seiner Tage tat." Und drittens feiert er: „die Bilder sprechen zu uns. Und sie sagen Reichtum." Danach überrascht es, wenn Williams hinzufügt: „Dies ist nicht das erste, vielleicht nicht einmal das beste Buch mit Bildern von uns." Merkwürdig ist auch, dass Williams auf die Parallelen zwischen seinem und Evans' Vorhaben nicht eingeht, auf die Erfindung einer neuen Art und Weise Amerika darzustellen. Vielleicht lag das zu nahe oder war zu selbstevident. Der Titel von Evans' Buch *American Photographs* sagte alles: über Amerika, von einem Amerikaner, in einem amerikanischen Stil gemacht.

Hier ist ein Beispiel für Williams' „lyrisches Patientenbuch", wie Kirstein sich ausdrückte. Das Gedicht „Die Armen" wurde wie *American Photographs* im Jahr 1938 veröffentlicht.[121]

Die Anarchie der Armut
Gefällt mir, das alte
gelbe Holzhaus eingeschlossen
in die neuen Mietshäuser aus Ziegeln

Oder ein gusseiserner Balkon
mit Feldern, die Eichenzweige zeigen
voll belaubt. Das passt
zu den Kleidern der Kinder

Die jeden Zustand und
Brauch der Notwenigkeit spiegeln –
Kamine, Dächer, Zäune
aus Holz und Metall in den

Zeiten der Zaunlosigkeit, die so gut wie
nichts eingrenzen: der alte Mann
im Pullover und weichem schwarzen
Hut, der den Bürgersteig fegt –

die zehn Fuß, die ihm gehören
in einem Wind, der unstet
um seine Ecke fegt
und schon die ganze Stadt überwältigt hat.

Das Gedicht handelt von Dingen, die auch Evans sah, eingeschlossen Holzhäuser und Gusseisen. Es ist kurzgefasst, stark. Die Zeilen enden anders als gelernt nicht mit dem Satzende. Die Worte sind klar und stehen für sich. Die Muster und die Benennungen erscheinen ausgesondert. Wie Williams in einem Brief an Marianne Moore schrieb: „Ein Wort ist dann am meisten ein Wort, wenn es wissenschaftlich isoliert und mit Säure behandelt wird, um die Schmutzflecken zu beseitigen. Gewaschen und getrocknet muss es dann ganz für sich auf einer sauberen Oberfläche platziert werden."[122] Williams schrieb seine Gedichte auf der Schreibmaschine. Auf eine sehr amerikanische Weise hat er ein Gefallen an Wissenschaft und Technologie, damit die Dinge richtig funktionieren. Eine Photographie zu machen, hat auch etwas davon. Wie Evans zu Leslie Katz sagte: „Photographie sollte den Mut haben, sich als das darzustellen, was sie ist, und das ist eine Komposition mit graphischen Mitteln, von einer Maschine hergestellt und einem Auge und dann noch etwas Chemikalien und Papier."[123]

Freilich lässt sich die Welt und Weltanschauung der beiden Männer nicht vergleichen. Sie sind verschieden. Williams ist optimistischer, aber weniger tief und breit. Als Arzt war Williams Geburtshelfer, Evans wollte keine Kinder. Williams' neuer Sprachstil kann zu stark dominieren. Aber beide Künstler waren sehr überzeugt, dass sie eine amerikanische Kunst schufen. Über die Stellung der Kunst im Leben fand Williams in „Asphodele. Diese grünliche Blume" Worte, die auch für Evans gelten:

Es ist schwierig
aus Gedichten sich die Nachrichten zu holen
doch es sterben jeden Tag Menschen elendiglich
aus Mangel
an dem, was man dort findet.[124]

Im Jahr 1993 unterstrich die amerikanische Dichterin Adrienne Rich die Wahrheit von Williams' „was man dort findet", indem sie die Sammlung ihrer Prosaschriften so betitelte.

Ein letztes Wort. Weil Tradition in der Geschichte der Photographie eine geringe Rolle spielt und es auf der praktischen Seite wenig Fertigkeiten gibt, die durchgesetzt, entwickelt und korrigiert werden müssen, war es einfacher für Amerika, sich in der Photographie neu zu definieren als in der Dichtung oder der Malerei. Für Evans ging es freilich nicht so sehr darum, Neues zu schaffen, als vielmehr bei null anzufangen.

2
Das Potential des Mediums

„Er sagte, das ganze Potential des Mediums erregte ihn so sehr, dass er manchmal dachte, er sei völlig verrückt.“[125]

Nachdem ich am Ende des letzten Kapitels Evans und Amerika zusammengebracht habe, will ich ihn nun mit dem Medium Photographie zusammenbringen. Evans, der Amerikaner, kommt oft vor Evans, dem Photographen. Wenn man z. B. Bild für Bild die Photostrecken in *American Photographs* durchgeht und sich auf die Bildthemen konzentriert, dann kommt das Photographische an diesen Photographien zu kurz. Gleichwohl muss man zugeben, dass für Evans sein Photographieren und sein Amerika eins waren. Wir aber wollen zu den Sujets durch die photographische Arbeit gelangen.

Das lange letzte Kapitel nahm Evans' Behauptung ernst, dass sein Interesse an Flaubert, Baudelaire und Atget auch sein Schaffen bestimmte. Nun wollen wir uns die Arbeiten vornehmen, die zwischen 1928 und 1933, bis zur Reise nach Kuba entstanden sind. Man hat die Bilder dieser Jahre entweder aus der heutigen[126] oder aus einer zeithistorischen Perspektive betrachtet.[127] Können wir Evans im Akt des Photographierens fassen? Mich interessiert, wie er anfing, wie seine Ausrüstung und seine Einstellung zu ihr beschaffen waren, wann, wo, mit wem und mit welcher Absicht er sich ans Photographieren machte. Und mich interessiert das Verhältnis seiner Photographien zu anderen Photographien, die damals entstanden und ausgestellt wurden.

Dem Kapitel habe ich einen Eintrag in Kirsteins Tagebuch vom 12. November 1930 vorangestellt. Die Worte stammen also nicht aus einer späteren Phase, sondern aus der Anfangszeit von Evans. John Szarkowski, klug wie immer, hatte sie schon für seinen Katalogbeitrag zur MoMA-Ausstellung von 1971 herangezogen, hatte sie aber etwas entschärft, indem er statt „crazy“ „mad“ schrieb.[128]

„Völlig verrückt" scheint nicht auf den Evans zuzutreffen, den man kennt. Sein Gefühl muss mit der Unmittelbarkeit zu tun haben, mit der er Photographien auf der Stelle machen konnte, und mit der Ahnung, was er damit in Amerika ausrichten konnte, so wie er es ein Jahr später in *Hound & Horn* vorschlug. Vielleicht meint er das, wenn er „das ganze Potential des Mediums" sagte. Niemand, der zum Pinsel greift, um mit dem Malen anzufangen, würde so reden. Er hätte herkömmlicherweise mit dem Zeichnen begonnen. Die Hand, die ein Zeichen setzt und mit Auge und Gehirn verbunden ist, muss lernen, ein Bild zu schaffen. Als jemand, der sich ein Leben lang mit den Gemälden Alter Meister befasst hat, nehme ich diesen Unterschied zwischen der Praxis der Photographie und jener der Malerei besonders deutlich wahr. So begreift man am besten, was Photographie so besonders macht. Als Photograph bestand Evans auf dem Unterschied – wir haben ihn schon zitiert: „Photographie sollte den Mut haben, sich als das darzustellen, was sie ist, und das ist eine Komposition mit graphischen Mitteln, von einer Maschine hergestellt und einem Auge und dann noch etwas Chemikalien und Papier." Von der Malerei herkommend, überrascht es mich, wenn Evans, der Anfänger, in dem Zitat aus Kirsteins Tagebuch davon spricht, dass Photographie als Medium Bilder erzeugen kann – und in seinem Fall großartige, gleich von Anfang an.

22 Nehmen wir zum Beispiel *Paar in Coney Island*. Wenn die Aufnahme im Herbst 1928 entstand, ist sie eine der frühesten. Evans war sich ihrer Qualität bewusst und nahm sie zusammen mit einigen anderen frühen Arbeiten zehn Jahre später in *American Photographs* auf. Die Aufnahme entstand auf seinen Wanderungen durch New York, in diesem Fall durch Coney Island, wo er sich unter die Menschenmengen mischen und sehen konnte, was sie sahen. Evans Sympathie für Menschen, oft für solche am Rand der Gesellschaft müssen wir voraussetzen. Nicht trotz, sondern wegen seiner begünstigten Jugend hatte er ein Gefühl für die, die weniger hatten. Viel später blickte er auf seine Anfänge zurück und sagte: „Ich hatte ein paar blitzartige Eingebungen, und sie leiteten mich an. Ich fand heraus, dass ich einen Typen auf der Straße, einen ‚Schnappschuss' von einem Kerl am Ufer oder von einem Stenographen beim Lunch erwischen wollte. Das war eine sehr gute Ader. Ich zapfe weiter an ihr."[129]

Alle, mich und meine Leser eingeschlossen, sind auf Straßen unterwegs. Warum haben Straßenphotographen mit wenigen Ausnahmen – Gary Winogrand fällt einem ein – nicht auf Leute wie uns geschaut? Szarkowski sagt zu der Frage, warum die Armen ein Gegenstand der Photographie sind: sie hätten kein Recht auf Privatheit, sie lebten den Großteil ihres Lebens auf der Straße, und an ihnen gebe es mehr zu sehen. Das scheint nicht auf Evans zuzutreffen. Evans' Aufmerksamkeit auf arme Außenseiter entstand bei seiner Rückkehr nach New York im Jahr 1927, als er desolate wirtschaftliche Verhältnisse antraf. Aber sie entstand auch aus einem Gefühl heraus, ein Außenseiter zu sein. Das ist seine spezielle Zugangsweise. Vielleicht könnte man aber auch Evans' Photographien mit William Empson, einem eminenten englischen Literaturwissenschaftler, als Versionen des „Pastoralen" deuten, was bedeutet, Komplexität im Einfachen zu sehen.

Man könnte meinen, Evans' verstohlener, engagierter Blick sehe, dass das Paar posiert: sie mit ihren abgewinkelten Beinen unter dem dünnen Kleiderstoff, der um sie flattert, das merkwürdige Zusammentreffen von ihrem nackten Rücken und seinem Oberkörper ohne Jackett. Es ist ein heißer Tag, und sie legen ihre Arme einfach so umeinander. Wie so viele Menschen in Evans' Photographien wirken die beiden so, als würden sie posieren, was sie aber nicht tun. Eine Ausnahme ist die Aufnahme zweier Männer aus dem Jahr 1931, die er *Posierende Portraitaufnahme* betitelte und auch in
American Photographs aufnahm und sie direkt vor *Paar in Coney Island* ein- 22
stellte. Freilich sehen die beiden Männer nicht anders aus als die Menschen in den anderen Photographien. Der Anschein des Posierens verdankt sich meiner Meinung nach der Art und Weise, wie Evans instinktiv Menschen sieht: als Teil einer größeren bildmäßigen und gesellschaftlichen Ordnung. Diese Ordnung und die Distanz, die Evans hielt, äußert sich ebenso formal wie als Zeichen des Respekts. Ein anderes beeindruckendes Beispiel ist die
Photographie dreier abgerissener Männer aus den Jahr 1931/32. Da liegt ein 23
Mann zwischen den beiden anderen hingestreckt auf einer offenen Veranda in der South Street in Lower Manhattan. Evans bringt fast niemals seine Welten – die eigene und die der anderen – zusammen. Normaler-
weise ist er es, der andere sieht. Aber die Aufnahme des kubanischen Bett- 24
lers (Evans' Titel), der in Richtung einer vorübergehenden Frau gestikuliert

(sie ist an der Schulter abgeschnitten), diese Photographie bringt ihn und die Anderen zusammen. Sie wurde in Carlton Beals Kuba-Buch aufgenommen. Aber auf wessen Seite ist er hier? Evans nimmt Distanz oft mit Witz. Hier in Kuba vielleicht in der Haltung einer zwanglosen Ironie.

Aber zurück zu dem Paar: Ihre Umarmung ist gesichtslos und spricht dafür umso mehr. Evans schaut auf sie, wie sie auf die Unterhaltungswelt schauen, um derentwillen sie nach Coney Island gekommen sind. Von Anfang an ist es Evans' Begabung, Menschen im Bild zu erfassen und sie edierend im Bild festzuhalten. Das gelingt ihm besonders gut, wenn er die 8 x 10-Plattenkamera benutzt. Aber kann man feststellen, dass diese Aufnahme mit einer Kodak Touristen-Kamera geschossen wurde, die ihm sein Vater geschenkt hatte? Was ihn aber von den sogenannten Straßenphotographen unterscheidet, die später kamen: das Paar wird nicht angeschaut, sondern gesehen. Bei den anderen Photographen spürt man das Gestellte einer Aufnahme, ob geplant oder nicht. Andere sind glücklich mit der Welt, die durch eine Kamera eingefangen wird. Sie sind in die Kamera verliebt. Bei Evans tritt der Apparat nicht hervor. Das Auge tut es. Die Welt wird mit dem Auge gesehen und nicht durch den Sucher. Das lässt sich nur schwer in Worte fassen. Warum sollten wir es auch tun? Es ist alles da, anfangend mit dem hingerissenen Paar in Coney Island im Jahr 1938. Er hatte dieses Potential in der Photographie als Medium gefunden.

Zu diesem Bild existiert das Negativ. Es macht die ganze Szenerie auf, die Evans vorfand, als er die beiden antraf. Der Turm ragt noch höher empor und steht nicht wirklich senkrecht, vom Haus links sieht man mehr, und mehr Raum tut sich rechts von den blassen Bögen jenseits des Wassers auf. Vor allem aber ist da ein breiter Streifen Bürgersteig zwischen Photographen und Paar. Evans ging nicht näher ran, um ein zweites Bild zu schießen, sondern edierte seine eine Aufnahme. (Tat er das 1928 oder zehn Jahre später, als er *American Photographs* vorbereitete? Verändert das nicht unsere Vorstellung vom Machen eines Bildes? Wie ich weiter oben ausgeführt habe, ist Evans unkanonisch, was die Veröffentlichung verschiedener Versionen ein und derselben Photographie angeht. Man wird vielleicht feststellen, dass eine Reproduktion in diesem Buch anders ausfällt als in einer anderen Publikation.) Der Effekt des Edierens[130] bringt das Paar näher heran und bewahrt doch die relativen Proportionen von Paar und Turm und den Abstand zum Betrachter. Weiterhin bewirkt er, dass das Paar wie ein Fragment und isoliert von der Welt erscheint. Evans' Photographie ist ein Fragment der Welt, das ein größeres Ganzes verspricht. Das Fragmentieren gehört wie das Sehen zum Potential des Mediums, das er damals entdeckte. Das größere Ganze kann man auch haben, wenn man Gemälde betrachtet. Aber in der Malerei ist anders als in der Photographie das Ganze, das zu einem Fragment gehört, das Ganze des Gemäldes und nicht das Ganze der Welt. Und normalerweise sagen wir auch nicht *Fragment*, sondern *Detail*, wie in Kenneth Clarks erhellendem Buch *One Hundred Details from the National Gallery, London*, erschienen zuerst 1938. Sein Isolieren von Details in Gemälden unterstützt eine Wahrnehmung des Mediums, das eine Hand über längere Zeit hergestellt hat. Auf vergleichbare Weise schneiden wir nicht Details aus Photographien aus. Es gibt kein Buch, das dem von Clark entsprechen würde. Obwohl letzteres natürlich nur mithilfe von Kamera und Schwarzweiß-Film zustande kam.

Wir haben also auf einem Umweg eine weitere bemerkenswerte Eigen-
schaft der Photographie erreicht: Sie gibt mehr, als das Auge sehen kann.
Wenn wir auch aus Photographien anders als aus Gemälden keine Details
isolieren, sind erstere doch voll von ihnen. Sie sind ein Exzess an Informa-
tionen.[131] Ein Photograph wie Evans ist daran interessiert, alle Details, wel-
che die Kamera festhält, zum Bild zu machen. Die Aufnahme, der Evans
den Titel *Interieur eines portugiesischen Hauses, Detail* gab, ist ein bemerkens- 7
wertes Beispiel für seinen Umgang mit Details – die Pflanze, der Topf, in
dem sie sitzt, die Photographien an den Wänden, die Houbigant-Seifen-
schachtel, die Tapete. Ich nannte das oben „ein photographisches Kunst-
stück, das mit visuellen Informationen gefüllt ist, die das Auge mitbe-
kommt, aber nicht gänzlich erschließen kann". Dasselbe könnte man über
Umzugswagen und Spiegelkommode von 1931 sagen. Von Anfang an war die 12
Verfügung über die Details ein anderes Potential, das Evans im Medium
entdeckte. (Es muss angemerkt werden, dass die Wortwahl ihre Schwierig-
keiten hat. Szarkowski spricht in seinem Handbuch *The Photographer's Eye*
von *Detail* und nicht von *Fragment*, wenn er den Teil der Welt meint, den ein
Photograph für sein Bild auswählt. Darüber hinaus behandelt er photogra-

phische Details mit besonderem Nachdruck: „Intuitiv suchte und fand der Photograph das signifikante Detail. Sein Werk, das nicht erzählen kann, wandte sich dem Symbol zu.“[132])

Um einen weiteren Unterschied zur Malerei herauszuarbeiten: hier ist Evans und wie er seinen Werkprozess erklärt. Für ihn kommt die Hand erst ganz zum Schluss ins Spiel, wenn sie ediert. Man behalte im Kopf, was die Hand lernen und tun muss bei der Herstellung eines Gemäldes:

> „Mit der Kamera arbeiten, heißt: alles oder nichts. Man bekommt entweder sofort, worauf man aus ist, oder was man tut, ist wertlos. Ich denke, dass essenziel bei der Photographie die Hand nicht sehr beteiligt ist, *aber ich liebe das Handwerkliche, das zur Photographie dazugehört, das technische Handwerk im Besonderen.* Das Essenzielle ist sehr schnell getan, im Aufblitzen des Geistes und mit einer Maschine. Ich denke auch, dass Photographie Edieren heißt, Edieren nach dem Aufnehmen. Nachdem man weiß, was man aufnehmen will, muss man sich ans Edieren machen.“[133]

Die Aufregung, auf die Evans bzw. Kirstein mit dem Wort *verrückt* verwiesen, kam nach den Jahren, in denen er zu schreiben versucht hatte. Mit der Photographie hatte er sofort Erfolg, da musste er sich nicht mit der großen Literatur der Vergangenheit und Gegenwart auseinandersetzen, die ihm bei seinen ersten Versuchen zu schreiben so belastet hatte. Er entschied sich für etwas anderes, erstaunlich anderes. Und um diese Differenz geht es mir hier. Dies sind Evans' Worte über den Effekt der Unmittelbarkeit:

> „Ich wurde ein leidenschaftlicher Photograph. Konnte an nichts anderes denken. Ich hatte das eingefangen, wie eine Krankheit. Dachte darüber nach und praktizierte Photographie ohne abzulassen, Tag für Tag.“[134]

Heute studiert man Photographie und wird später ihr Lehrer. In den USA gibt es ein institutionelles und professionelles System mit Abschlüssen. Damals war das anders. Obwohl es Lehrprogramme gab, war es für einen Photographen nicht notwendig, sich einzuschreiben. Evans war Autodidakt und war es mit Überzeugung. Es sei hinzugefügt, dass ein autodidaktischer Maler eine Seltenheit ist und als solche hervorgehoben wird. Für einen Photographen gilt das nicht. Evans sagt selbst: „Die tiefsten und reinsten Photographen sind zunehmend Autodidakten, zumindest waren sie in der Regel nicht in der Nähe irgendwelcher formaler Photographie-Kurse. Dagegen ist jede Art von informellem Zugang zu einem anerkannten Meister die beste Art der Anfängerausbildung."[135]

Evans hatte sehr früh Zugang zu einem anerkannten Meister. 1931 schrieb er seinem Freund Hanns Skolle über die Lehre, wie er sie erfahren hatte: „Der Photograph Ralph Steiner erwies sich als äußerst großzügig und bot mir an, mich Photographie zu lehren … Vielleicht ist er sich nicht ganz bewusst, was er tut (er macht Geld auf tragisch einfache Weise) … Ich lasse ihn auf mich einwirken, so viel er will."[136] Dieser Brief wurde am 4. Juli nach Evans' erster Ausstellung in der Becker Gallery in New York geschrieben, an der auch Steiner teilnahm. Evans war damals mit Architekturaufnahmen beschäftigt, vielleicht weil er der Eröffnung entgehen wollte – es war ihm zuwider, sich selbst auszustellen. Die Freundschaft mit Steiner hatte schon früher angefangen. Belinda Rathbone hat herausgefunden, dass sie sich 1928/29 trafen. Und zwei Jahre später schenkte Steiner Evans eine Plattenkamera.[137]

Wie so oft, wenn Evans von einer anderen Person handelt, offenbart er auch etwas über sich selbst. Er sagt eine Menge in wenigen Worten. Wenn er behauptet, Steiner sei sich nicht im Klaren über das, was er tue, setzt er voraus, dass er, Evans, es ist. Wenn er sagt, dass Steiner Geld auf tragische Weise leicht verdiene, verteidigt er indirekt seinen Hang zum einfachen Leben und für ein Photographieren um seiner selbst willen. Schließlich gibt die Mitteilung, er lasse Steiner auf ihn einwirken, etwas sehr Charakteristisches preis. Kirstein, Steiner, Shahn, Mabry, Agee: Evans war der Freund von Männern mit Energie, Intelligenz und mit Talenten, die nicht seine waren, Männer, von denen er mit Profit lernte – seine Vorstellung von Profit war eben keine ökonomische.

IN BEWEGUNG LERNEN

Um sich das Potential des Mediums zu erschließen, war Evans während
dieser Jahre in Bewegung: in New York, seinen Stadtteilen und seinem Um-
land, in Massachusetts, inklusive Cape Cod und Martha's Vineyard, Con-
necticut und im Staat New York. Es sieht so aus, als hätte er ganz in eigener
Regie photographiert, und so sehen die Bilder auch wie die Meditationen
eines einsamen Wanderers aus. Viele Jahre später empfahl Evans den Stu-
denten in Yale genau dieses: in eigener Regie zu photographieren.[138] Das
klingt romantisch, und Evans hatte eine tief romantische Ader. (Baudelaire
war hier sein Pate.) In Wirklichkeit aber war da immer jemand, der ihn be-
gleitete, führte, schützte oder patronisierte. Zu der Aufnahme mit den drei
23 abgerissenen Männern, die auf der South Street herumhängen, sagte er
später, er sei dabei von einem befreundeten Matrosen begleitet worden,
den er durch Hart Crane kennengelernt hatte und der ihm als Bodyguard
diente und ihn bereits auf gute Motive hingewiesen hatte.[139]

Evans photographierte, wo immer er sich gerade aufhielt, und es ist un-
möglich, die Gründe für seine Ortswahl zu erschließen. Wie fand er den
12 Umzugswagen mit der Spiegelkommode? Oder das „Beschädigt"-Schild,
das gerade auf den Lastwagen aufgeladen oder heruntergenommen wird?
War es ein Zufall, dass er von seinem Dachgeschoss in der Fifth Avenue
20 schaute und die Metallreste entdeckte, siehe *Blech-Relikt*? Warum ging er auf
den Wallabout Market, wo er die Karren photographierte? Nachdem er
sich an den Wolkenkratzern von New York und der Brooklyn Bridge abge-
arbeitet hatte, sieht es so aus, als würde er überall photographieren, vor
allem aber an populären Orten. Er bediente sich auch der Plätze, an die
Freunde ihn eingeladen hatten: auf dem fotogenen Cape Cod zum Beispiel,
wo er mit Ben Shahn und dessen Frau in den Sommern 1930 und 1931
weilte. Es ist nicht ohne Bedeutung, dass die Besitzer des Nachbarhauses,
in dem er die Kaktee photographierte, dunkelhäutige Portugiesen aus
Cap Verde waren, die von den hochgestochenen Urlaubern auf Cape Cod
ignoriert oder gemieden wurden.[140] Aber sein Widerstand gegen das
Establishment reicht nicht aus, die Photographien zu erklären, für die
Evans sich damals entschied. Von zerfetzen Filmplakaten, denen er auf

Martha's Vineyard begegnete, wo seine Schwester Urlaub machte, bis hin 9
zu dem verlassenen Wagen in hohem Gras und dem Paar in einem schräg geparkten Auto in Ossining, wo seine Schwester das Jahr über lebte: man kann nachvollziehen, wie Evans herumging und welche Chancen er nutzte.

Es gab aber auch Reisen mit Plan, die Auftraggeber bezahlten. Der bekannteste Auftrag war der, der Evans zusammen mit Lincoln Kirstein und dem Architekten und Dichter John Brooks Wheelwright nach Boston und Umgebung schickte, um die in die Jahre gekommenen viktorianischen Privathäuser aufzunehmen. Die Bilder wurden dann Teil der 1933 vom Museum of Modern Art veranstalteten Ausstellung von Photographien nach Architekturen des 19. Jahrhunderts. Bei der Gelegenheit hatten die drei auch Naushon Island besucht, das der Familie Forbes gehörte, wo Evans die verlangten Photographien des viel bewunderten Hauses im modernen Stil machte. Mehr lag ihm allerdings daran, einen alten Fischer zu photographieren.

Im November 1931 entschied sich der Architekt Charles Fuller, wie Kirstein und Wheelwright ein Harvard-Absolvent, ein Architekturbuch zu machen.[141] Er fuhr mit Evans durch den Staat New York bis nach Bedford, wo er mit seiner Frau lebte und wo Evans das klare, strenge Lagerhaus der Teefirma Great Atlantic & Pacific photographierte, direkt auf seine Symmetrie zuhaltend, so verfremdet, dass man statt „photographierte" besser sagen sollte: erfand. Auch Saratoga Springs wurde besucht, wo er die be-
kannte Photographie der regennassen Straße mit den diagonal geparkten 26
Automobilen machte und außerdem Detailstudien des großartigen alten Hotels rechts in der Nähe.

Diese ersten Aufträge machten aus dem frühen Evans einen Architekturphotographen. Doch stimmt diese Bezeichnung nicht ganz, denn sein Interesse an Gebäuden war ein besonderes. Sein Interesse galt nicht dem Bauwerk als solider Körper im Raum. Er zog es vor, zurückzutreten und es frontal aufzunehmen. Das ist der Evans-Look, der mit der Firma in Bedford anfing und sich in den hölzernen Kirchen im Süden und einer Hütte in den späten Jahren fortsetzte. Seine Gebäude sind flach. Eine Stadt an einem Berghang ist eine Ansammlung von Fassaden.[142] Das Zusammentreffen zweier Außenwände bildet eine Linie, nicht eine Ecke.[143] Evans präferierte

die lange Brennweite, um ferne Elemente näher heranzuholen. Selbst wenn
27 Gebäude in einer Diagonale gesehen werden, wie das oft bei Reihenhäusern der Fall ist, scheint es so, als würde man auf sie draufschauen. Er hält den Abstand zu ihnen ein. Seine Portraits anonymer Gebäude haben etwas von der Art, mit der er sich Menschen nähert.

Man kann seinen Gebäuden die Details der Oberfläche und die Merkmale eines Stils ablesen – des Architekturstils und des Stils des Photographen Evans. Es existiert da eine ästhetische Verwandtschaft zwischen ihm und dieser amerikanischen Welt, wie ich in der Einleitung angemerkt habe. Auf seinem ersten Ausflug zur Architektur mit Kirstein fand er zu diesem Stil im zweifachen Sinne. Die fantasievollen Sägearbeiten der viktorianischen Häuser, oft als gotisch bezeichnet, sind ebenso wie die später auf seinem Dach in der Fifth Avenue gefundenen Blechreste heimische Ersatzstoffe für die Hochkunst und Materialästhetik Europas. Sie gefielen ihm umso mehr, als er sie in einem Stil photographieren konnte, der zu Amerika passte. Er lernte dieses Amerika umso mehr lieben, als es in dem Moment langsam verschwand, da er es photographierte.

Auf dieser Fahrt mit Fuller machte Evans über hundert Aufnahmen von Häusern im Greek Revival-Stil und über dreißig Aufnahmen von Fullers Haus und Familie. Aber die einzigen Photographien dieser Kampagne, die bekannt sind, sehr bekannt sogar, sind außerhalb des Auftrags entstanden, z. B. der A & P-Laden in Bedford und die Serien der Aufnahmen der Main Street und des Hotels in Saratoga Springs. Schaut man die Kontaktabzüge der Aufnahmen durch, die Evans in Fullers Auftrag von den Bauten des Greek Revival in Bedford und Saratoga Springs machte, dann stellt man fest, dass er bisweilen abwich und eigene Wege ging.[144] Relativ wenige damals entstandene Aufnahmen hat er in Ausstellungen und Publikationen veröffentlicht. Sehr viel mehr hat er auf Film und Platte angefertigt und zum großen Teil archiviert. Diese Differenz ist für mich als Kunsthistorikerin und Kritikerin ein Problem. Aber das ist die Natur der Photographie. Was wird von dem gezeigt, was photographiert wurde? Wie fühlt sich der Photograph, wenn er so viele Bilder macht und am Ende nur relativ wenige vorzeigt? Im Fall Evans drängt sich die Frage weniger auf, wenn er für einen Auftraggeber wie Fuller arbeitet, als wenn er in eigener Regie arbeitet.

MULTIPLES SCHAFFEN

Müsste man nicht alle Bilder betrachten, um einen angemessenen Eindruck von Evans' damaligen Schaffen zu gewinnen? In diese Richtung ging das Buch *Walker Evans at Work*, das John T. Hill und Frances Lindley zusammen mit einem Essay von Jerry L. Thompson herausgegeben haben. Was man dort, auch an den kleinen Reproduktionen feststellen kann, ist die hohe Qualität, die manche der ausgesonderten Photographien aufweisen. Evans wählte für uns die besten aus. Das hieß die Aufnahmen, die sich in ihrer Verdichtung dem Gedächtnis einprägen und im Detail am klarsten durchgezeichnet sind. Man stellt sich vor, wie er, um das richtig hinzukriegen, um die Objekte herumgeschlichen sein muss. Aber was machen wir dann mit den multiplen Aufnahmen von ein und demselben Gegenstand? Bei anderen Medien schauen wir auf die werkvorbereitenden Studien, um Klarheit zu gewinnen.

Eine mögliches Vergleichsobjekt wären die Schichten, die unter der Oberfläche eines Gemäldes liegen. Seine Entstehungsphasen kann man dann in Röntgenaufnahmen und mit Hilfe anderer Techniken studieren. Die Forschung hat diese Einsichten dankbar aufgenommen und die Funde oft mit Vorzeichnungen verglichen. Dabei haben sie aber, oft unterstützt von Restauratoren, ihr Auge auf etwas gerichtet, was die Augen der Betrachter niemals zu sehen bekamen. Gilt das auch für photographische Negative, die niemals abgezogen und für Abzüge, die nicht gezeigt wurden?

Als Alternative könnte man das Skizzenbuch heranziehen, das ein Künstler mit vielen Zeichnungen füllt. Im Kontext mit Evans denke ich besonders an die einzigartigen Skizzenbücher, die Cézanne führte, und darunter vor allem an das in Basel aufbewahrte.[145] So wie die Negative von Evans wurden die Skizzenbücher von Sammlern erworben und sind heute meist im Besitz von Museen. Aber ursprünglich waren sie der Privatbesitz von Cézanne. Auf ihren Seiten finden sich Studien vor dem Objekt, aber auch solche der Imagination. Vielleicht der Kopf des Sohnes oder ein Stuhl, Dinge auf dem Tisch, eine Skulptur im Louvre, eine Landschaft oder flüchtige Ideen, eine Figurengruppe betreffend. Manchmal steht da nur eine Einkaufsliste auf der Seite.

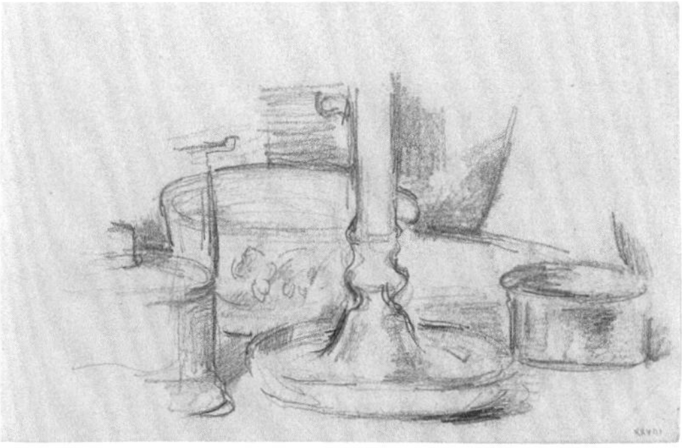

Abb. 16 Paul Cézanne, *Stillleben mit Kerzenleuchter*, 1881–84

Es ist wichtig zu wissen, dass *carnet*, das französische Wort für Skizzenbuch, eigentlich kleines Rechnungsbuch bedeutet.[146] Die *carnets* dienen nicht zur Vorbereitung eines Gemäldes, sondern sind da zum Sehen, Denken und wie Gowing (ein leidenschaftlicher und genauer Kenner Cézannes) sagte: zum Träumen mit dem Stift in der Hand.[147] So könnte man den Vergleich umwenden und behaupten, dass die vielfältigen Beobachtungen, die Cézanne in seinen Skizzenbüchern sammelte, an Evans Vorgehensweisen erinnern, der auch ein großer Sammler war. So unwahrscheinlich der Vergleich auch anmutet, es ist die Intensität der visuellen Aufmerksamkeit, welche diese Komplexe zusammenführt: das Auge des Beobachters Cézannes und das Auge des Beobachters Evans. Es bleiben verschiedene Medien, aber es ist faszinierend zu sehen, dass sie in diesem Fall nicht den Vergleich behindern. Die monochromen Skizzenbuchzeichnungen lassen sich mit Schwarzweiß-Photographien vergleichen. In ihrem Sinn für das Licht und seine Reflektionen registrieren und ersetzen beide Künstler das Fehlen von Farbe. Man vergleiche zwei Stillleben, Cézannes *Stillleben mit Kerzenleuchter*
7 (Abb. 16) und Evans' *Interieur eines portugiesischen Hauses, Detail.* Cézanne sah
überlappende Haushaltsgegenstände, die sich auf einer Tischplatte bedrängen. Evans sah die Vitrine mit einem wilden Kaktus im Haus von Fremden, die ihn eingeladen hatten. Wir erinnern uns, dass es eine andere Photo-
8 graphie dieses Hauses in Truro gab, die beweist, dass Evans die Kamera
bewegt hatte, um besser zu sehen. In ihrer formalen Strenge nivellieren Evans' Kamera und Cézannes Linien die Gegenstände. Man beachte, wie

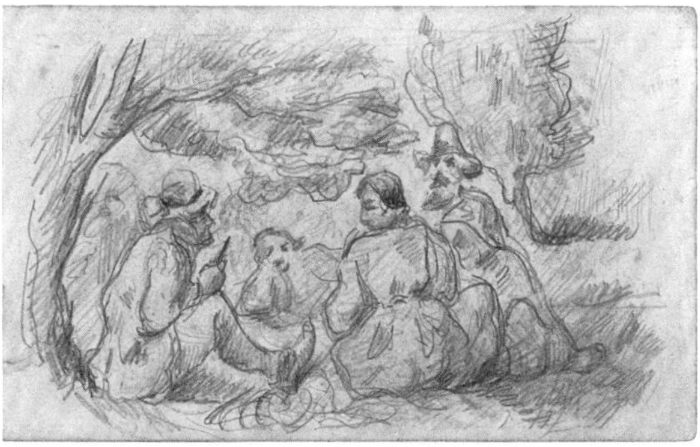

Abb. 17 Paul Cézanne, *Vier Männer unter einem Baum sitzend*, 1871–74

beide an die isolierten Objekte und an die Zwischenräume herangehen, um ganz deutlich das schwierige Verhältnis der Dinge zueinander sichtbar zu machen.

Überraschenderweise führen uns Cézannes erfundene Figurengruppen
(Abb. 17), zu einem Picknick vereinigt oder einem unbekannten Ritual ge-
horchend, zur Entdeckung, dass in den figürlichen Bildern von Evans
ebenfalls Phantasie am Werk ist. Ergibt sich hier eine weitere Beziehung?
Schaut man auf die Intensität der wirbelnden Linien, mit denen Cézanne
eine Gruppe zu fassen versucht, möchte man auch Evans noch einmal an-
ders sehen. Die drei Landstreicher auf der South Street sind so verwirrend 23
und reich an Möglichkeiten wie eine Gruppe, die aus Cézannes Stift ent-
steht. Nachdem Evans die Gemeinsamkeit der drei Männer mit Hut in
ihrem Losgelöstsein erkannt hatte, konzentrierte er sich und schaute noch
einmal auf die liegende Figur in der Mitte. Körper und Glieder hatten sich 28
bewegt, nun steht der Hosenlatz auf und ein schlaffer Penis hängt heraus.
Aber man beachte, dass Evans skizzierend, wenn wir das so nennen dür-
fen, eine weitere Aufnahme von der Gruppe gemacht hat und wiederholte
Male bei dem Schläfer verweilte. Am Ende ist da der Ausschnitt, den er als
Abbildung 49 in Teil 1 von *American Photographs* aufnahm. Mit Cézanne vor
Augen sieht man die weiße Matte, die unter dem Mann liegt, wie in einer
Zeichnung, als weißes Papier, über das der Stift bewegt wird. Maler und
Photograph würden vor diesem Vergleich zurückgeschreckt sein: Cézanne,
weil er Verdacht gegenüber der Photographie und Evans, weil er Verdacht

gegenüber Museen hegte und darauf bestand, dass Photographie nicht Malerei war. Aber die Frage ist weiterhin: Können wir Evans' unbenutzte Negative als ein Denken mit der Kamera in Vergleich zu den Skizzenbüchern setzen, in denen Cézanne mit dem Pinsel dachte? Die beiden Bilder des Kaktus und die Bilderstrecke mit den Männern in *South Street* unterstützen diese These nicht wirklich. Wenn man sein ganzes Werk betrachtet und sein Desinteresse an qualitativ hochwertigen Abzügen hinzunimmt, könnte man eher alle seine Photographien für Zeichnungen in einem Skiz-
3 zenbuch halten. Man vergleiche in dieser Hinsicht noch einmal den Filmstreifen mit der *Jungen Frau in der Fulton Street*: Ich hatte in der Einleitung seine fehlende Bereitschaft, sich für *ein* Bild in der Serie zu entscheiden, als Evans' Akzeptanz der inhärent repetitiven Natur seines Mediums interpretiert. Nun können wir das anders formulieren und mehr auf die Praxis des Künstlers beziehen: Dann würde der Streifen mit den drei Negativen einfach ein Weiterarbeiten anzeigen.

Was bei Evans fehlt, ist so etwas wie das Fehlen eines fertiggestellten Bildes bei Cézanne. Hier ist der abschließende Dreh in unserem Vergleich: Cézanne, der dafür berühmt war, die Arbeit an einem Bild nicht abschließen zu können, ist so mit Evans vergleichbar, der zögerte, wenn er sich für einen ikonischen Abzug entscheiden sollte. Beide gingen mit Freude an die Aufgabe, Bilder zu erzeugen, die in irgendeiner Weise der Welt entsprechen sollten, und gleichzeitig verzweifelten sie an dieser Herausforderung.

EIN STIL IN ARBEIT

Ich habe herauszufinden versucht, ob wir Evans im Prozess des Machens erreichen können. Dieser Prozess wir normalerweise ex post dargestellt. So etwa, wenn man sich den Entscheidungen widmet, die Evans zu der sorgfältigen Auswahl der Bilder für *American Photographs* von 1938 führten. Da wird Jahre nach ihrem Entstehen dem frühen Werk Gestalt und Absicht
4, 12, verliehen. Aber man mache sich die Unterschiedlichkeit der Aufnahmen
20, 7, bewusst, die wir bisher betrachtet haben: von *Junge Frau in der Fulton Street*
9, 10, über *Umzugswagen und Spiegelkommode* und den Blechresten, dem Kaktus bis
22, 25 zu den diversen Wagen und schließlich zum *Paar in Coney Island*, in allen er-

kennen wir Evans; und doch sind sie wunderbar spezifisch, was gerne verdrängt wird, wenn man die Betonung auf ihre Sequentialität in der Publikation und der Ausstellung von 1938 legt. Es ist nicht leicht, seinen Wanderungen durch New York und Neuengland einen Plan und ein Programm zu unterstellen. Er versuchte vielmehr, Aufnahme für Aufnahme seinen Weg zu finden oder besser gesagt: Aufnahme nach Aufnahme, wenn wir die Mehrfachaufnahmen von Motiven berücksichtigen, die ihn fesselten.

Die Diskussion über Evans fängt normalerweise dort an, wo er auch anfing, bei den spitzwinkligen Ansichten des neuen New York, den Wolkenkratzern, die hochschießen und Schatten werfen, den schwindelerregenden Perspektiven von oben in die Tiefe auf Plätze und der bedrohlichen
Struktur der Brooklyn Bridge wie ein gigantischer Bug eines Schiffes, der 29
nach oben das Hochformat durchschneidet. Eine andere Aufnahme der Brücke diente als Cover-Illustration für Hart Cranes Langgedicht *The Bridge*. Diese Bilder feierten das Neue in der Stadt, aber auch in der Photographie – das *Neue Sehen*, wie die Internationale der modernen Photographie zwischen den Kriegen genannt wurde. Evans kannte und lobte diesen heterogenen Stil, wie ihn das Buch *Foto-Auge* vorführte, das er 1931 in *Hound & Horn* rezensiert hatte. Aber diese Option war nicht die seine. Gleichwohl blieb Evans offen für andere Arten der Photographie, was die Satelliten-Bilder von Sonne und Mond belegen, die er für das Buch von Louis Kronenberger, *Quality: Its Image in the Arts* von 1960 auswählte. Ohne Umstände erklärte er damals: „Kunst als unbeabsichtigtes Nebenprodukt von Technologie ist trotzdem Kunst. Wir stehen vor diesen Photographien verblüfft, elektrisiert und zutiefst getroffen."[148] Was die Kenntnisnahme anderer Photographen angeht, ist die Begegnung mit Alfred Stieglitz von Bedeutung, den Evans als ambitiöser Anfänger 1928 oder 1929 besuchte. Das Treffen war nicht erfolgreich. Stieglitz zeigte Evans und seinen Photographien die kalte Schulter, und die beiden haben sich nie wiedergesehen. Neben anderen Dingen war es „der wahrhaft schreiende Ästhetizismus, seine gezierte Persönlichkeit", die Evans und andere in dieser Zeit abstießen.[149] Später sagte Evans, dass Stieglitz ihm nützlich gewesen sei, um es anders zu machen:

> „Ich wurde von Stieglitz stimuliert. Als ich anfing, Photographien zu betrachten, fand ich manchmal, dass ich gegen ihn arbeiten müsste. Er war künstlerisch und romantisch. Seine Ästhetik nahm ich zum Anlass, meine eigene gegen ihn zu schärfen – eine Gegenästhetik.“[150]

Evans flirtete also erst mit Aspekten des Internationalen Stils, wandte sich gegen Stieglitz und wurde, wie wir gesehen haben, von Atget überwältigt. Darüber hinaus ist es hilfreich, seine frühe Werkphase im Kontext der Ausstellungen in der kleinen, neuen Madison Avenue Gallery in New York zu sehen. Dort hatte er zuerst ausgestellt. John Becker, damals der Partner von Tom Mabry, der später zu einem treuen Unterstützer wurde, als er am MoMA arbeitete, zeigte Evans 1931, zusammen mit Bourke-White und Steiner. Unter den ausgestellten Werken waren Neonschilder und Bilder aus Coney Island. Julien Levy, der Veranstalter der ersten Atget-Show, zeigte Evans in seiner Weyhe Gallery dreimal: 1932, 1933 und 1935. Zwischen Auftritten in kleineren Zeitschriften und diesen Ausstellungen fand sich Evans von Anfang an zwischen Journalismus und Kunstsphäre. Levy war auf seiner ersten Reise nach Paris auf dem Schiff Marcel Duchamp begegnet, und er fuhr dann jedes Jahr wieder nach Paris und befreundete sich mit
20 Surrealisten. 1932 zeigte er von Evans unter anderem *Blech-Relikt* und das
30 eng beschnittene, frontal aufgenommene Bild eines Grabsteins, entstanden bei einer Autofahrt mit Levy nach Connecticut. Aber George Platt Lynes, den Levy mit Evans zusammenbrachte, verfolgte einen Kurs, der entschiedener in Richtung Surrealismus zeigte. Die surrealistische Malerei hatte in New York eine Bastion, als europäische Künstler während des Krieges in die USA auswanderten. Man muss daran erinnern, dass Levy so mutig war, in den 1940er Jahren den unterbewerteten Arshile Gorky auszustellen. Aber ebenso gilt es festzuhalten, dass die Levy-Photographen und die Levy-Maler unabhängig voneinander existierten. Levy veranstaltete 1933 und 1935 zwei Ausstellungen mit dem provokanten Titel *Anti-Graphic Photography*. (*Anti-Graphic* bedeutete ganz einfach nicht gezeichnet und nicht gemalt.) In der Ausgabe von 1933 konzentrierte sich die Ausstellung auf das Werk von Henri Cartier-Bresson und fügte in einem hinteren Raum als Komplement Zeitungsphotographien und Werke anderer zeitgenössischer

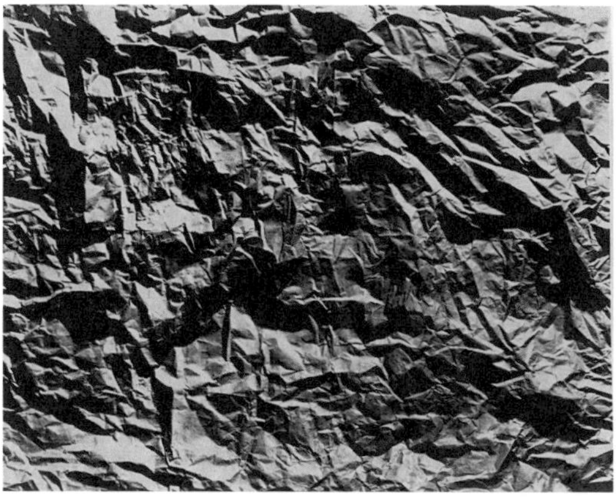

Abb. 18 Berenice Abbott, *Photographischer Entwurf für einen Mülleimer*, 1931

Photographen hinzu, darunter Evans. Lewis Mumford beschrieb die Ausstellung im *New Yorker* als die „Apotheose des Akzidentiellen". Er bezog diese Strategie direkt auf den Geist des Surrealismus.[151] Diese Bewegung als solche interessiert mich hier nicht, es geht mehr um das, was als surrealistischer Photostil durchgeht.

Sur meint wörtlich über oder höher, *surreal* meint über, höher als die Realität. Jede Photographie, die von der Realität handelt, ist diesem Verständnis nach surreal. Selbst wenn wir uns in den bald zweihundert Jahren seit ihrer Erfindung an sie gewöhnt haben, bleiben Photographien doch für die Wahrnehmung unerwartet und unvertraut. Surreal ist ein Standard der Photographie. Ich erinnere daran, dass Evans in der Buchbesprechung „The Reappearance of Photography" von 1931 klug bemerkt hatte, dass Atget sich in einer Position aufgestellt habe, „auf die auch ein orthodoxer Surrealist gesprungen wäre": Es gab aber auch Photographen, die das surrealistische Potential der Kamera ausbeuteten, und an denen war Levy interessiert. Eine anderer Standardgröße dieser Jahre war in den Ausstellungen Levys die Abstraktion. Die Welt in Schwarzweiß abzubilden, macht aus ihrer farbigen Vielfalt eine fassbare Ordnung. Ein Schwergewicht auf abstrakte Muster um ihrer selbst willen zu legen, fällt der Photographie nicht schwer. Man könnte es so sagen: Das zufällige Zusammentreffen von Dingen, das dem Surrealismus gefiel, erzeugte Überraschung, Abstraktion erzeugte Ordnung. Man Ray tat sich in beiden Möglichkeiten, in Surrealismus und Abstraktion, mit Brillanz und Witz hervor. Seine Aufnahme *Pfingstrose und Handschuh* aus der Sammlung Levy zeigt, wie leicht die Dinge zu dem Mann mit der Kamera zu kommen scheinen.[152] Evans' Freundin Berenice Abbott, die im 6. Arrondissement in Paris als Portraitphotographin angefangen hatte, kam nach Haus, brachte Atget mit und photographiert in New York Gebäude, Straßen und Menschen. Aber für ihre Zukunft waren abstrakte All-over-Kompositionen wie der *Photographische Entwurf für einen Mülleimer* am wichtigsten. (Abb. 18) Nach ihren Pariser Portraits sind wahrscheinlich ihre Arbeiten am besten, die sie in den 1950ern am MIT machte, wo sie in der Lehre der Physik gebraucht wurden. Der wissenschaftliche Sektor hat wie kaum ein anderer die Entwicklung der Photographie zur Abstraktion unterstützt. Die Schwingungen, Bögen und Wellen, die Abbotts Kamera am MIT registrierte, zeigen eine Natur im Werden. Abbott hatte sich damit weit von Evans entfernt.

Die Ausstellung der Julien Levy Gallery im April 1935 schloss an eine Ausstellung in Mexiko City an, die gerade geendet hatte und Werke von Manuel Alvarez Bravo und Cartier-Bresson gezeigt hatte. In New York kam Evans hinzu. Der Titel lautete: *Documentary and Anti-Graphic Photographs.* Der Franzose und der Mexikaner waren sich in ihren Arbeiten nahe, näher als zu Evans. Ihr Sinn für die photographischen Effekte von Standpunkt und Licht und ihr Interesse an Menschen, die in solchen gespannten Verhältnissen gesehen werden, machen ihr Werk surreal in dem von mir oben gegebenen Sinn. Sie waren nicht gewollt künstlerisch in dem anerkannten Stil, von dem diese Photographen Abstand hielten. Aber sie zeigen eine eigene Art von Kunstwollen. Als die Show vorbereitet wurde, kam Evans aus dem Süden von einer sehr produktiven, zwei Monate langen Reise zurück. Gifford Couchran, ein anderer reicher Architekturliebhaber, hatte ihn im Wagen mitgenommen und später abgesetzt. Wieder zurückgekommen, wurde er von Tom Mabry beauftragt, ca. 450 Objekte der kurz zuvor eröff-
72, 73 neten Ausstellung *African Negro Art* zu photographieren. Die Ausstellung bei Levy aber beschäftigte Evans nicht, und es ist unbekannt, welche Werke er dort ausstellte.[153] Die dort gezeigten Arbeiten in Richtung Surrealismus und Abstraktion waren keine Option für Evans.[154] Wenn er Abstraktion in

der Wirklichkeit sah, machte er eine Ausnahme, wie in den „Color Accidents“, einer Bilderstrecke, die er für *Architectural Forum* 1958 anfertigte und 109–111
die verfallenden Wände in New York zum Thema hatte. Der kleine Maßstab der in einem Magazin farbig gedruckten Vorlagen betont ihren Unterschied zu den großen abstrakten Gemälden, auf die sich Evans in seinem Text mit Verweis auf Pollock bezog und mit denen und gegen die er spielerisch anging. Die Welt und nicht das Medium waren die Quelle seines Vergnügens. In seinem letzten kurzen Liebesabenteuer mit einer Polaroid- 112–117
Kamera (1973–75) zogen seinen Blick die Muster an, die Markierungen auf Straßen hinterlassen hatten.

Wenn er der photographischen Abstraktion aus dem Wege ging, hatte das zum Teil mit einem Misstrauen gegenüber technischen Aspekten des Mediums zu tun. Nicht ein Misstrauen an sich, aber ein Misstrauen an einer zu großen Konzentration auf diese Aspekte. Wie immer man Evans' umfangreiche Selbstinterpretation seiner späteren Jahre bewerten will, dieses Misstrauen setzt sich fort. Um es kurz zu sagen, die Kamera als Apparat interessierte ihn nicht, wenn er auch manchmal zu sehr dagegen angeht:

> „Ich bin an Technik nicht interessiert, ja noch nicht einmal an Photographie – ich will nur, dass ich mit ihr machen kann, was ich will.
>
> Frage: Sie glauben also nicht, dass Ihnen dabei die neue verbesserte Ausrüstung hilft?
>
> Nein, nicht im geringsten. Aber man muss befähigt sein, instinktiv und umsichtig die Kamera dahin zu bringen, zu tun, was man will. Das ist ein technisches Problem. Man muss sie an die ihr zugehörige Stelle verweisen – als ein Hilfsmittel.“ [155]

Dass Evans oft auf den Umschlägen seiner Negative das Objektiv und die Belichtungszeit notierte, beweist, dass er wusste und darauf achtete, was er tat. Aber es ging um ein Mittel und nicht um einen Selbstzweck. In dieselbe Richtung verweist sein Misstrauen gegenüber zu vielen manipulativen Eingriffen: „Ich glaube nicht an die Manipulation … von Fotoabzügen oder Negativen. Ich bin strikt für straight photography, und so sollte sie auch aussehen, nicht malerisch … Photographien sollten photographisch sein."[156] Und noch ein Zitat: Er wandte sich gegen die Photographen, die „mit Unschärfe und mit Retuschen tricksen, um die Photographie anders aussehen zu lassen und sich in Richtung des Malerischen zu drängen – was lachhaft ist."[157]

BEZEICHNEN

Evans hätte wenig Sympathie für unsere Zeit, in der in amerikanischen Galerien und Museen eine Photographie zu sehen ist, die nicht mehr straight, sondern experimentell ist. Aber um eine solche hypothetische Annahme geht es nicht, sondern darum, was seinerzeit Evans zu seiner Ablehnung technischer Fragen veranlasste.

Exzessive Konzentration auf das Medium ist das Ergebnis einer Kritik des damals prominenten (und heute oft verächtlich behandelten) Kunstkritikers Clement Greenberg aus dem Jahr 1942. Er besprach eine Ausstellung der Photographien Edward Westons.[158] Greenbergs am Beispiel Weston entwickelte These war, dass die Photographie als Medium sehr viel weniger Interesse auf sich selbst vereint als die Malerei. Sein Argument ist, dass die Kamera im Unterschied zur Malerei nicht ein Mittel des Ausdrucks ist. Man könnte mit Evans hinzufügen, dass sie ohne die Hand auskommt. Wir sollten an dieser Stelle einen historischen Exkurs machen. Seit dem 19. Jahrhundert, seit Manet und Cézanne (aber in Wirklichkeit schon viel früher) haben sich Maler auf ihr Medium konzentriert. Der Malgrund und die Farben, der von der Hand geführte Pinsel rückten in den Mittelpunkt der Aufmerksamkeit. Das Machen selbst wurde zur Kunst. Die Mythen, die Bibel und die Ereignisse, die Stoffe der Historienmalerei verloren an Bedeutung. Indem man sich auf sich selbst konzentrierte, konnte man auch ohne die großen Sujets weitermachen. Das bedeutete eine Revolution oder eine Evolution der Malerei. Greenberg, der diese Entwicklung feierte, schrieb 1948 über die Gorky-Ausstellung in der Julien Levy Gallery: „Kunst heißt selbstredend, Erfahrungen zu lesen, aber bis vor ungefähr acht Jahren schien es ihr unmöglich, die ihr eigene Erfahrung zu lesen. Ich meine damit jenen Teil der Erfahrung, der mit dem Machen der Kunst selbst zu tun hat."[159]

Also, was kann ein Photograph tun? Kann eine Photographie die ihr eigene Erfahrung registrieren? Greenberg war eindeutig nicht dieser Meinung. Das ist heute relevant, weil es Photographen gibt, die dieser Ansicht zuwiderhandeln. Führt das zum Erfolg, wenn das Medium sich auf sich selbst konzentriert, so wie es in der Malerei oft geschah? Darüber hinaus kann man fragen, mit welchem Effekt und mit wie viel Erfolg dies möglich wäre. Greenberg holt sich Evans zur Unterstützung, um seinen Punkt klar zu machen. Seine umfangreiche Besprechung von Westons Photographien endet in einem kurzen und entschiedenen Absatz mit dem Blick auf die Alternative, die Walker Evans anzubieten hat: Es gehe darum, literarisch zu sein. Das Interesse der Photographie richte sich nicht auf das Medium, sondern auf den Gegenstand. Greenberg sagt statt Gegenstand *Anekdote*, aber einigt sich dann später und mit besseren Gründen, wie ich finde, auf das Wort *Literatur*: „In mancher Beziehung siedelt Photographie heute näher an der Literatur als an den anderen Bildkünsten. Die abschließende Botschaft ist: Lasst Photographie ‚literarisch' sein!"

Was Evans in dem Buch *Quality* von Kronenberger aus dem Jahr 1969 schrieb, verweist in die gleiche Richtung: „Photographie scheint von allen Bildkünsten die am meisten literarische zu sein."[160] Wenn man an seine Leidenschaft für Bücher, fürs Lesen und an die vielen Worte denkt, die als Buchstaben in seinen Bildern auftauchen, dann erscheint diese Bemerkung zugleich überzeugend und verwirrend. Evans fährt dann fort, in einem rhetorischen Tonfall Photographie mit Sprache zu vergleichen: „sie wird … Qualitäten der Redekunst haben, Witz, Grazie und Ökonomie, weiterhin natürlich Stil, Struktur und Kohärenz, aber auch Paradox, und Spiel und Oxymoron". Das verbindet er mit Schriftstellern, die beschreiben, wie Nabokov, oder anderen, die in Dialogen überzeugen, wie Henry James und Ernest Hemingway. Das alles ist relevant für Evans' eigenes Werk.

Aber Greenbergs Insistieren auf Literatur als Sujet ist aufschlussreich. In einer einzigen, entschlossenen Bewegung lenkt er unsere Aufmerksamkeit von der Kamera als Medium weg zu einem literarischen Belang. Die Gegenüberstellung von Medium und Gegenstand ist geschickt, und sie führt in die Tiefe. Sie definiert ein einzigartiges Merkmal der Photographie und trifft ins Herz von Evans' photographischer Praxis. Wir kommen wieder zurück zu dem, was Evans von Anfang an sah und photographisch einfing. Evans machte oft Listen von Gegenständen. Da ist die Liste, die er in einem Brief an seinen Freund Hanns Skolle aufstellte, die wir am Ende dieses Kapitels zitieren werden, und da ist die oft zitierte, berühmte Liste, die er 1934 an Ernestine Evans schickte, die wir uns am Anfang von Kapitel 4 vornehmen werden. Es versteht sich, dass ein Sujet, das ein Photograph sich vornimmt und ablichtet, eine andere Qualität des Mediums repräsentiert. Der Punkt ist aber der, dass das Sujet für die Photographie eine distinktive Qualität besitzt. Greenberg macht das in einem unpublizierten Vortrag am Metropolitan Museum 1972 fest, in dem er so klingt, als würde er von einer Photographie von Evans handeln: „In einigen der besten Photographien, die ich kenne, drängt sich eine Geschichte oder eine Bedeutung oder Anekdote auf, ohne dass sie sich erklären oder greifbar machen würden; diese literarische Bedeutung wird als Präsenz oder Möglichkeit und nicht als explizites Statement wahrgenommen."[161] In der folgenden Passage werden die handschriftlichen Zusätze zum Typoskript fett gesetzt: „als eine Präsenz oder Möglichkeit, **Grenze oder Vorschlag,** und nicht als explizites Statement **oder als Bericht oder Erzählung im gewöhnlichen Sinne**." Dieser unpublizierte Vortrag ist Greenbergs umfassendste Auseinandersetzung mit Photographie.

Wenn er sagt, dass Bedeutung als Präsenz und Möglichkeit, als Grenze oder Vorschlag gefühlt und nicht als Statement, als Bericht oder Erzählung im gewöhnlichen Sinne registriert wird, dann versucht er die richtigen Worte in Bezug auf das zu finden, was in der Tat in Evans' Photographien als ein flüchtiges Phänomen aufscheint. Und er geht noch näher heran: „Oft besteht die Bedeutung ganz einfach, aber vielleicht doch nicht so einfach in der Dokumentation. Auf diese Art und Weise hat einer oder eines zu der und der Zeit an dem und dem Ort mal ausgesehen. Und die Bedeutung des Dokumentarischen kann sich in der Kunst auch so stark wie jede andere Kategorie niederschlagen [**auch so stark** wurde eingefügt]. Das gilt nicht exklusiv für die Photographe, aber sie kann das am besten ausbeuten." Greenbergs umsichtige Verwendung des Wortes dokumentarisch erinnert uns daran, dass Evans darauf bestand, im dokumentarischen Stil zu arbeiten.

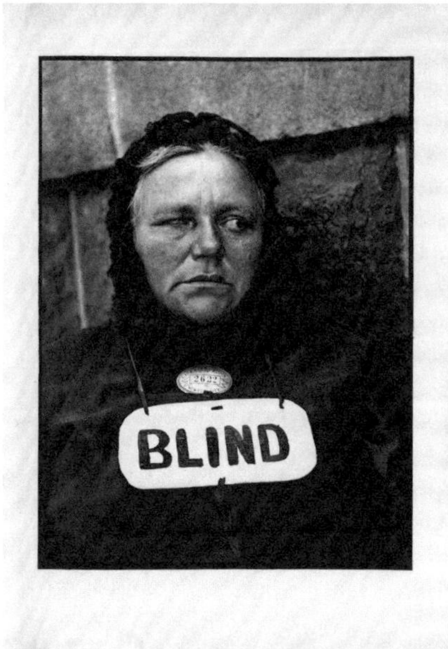

Abb. 19 Paul Strand, *Blinde Frau*, 1916. Nach einer Ausgabe von *Camera Work* 49–50 (Juni 1917) in der New York Public Library

Um es zugespitzt zu sagen, eine Photographie von Evans ist Sehen und auch Bezeichnen (telling) – letzteres meine eigenen Worte. Das Wort „telling“ wird hier nicht so sehr wie in „eine Geschichte erzählen“ benutzt, sondern soll mehr „einen schlagenden oder bezeichnenden Effekt“ bedeuten. Aber mein Spiel mit dem Wort „to tell“ ist beabsichtigt. Evans wusste, was er wollte, bevor er es erreichte. Paul Strands *Blinde Frau* (Abb. 19) war die erste Photographie, die ihn erstaunte. Später im Leben kam er immer wieder auf sie zurück und unterstrich seine Wertschätzung durch folgende vorsichtige Bemerkung:

> „Ich schaue mir selten zeitgenössische Photographie an und will das auch nicht, mit gelegentlichen Ausnahmen. Ich erinnere mich, wie ich in jungem Alter auf Paul Strands *Blinde Frau* stieß und wirklich umgehauen wurde. Ich war da schon engagiert und wollte auch so etwas machen. Es ist ein sehr starkes Bild. Ich sah es in der New York Public Library in einem Heft von *Camera Work*, und ich erinnere mich der Aufgeregtheit, mit der ich da herauskam. ‚Das ist das Ding, das muss gemacht werden.‘ Es lud mich auf.“[162]

In seinem Interview mit Paul Cummings fügte er noch hinzu: „Es war stark und wahr … Und ein wenig schockierend, brutal."

Er hatte *Blinde Frau* in den späten 1920er Jahren in der New York Public Library gesehen, wo er sich selbst über Photographie informierte. Reproduziert wurde das Bild in der von Alfred Stieglitz herausgegebenen Zeitschrift *Camera Work* und zwar in der letzten Doppelnummer, welche von Paul Strand elegante Abstraktionen (von Evans übergangen) und Straßenszenen brachte. Unter letzteren waren einige Portraits in Großaufnahme. Evans nahm das Bild in die Bildstrecke auf, die er für Kronenbergers Buch *Quality* zusammenstellte, und rühmte es in den Interviews, die er 1971 Leslie Katz und Paul Cummings gab.

In der New York Public Library kann man sich das betreffende Heft von *Camera Work* bringen lassen – sie haben mehrere Exemplare, also wird man sich nicht ganz sicher sein, ob man das „richtige" in der Hand hält. Sehr deutlich sind die schwarzen Falten des Kleides, die man in anderen Reproduktionen nicht sieht: Armut steht gegen visuellen Reichtum. „Feingestochen" nannte Evans in einem seiner seltenen Kommentare zum Aspekt der Druckqualität das Blatt in der Bildunterschrift in *Quality*. In *Camera Work* hieß es in einer Anmerkung, man habe „auf den Abdruck auf Japan-Papier verzichtet, nicht aus ökonomischen Gründen, sondern weil die Abdrucke auf Japanpapier, die wir gemacht haben, die Direktheit von Strands Ausdrucksweise zerstörten."[163] Dieser Kommentar geht noch weiter und benutzt zweimal das Wort „brutal", das auch Evans gebraucht: „Dieses Werk ist brutal direkt … bei ihrer Präsentation haben wir mit Absicht den Geist ihrer brutalen Direktheit betont."

Blinde Frau wird in der Evans-Literatur oft abgebildet, ohne dass viel dazu gesagt würde. Evans' Geschmack wird so illustriert. Aber die Photographie ist auch ein Beispiel für die Qualität, die Greenburg in den „besten Photographien" fand: „Präsenz oder Möglichkeit und nicht explizites Statement". Der Kopf einer Frau wird vor einer steinernen Wand wahrgenommen. Die klaren, starken Züge des Gesichts erscheinen durch die gehäkelte Kopfbedeckung sicher gerahmt, nur wenige Haare treten hervor. Das eine Auge ist ganz geschlossen, das andere weicht ins Ungewisse ab. Wir spüren ihr Blindsein. „Blind" steht auf dem Schild, das um ihren Hals unter der Plakette mit ihrer amtlichen Zulassungsnummer hängt. Die Beschriftung, die Evans so gerne in seine Photographien aufnahm, ist ein Text. Aber literarisch wird das Bild durch sein Sujet. Die Photographie sagt viel über die Möglichkeit eines beschädigten Lebens aus. Ihre Brutalität besteht darin, dass eine Frau ohne Sehvermögen so deutlich gesehen wird. Aber Evans sah das beschädigte Leben als etwas, das uns alle angeht. Er sagte, „es hallt nach“.[164]

Weil *Blinde Frau* ein so außergewöhnliches Werk ist, habe ich nicht daran
gedacht, als ich Evans' Allie Mae Burroughs oder das von ihm so geschätzte 18
Portrait Baudelaires (von Carjat, nicht von Nadar) (Abb. 4) betrachtete, welches er in der Bildstrecke für Kronenbergers *Quality* neben *Blinde Frau* platzierte. Doch dieses Trio gehört eng zusammen. Es geht noch einmal darum, dass für Evans eine Photographie aufschlussreich sein musste, so wie er von Carjats *Baudelaire* sagte, es sei „das Bild eines sensiblen Mannes des 19. Jahrhunderts“ – daran dachte er sicher auch, als er auf Allie May Burroughs Gesicht vor der rohen Bretterwand ihres Hauses schaute. Aber es muss bei Evans nicht unbedingt die Photographie eines Menschen sein,
„die nachhallt“. Eine Kaktuspflanze in der Ecke eines Zimmers, ein im Feld 7, 9,
abgestellter Wagen oder auf einer nassen Straße geparkte Autos tun es 26
auch.

Die Schwierigkeit, die das Wort „nachhallen“ in diesem Kontext bereitet, besteht darin, dass diese Bilder so ehrlich und direkt erscheinen. Wenn auch „Nachhallen“ ein Effekt einer Photographie von Evans ist, so ist es doch schwer zu erklären: Erstens gibt es keine eindeutigen Hinweise auf das „Bezeichnende“ des Bildes, und zweitens können wir die photographische Prozedur nicht zu fassen bekommen, die das Sehen derselben ermöglicht hat. Würde es sich um einen Text handeln, dann bekämen wir etwas erzählt. Wäre es eine Malerei, wären da Texturen von Farben auf Leinwand, der Charakter des Zeichenstils, der Umgang mit Pinsel, Farbe, die Ausschläge des Phantasierens in Bildern. All das macht die Präsenz der Malerei aus. Nichts davon ist in einer Photographie zu finden, zumindest nicht in einer Photographie von Evans. Natürlich gehört dazu die Wahl, Aufstellung und Ausrichtung der Kamera, das Objektiv, die Belichtungszeit. Wir erkennen sie in einer Evans-Photographie wieder, obwohl er ja die

Bedeutung der Technik herunterschraubte und sich über sie lustig machte. Hier eine Äußerung von ihm, aus einem Gespräch mit dem Künstler Ben Shahn: „Nun, Ben, es ist sehr einfach. Brennweite f/9 auf der sonnigen Seite der Straße, Brennweite f/4,5 auf der schattigen Seite. Für ein Zwanzigstel einer Sekunde wackele nicht mit deiner Kamera."[165]

Was es also nicht gibt, ist die Wirkung einer Oberfläche. Was widerhallt, ist ein Stück Welt, wie es Evans gesehen hat und wie er es uns durch seinen Einsatz der Kamera zu sehen gibt. Sogar Evans konnte es nicht erklären. Um zum Schluss dieser Überlegungen über das Potential des Mediums zu kommen, wollen wir noch einmal zu Evans' Anfängen im New York der frühen 1930er Jahre zurückkehren. Wir dürfen annehmen, dass er über seine Aufnahme in Ausstellungen glücklich war, wenn er auch später bemerkte, dass Levys Unternehmen keinen finanziellen Erfolg hatte: „Julien Levy versuchte eine Galerie für Photographie zu eröffnen. Das hatte keinen Erfolg. Er machte auf und bot mir eine Ausstellung an. Aber wir verkauften nichts, ein oder zwei Abzüge, das war alles, aber nicht genug. Es zahlte sich nicht aus."[166] Was also, dachte Evans, würde sich auszahlen und würde seinen Interessen entsprechen? Für wen oder was arbeitete er in diesen Jahren?

Manchmal äußerte er sich zu diesen Fragen. In einem der vielen Briefe an den Freund Hanns Skolle schreibt er davon, wie er die Wände seines neuen Apartments weiß streicht, und behauptet merkwürdigerweise in diesem Zusammenhang, die Art von professionellem Photographen zu sein, der „auf finanzieller Basis für Werbung arbeitet" und fügte dann trocken hinzu: „Ich sollte erklären, dass ich ein kapitalistisches Unternehmen bin."[167] Im Januar 1933 schreibt er an denselben Freund, dass er sich vorstellt, seine Photographien könnten als Buch veröffentlicht werden:

„Auf seine Vollendung wartet ein wundervoller Band, der Amerika beschreiben würde, für uns selbst wie für Fremde, nur mit den Mitteln der Photographie – Photographien von Amerika, Maschinen, Fabriken, Landschaften und Portraits amerikanischer Gesichter aus niederer und hoher Herkunft, intelligente Auswahl aus der Zeitungsphotographie und aus dem Material der Sonntagsbeilagen."[168]

Von Anfang an stellte sich Evans also seine Photographien nicht in einem Buch, sondern als Buch vor, als Buch über Amerika. Auch hier gibt er sich wieder als unverbesserlicher Ersteller von Listen. In einer dieser Listen trägt er die potentiellen Sujets zum Thema New York zusammen, von denen er viele niemals aufgriff: „Premierenbesucher verlassen das Theater ... Arbeitslose, Existenzminimum, Arbeitsmarkt ... Wall Street-Typen / Broadway-Typen." Weil Evans sich mit Filmplänen abgab und weil er Anmerkungen zu einem Drehbuch machte, in das auch Skolle verwickelt war, hat man die Liste mit der Technik der filmischen Montage verglichen.[169] Dies scheint mir zu weit zu gehen. Näher an unserer Thematik ließen sich Evans' Listen mit den Filmstreifen vergleichen, die er am Ende des Tages nach Hause brachte. In beiden Medien, in Listen und auf Filmstreifen, blieb vieles in einem aufgeschobenen Zustand und hatte etwas von Skizzen. Das scheint in Evans' Natur zu liegen, aber auch etwas zu sein, das er als Möglichkeit des Mediums erkannte.

3
Tage in Kuba

> „Es war ein Job. Es war ein Auftrag. Man erinnere sich, das war eine Zeit, da man jede Arbeit annahm. Dieser Job kam von einem Verlagshaus, das ein Buch über Kuba machen wollte, und ein Freund hatte mit denen vereinbart, dass ich die Fotos machen sollte. Also griff ich zu. Ich stellte aber einige Bedingungen. Ich sagte, ich wolle allein arbeiten, und ich wollte nichts mit dem Buch zu tun haben. Ich illustriere keine Bücher. Ich gehe gerne dorthin und mache meine Bilder, aber man erzähle mir nicht, was ich tun soll. So habe ich niemals das Buch gelesen. Aber ich kam nach Kuba, als die Revolution in vollem Gange war, und Batista an die Macht kam, und ich schrieb einige Briefe an Journalisten …“[170]

So erzählte Evans viele Jahre später über seinen Monat auf Kuba im Jahr 1933. Sein Leben lang – bis in die 1970er Jahre, als er seine Photographien ausverkaufte – war er in Geldnöten. Die Reise nach Kuba brachte nicht nur Geld ein, sondern ermöglichte es ihm auch, eine Reihe von Photographien zu veröffentlichen. Es ging um das Buch *The Crime of Cuba* von Carleton Beals, und es sollte im Herbst 1933 im Verlag J. B. Lippincott in Philadelphia erscheinen.[171]

Er kam zu diesem Auftrag durch die guten Dienste von Ernestine Evans (keine Verwandte), eine ältere Frau, die als Mitherausgeberin bei Lippincott arbeitete und in ihrer Unterstützung von Evans niemals nachließ. Evans kam im März 1933 ins Spiel. Er scheint im Mai kurz Beals getroffen zu haben, mit dem er aber nicht klarkam. In der Mitte dieses Monats schiffte er sich nach Kuba ein und war Mitte Juni wieder zurück in New York. Die kurze Zeit, in der der Job zustande kam, die baldige Abreise und die Möglichkeit, irgendwo hinzugehen und mit Photographien Geld zu verdienen, die er in eigener Regie anfertigte, diese Momente sind von nun an für Evans und seine Arbeit typisch.

Mit anderen Worten: die Tage in Kuba dürfen als exemplarisch gelten. Unter diesen Bedingungen arbeitete Evans am liebsten: im Voraus bezahlt, freie Reisemöglichkeiten, Leben und Arbeiten in einer neuen, exotischen Umgebung. Später sprach er nicht über Kuba, besonders war für ihn vielmehr, dass ihm eine Publikationsmöglichkeit angeboten wurde. Obwohl er darauf bestand, nicht mit dem Buch involviert zu sein, und behauptete, es nicht gelesen zu haben, wählte er doch die 31 Bilder, ihre Reihenfolge und ihre Titel aus. Seinen Wünschen wurde entsprochen. Doch das Bild, das er für den Umschlag ausgesucht hatte, eine primitive Wasserfarbenmalerei einer Zuckerraffinerie, wurde nicht genommen. Mein Exemplar des Buches hat keinen Schutzumschlag, der eine Straße in Havanna zeigt, das erste Bild in der Reihe der Illustrationen. Der Einband ist schwarz mit silbernen Buchstaben, es gibt rote Vorsatzblätter. Das Ganze gediegen, vielleicht mit Absicht unauffällig, um dem Thema zu dienen.

Evans' Bildteil kommt am Ende – wir wollen ihn hier als Portfolio ansprechen. Die Schwarzweiß-Aufnahmen stehen auf der Recto-Seite und füllen diese jeweils zur Gänze. Gegenüber stehen auf schwarzem Grund unten rechts die Bildtitel. Dieses Design wirkt grob und unverblümt. Heute, da Vintage-Abzüge in Mode und Photographien oft groß, glänzend, gerahmt sind und auf Wänden ausgestellt werden, erscheint solch eine Präsentation von Photographien merkwürdig.

In den ungefähr vier Wochen, die er da war, nahm Evans auf Kuba 442 Photographien auf – 324 mit einer 2½ x 4¼ Mittelformat-Kamera und 118 mit einer Plattenkamera im Format 6½ x 8½. Evans wurde nur für die Aufnahmen bezahlt, die gedruckt wurden; den Rest der Bilder versuchte er mit seinen Worten zu „verhökern", als er in New York zurück war. Ohne großen Erfolg. Der Großteil der kubanischen Aufnahmen wurde zu Lebzeiten nicht veröffentlicht. Einige der Bilder sind bekannt, weil Evans sie für Artikel und Kataloge auswählte, andere erschienen in zwei Büchern nach Evans' Tod.[172] Der Rest bleibt Rohmaterial. Er ist großartig. Wir sprechen hier von dem einzigen Mal, dass Evans außerhalb der Vereinigten Staaten arbeitete. Er war ganz für sich. Die Schnelligkeit und der Nuancenreichtum, mit denen er sich eine fremde Kultur aneignete, sind erstaunlich. Wie sah das damals aus in Havanna, im Jahr 1933? Wir nehmen Evans beim Wort, besser bei seinen Bildern.

Es ist nicht leicht, an alle Aufnahmen zu kommen. Sie sind auf verschiedene Sammlungen verteilt, einige als Abzüge, die meisten als Kontaktabzüge, die zu verschiedenen Zeiten angefertigt wurden. Sind die Negative

Teil des kubanische Werks? Was meinte der Herausgeber eines der beiden Bände, als er zur Vorsicht mahnte und schrieb, „es sei riskant, wenn nicht ein Irrtum, die Bilder von Havanna außerhalb des Buchkontextes, für den sie bestimmt waren, zu interpretieren"?[173] Der Umfang und die Intensität seiner Arbeiten zeigen, dass Evans in Kuba nicht zu bremsen war. Er machte sehr viel mehr Bilder als nötig, und man kann mit Sicherheit sagen, dass der Kontext des Buches seine Arbeit nicht Tag für Tag bestimmte. Worauf sollen wir also unseren Blick konzentrieren?

Weiterhin ist da die politische Frage. Carleton Beals schrieb *The Crime of Cuba* aus Wut über die kubanische Politik und als entschiedener Gegner der imperialistischen Tendenzen Amerikas in Bezug auf Lateinamerika. Wie Beals war auch Evans über Amerika enttäuscht, aber seine Gefühle richteten sich mehr gegen die Reichen, denen der Börsenkrach bescherte, was sie verdienten. Amerikas Beziehungen zu Kuba beschäftigten ihn nicht.

Beginnen wir mit drei kubanischen Photographien und schauen, wohin
31 uns das führt. *Landstreicher im Prado von Havanna* ist Evans' Titel für eine der vielen Aufnahmen von vermutlich arbeitslosen Männern, die auf Parkbänken in praller Sonne schlafen. Einige sitzen, andere liegen in voller Länge ausgestreckt wie dieser Mann. Unbewusst vor der Kamera posierend bilden sie eine spektakuläre Gruppe: alle sind abgerissen und besitzen doch eine unwahrscheinliche Eleganz – das ist Evans' große Begabung. Was diesen einen Schläfer angeht, machte Evans aus verschiedenen Abständen mehrere Aufnahmen von ihm. Von Evans' Auge entdeckt und mit größter Klarheit präsentiert, scheinen diese Bilder das zu sein, was Photographie ausmacht. Ein befreundeter Photograph drückte das anders aus. Er sagte, diese Bilder würden ihn anregen, nach draußen zu gehen und Bilder zu schießen. Der Mann im Bild schützt sich selbst vor der Mittagsonne durch eine Schirmmütze und eine Lage Zeitungspapier, das weiß glänzt. Der Schwarzweiß-Film erhöht den Kontrast mit dem Schwarz zwischen den Säulen über und unter der Bank. Die Tonalität, die Evans bevorzugt, war das Grau, hier aber ist Kuba.

Mit Sicherheit wusste er nicht, dass die ersten Sätze in Beals' Buch lauten würden: „Die überwiegende Tönung Kubas ist Schwarz und Weiß. Die scharfe Klinge der Sonne zerschneidet die Welt. Lebhafte Farben gehören

auch zu Kuba, aber sie haben sich der weißglühenden Tonalität, den zwei Reichen von Licht und Nicht-Licht zu unterwerfen."[174] Licht im Kampf mit dem Dunkel ist auch eines der visuellen Themen in den berühmten Portraits der Hafenarbeiter von Havanna mit ihren kohlegeschwärzten Ge- 32
sichtern, aufgenommen allein oder in Gruppen vor einer weißen Wand.
Und weiß ist der Leinenanzug und Strohhut des „Bürgers in Downtown 33
Havanna", eines nonchalanten schwarzen Tagediebs, der vor einer Säule und unter einer Arkade steht, neben einem Aushang von Frauenzeitschriften und einer Reproduktion von Rodins *Denker*. Evans hat dieses Bild nicht in das Buch aufgenommen, aber später wurde es zum Aushänger seiner kubanischen Unternehmungen. Zuerst erschien es in dem Artikel „Cubra libre" in *Hound & Horn* im Herbst 1933, der die Abdankung des Diktators Gerardo Machado feierte. 1938 hing das Bild an der Wand der Ausstellung *American Photographs* und wurde auch im Katalogbuch gedruckt. Aber aus dem kubanischen Kontext herausgenommen avancierte der Mann nicht zu einer Reklamefigur für Kuba, sondern für Evans. Er ist wie der Photograph selbst: zuversichtlich, wachsam, abwartend.

Um das Thema Schwarz und Weiß abzuschließen, hier noch die Worte,
mit denen Evans den Journalisten Fernando de Castro [in einem nicht 34
übersetzbaren Wortspiel] ansprach: das Weiß seiner Ärmel trage er „einen Tag länger als möglich". So steht es im kubanischen Tagebuch.[175] Es ist nicht ein privates Dokument, sondern baut einen fiktionalen Rahmen für die kubanischen Erfahrungen auf. Eine der Photographien, die Evans von Castro machte, bestätigen seine Worte.

Blick aus der Vogelperspektive auf einen Mann mit Gemüsekörben und Esel ist ein ungewöhnlicher Blick auf ein anderes seiner großen kubanischen Themen – Straßenhändler und ihre Wagen. Das Stilllebenhafte, das uns so oft in Evans' Werk, meist aber in Innenräumen begegnet, wird hier durch den Blick von oben auf ein reguläres Muster von Pflastersteinen und auf die unregulären Formen der Waren hervorgerufen, die aus den Körben quellen. Der Kopf des Esels gibt dem Betrachter ein Rätsel auf. Das Weiß des Strohhuts ist der Clou.

Marktplatz, Havanna wurde auch von oben aufgenommen. Hier schneiden 36
ein Stück Metall und ein Kordel eine rechte untere Ecke aus, die auf Evans'

hohen Standpunkt verweist. Lastwagen mit Waren werden zur Linken be- oder entladen, andere sind rechts oben geparkt, und in der Mitte ist der Platz magisch leer, schwer nachvollziehbar von einzelnen Menschen bevölkert. Brueghel fällt einem ein. Er wählte die Vogelperspektive, um einen öffentlichen Platz mit einer Menge von Karneval feiernden Menschen oder von spielenden Kindern zu füllen.

Diese beiden kubanischen Photographien, mit Titel und Signatur von Evans versehen, sind in der Sammlung der New York Public Library. Er hatte sie nach seiner Rückkehr an Romana Javitz verkauft, die dem Bildarchiv der Bibliothek vorstand. Wir wissen nicht, wer die Auswahl traf: Künstler oder Kuratorin. Evans erwähnte niemals diesen glücklichen Verkauf an eine Institution, die für ihn eine wichtige Bildquelle war. Die beiden Aufnahmen erscheinen nicht in *The Crime of Cuba*. Sie sind interessant wegen ihrer Provenienz und weil sie die Spannbreite des Werkes für Kuba anzeigen, das zu großen Teilen unsichtbar blieb.

Beim Gang durch Havanna suchte Evans sich interessante Typen aus: auf
37 Bänken Schlafende, Händler mit oder ohne Karren am Straßenrand, Ver-
käufer von Waren wie Schuhen in Läden, von Lotterielosen unter Arkaden,
38 die überall die Gehsteige schützen, Prostituierte an Fenstern oder in Höfen
39 und ein Friseurladen mit einem Spiegel, der den adretten Photographen
selbst zeigt. Sein Blick fiel auf alle Arten von Schildern wie Filmplakate
oder Ladenschilder, und er liebte Türeingänge. Vieles von dem, was er sah,
gab es auch in den Staaten, etwa die einzeln stehenden Palmen, die linkisch
in den Himmel wuchsen und ihn schon in Florida amüsiert hatten. Evans
wandte sich eher den Menschen als der Natur zu – deswegen zogen ihn ko-
mische Bäume an. Die Hütten der illegalen Siedler auf den Hügeln um die
Stadt herum waren oft sein Thema, Armut in der Gestalt vieler kleiner
40 Kuben. Er nahm auch die große Kirche auf, die am Horizont eines solchen
Elendsviertels aufragt, aber das Thema Religion bezog er nicht in seine
Auswahl ein. Menschenmengen waren auch neu für ihn. Obwohl ihn am
meisten die momentane Abwesenheit derselben auf den Marktplätzen fas-
ziniert hatte. Ansonsten photographierte er immer wieder, wie Menschen
sich in Havanna versammeln, und setzte ein solches Bild mit dem Titel
43 *Straße in Havanna* auch an den Anfang des Bildteils von *The Crime of Cuba*.

Armut und Arbeitslosigkeit stachen unter der heißen Sonne Havannas scharf heraus: die Schläfer im Park, ein Bettler am Bordstein, den Evans aus 35
verschiedenen Blickwinkeln aufnahm, bis er ihn für die ausgewählte Aufnahme von der Seite abbildete, ein Mann in dunklem Jackett und weiten Hosen, der bettelnd ausgestreckte Arm in Richtung einer Frau zeigend, die 24
vorbeigeht und seine Not ignoriert. Weiterhin eine hilflose Mutter, auf einer Schwelle sitzend, mit ihren schlafenden verlumpten Kindern um sie 41
herum wie Abfall, verarmte Bewohner, die im Schatten vor den Hütten auf den Hügeln herumlungern. Unter der Regierung Machado kam es zu diesen Zuständen, und nach Beals war Amerika daran nicht unschuldig.

Aber gehen wir über zu der Welt des Mannes, für dessen Buch Evans nach Kuba ging. Es ist dies zufällig auch die Welt, in der Evans lebte. Mein Bericht wird sich nun einer verwirrenden Mischung aus Personen und Vorfällen widmen.[176] Am 10. Januar 1929 ging die italienische Photographin Tina Modotti eine Straße in Mexiko City entlang. Sie wurde begleitet von Julio Antonio Mella, einem im Exil lebenden Kubaner, einem Kommunisten und Aktivisten, der ihr Geliebter war. An einer Straßenecke fiel er tödlichen Schüssen zum Opfer. Der Verdacht fiel auf Modotti. Hatte Beals ihr die Waffe gegeben, der als Journalist seit den 1920er Jahren in Mexiko lebte und sich auf lateinamerikanische Themen spezialisiert hatte? Einge denken, dass Modotti etwas wusste und es bis zu ihrem Tod einige Jahre später nicht preisgab. Der Verdacht richtete sich schließlich auf Machado und auf eine kubanische Verschwörung. Mellas Tod war es neben anderen Gründen, der Beals veranlasste, im Herbst 1932 für zwei Monate nach Kuba zu gehen, um zu recherchieren. Der kubanische Präsident Gerardo Machado y Morales, ein Kaufmann, der Diktator wurde und den die Vereinigten Staaten unterstützten, wurde zwei Wochen vor dem Erscheinen von *The Crime of Cuba* im September 1933 aus dem Amt vertrieben.

Als Evans im Juni nach New York zurückkam, erhielt er ein kleines Honorar von Diego Rivera für Aufnahmen nach den Fresken, die er in der New 44
Workers' School auf der 14. Straße anfertigte. Zuvor war Modotti Riveras Photographin in Mexiko gewesen. Beide waren mit Beals befreundet. Evans seinerseits war mit Rivera zusammengekommen, als er ihn vor seiner Ab-

reise nach Kuba auf Anregung von Ben Shahn bei der Arbeit an einem Fresko im Rockefeller Center beobachtete. Der Einbezug eines Lenin-Portraits in die Wandmalereien bedeutete das Ende des Auftrags und die Zerstörung des Werks.

Man hat oft angemerkt, dass Evans sich in Leben und Werk politisches Engagement verbot. Diese Zurückhaltung ist umso erstaunlicher, je mehr wir an das Netz von Freunden und Bekannten denken, die zur Zeit der Kuba-Reise ganz anders gepolt waren. Damals schien jeder und jede politisch aktiv zu sein. Er verkehrte in dieser Welt, war aber nicht ihr Teil. Und das bringt uns zurück zu den Menschenmengen, die er in Kuba photographierte. Für Evans sind das ungewöhnliche Bilder. Das Potential von Pro-
43 test und Aufruhr ist sichtbar, selbst wenn in einer Aufnahme, die er *Straße in Havanna* nannte, einige Menschen hochschauen, den Photographen entdecken und lächeln. Normalerweise würde man sagen, dass Evans einen solchen Rückbezug auf sich selbst nicht akzeptiert. Aber seine Bilder von Menschenmengen haben mehr als nur einen Zug von Rivera. Wenn man ein vergleichbares Motiv vor der Begegnung mit Rivera betrachtet, dann
42 findet man z.B. in einer Aufnahme von 1929 eine Menge undefinierter Körper am Strand von Coney Island. Das kubanische Straßenbild ist in Evans' Werk ein seltener Beleg für eine schnelle Reaktion auf das Werk eines anderen Künstlers. Zusammengepresste Körper und Gesichter sind ein Hauptmotiv bei Rivera und finden sich auch im Fresko für das Rockefeller Center, das er *Mensch am Scheideweg* nennen wollte. Seine Enstehung verläuft parallel zu den revolutionären Vorgängen in Kuba. Als er wieder zuhause war und fortfuhr, Riveras Fresken für die New Workers' School zu photographieren, wird Evans die Nähe gespürt haben.

Evans' kubanischer Werkcorpus beeindruckt durch seine analytische Klarheit. Spannung gibt es in vielen seiner Photographien – eine Spannung, die sich als Mischung aus Erregtheit und Fokussierung ergibt, welche die für Evans typische Sichtweise erzeugt. Was die kubanischen Bilder angeht, erhöht sich die Spannung durch ein politisches Moment – eine Explosion wartet hinter allem. Oder sehen wir das nur hinein, weil wir wissen, was kommt? Drei Photographien, die Evans am Ende seines Portfolios für *The Crime of Cuba* einstellte und die er mit „anonym" betitelte, fallen heraus, weil

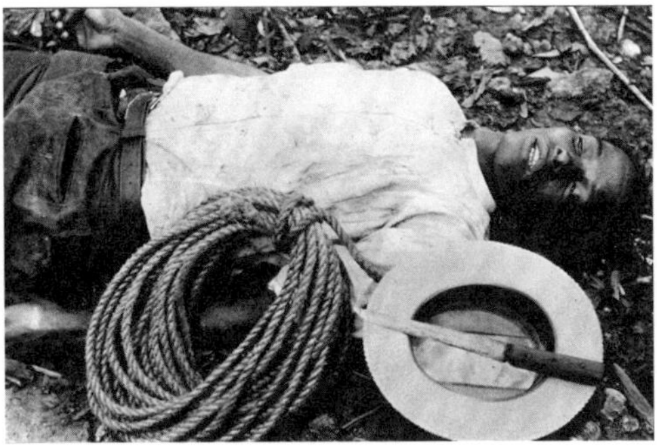

Abb. 20 Walker Evans, *Kopie einer Zeitungsaufnahme: Leiche eines Ermordeten mit Messer, Seil und Strohhut, wahrscheinlich Kuba*, 1933

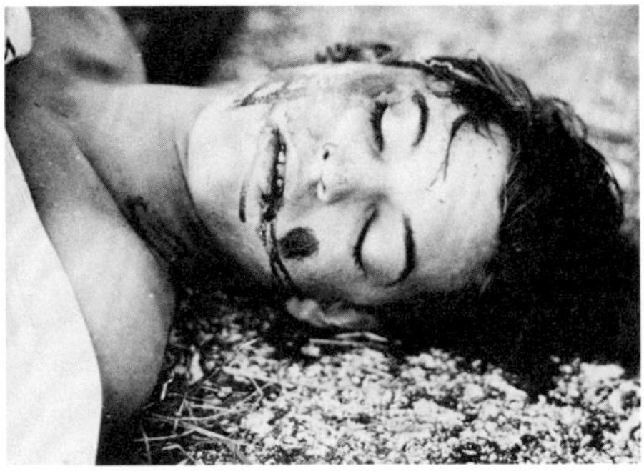

Abb. 21 Walker Evans, *Kopie einer Zeitungsaufnahme: Leiche von Gonzalez Rubeira mit blutverschmiertem Gesicht, Havanna*, 1933

sie nicht die Distanz einhalten, die er bevorzugte. Es handelt sich um Zeitungsaufnahmen, die er fand und bei einer kubanischen Presseagentur kopierte. Sie bringen uns das Grauen direkt vor Augen: der Körper eines ermorderten Mannes, das blutige Gesicht eines anderen und wütende Studenten hinter Gittern. (Abb. 20, 21)

Die Einbeziehung der Zeitungsphotos belegt Evans' Interesse an den weiteren Möglichkeiten des photographischen Mediums. Das trifft den Sachverhalt besser, als von Appropriation zu sprechen, wie das heute üblich ist. Seine offene Neugier zeigt sich auch in dem großen Album mit Zeitungsausschnitten, das er in den späten 30er Jahren anlegte. Kurioserweise beweisen die Pressephotos (er verfügte über andere, die brutaler sind) ein Interesse am Lauf der Welt: Der ermordete junge Mann liegt auf dem Rücken neben einem aufgerollten Seil und der runden Krempe eines Hutes, über der ein langes Messer liegt. Die blutenden Wunden des zweiten Mannes scheinen wie mit Blumen abgedeckt.

Hinzu kommt, dass die Agenturphotographien den Charakter von Beals' *The Crime of Cuba* unterstützten. Obwohl Beals als investigativer Journalist arbeitete, ist sein Buch in einem hochgradig rhetorischen Modus geschrieben. Evans ging solchen Fakten nicht aus dem Weg, aber er trat anders an sie heran. Vom Ende des Lebens konnte er auch ohne tote Körper handeln: ein zur Hälfte abgeschnittener Schläfer sieht aus der Nähe wie ein Stillleben 45
aus – das französische Wort *nature morte* trifft es gut. Seine Hosen sind zer-

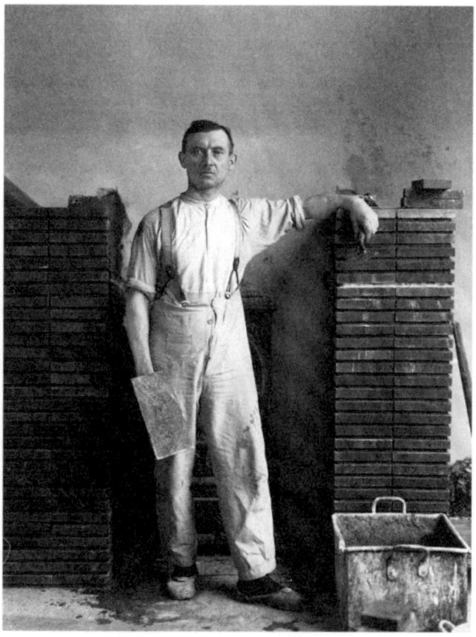

Abb. 22 August Sander, *Maurermeister*, 1926

rissen, der Strohhut klafft auf, die Kleidung sitzt schief, als Mann am dunklen Bart erkennbar, der Kopf auf einem provisorischem Polster abgelegt. Evans sieht im Menschen einen Haufen verschlissener Materie.

Man könnte Evans' Portfolio als das kalte Gegenstück zu Beals' Prosa bezeichnen. (Ähnliches hat man über Evans' Photographien im Vergleich mit Agees Text von *Let Us Now Praise Famous Men* gesagt.) Aber ein alternatives Wort für kalt wäre hart – hart wie ein Felsen. Das beträfe die Sicherheit, mit der Evans die Stellung kubanischer Frauen und Männer in ihrer Welt *analysiert*. Man hat Atget als Vorbild benannt: Evans geht durch Havanna und Umgebung so wie Atget durch Paris und Umgebung. Aber ich zögere. 1933 hatte Evans von Atget genommen, was er brauchte, und arbeitete jetzt, nach ihm kommend, aber auf eigene Faust. Was den *analytischen* Gehalt von Evans' Arbeiten angeht, ist August Sanders *Antlitz der Zeit* von 1929 wichtiger, das er ebenfalls in seiner Rezension für *Hound & Horn* besprochen hatte. Dort stellt er die Sequenz Atget–Sander auf, in die wir ihn auch einreihen wollen – und er selbst sah das wohl nicht anders.

„Das ist eine der Richtungen [gemeint ist Sander] zukünftiger Photographie, die Atget vorausgesehen hat. Es handelt sich um ein photographisches Edieren der Gesellschaft, einen klinischen Prozess, ja, eine kulturelle Notwendigkeit, die die Frage aufwirft, warum andere Länder, die man fortgeschritten nennt, noch nicht auf diese Weise untersucht und festgehalten wurden.“[177]

Evans' Begeisterung für Sander ist wichtig. Aber wenn Formulierungen wie „ein photographisches Edieren der Gesellschaft“ auf Evans selbst zutreffen, passt „klinischer Prozess“ weniger. Das trifft auf *Antlitz der Zeit* zu, das ein Ausschnitt aus dem viel größeren Projekt *Menschen des 20. Jahrhunderts* war. Aber Sanders Format einer Portraitphotographie, für die Menschen den Photographen anschauen und für ihn posieren, war nicht Evans' Format (es gibt wenige Ausnahmen). Sander sieht Menschen in ihrem Stand in der Öffentlichkeit – das bezieht sich auf Beruf, Klasse und Geschlecht, und oft sind die Menschen sich dessen bewusst. (Abb. 22) Evans dagegen sieht Menschen, wie sie in ihrer Welt leben, und er folgt ihnen dorthin. Er ist sich dessen bewusster, als sie es sind. Man nehme den jungen kubanischen Ver- 46
käufer von Süßigkeiten, den Evans verfolgt und mehrere Male mit offenkundiger Zuneigung „sieht“. Man kann einen subtil erotischen Zug in seinem Interesse an bestimmten Personen oder Orten feststellen. Und die genaue Wahrnehmung von Menschen und z. B. von Bauten gibt ihm Gelegenheit, sich in eine Kultur hineinzudenken. In der Photographie geht es für ihn um Sehen, aber auch um Denken.

Und das bringt uns zurück zu dem Themenkreis Evans, Kuba und Politik. Wenn er auch kein Interess hatte, eine genuin politische Position aufzubauen, so kommt seine Analyse der kubanischen Verhältnisse doch einer solchen nahe. Es ist die verfeinerte Wahrnehmung, auf welcher das Nachdenken über Reformen beruht. Das Tagebuch, das Evans in Kuba führte, ist mit Bleistift jeweils auf die Recto-Seite geschrieben, und es umfasst sieben Seiten für einen Monat. Es bestehen große Unterschiede zu den 23 Seiten in demselben kleinen Buch, die Evans in den Monaten nach seiner Rückkehr nach New York füllte. In Kuba korrigierte Evans den Text oft mit Tinte (Abb. 23), d. h. die Seiten wurden ediert, um das Wort zu gebrauchen, das Evans verwandte, wenn er seine Photographien überarbeitete. Der Duktus seiner kubanischen Tagebucheintragungen entspricht seinen Auf-

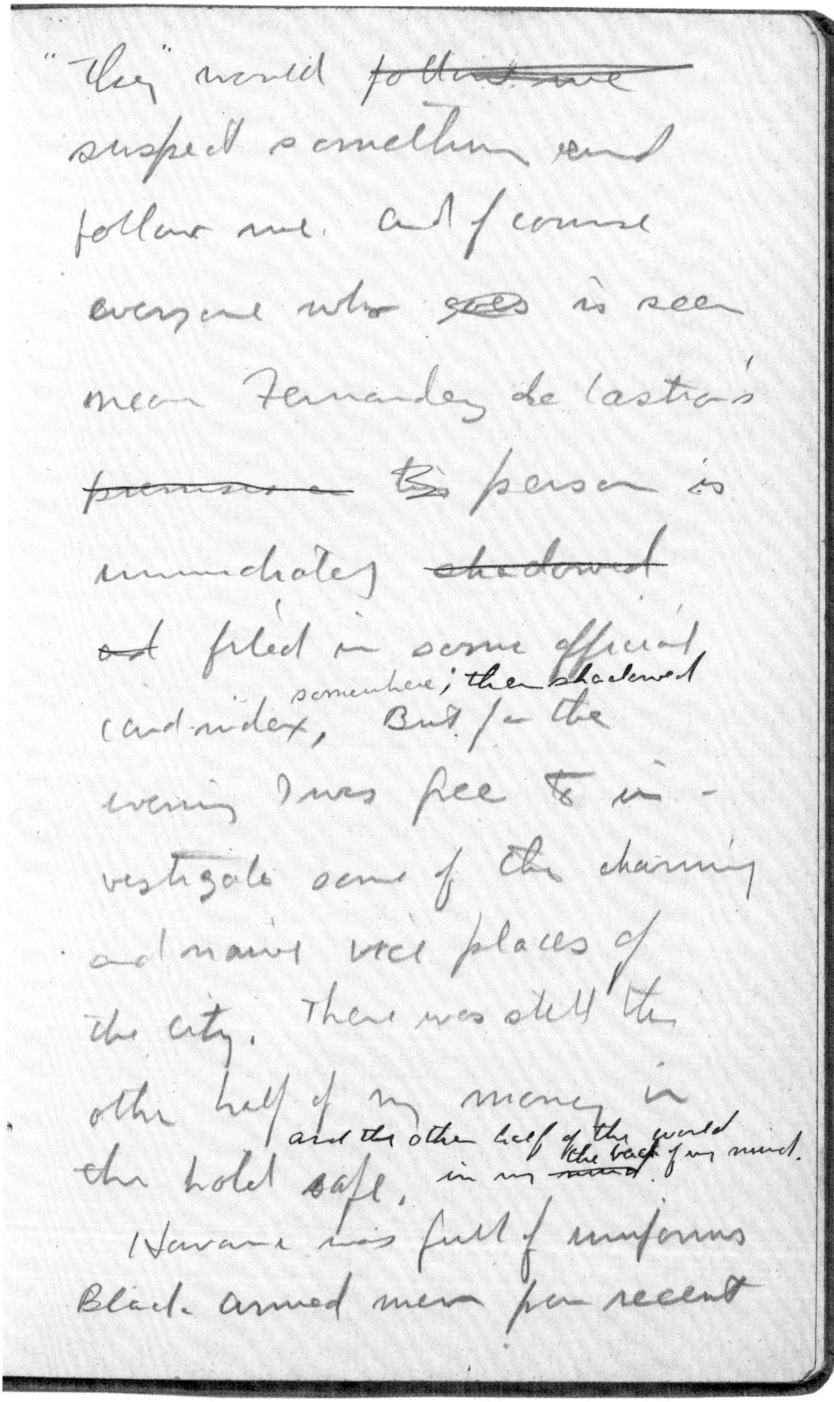

"they" would ~~follow me~~ suspect something and follow me. And of course everyone who ~~sees~~ is seen near Fernandez de Castro's ~~premises~~ the person is immediately ~~shadowed~~ ~~and~~ filed in some official card-index, somewhere; then shadowed. But for the evening I was free to investigate some of the charming and naive vice places of the city. There was still the other half of my money in the hotel safe, and the other half of the world in my ~~mind~~ the back of my mind.

Havana was full of uniforms. Black armed men for recent

Abb. 23 Seite von Evans' rotem, leinengebundenem Tagebuch, 1932/33

nahmen. Er ist nicht persönlich. Wenn es gesehene Dinge beschreibt, gibt es doch vor allem Gedanken wieder oder genauer gesagt: Gedanken, von denen wir annehmen, dass sie den Bildern zugrundeliegen. Er beginnt das Tagebuch, als würde er Fiktion schreiben. Für einen Photographen (aber auch für einen Schriftsteller) ist es ein geschicktes sprachliches Mittel, folgendermaßen anzufangen:

> „Ich werde diese Geschichte nicht zu Ende bringen können. Obwohl ich in Havanna in der Mitte eines Monats ankam, in einer stimulierenden Gegend des mir Unbekannten.“[178]

Nachdem man ihm im Bus Geld geklaut hatte, verfällt er in eine kontemplative Stimmung (die Hinzufügungen sind fett gesetzt, ersetzte Worte durchgestrichen):

> „Die Hälfte meines Geldes war immer noch im Safe des Hotels. **Auf der anderen Seite der Welt** in meinem ~~Kopf~~ **Hinterkopf.**“

Das Auftauchen seines Führers Fernando de Castro wird mit einer Charakterisierung verbunden:

> „Er trug sein Herz auf der Zunge … Aber er ist ein guter Mensch in einer der verschiedenen Deutungen, die ich diesem Wort gebe.“

Und er findet einen Weg, um die Entdeckung von etwas Neuem auszudrücken – die Grunderfahrung des Photographen:

> „Solange man irritiert ist, bemerkt man mehr Dinge, **so wie in einem betrunkenen Zustand**. Tagelang war ich von dieser neuen Stadt betrunken.“

Evans hatte das Schreiben aufgegeben, um Photographien zu machen. In Paris war seine Zuwendung zur Sprache von der Lehrerin, die seine Texte in Französisch korrigierte, hoch eingeschätzt worden. Ein Geheimnis sei-

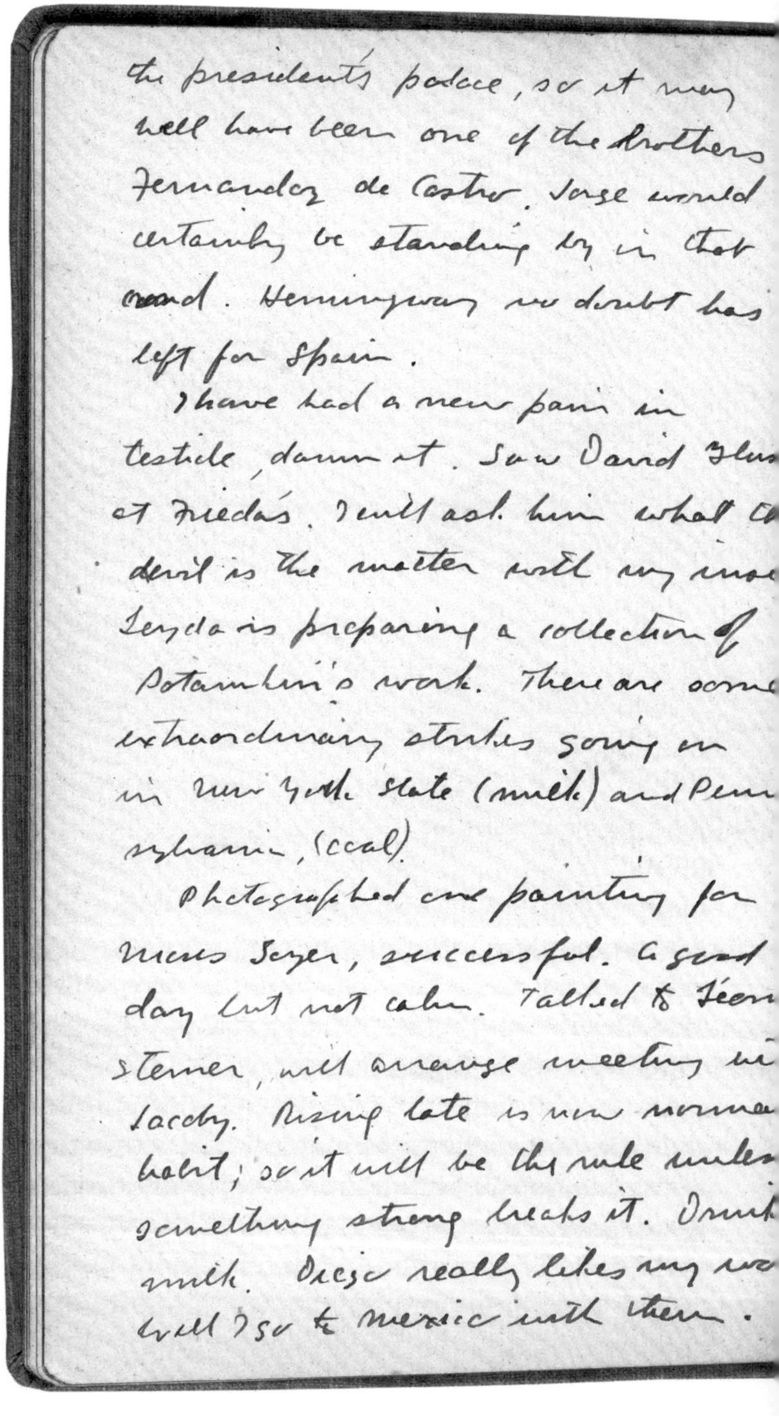

the president's palace, so it may
well have been one of the brothers
Fernandez de Castro. Jorge would
certainly be standing by in that
errand. Hemingway no doubt has
left for Spain.
I have had a new pain in
testicle, damn it. Saw David Glus
at Frieda's. I will ask him what th
devil is the matter with my inne
Leyda is preparing a collection of
Potamkin's work. There are some
extraordinary strikes going on
in New York State (milk) and Penn
sylvania, (coal).
Photographed one painting for
Mrs Seyer, successful. A good
day but not calm. Talked to Leon
Sterner, will arrange meeting wi
Lacchy. Rising late is now norma
habit; so it will be the rule unles
something strong breaks it. Drunk
milk. Orozco really likes my wo
will I go to Mexico with them.

Abb. 24 Doppelseite von Evans' rotem, leinengebundenem Tagebuch, 1932/33

-uriously unemotional about him,
-hen I could be expected to get into
hero attitude toward him. Frieda
suppose is much more the hero
the two. Talked about American
women and reached vehement
agreement. I suppose much of my
haracter is based on irrevocable
revolt against them. Which reminds
me I wrote a note to my mother
telling her I was all right.

I might send around some
manuscripts to the magazines
that have sprung up since I
last bombarded the press. There
are some likely new places to
try "Brooms."

Leyda heard definitely that Kathleen
Young was dead. It sounds very
much like a sort of suicide — her
sort, and very depressing to imagine,
in some Mexican town. She was
sick in all ways. I will always
be sorry for my experiences with
her.

nes Lebens ist diese Transformation eines jungen Mannes vom Schriftsteller zum Photographen. Aber Evans hat nie aufgehört zu schreiben. Beide Medien laufen nebeneinander. Sein brillantes Debut als Photograph wurde 1931 von der prägnanten Buchbesprechung „The Reappearance of Photography" begleitet. Seine Obsession, das treffende Wort zu finden, führte zu einer endlosen Überarbeitung der Gelegenheitstexte, die in seinem Archiv aufbewahrt werden. Und in seinen photographischen Essays für *Fortune* konnte er parallel zu seinen Photographien schreiben.

Der Stil der in Kuba gemachten Tagebucheintragungen wird in New York ganz anders. Die nach der Rückkekhr verfassten Seiten sind mit Tinte geschrieben, es sind Doppelseiten ohne Korrekturen. (Abb. 24) Diese Eintragungen entsprechen den Notizen, die er sein Leben lang ins Tagebuch schrieb: Sie handeln von ihm selbst und von seinen Gefühlen, davon, wie er seine kubanischen Photographien unterbringt, was mit der Engländerin ist, die er dort traf, dass er Hemingway das Geld nicht zurückgegeben hat, das dieser ihm geliehen hatte. (In letzterer Beziehung ist zu vermerken, dass Evans dank des Geldes, das ihm Hemingway lieh, eine Woche länger in Kuba bleiben konnte. Sie hatten miteinder gesprochen und getrunken. In Paris hatte sich Evans von den Amerikanern ferngehalten, in Kuba aber fühlte er sich von Hemingway anerkannt, wie er später sagte. Wie immer zurückhaltend, wenn es um das Photographieren von Größen ging, gab Evans doch eine Reihe von kubanischen Photographien Hemingway zur Aufbewahrung.) Wenn es darum ging, Diego Rivera Bewunderung zu zollen, zöge er Frida Kahlo als Heldin vor und fuhr mit einem Geständnis fort: „ein Großteil meines Charakters basiert auf einer unerbittlichen Revolte gegen die amerikanischen Frauen", und das erinnerte ihn daran, dass er einmal seiner Mutter eine Karte schrieb und ihr mitteilte, dass mit ihm alles in Ordnung sei. Diese Selbstenthüllung ist nicht sehr ordentlich geschrieben. Bemerkenswert ist, dass Evans sich solchen Gedanken öffnete, dass diese aber keinen Eingang in sein photographisches Schaffen finden. Evans vergaß Kuba nicht so schnell. Als er zurückkam, fragte er sich, was Beals wohl von seinen Bildern halten würde. Er sagt, er würde über sie immer wieder nachdenken. Er schreibt, dass er an eine Rückkehr nach Kuba denke, um zu sehen, was passiert ist. Im Tagebuch notiert er am 14.

April 1933, also einen Monat nach Kuba, eine Auseinandersetzung mit Ben Shahn über die akuten Aufstände gegen Machado: „Shahn denkt natürlich an eine soziale Revolution, gut für das Proletariat. Nichts davon stimmt. Das Proletariat wird davon nicht profitieren. Gut ist das für die Bourgeoisie und die Intellektuellen.“ Evans war da von der Wahrheit nicht weit entfernt, eine harte Wahrheit, nicht anders als seine Photographien. Er hatte das Proletariat, aber auch einige Angehörige der bürgerlichen Schicht photographiert.

Es berührt einen, wenn man Evans' kubanischen Photographien in dem Film *Memories of Underdevelopment* (1968) von Tomás Gutiérrez Alea wiederbegegnet. Der Film ist eine beunruhigende Dokumentation über einen bürgerlichen Intellektuellen, der nach Castros Revolution und auch nach der gescheiterten amerikanischen Invasion in Kuba bleibt. Als ich den Film sah, hielt ich Ausschau nach dem, was Evans seinerseits gesehen hatte. Die Arkaden und die verrückten Palmen waren da, aber besagte Photographien, die dort auf einem Tisch lagen, bewiesen, dass mehr als dreißig Jahre nach Evans Reise ein Intellektueller die Wahrheit dessen bestätigte, was Evans gesehen hatte. „Das Proletariat wird davon nicht profitieren.“ Das Auftauchen dieser Photographien im Film ist ein Kommentar über Kuba, aber auch über Evans' Wahrnehmung dieses Landes.

CODA: DAS PORTFOLIO

Gutiérrez Alea hatte genau hingeschaut. Die beiden Photographien, die er in seinem Film zitiert, sind die Nummern 9 und 11 am Ende von Beals' Buch. Sie gehören zu den besten in Evans' Portfolio. Es ist merkwürdig und wurde noch nicht festgestellt, aber Evans' Auswahl der Bilder lässt es an Qualität fehlen. Einige der besten Aufnahmen, die wir aus dem Vorrat der unpublizierten herausgegriffen haben, ließ er unberücksichtigt. Er hatte sich auf eine strikte Sequenz eingestellt. In einem Brief an Beals, den er, nach New York zurückgekehrt, schrieb, spricht er über die Herausforderung, die vor ihm stand. Auch hier verdienen seine Worte ein längeres Zitat:

> „Die Auswahl der Anzahl, Anordnung und Betitelung der Bilder, die ich traf, lässt keine Änderung zu, und ich habe Herrn J. Jefferson gebeten, das Ganze so zu belassen. Dieselbe Bitte richte ich auch an mich selbst, denn ich glaube, dass die Anordnung etwas bedeutet. Es war eine verwirrende Arbeit, so viele verschiedene Richtungen boten sich an. Ich frage mich, ob die Illustrationen Ihnen das Kuba vermitteln, das Sie kennen. Ich glaube aber wirklich, dass sie etwas Bemerkenswertes wiedergeben und dem Buch helfen werden, wenn sie genau meinen Anweisungen zufolge reproduziert werden."[179]

Jahre später – man gehe zurück zum Zitat am Anfang des Kapitels – drückte Evans sich anders aus, dass man ihn in Kuba allein lassen sollte und dass er nichts mit dem Buch zu tun haben wollte: „Ich gehe gerne dorthin und mache meine Bilder, aber man erzähle mir nicht, was ich tun soll." So widersprüchlich beide Statements auch sind, beide sind wahr. Evans ging nach Kuba und photographierte, was er wollte, aber als er sich der Aufgabe des Buches stellte, ließ er die Freiheit Freiheit sein und widmete sich der Kontinuität des Portfolios. Was meinte er mit den vielen verschiedenen Richtungen, die sich ihm anboten? Eine Antwort wäre, dass es um Thema und Format ging. Man kann sich das Portfolio erschließen, indem man die Seiten des Buches umblättert. Leichter ist es, wenn man sich die beiden Bilderstrecken vornimmt, die Gilles Mora und John T. Hill auf zwei Seiten ihrem Buch *Walker Evans: Havana 1933* vorausgeschickt haben. (Abb. 25) Vielleicht legte Evans die Photographien ja genau so aus, als er sich an das Layout machte. Die Seiten umzublättern hat den Vorteil, dass die randlosen Schwarzweiß-Photographien einen stärker anspringen. Aber war dieser Effekt von Evans geplant?

Noch eine Vorbemerkung, bevor wir genauer hinschauen: Wenn man von der Reproduktion auf das Negativ zurückgeht, fallen einem zwei Dinge auf. Erstens edierte Evans die Negative, indem er sie an den Kanten beschnitt, um das Bild zu verdichten. Vielleicht hatte er auch schon vorher unter den Negativen mit demselben Sujet eine Auswahl getroffen. So wie
22, 27 wir das bei der Aufnahme *Paar in Coney Island* gesehen haben. Das bedeutet, dass bei der Konzentration auf das Sujet der Abstand des Photographen er-

halten bleibt. Weiterhin ist zu beachten, dass Evans nicht nur mehrere Aufnahmen von einem Sujet machte, sondern auch beide Kameras benutzte, die kleinere aus der Hand, die größere vom Stativ aus. Es fällt schwer, die Gründe zu benennen, die ihn bewogen, welches Bild aus welcher Kamera er für das Portfolio auswählte. Überraschenderweise differieren die Ergebnisse nicht.

Im Folgenden werde ich die 31 Bilder durchgehen: 28 sind Originalaufnahmen und drei stammen von einer Bildagentur. Die Titel hat Evans vorgegeben. Wir haben schon angesprochen: (1) Straße in Havanna und die Menge, die zu Evans hochschaut, (2) von Männern zu Frauen: die Prostituierte (*Eine Frau*) hinter einem vergitterten Fenster und (3) die Statue der *heiligen Patronin*. Dann sind wir auf der Straße: (4) der sogenannte *Öffentliche Raum* mit einem wunderbaren, horizontal ausgestreckten Schläfer, über dessen Füße sich eine Frau in langem Rock beugt, gefolgt von (5) *Verkäufer von Lotterielosen,* einem Paar, das in seinem Aussehen Evans gefiel, gefolgt von (6) *Zentralpark I,* eine Ansicht der ornamentierten Fassade des Opernhauses und im Vordergrund eine hohe Straßenlaterne, deren Thema in *Zentralpark II* aufgegriffen wird, wo ein Schläfer sich in einem Stuhl über einem phantasievollen Gitter ausstreckt. *Kino,* eines der vielen Fotos, die Evans von mit Plakaten bedeckten Kinofassaden machte, wird gefolgt von (9) *Bettler* (das Bild, das Alea für seinen Film aussuchte) und (10) *Straßenecke,* die von einem Netz aus elektrischen Drähten für die Straßenbahn darunter überspannt wird, und (11) *Familie* (Aleas zweite Auswahl). Man beachte, dass Evans Bilder der Verzweiflung (der Schläfer, der Bettler, die Familie) mit Bildern des städtischen Lebens abwechselt. Dann kommen vier elegante Bilder: (12) *Die Schiebkarre,* das Bild eines kunstvoll beladenen Wagens eines Besenhändlers, (13) *Städter,* die Photographie eines tanzartigen Auftritts von Männern und Frauen entlang einem Bürgersteig, (14) *Fleischerladen,* eine fettbeschmierte Ecke mit Bildern von Kühen und dem unwahrscheinlichen Namensschild La Defense, (15) *Straßenhändler,* ein Bild, das die Eleganz mit zwei Händlern, Karren, Männern und der ephemeren Schönheit eines gekachelten Hintergrunds beendet. (16) *Familie vom Land* konfrontiert uns mit der Armut, die vom Land in die Stadt einzieht, und dazu als Kontrast (17) *Öffentliches Schauspiel,* eine große anonyme Menge auf den Stu-

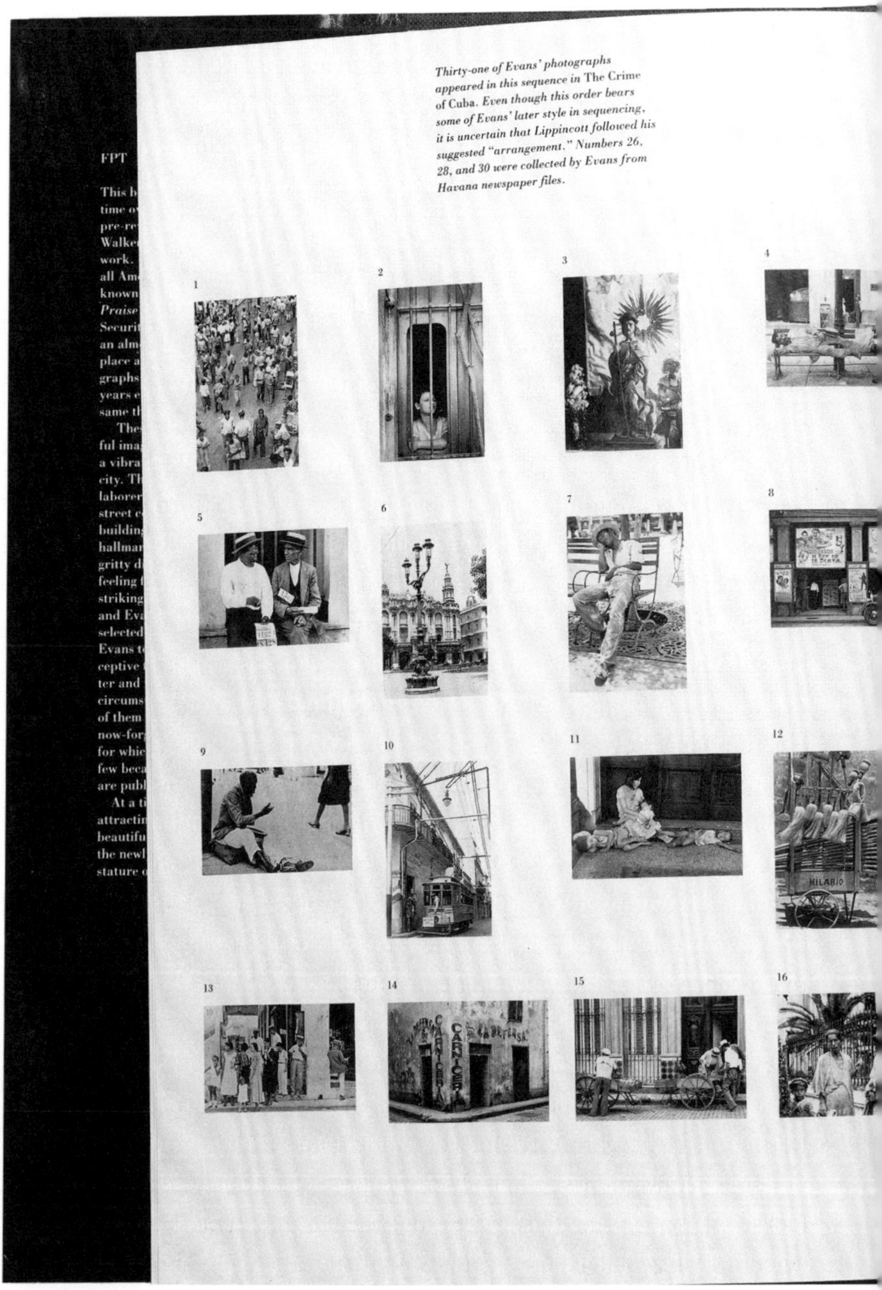

Thirty-one of Evans' photographs appeared in this sequence in The Crime of Cuba. *Even though this order bears some of Evans' later style in sequencing, it is uncertain that Lippincott followed his suggested "arrangement." Numbers 26, 28, and 30 were collected by Evans from Havana newspaper files.*

1 2 3 4 5 6 7 8 9 10 11 12 13 14 15 16

Abb. 25 Walker Evans, die 31 Bilder von *The Crime of Cuba*, abgebildet im Miniaturformat in Gilles Mora/John T. Hill, *Walker Evans: Havana 1933* (New York: Pantheon Books, 1989)

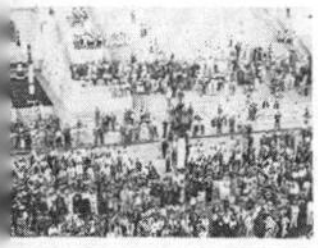

18

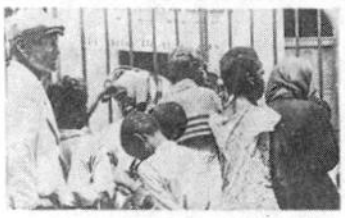

19

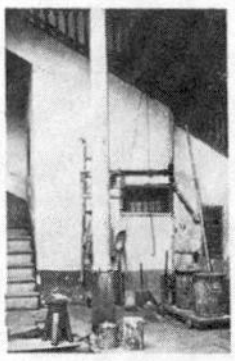

20

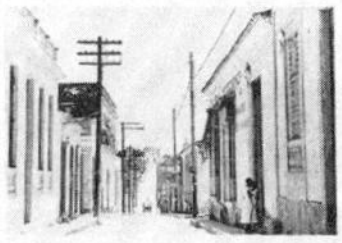

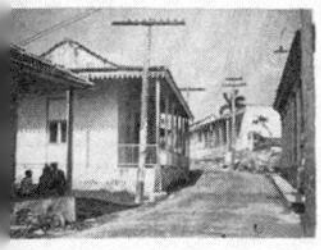

22

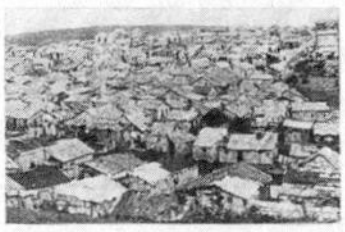

23

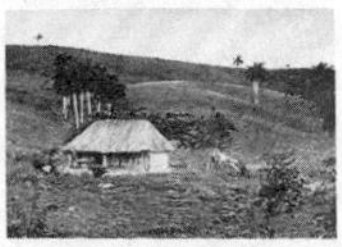

24

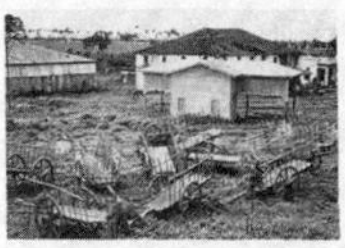

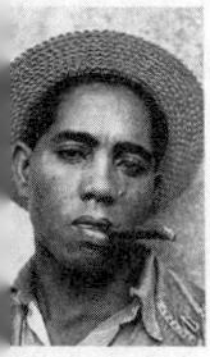

26

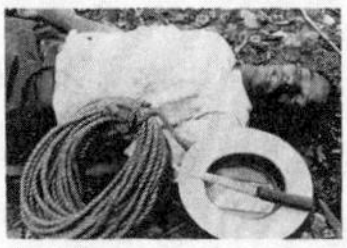

27

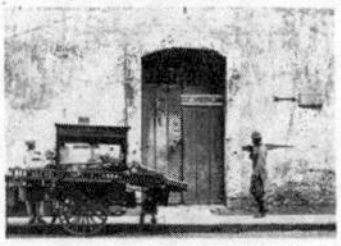

28

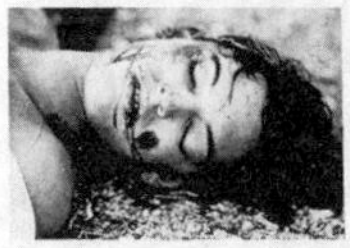

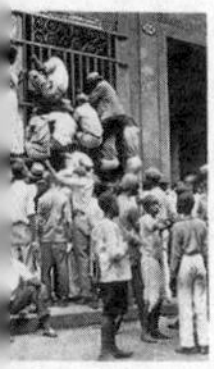

30

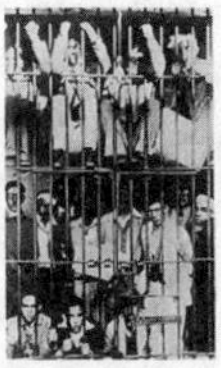

31

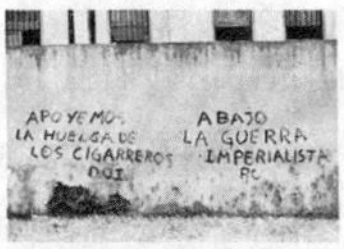

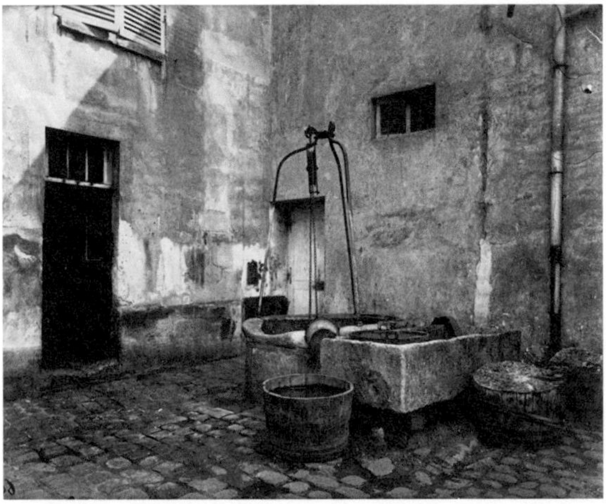

Abb. 26 Eugène Atget, *Bourg-la-Reine, Camille Desmoulins Hof,* 1901

fen des Kapitols, gefolgt von (18) *Schlange vor Essensausgabe,* ein Bild, das erneut von Armut und eisernen Barrieren wie in (16) handelt, diesmal von hinten gesehen. (19) *Innenhof* schließlich ist das letzte Bild von Havanna, das mysteriöse Muster eines Hofes mit einer Säule und einer Treppe, die ins Nirgendwo führen, dazu Müllhaufen und die große Diagonale, die der Lichteinfall erzeugt und Hell und Dunkel unterscheidet, das Wahrzeichen Kubas. Solch eine Innenhof-Aufnahme ist ein Tribut an Atget, der auch derartige *coins,* Winkel aufgenommen hat. (Abb. 26)

Evans führt uns dann in fünf Aufnahmen aufs Land. Die Vertikalen der Strommasten auf beiden Seiten der Straße in (20) *Kleine Stadt* führen *Innenhof* fort, dann gehen wir näher heran in (21) *Landstädtchen,* gefolgt von (22) *Illegale Siedlung der Armen Havannas,* das Panorama Städtebau gewordener Armut, gefolgt von (23) *Bohio,* einem traditionellen, alleinstehenden Hof,
14 wie es ihn heute noch in Kuba gibt. Mit (24) *Zuckerraffinerie außerhalb der Saison* wendet sich Evans wieder den Wagen zu, die er liebte, wo immer er sie antraf, hier zur Zuckerindustrie gehörend, die im Guten und Schlechten die Basis von Kubas Volkswirtschaft war. Zum Schluss kehrt das Portfolio dorthin zurück, wo es anfing, zu Menschenmassen, diesmal in wütend erregtem Zustand, so in (29) *Zeitungsjungen,* die ein vergittertes Fenster hochklettern, und (30) *Protestierende Studenten im Gefängnis,* die verzweifelt nach

draußen schauen. Das hübsche Gesicht eines rauchenden jungen Schiffsbeladers (25) ist das einzige positive Bild und leitet die letzten sieben Reproduktionen ein. Zuerst kommen die Agenturphotos (26 und 28) des ermordeten Jungen mit dem aufgewickelten Seil und die des Jungen mit dem gekräuselten Haar, der als Gonzales Rubeira identifiziert wird. Dazwischen Evans' Photo eines mit einem Gewehr bewaffneten Soldaten in der Nähe eines Wagens (27) und ganz am Schluss Evans' Aufnahme von revolutionären Slogans auf einer Wand. Der Soldat und die Schrift an der Wand sind als Deklarationen stärker denn als Bilder. Politische Botschaften ersetzen die harte Analyse, was bei Evans selten der Fall ist.

Ich habe mich nur zurückhaltend der Aufgabe genähert, die Sequenz von Photographien in Evans' Portfolio nachzubuchstabieren. Aber beim Umblättern der Seiten, eine nach der anderen, offenbart sich die kalkulierte Beziehung der Photographien zueinander, was Thematik, Gestalt und den absatzweisen Rhythmus angeht. Evans gelang seine „verwirrende Arbeit". Aber es gibt Verluste. Verluste in Bezug auf die vielen schönen Photographien, die nicht hineinpassten, und auf die Unterordnung der passenden Bilder unter die Sequenz des Portfolios. Ein Bild in *The Crime of Cuba* sieht anders aus als ein Evans, allein betrachtet. Denn dort liegt die Tiefe und Komplexität seiner Arbeit.

Aber wo und wie möchte ein Photograph sein Werk gesehen wissen? Evans dachte seine Photographien als in einem Buch um ein Thema herum gruppiert. Oder dieses konstruierend? Er fertigte Listen möglicher Themen an.[180] Das kuriose Faktum ist, dass er anders als viele Photographen, die nach ihm kamen, niemals die Publikation eines Buches in die Wege leitete. Als Gruppe können Photographien sich vielfach gegeneinander ausspielen. Aber wenn sie in einem Buch gedruckt werden, bilden sie eine Sequenz, die etwas anderes bewirken kann: einschränken statt öffnen.

Im Falle von *The Crime of Cuba* widmete sich Evans mit voller Hingabe der Sequenz. Aber das entsprach nicht seiner Art. Später äußerte er sich unterschiedlich, manchmal sogar abfällig über die sequentielle Anordnung seiner beiden berühmten Bücher. Wenn Interpreten in dieser Beziehung *American Photographs* auf vielen Seiten analysiert haben, so muss man doch festhalten, dass Evans für die Ausstellung im MoMA, die dem Buch vorausging, andere Bilder, andere Versionen und eine andere Gesamtzahl auswählte. In ähnlicher Hinsicht fügte Evans für die zweite Auflage von *Let Us Now Praise Famous Men* weitere Bilder hinzu und edierte einige anders. Dieses Spiel, das Evans mit seinem außergewöhnlichen Werk trieb, bringt uns nicht zu einer Sequenz zurück, sondern zum einzelnen Bild, das in diese oder eine andere Richtung mitschwingt. Die Anordnung dient den Bildern. Es geht um das Bild.

4
Das Amerika des Walker Evans: Leben und Kunst

Was wird Evans nach Kuba unternehmen? Wenn wir auf die außerordentlichen Werkkomplexe schauen, die in den 1930er Jahren in den Bergbaustaaten des Nordens und in den Südstaaten entstanden und 1938 in der Publikation *American Photographs* gipfelten, dann mag die Weiterarbeit als schicksalhafte Fügung erscheinen. Aber das ist nicht so. Wahr ist, dass Evans nach einem Auftrag suchte, der ihn gut bezahlte und „subventionierte Freiheit“[181] garantierte – eine Formulierung, die Evans später gebrauchte, um die Möglichkeit zu reisen und zu photographieren zu beschreiben, die ihm zuerst die Farm Security Administration (FSA) im Jahr 1935 bot. Eine Zeitlang hatte er die Hoffnung, etwas Ähnliches würde sich für ihn im Film ergeben. Aber daraus wurde nichts.

Seine Arbeit im Süden im Februar 1934 begann, als ein reicher Freund aus der gemeinsamen Schulzeit in Andover ihn einlud, für sein Hotel in Hobe Sound, Florida, einige Werbefotos zu machen.[182] Es war ein Evans-Unternehmen, wie es im Buche steht: Reiche Freunde unterstützten ihn für ihre Zwecke, und er konnte die anderen, die normalen Dinge des täglichen Lebens photographieren. Hass gehörte auch dazu, Hass auf alles – auf die Reichen und auf den Rest. An seinen Freund Jay Leyda, mit dem er Filmpläne geschmiedet hatte, schrieb er: „Ich bin in einem miserablen Ferienhotel. Im Aufenthaltsraum umgeben von Bridge-Spielern und Leuten, die über Golf reden.“[183] An seine tatkräftige Unterstützerin Ernestine Evans schrieb er: „Komm nach West Palm Beach und sterbe … Oh, die Weißen Floridas! Sogar die Schwarzen sind böse.“

Dieser Brief, den er an Ernestine Evans entwarf, aber nicht absandte, ist bekannt, weil er Evans zur Beantwortung der Frage „Was beabsichtige ich zu tun?“ veranlasste.[184] Evans listete mögliche Sujets für ein Buch über Autos, Architektur oder Werbung auf, so hat man das wenigstens gesehen, aber am Ende wurde *American Photographs* nicht auf seine Veranlassung hin publiziert. Nicht gesagt hat man, dass seine Bemerkung, eine amerikanische Stadt sei das beste Thema für ein Bilderbuch, sich auf Städte im Norden und Mittleren Westen bezog, auf Pittsburgh, Toledo, Detroit, Chicago und vielleicht auch auf die „endlosen geleckten Vororte“ von Philadelphia. Als er dies am Anfang von 1934 skizzierte, hielt er sich in Florida auf, aber an den Süden dachte er nicht, obwohl er in den Schreiben an Leys und Ernestine Evans erwähnte, dass Carolina und Georgia für ihn eine Offenbarung waren: „Ha, das würden wir uns gerne auch vornehmen.“ Die Photographien jedoch, die er dort anfertigte, als er die Gegenden rauf und runter mit dem Auto bereiste, geben uns einen ersten Blick auf das, was kommen wird.[185]

Interieur im Haus eines schwarzen Predigers, Florida ist der Titel eines Bildes im Format 8 x 10, das im ersten Teil von *American Photographs* als Abbildung 18 erschien – beschnitten. Das Leben eines Haushalts als Ansammlung von Dingen in der Ecke eines Raumes geht zurück auf *Interieur eines portugiesi-*
7 *schen Hauses, Detail* aus dem Jahr 1930, das Abbildung 38 ebenda wurde. Evans fertigte eine Serie von Bildern im Haus des blinden Predigers und seiner Familie nahe Hobe Sound an. Aber auch die Herstellung einer Reklametafel für ein Hotel konnte ihn begeistern – Kultur gegen Natur, gegen die spirreligen Bäume, die die Tafel überragen. Unterwegs mit seinem Auto erschloss er sich neue Territorien. Auf der einen Seite Aufnahmen im 35 mm-Format von Schwarzen, die am Straßenrand oder vor Häusern sitzen, und auf der anderen Seite das Standbild des berüchtigten Thomas E. Watson auf den Stufen des Kapitols von Georgia. Watson war als Politiker ein Unruhestifter gewesen. Er hatte sich zuerst für die Sklavenbefreiung eingesetzt und sich dann mit aller Macht gegen sie gestemmt. Die Statue war 1929 aufgestellt und ohne großes Aufsehen 2013 aus ihrer prominenten Position entfernt worden, eine längst fällige Reaktion auf die Ziele und Taten des Mannes.

James Mellow schreibt: „Auf seinen Touren durch den Süden in den Jahren 1935 und 1936 legte Evans Wert darauf, in den Städten, die er besuchte, das Leben in den Quartieren der Schwarzen zu photographieren.“[186] Als Ergänzung muss man hinzufügen, dass er auch Objekte photographierte, die an den Bürgerkrieg erinnerten, inklusive der Standbilder der Kriegsparteien des Nordens und des Südens. Man hat gesagt, dass Evans während dieser Monate die Folgen der Weltwirtschaftskrise in Fotos festgehalten hat. Es war diese Krise, die zur Gründung der Farm Security Administration und damit zu Evans' erstem Regierungsauftrag im Oktober 1935 führte. Und es war die Krise, die Lincoln Kirstein in seinem glänzenden Essay für *American Photographs* ansprach: „Hier sind die Dokumente des Zeitalters vor einem unmittelbar bevorstehenden Zusammenbruch."[187]

Aber in Wirklichkeit war es die massive Präsenz des Bürgerkriegs, die Evans in Augenschein nahm. Zusammenbruch ist nicht das richtige Wort, wenn damit Beschädigung gemeint ist: Beschädigt war der Zustand der Nation schon vorher. Und das war vor allem im Süden sichtbar. Der Bürgerkrieg als Merkmal der Südstaaten war das Thema, das Evans 1934 kennenlernte und vom Sommer 1935 bis Sommer 1936 kontinuierlich bearbeitete. Seine Spätfolgen kann man an den Ruinen verlassener Plantagen und an den Schwarzen studieren, die untätig auf den Bürgersteigen herumsitzen. *Gone with the Wind* kam 1936 heraus. Der Film erzählte eine erfundene Geschichte der Südstaaten, ihrer Verluste, ihrer Vergangenheit. Aber Evans' spezifische Sicht auf all das sticht hervor. Seine Photographien respektieren die Trennungen in Norden und Süden und Schwarz und Weiß, die die Nation beinahe auseinandergerissen hatten. Aber indem er sie respektiert, sieht er sie nicht als Trennungen. Sie werden in seiner Kunst assimiliert.

Zurück in New York arbeitete Evans weiter an seinem Plan, einen Film zu machen. Im Herbst kam der nächste Auftrag. Wieder war es Gifford Cochran Jr., ein reicher Freund von Lincoln Kirstein, der ihn ja schon beauftragt hatte, im Staat New York neoklassizistische Architektur zu photographieren. Im Februar 1935 dann nahm ihn Cochran mit in den Süden, um solche Bauwerke auf den Plantagen und in den Städten zu finden. Sie reisten mit Chauffeur und hatten ein Apartment in New Orleans. Anderthalb Jahre lang war Evans von nun an meistens unterwegs, vor allem im Süden. Es ist nicht ganz leicht, seinen Bewegungen zu folgen. In der Zusammenfassung ergibt sich folgendes Bild: (1) Februar bis April 1935, Fahrt mit Cochran nach New Orleans, dort allein bleibend und in und um New Orleans photographierend, ebenso in Mississippi und auf dem Weg zurück nach New York; (2) 26. Juni 1935, Anstellung bei der Resettlement Administration (später: Farm Security Administration), Arbeit bis Juli in West Virginia und Pennsylvania; (3) 31. Oktober 1935 bis 11. Januar 1936, offizielle Position bei der FSA, fortgesetzte Arbeit in Bethlehem und Easton, Pennsylvania, zurück nach Washington, dann durch Alabama nach New Orleans, dort über Weihnacht, nach Washington zurückzitiert; (4) 10. Februar bis 13. April 1936, im Zug nach Mississippi, um den Wagen abzuholen, drei Wochen in Vicksburg, dann Tupelo und Atlanta, am 30. März zurück nach Washington. Ohne Regierungsauftrag ist er im Juli 1936 wieder im Süden und verbringt drei Wochen in Hale County, Alabama, zusammen mit James Agee, woraus dann ihr Buch *Let Us Now Praise Famous Men* wurde. Als Angestellter der Regierung legte Evans nach eigenen Angaben mehr als 7000 Meilen zurück.

Was ist der Sinn einer solchen Übersicht über die Reisen und die Orte, die Evans in diesen Monaten besuchte? Einzelne Orte spielten natürlich eine Rolle, und er notierte Ort, Zeit und Kamera auf den Umschlägen seiner Negative oder in einem Tagebuch. Aber anscheinend funktionierten Ort und Zeit der Aufnahme nicht als Ordnungskategorien. Er stellte weder Photographien nach dem Ort der Entstehung aus noch fertigte er Abzüge nach diesem Kriterium. Die Mischung der Orte in *American Photographs* ist auffällig, die Entstehungsdaten fallen in den von Evans publizierten Photographien oft ein oder zwei Jahre auseinander. Wir sollen annehmen, dass Amerika große Vielfalt enthält. Aber Evans wählte auch aus.

Die Arbeit dieser Monate „auf der Straße“ ist weniger eine Entwicklungsgeschichte als vielmehr ein explosiver Schaffensprozess. Hatte Evans vordem Frankreichs Errungenschaften so hoch eingeschätzt, ging es jetzt darum, Amerika in den Griff zu bekommen, sein Amerika. Die Hochkultur Frankreichs, seine Literatur und Atgets photographisches Œuvre inbegriffen, wurde ersetzt durch die Erfahrung eines noch zu fixierenden, groben Blicks auf Amerika. In seiner Unterhaltung mit Paul Cummings führte er aus: „Dieses ganze heiße Jahr über war ich enorm produktiv. Ich entwickelte meinen eigenen Blick, mein eigenes Gefühl für dieses Land.“ Das heißt aber auch, dass er sich dabei seiner selbst bewusst wurde.

Vielleicht ist es richtig, mit Evans’ Wiederholungen anzufangen, mit den Dingen, die er auf seinen Reisen immer wieder sieht und festhält – mit

einem aufmerksamen Auge und mit Entdeckerfreude. Zuerst Häuser. Vor allem Häuser in Serien zogen ihn an, Häuser, die er frontal aufnehmen konnte. Hier ist das Trio von fast, aber nicht ganz identischen Häusern, die 47
er in New Orleans fand. Man könnte an dieser Stelle auch die Reihe von sechs solcher Häuser in Virginia oder das oft abgebildete Häuserpaar in 48
Atlanta anführen. Menschen werden auf verschiedene Weisen in Evans' Häusern mitgemeint. Die Häuser in Atlanta und Virginia wirken fast wie Menschen, die sich geduldig seinem Blick aussetzen. Das Paar in Atlanta dagegen ist öde, nur die an ihm angebrachten Plakate sprechen. Evans widmete sich aber auch Häuserreihen, die sich, von der Seite gesehen, diagonal über die Bildfläche ziehen. Oft sind sie Elendsquartiere, von der Regierung zur Verfügung gestellte Unterkünfte oder Hütten von Schwarzen. In jedem Fall sind diese Häuser Wiederholungen, eines folgt dem anderen. Die Neubausiedlung für Arbeiter in West Virginia, die Evans im Regierungsauftrag aufnahm, schaut ermüdend aus und findet nicht die Zustimmung des Photographen.

Jahre später erzählte Evans Cummings: „Ich erinnere mich, dass einmal jemand von mir eines dieser blöden Neubauprojekte photographiert haben wollte. Ich photographierte sie, aber ich sagte, das wäre das letzte Mal. Ich bin an so etwas nicht interessiert, zur Hölle damit. Ich werde das nicht mehr machen." Mehr Sympathie brachte Evans Hütten entgegen, die ihn vielleicht an Kuba erinnerten. In Atlanta und in New Orleans kamen sie vor. Ihre Bilder sind weniger kantig, die Optik erscheint weicher. Ein ungewöhnliches Panorama zweier diagonal sich entfernender Straßen eines Schwarzenviertels entstand in Savannah. Evans schoss es auf der Fahrt nach Süden mit Cochran und beschnitt den viel größeren Ausschnitt, um es als Abbildung 36 in den ersten Teil von *American Photographs* aufzunehmen.

Und dann gibt es die Zimmer, die leeren Zimmer, diese brillanten Räume – brillant nicht, weil Reichtum oder Geschmack sie ausstatteten, sondern weil Evans sie sah. Evans fand mit seiner 8 x 10-Kamera Eingang in die Wohnungen von Bergarbeitern in Morgantown, West Virginia und Umgebung. Sie strahlen eine gewisse Würde aus. Sie sind menschenleer, ein Vorteil, wie Evans einmal sagte, um die Bewohner und ihre Lebensart zu

49 suggerieren. Die Aufnahme, die er als Tafel 23 für Teil 1 von *American Photo-
graphs auswählte, zeigt im Hintergrund die große Photographie eines Paa-
res im Outfit der Schulabschlussfeier und nicht dazu passend eine Anzeige
mit Santa Claus, der eine Cola-Flasche hochhält. Dazu das Korbmöbel
eines Schaukelstuhls, Fragmente einer Rexall-Karte von Amerika und ein
Besen. Evans fühlte sich in seinen Interieurszenen zu Besen hingezogen.
Vielleicht hat diese Akzentsetzung mit der reinen Stilistik seiner Photogra-
50 phien zu tun. Santa Claus kehrt wieder im Bild eines anderen Bergarbeiter-
hauses, das John Szarkowski für seine Evans-Ausstellung im Jahr 1971 und
den Katalog auswählte. Hier sitzt überraschenderweise ein Junge in einem
Stuhl mit gerader Rückenlehne und eingebettet in das Stillleben des Inte-
rieurs. Evans' Begeisterung für die Eleganz von Schaukelstühlen spiegelt
sich noch einmal in einer Aufnahme wieder, wo dieses Möbel im Zentrum
steht und die Melancholie der Bildunterschrift Lügen straft, die die FSA der
Aufnahme gab: *Haus eines Arbeitslosen.*

51 Das schönste Interieur von allen aber ist betitelt: *Frühstücksraum der Belle
Grove Plantage.* Evans fertigte diese Aufnahme an, als er New Orleans in Begleitung von Jane Ninas (einer intimen Freundin und seiner späteren Frau) und deren Freundin im März 1935 verließ. Die beiden Frauen (wie üblich hatte der Einzelgänger Evans Gesellschaft) brachen in das verlassene Herrenhaus ein, und er folgte mit seiner Kamera. Auffällig ist, dass er nur eine einzige Aufnahme machte: Die große Halle, aufgenommen mit der Plattenkamera, antwortet als leerer Raum dem leeren Raum des Apparates. Dieses Echo war sicher von Evans intendiert. Korinthische Kapitelle schmücken Säulen und Pilaster. Die Nachahmung der architektonischen Details der Alten Welt durch die Neue Welt hallt in der unheimlichen Leere des Raumes wider. Der Raum stand in Wirklichkeit leer und gehörte zu einer der vielen großen Plantagen, die vermutlich während der Großen Depression aufgegeben worden waren. Aber er belegt auch das Ableben einer Landwirtschaft, für die Sklaven arbeiteten. Die Leere ist ein Nachklang des Bürgerkriegs. Evans tritt hier als Beobachter auf, nicht als Kritiker. Die Schönheit der Aufnahme entsteht zum Teil aus dem Faktum, dass Evans zwar siebzig Jahre nach der Niederlage der Südstaaten photographiert, aber an der Feier einer Vergangenheit teilhat, die in der Vorstellung der

Südstaaten, aber auch der Nordstaaten sehr lebendig war. Wir erinnern noch einmal daran, dass *Vom Winde verweht* ein Jahr später herauskam: Buch und Film zelebrieren das Leben auf den Plantagen während des Sezessionskrieges. Es war ein Ersatz für eine gescheiterte oder untergegangene Aristokratie, mit der sich Evans identifizierte. „Ich finde, dass ich in der Tiefe des Herzen ein Aristokrat bin", hat er mehr als einmal gesagt, um hinzuzufügen, dass der Adel meist auf gestohlenem Geld beruht: „Ich glaube an kulturelle Distinktion, und ich glaube an soziale Gerechtigkeit, und beide gehen nicht zusammen."[188] Diese Dichotomie hatte für Leben und Werk Bedeutung. Aber noch aus einem anderen Grund muss es für ihn aufregend gewesen sein, dass die Gegenwart dieses großen, leeren Plantagenhauses eine Sache der Vergangenheit war, als er darauf schaute und fand, dass sie der treffenden Definition seiner Arbeit entsprach: „Evans war und ist an dem Anblick interessiert, den jegliche Gegenwart als Vergangenheit bieten wird."

Es gibt Konstanten in den Photographien, die er in den zwei Jahren „auf der Straße" machte, aber es gibt auch bemerkenswerte Differenzen zwischen dem, was er im Norden sah (oder sehen konnte), und dem, was er im Süden sah. Mit Ausnahme von Belle Grove waren häusliche Interieurs eine Besonderheit des Nordens für ihn – das gilt bis 1936, als er die Arbeit in den Häusern der Pachtbauern in Hale County, Alabama aufnahm. Und die Dinge sind selten das, was sie zu sein scheinen. Mit Überraschung stellt man fest, dass die Bergarbeiter, deren kahle, aber ordentliche Wohnräume er in Morgantown im Juli 1935 photographierte, arm waren und verzweifelt unter der Depression litten. Das sieht man den Interieurs nicht an. Den Lebensbedingungen und der Verfassung der Menschen kommen wir näher, wenn er sie direkt photographiert, wie er das mit seiner kleineren Kamera tat, diese aber oft mit einem Winkelsucher ausrüstete, um wieder eine indirekte Sicht zu erzeugen. Zum Beispiel Aufnahmen, gemacht am Unab-
hängigkeitstag in Terra Alta, West Virginia: zwei Mädchen, der frivole Hut 52
im Widerspruch zu dem entschlossenen, grimmigen Gesichtsausruck, ein
misstrauischer Junge in einer Sportmütze oder ein älteres Paar, das aus der 53
Vergangenheit zu stammen scheint. Aber können wir von solchen Bildern auf Evans' Einstellung zu diesen Menschen schließen? In den Tagebuchno-

tizen zu diesem Tag beschreibt er sie als „sehr degenerierte Einheimische, breiige Gesichter, das Leichentuch der Ignoranz, wohin man schaut. Habe die erschreckendsten Exemplare photographiert.“[189] Man hat versucht, Evans' Worte zu erklären. Ninas und er hatten sich gestritten, und sie wollte ihn verlassen. Aber was man eigentlich daraus lernt, ist, dass seine vorübergehenden Stimmungen seine Arbeit am Bild nicht beeinflusst haben. Was er auch immer dachte, die Bilder bleiben kühl, klar und zeugen von einer Distanz, die gleichwohl engagiert hinschaut. Was er sieht und was seine Bauchgefühle sind, bleibt getrennt.

Neben die Menschen am Unabhängigkeitstag könnte man die „Söhne der Amerikanischen Legion“ stellen, die Evans bei der Parade am Tag der Veteranen im Herbst 1935 aufnahm, als er nach Pennsylvania zurückkehrte. Dass und wie die Amerikaner sich selbst durch Krieg definierten, war Evans bewusst. Im Frühjahr zuvor hatte er in einer Stadt in Pennsylvania das Denkmal für die Toten des Ersten Weltkriegs aufgenommen; es wurde Tafel 28 in Teil 1 der *American Photographs*. Am Tag der Veteranen zog der scharfäugige Offizier der Legion, gefolgt von ergebenen Jungen, die Auf-
54 merksamkeit von Evans auf sich. Er nahm diesen Offizier so entschlossen auf, wie er sich immer Personen und Sachen näherte. Er urteilt nicht. Man mag kein Freund der American Legion sein, und Evans war es sicher nicht, aber davon geht Evans als Photograph nicht aus. Der Legionär ist sowohl stolz als auch defensiv. Die Photographie destilliert und transzendiert – letzteres das Wort, das Evans bevorzugte. Über Evans' Gesichter schrieb ganz allgemein Lincoln Kirstein sehr zutreffend: „Die Gesichter, auch die müden, bösartigen oder zufriedenen, sind jenseits von zufälligen Gefühlsausdrücken. Sie sind isoliert und zur Essenz verdichtet.“[190] „Bösartig“ wäre das richtige Wort für den Legionär als Person, „isoliert und zur Essenz verdichtet“ würde für seine Photographie gelten.

Kehren wir mit Evans, dem frisch bestallten und anständig bezahlten „Information Specialist“ in die krisengeschüttelten Bergbaugebiete des Nordens zurück. Wie so ein Tageslauf im Jahr 1935 aussah, lässt sich rekonstruieren. Nachdem er in einem Hotel untergekommen ist, photographiert er von seinem hochgelegenen Zimmer aus, was er unten und gegenüber sieht. (Als Robert Frank einige Jahre später durch Amerika reiste, machte

er eine berühmt gewordene Aufnahme durch das von einer Gardine teilweise verhängte Hotelfenster und nannte die Aufnahme *Blick aus dem Fenster des Hotels, Butte, Montana.* Dieser Rückbezug auf den eigenen Standort wäre für Evans undenkbar.) Danach verlässt er das Hotel und wandert herum. Ein Charakteristikum seiner Aufnahmen ist die Dichte. Wenn es um eine Reihe von Häusern jenseits des Flusses geht, holt das Teleobjektiv die fernen Gegenstände heran, um die Bildfläche zu füllen. Man sehe hierzu die wunderbar verdichtete Ansicht von Philipsburg, aufgenommen 55
von Easton, Pennsylvania aus. An einem anderen Tag trifft er in Bethlehem auf einen Friedhof und Arbeiterhäuser nicht weit von der Fabrik. Evans hat des öfteren Arbeiterhäuser und Fabriken zusammen aufgenommen, z. B. in Birmingham, Alabama, für ihn ein Standardmotiv und eine Standardaufnahme. Aber der Friedhof ist eine zusätzliche Note.

Von den Photographien, die Evans mit seiner 8 x 10-Kamera von diesem Standort aus machte, ist die mit dem großen Kreuz im Vordergrund die 56
beste. Sie zeigt die Reihe der Arbeiterhäuser und den Wald der hohen, dünnen Schornsteine, die auf die Stahlwerke darunter verweisen. Bernd und Hilla Becher waren auch in Bethlehem, um dieser Aufnahme einen photographischen Tribut zu zollen. Später sagten sie, das Bild öffne den Blick auf Tod, Leben und Arbeit. Das ist nicht falsch, aber es ist zu eindeutig oder zu intentional. Ich würde sagen, dass Evans, nachdem er die verschiedenen Elemente, die Häuser, die Fabriken, den Friedhof studiert hatte, sich für eine Totale entschied. Seine und später unsere Begeisterung kommt aus dem freien Pulsschlag einer Ansicht, die mit den Worten der Bechers zu sehr festgelegt wird. Natürlich ergibt sich dieses Problem immer wieder, wenn wir den Sinn von Evans' Photographien in Worte fassen wollen.

Und das war nicht das Ende dieses Arbeitstages. Die Umgebung von Easton abfahrend, stieß Evans auf ein Feld mit verlassenen alten Automobilen. 57
Es handelte sich um ein Geschäft, das einem Mann namens Joe gehörte, der, wie Evans notierte, ihm den Namen Joe's Auto Graveyard gegeben hatte. Für ihn ein privater Scherz. Aber was auffällt: Der zweite „Friedhof" ist in Form und Inhalt ganz anders als der erste: ein pastorales Gelände, übersät mit den Überresten gar nicht so alter Wagen (das Modell T war damals seit weniger als dreißig Jahren in Produktion) und einer Eisenbahn-

schiene, mit Grasbewuchs unten und einem fernen Himmel oben, in den einige armselige Bäume ragen, welche das Teleobjektiv nahe herangeholt
58 hat. Es gibt eine zweite Photographie derselben Szene. So verschieden, dass man kaum dasselbe Motiv erkennt. In der Ausstellung *American Photographs* war das die Nummer 8, *Schrottautos* der Titel, während die vertrautere Aufnahme als Nr. 15 ausgestellt und als Nr. 7 im Buch gedruckt wurde. Das ist der seltene Fall, in dem Evans ein Sujet, aber nicht sofort die richtige Einstellung fand.

Aber da ist noch etwas anderes. Für Evans ging es nicht nur darum, die richtige Ansicht zu finden, das richtige Auge zu haben (siehe die Einleitung), auch die Wahl der Kamera, des Objektivs, der Einstellungen spielte eine Rolle. Wenn er für die Regierung arbeitete, füllte er für jede Aufnahme ein Formular aus, in das er Kamera und Einstellungen eintrug.

Die Formulare belegen, dass Evans in dem Moment, da sein Sehen sich
59, 60 in eine Bildebene verwandeln sollte, experimentierte. Zwei Bilder von ein- und derselben Kirche in South Carolina aus dem Jahr 1936 zeigen die Effekte, wenn einmal das lange, das andere Mal das Normal-Objektiv eingesetzt wird. Weil er so oft davon sprach, seine Fundstücke ediert zu haben, fällt es auf, dass er sich weigerte, über die technischen Bedingungen der Aufnahmen zu reden. Wenn er in seltenen Fälle über den Entstehungsprozess schrieb, dann bezog er sich nicht auf die Kamera, sondern auf das, was er sah. Er sprach dann oft davon, dass die Dinge sich ihn ausgesucht hätten. Als ihn 1972 ein Student in Dartmouth fragte, was für eine Kamera er für ein bestimmtes Bild benutzt hatte, antwortete Evans, dass ihn die Frage eher ärgere.[191] Man frage einen Schriftsteller ja auch nicht, welche Art von Schreibmaschine er benutze. Aber Tatsache ist auch, dass Evans oft Aufnahmen ein und desselben Gegenstands mit verschiedenen Kameras, Objektiven und Einstellungen machte, um das richtige Bild, besser: die richtigen Bilder zu erzeugen. Dann kam das Edieren. Dieses Buch ist ein Versuch, Evans bei der Arbeit als Photograph zu erfassen. Wie würde ein solcher Versuch aussehen, der die technischen Details einer jeden Aufnahme ergründet?

57 Kehren wir also zu Joe's Auto Graveyard zurück. Um das Bild für die Publikation in *American Photographs* vorzubereiten, schnitt Evans einen brei-

ten Streifen am unteren Rand ab, etwa ein Drittel der ursprünglichen Höhe, um einen außergewöhnlich langen und schmalen Bildstreifen zu erzielen. Die Schrottkarren erscheinen nun aufgehäuft am unteren Rand unter einem ausgebleichten Landschaftshintergrund. Menschen, wie so oft abwesend, und die Welt, die sie bewohnen, sind im Schicksal ihrer Autos einbezogen.

NACH SÜDEN

Evans' Entdeckung des Südens kulminierte in der Photokampagne, die er während dreier Wochen mit James Agee im Sommer 1936 machte. Sie bewegten sich um die Häuser von drei Pachtbauern in Hale County, Alabama. Die Zeitschrift *Fortune*, für die Agee als Journalist arbeitete, hatte ihn beauftragt, über die Folgen der Depression für die Farmer im Süden zu schreiben, und er hatte Evans an Bord geholt. Vorausgesetzt wurde, dass die Farmer weiß waren. Es gab aber sehr viele schwarze Farmer. Agee erklärte das in dem Buch, das aus diesem Auftrag wurde, folgendermaßen: „Unser Auftrag war, für ein New Yorker Magazin einen Artikel über die Baumwollfarmer in den Vereinigten Staaten zu verfassen. Es sollte ein photographischer und schriftlicher Bericht über das tägliche Leben und die Umstände einer durchschnittlichen, weißen Familie von Pachtbauern werden."[192] Die Photographen in *Let Us Now Praise Famous Men*, dem Buch, das 1941 erschien, entsprechen dieser Anforderung auf umfassende Weise. Die Hautfarbe der Männer, Frauen und Kinder in diesen Photographien hat die Kommentatoren bisher nicht interessiert. Jahre später meinte Evans, er habe mit diesen Menschen eine Blutverwandtschaft gespürt. Einige seiner Vorfahren, so seine überraschende Erklärung, „müssen Kleinbauern gewesen sein".[193]

Aber Evans war bewusst, dass man eine Auswahl getroffen hatte. In den Monaten, die er im Dienst der Regierung umhergefahren war, war er nicht nur auf Weiße getroffen. Als er 1960 den Bildteil von *Let Us Now Praise Famous Men* für die zweite Ausgabe überarbeitete und erweiterte, ordnete er die Photographien der weißen Familien neu und fügte am Schluss eine Bildstrecke hinzu, die man eine Korrektur nennen könnte.[194] Sie richtete

den Blick hinaus auf eine Hauptstraße, ein Plantagenhaus, schwarze Männer auf einem Bürgersteig. Es mag an der Zeit liegen, in der dies geschrieben wird (Sommer 2018), aber es fällt bei der Betrachtung seiner Photographien aus dem Süden immer wieder auf, wie umstandslos und interessiert Evans schwarze Menschen photographiert hat. Zum Teil war er daran interessiert, was auf den Straßen vorging. Wenn es ihm um Menschen am Straßenrand, vor dem Hintergrund aufmerksam machender Schaufenster gegangen wäre, wer hätte stillgehalten, wenn er seine 8 x 10-Kamera aufgebaut und benutzt hätte und wäre nicht schwarz gewesen? Wir haben schon die Aufnahme aus dem Schwarzenviertel in Savannah aus dem Jahr 1935 erwähnt. Es sieht so aus, als sei er im Dezember 1935 nur für einen Tag in Selma, Alabama gewesen. Er photographierte dort eine Straßenfront in
61 schräg einfallendem Morgenlicht, die Häuser links und rechts abgeschnitten, mit der Ankündigung eines Footballspiels, die den Namen der Stadt verrät. Solche Photographien hat man mit den Gemälden Hoppers verglichen. Aber die besten Aufnahmen aus Selma haben nichts mit Hopper zu tun und sind zwei Photographien, die, fast vom selben Standpunkt aus
62 geschossen, eine Straßenfront mit einer Reihe von Läden zeigen. Einige
63 Menschen stehen, andere sitzen, alle tragen eine Fedora und Jackett. Jacketts (gebrauchte?) hängen zum Verkauf an den Wänden, ein Auto ragt als Requisite von rechts diagonal ins Bild hinein.[195] Ein Durcheinander von Menschen und Dingen wird von Evans in Ordnung gebracht. Besser: Evans sieht Ordnung in einer Anordnung von Menschen. Sie könnten Posen eingenommen haben. Aber sie haben es natürlich nicht getan. Eine Komposition aus Menschen, die auf der engen Bühne eines Bürgersteigs vor einer Wand mit Türen aufgestellt sind, hat etwas Grundsätzliches. In der europäischen Kunsttradition, aus der ich komme, erinnert die horizontale Komposition über zwei Seiten an Predella-Tafeln aus dem italienischen 15. Jahrhundert. Jeder Mann – und es gibt nur Männer – ist schwarz. Hinter ihnen an den Wänden finden sich die zerrissenen Poster, die für zwei Blackface Minstrel Shows werben und zwar für Silas Green aus New Orleans und für J. C. Lincolns Sunny Sputh Minstrels.[196] Evans hatte die Plakate dieser Truppe etwa zur selben Zeit aufgenommen, das eine vielleicht einen Tag früher, jedenfalls Anfang des Jahres 1936. Wir kommen darauf

zurück, wenn wir von Evans' Photographien von Show-Plakaten handeln.

In jeder Stadt im Süden suchte Evans die Menschen dort auf, wo sie leb-
ten. Zu Beginn des Jahres 1936 wurde er von Roy Stryker, dem Leiter der In-
formationsabteilung der FSA, nach Tupelo geschickt, dem Ort, in dem ein
Jahr zuvor Elvis Presley geboren wurde. Er sollte für Regierungszwecke
„den gegenwärtigen Zustand der Gebäude und dazu etwas Lokalkolorit"
aufnehmen. Evans machte fesselnde, wenn auch als Abstraktionen un-
gewöhnliche Aufnahmen von der Bodenerosion, aber er fertigte auch viele
8 x 10-Photographien von den Behausungen der Schwarzen an den Rän-
dern und in den Schwarzenvierteln von Tupelo an. Wir sehen Holzhütten 64
auf Hügeln und neben erodierten Feldern und in der Ferne die Häuser rei-
cherer Menschen, wir sehen kleine hölzerne Häuser, die öde Straßen säu-
men. Die beste Aufnahme galt einem Schwarzen, der, von hinten gesehen, 65
gegen ein absackendes, hölzernes Gebäude lehnt, wie um es zu stützen. In
der Ferne die aparte Kuppel einer Kirche. Der Anlass dieser Aufnahmen
liegt nicht auf der Hand. Die Demokratische Partei hatte im Süden die
Macht, und dementsprechend zeigte Präsident Roosevelt kein besonderes
Interesse für die Lage der Schwarzen. Regierungsunterstützung erreichte
sie nicht. Deren Fehlen bedingte das Leben der Menschen, denen sich Evans
in Tupelo zuwandte. Im März war er in Atlanta, um wieder die Holzhäuser
des Schwarzenviertels mit seiner 8 x 10-Kamera zu photographieren.

Wie erklären wir Evans' Interesse an diesen Aspekten der Südstaaten?
Evans agitierte nicht für eine bessere Behandlung von irgendjemand, er sah
hin, und er sah die volle Breite. Letzteres hat man nicht berücksichtigt oder
verschwiegen. Die Aufnahmen aus den Schwarzenvierteln stehen jeden-
falls nicht sehr hoch auf der Liste der Aufnahmen, denen man sich zuge-
wandt hat. Es stimmt, dass es oft mehr der Gegenstand als die Photogra-
phie an sich ist, die sie auszeichnet. Aber in Atlanta ging er hinein und
photographierte den leeren Raums eines Friseursalons. Unter dem Titel
Friseurladen für Schwarze, Atlanta, Georgia wurde die Aufnahme Abbildung 6 67
in Teil 1 von *American Photographs*. Evans hatte diese Photographie für die
Publikation ausgewählt, und sie ist zu Recht sehr bekannt. Fand er diesen
Ort, als er sich in der Nachbarschaft seiner Kunden umschaute? Das Innere
ist menschenleer, aber zwei Friseurstühle sind vom Spiegel weggedreht

und suggerieren das Leben, das dort stattfand und wieder stattfinden wird. Handtücher liegen gefaltet auf den Lehnen und Kopfstützen der Sessel, weitere warten auf dem Regal. Die Schlagzeile einer an die Wand gehefteten Zeitung spricht den Namen von Eugene Talmadge an, des demokratischen Governeurs von Louisiana, eines Rassisten, der neben vielem anderen auch die Art von Regierungsprogrammen bekämpfte, für die Evans arbeitete. Die Ordentlichkeit von allem und zugleich die schiere Armseligkeit besticht. Es ist die ehrenwerte Seite der Armut, auf der Evans' Photographie besteht – mit dem Namen Talmadge als Erinnerung an eine andere Realität der Zeit.

Ansonsten war Evans nicht so sehr an den Nachbarschaften interessiert, in denen die Menschen lebten. Wir haben seine Faszination für die Häuser gesehen, die zu zweit oder in Reihen nebeneinanderstehen, und für die Arbeitersiedlungen mit ihren repetitiven Strukturen. Es gefiel ihm, eine Hauptstraße hinunterzuschauen, aber er vermittelt nicht einen Eindruck von einer Stadt als solcher und ihren Stadtteilen. Vielleicht ist der Grund einfach der, dass die Schwarzen so separiert lebten. In dem Süden, den Evans sah, waren die einzeln stehenden großen Ruinen der leeren Plantagen-Häuser die Alternative zu den Baracken und Hütten der Schwarzen. Man denkt bei Evans oft mehr an von Säulen getragene Häuser als an Hütten. Aber man irrt. Zu seinem Amerika gehört beides. In seinem letzten Vortrag, den er am 8. April 1975 in Radcliffe hielt, waren es die Baracken und Hütten – er spricht von Slums –, die ihm zuerst in den Sinn kommen. Er sagt, es sei die ganze, nun nicht mehr existierende Atmosphäre gewesen, die er geliebt habe:

> „Ich bin sehr interessiert an der unmittelbaren Vergangenheit von Dingen, unabhängig von meiner Person. Ich bin im Besitz von seltenen Straßenansichten – vor allem Straßen in Slums in New York und Charleston, South Carolina und Louisiana, das alles wurde saniert und abgerissen, sodass sich die ganze Atmosphäre verändert hat. Diese Areale hatten eine enorme Anziehungskraft – und das jenseits von Nostalgie. Dabei reden wir nicht von persönlichen Dingen. Es geht nicht um dein Haus aus der Kinderzeit, um ein Schlafzimmer oder so etwas.“[197]

Evans hat nicht oft über den Süden geredet, aber es war ja auch nicht so, dass man ihn oft gefragt hätte. Das änderte sich erst, als er mit dem Ethnologen Bill Ferris zusammenkam, der in Yale unterrichtete, als Evans auch dort war. 1935 hatte Evans in Natchez die bemalte Fassade eines Händlers von Pferden und Eseln photographiert, der auf den Namen Ray Lum hörte. Der Vater von Ferris war nun zufällig ein Freund von Lum gewesen, und Ferris selbst hatte 1972 einen Film über das Leben und die Volksmärchen (wir sind im Süden) dieses Mannes gedreht. Ferris hatte gute Gründe folgende Frage zu stellen: „Walker, was glaubst du, was hat dich am Süden angezogen?" Evans' Antwort ist kennzeichnend: „Ich weiß wirklich nicht, ob ich das in Worten ausdrücken kann. Ich nehme mal an, Romantik, Geschichte und das Erbe spielten eine Rolle." Aber er fand dann doch Worte:

> „Schließlich haben wir das den Bürgerkrieg genannt, und es war eine Art von Trauma und Schock in der Geschichte dieses Landes. Aber es gibt auch eine romantische Seite. Oder man denke an die Musik und den Horror, wenn Mann gegen Mann, Cousin gegen Cousin kämpft, und an die ganze Legende um Abraham Lincoln und seine Rolle: das alles interessiert mich enorm. Freilich nicht auf wissenschaftliche Weise … Schon als Teenager hat mich das enorm beeindruckt."[198]

Evans' Worte unterstützen unsere Wahrnehmung, was die Reichweite und den Detailreichtum seiner Photographien anbelangt. Was er über das Trauma sagt, könnte über alle Bürgerkriege gesagt werden, ganz gleich welche Natur der Konflikt hatte. Als Beleg sei Eric Hobsbawn zitiert, der 1951 Spanien besuchte: „Immer wieder, wenn das Thema aufkam, sagte irgendjemand: ‚Bürgerkrieg – nichts ist schlimmer, Vater gegen Sohn, Bruder gegen Bruder.'"[199] Um das noch einmal zu betonen: Was man den langen Bürgerkrieg nennen könnte, prägte Evans' Amerika des Südens mehr als die unmittelbare Gegenwart der Großen Depression. Von Ferris gefragt, wonach er gesucht habe, als er im Auftrag der Regierung unterwegs war, antwortete Evans vorsichtig: „Ich habe nach nichts gesucht, die Dinge haben nach mir gesucht. Ich hatte ein Auge und einen Sinn für das Atmosphärische der Gegend und habe das automatisch aufgezeichnet."

Ferris' Geburtsort war Vicksburg, wo Evans drei Wochen im späten Februar und frühen März verbracht hatte. Er sagte zu Ferris: „Natürlich erinnere ich mich an Vicksburg. Für jemanden, der noch nie dagewesen war, war der Ort von enormer Anziehungskraft für das Auge." Vicksburg ist eine Stadt am Mississippi, einst ein bedeutender Handelsplatz und der Ort einer Schlacht, welche die Wende im Bürgerkrieg brachte. Am 4. Juli 1863 ergaben sich die Konföderierten unter Generalleutnant John C. Pemberton nach 47 Tagen Belagerung. Am selben Tag zog sich General Robert E. Lee aus Gettysburg zurück. Wer sich für den Bürgerkrieg interessiert, für den ist der Ort heute ein Ausflugsziel, und das war er schon damals. Wie Gettysburg ist Vicksburg seit 1899 Teil des National Military Park. Eine der Aufnahmen, die Evans dort 1936 machte, zeigt das Denkmal für General Pemberton.

Was also fand Evans in Vicksburg so eindrucksvoll, dass er dort drei Wochen verbrachte? Nach der Volkszählung von 1930 waren 50 Prozent der Einwohner von Vicksburg Afroamerikaner. Evans schoss viele Aufnahmen von Hütten und kleinen Häusern im Schwarzenviertel, darunter eine mit Menschen, die vor dem Haus sitzen und in der Nähe stehen, und wieder ist da ein Besen. Es gibt auch das Bild einer Kirche. Evans photographierte normalerweise Kirchen alleinstehend und frontal. In diesem Fall ist die Kirche Teil einer Nachbarschaft. In Kirchen kommen Menschen zusammen. In den Schwarzenvierteln trifft das auch für die Friseurläden zu. Wir denken noch einmal an das entsprechende Setting in Atlanta, leer, aber Besucher implizierend. In Vicksburg machte Evans großartige Aufnahmen von Menschen, die auf den Bürgersteigen vor einer Reihe von Friseurläden stehen oder sitzen. Offenbar ein Ort der Attraktion. Evans wird sich über die Schilder mit den Namen dieser Salons gefreut haben: Brother-in-Law, New Deal und Savoy. Aber seine wahre Freude bestand darin, die große Kamera aufzustellen und die Menschen in einer langen Serie von Aufnahmen abzulichten.[200]

Die besten Photographien sind die dichtesten und knappsten. In einer
66 stehen und sitzen vier Männer vor einer hellerleuchteten Bretterwand, in die tiefschwarze Eingänge geschnitten sind und welche die Schilder New Deal und Savoy haben. Man hat diese Photographie mit dem Bild einer

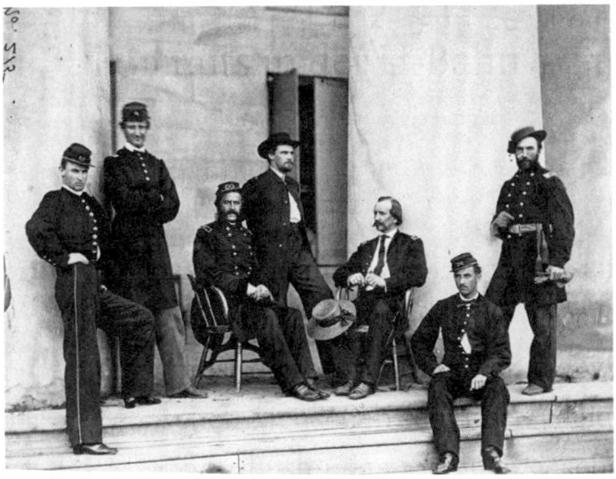

Abb. 27
Alexander Gardner,
Alexander Gardner, Brigadegeneral Gustavus A. DeRussy und Mitarbeiter auf den Stufen des Arlington House, Arlington, Virginia, 1864

Gruppe von Offizieren der Unionsarmee verglichen, das man früher Matthew Brady zugeschrieben hat.[201] (Abb. 27) Als Bildvergleich funktioniert das sehr gut. In Annäherung an Bradys Stil ersetzte Evans die Ehrerbietung an Offiziere der Union durch eine Ehrerbietung an anonyme Schwarze, die in Vicksburg die Straße bevölkern. Aber was sagt das über Evans aus? Als Erstes würde ich denken, hat Evans zehn Bände mit Photographien von Brady im Auto mit nach Bethlehem, Pennsylvania genommen – das war im Herbst 1935 –, weil ihn Brady als Photograph, aber auch weil ihn Brady und der Bürgerkrieg beschäftigten.[202] Weil Brady nun einmal der ultimative Photograph des Bürgerkriegs war, blieb wohl kein Raum dafür übrig, auch Evans in diesem Kontext zu betrachten. Er wurde stattdessen zum Photographen der Depressionszeit.[203]

Das Schild des Friseurladens zur Linken hat die Aufschrift „New Deal". Das waren Roosevelts erst dahingesagte, später berühmt gewordene Worte auf dem Parteitag der Demokraten 1932. Ich denke, für Evans war das ein Fund, der seinem Witz entsprach. Die Schwarzen auf diesem Bild und alle anderen Schwarzen, die er photographierte, waren nicht die Hauptbegünstigten des New Deal.[204]

In den Städten des Südens gab es aber auch die verfallenden Plantagenhäuser, ein anderes von Evans bevorzugtes Sujet. Er machte eine Serie von Außenansichten eines solchen Herrenhauses, welches seine Behörde unter
Plantagenhaus aus der Vorkriegszeit, Vicksburg, Mississippi registrierte. Die monu- 69
mentale Säulenstellung des Gebäudes ist ein beredter Kontrast zu den

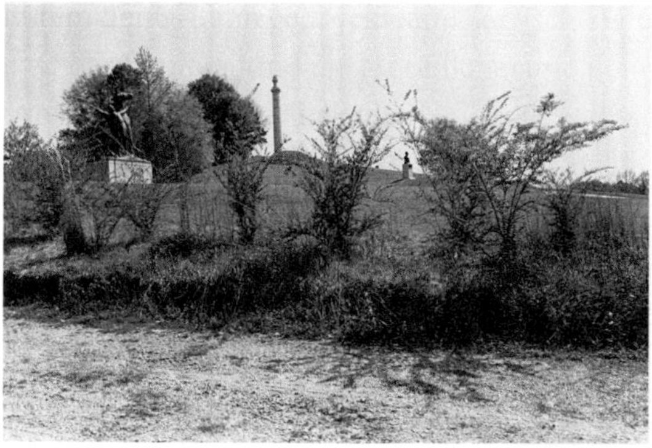

Abb. 28
Lee Friedlander, *Brigadegeneral Lloyd Tilghman, Louisiana State Memorial, und Brigadegeneral Daniel Adams. Vicksburg National Military Park, Mississippi,* 1974

rohen und dünnen Trägern, auf denen die Vordächer in den Schwarzenvierteln ruhen. Evans sah beides. Für die Neuauflage von *Let Us Now Praise Famous Men* (1960) setzte Evans nach einem Bild mit Schwarzen auf einem Gehsteig in Vicksburg die Ansicht eines Plantagenhauses ein.

Und ähnlich verhielt er sich auch, als er im Vicksburg National Military Park photographierte. Er schaute auf Norden und Süden, auf Helden der Konföderation und Helden der Union. Die bekannteste seiner Photogra-
68 phien gilt Brigade-General Lloyd Tilghman, der nicht auf seinem Pferd reitet wie bei Reiterdenkmälern üblich. Vor einem bewölkten Himmel steht der General vor seinem Pferd, die Arme ausgestreckt, ein Schwert in der Rechten. Daraus wurde Abb. 29 in Teil 1 der *American Photographs,* ohne genauere Angaben und wie alle Aufnahmen der Monumente von Vicksburg freigestellt. Wahrscheinlich war es die bravouröse Pose, die Evans anzog, und sie ist es, die das Bild auszeichnet. Tatsächlich steht das Monument auf einem hohen Sockel in grüner Umgebung, es hat eine Aura, die Evans vermied. Er griff nicht das Vorbild von Statuen im Park auf, das er bei Atget fand. Aber natürlich photographierte Evans eine historische Figur. Verrät seine Beachtung des Standbilds ein Interesse an dem Mann, den es abbildet? Was wusste Evans über Tilghman und die anderen Männer über ihre Angehörigkeit zu den Armeen des Nordens und Südens hinaus? Als ich an den Beischriften entdeckte, welcher Seite sie zugeordnet waren, hatte ich das Gefühl, dass Evans dies auch getan hatte. Ihre Leben gehören zu dem Bürgerkrieg, über den er zu Ferris sprach.

Tilghman starb wenige Meilen von Vicksburg entfernt und einige Monate vor der berühmten Belagerung dieser Stadt. Kurioserweise fand er sein Grab in der Bronx. Der General war früh in seiner militärischen Karriere entehrt worden, weil er als Befehlshaber seine Garnison verlassen hatte. Als Ingenieur hatte er auch eine verhängnisvoll fehlerhafte Brücke konstruiert. Seine Söhne hatten 1926 die Statue in Auftrag gegeben – 63 Jahre später und nur zehn Jahre bevor Evans sie sah. 1909 hatten die Söhne schon ein Standbild errichten lassen – in Paducah, Kentucky, wo die Familie vor dem Bürgerkrieg gelebt hatte. Heute ist das Monument und das Haus dort in die Kritik geraten, denn Tilghman war ein Sklavenhalter. Als Lee Friedlander Evans' Tilghman „rephotographierte", fügte er eine „Korrektur" an, indem er ihn in das verwickelte Strauchwerk zurückversetzte. (Abb. 28) Aber warum tat er das?

Der Bürgerkrieg ließ verwickelte Geschichten zurück. Man nehme zum Beispiel General John C. Pemberton, dessen Statue Evans ebenfalls photographierte. Als Standbild sieht der Mann sehr normal aus, aber er hatte eine interessante persönliche Geschichte. Ist das ein seltener Fall, in dem Evans sich mehr für den Fall interessiert, als seinem Auge zu folgen? Pemberton wurde in Philadelphia geboren, heiratete eine Frau aus Virginia und verließ gegen den Protest seiner Familie die Armee der Union, um zu den Konföderierten überzutreten. Zwei Brüder kämpften auf der Seite der Union. Pemberton als Generalleutnant wurde degradiert und Verräter geschimpft, als er Vicksburg an General Grant übergab. Aber bemerkenswert ist das Auseinanderfallen seiner Familie in Norden und Süden. Wir erinnern uns an Evans, wenn er den „Horror" benennt, „wenn Mann gegen Mann, Cousin gegen Cousin kämpft". Im Fall der Pembertons war das Bruder gegen Bruder. Und es ging nicht gut aus. Obwohl er nichts bereute, wurde er 1881 gegen Protest im Familiengrab in der Nähe von Philadelphia, also im Norden beerdigt. Seine Statue wurde wie so viele Denkmäler der Konföderation 1917 errichtet. So lebte die verwickelte Geschichte, zu der diese Photographie von Evans einlud, fort.

Evans photographierte auch noch die Statue von Generalleutnant Lee 70
und zwei Monumente von Männern aus Ohio, dem Staat seiner Geburt, und eine Figur zur Erinnerung an Rhode Islands Soldaten. Aber Evans kon-

zentrierte sich nicht nur auf die Gedenkstätte. Warum photographierte er in Vicksburg auch den Uferdamm am Mississippi? Er hatte Flüsse im Norden photographiert, wir erinnern an die Aufnahme mit der Brücke zwischen Phillipsburg, New Jersey und Easton, Pennsylvania. Aber Vicksburg war einmal ein aktiver Hafen am Mississippi gewesen, und die Themen Fluss, Verkehr, Waren interessierten Evans. So hielt er sich an die Hafengegend und photographierte Fähren, Raddampfer, Güterstapel am Dock und ab und zu einen Arbeiter. Die Art, wie er vorgeht, und die Szenen selbst sind von einer gewissen Lässigkeit, etwas das man bei Evans selten antrifft. Er hatte das so im Süden angetroffen und gemocht, aber es sind nicht seine besten Arbeiten, die dort entstanden. Schließlich aber photographierte er an einem seiner letzten Tage den sensationellen Bogen im islamischen Stil
71 mit den üblichen schräg geparkten Autos davor. Dieser Bogen markierte den Eingang zum Carroll Hotel, in dem Evans und seine Freund Peter Sekaer wohnten.[205] Er erinnert uns an die Worte, die Evans zu Ferris sagte: „ein Ort von enormer Anziehungskraft für das Auge“. Diese schöne Photographie, dieser Blick durch einen total unerwartbaren Bogen in die Tiefe einer Straße, liefert den Beweis.

UNTERDESSEN

Vicksburg ist der richtige Moment, um sich vom Süden ab und einem anderen Auftrag zuzuwenden, an dem Evans und Hilfskräfte in New York gearbeitet hatten und der sich für Jahre hinzog. Im April 1935 – er war gerade aus dem Süden zurückgekehrt und stand kurz vor seinem ersten Regierungsauftrag im Juni – erhielt Evans den Auftrag, eine einzigartige Ausstellung des MoMA mit dem Titel *African Negro Art* photographisch zu dokumentieren. Sie wurde von März bis Mai 1935 gezeigt und präsentierte afrikanische Skulpturen. Der Auftrag kam von Tom Mabry, der jetzt am Museum tätig war. Er war ein enger Freund von Kirstein, und Evans kannte ihn auch durch die Becker Galerie, wo Evans 1931 ausgestellt hatte. Für uns ist das Interesse an diesen Skulpturen evident. Sie wurden in Paris im frühen 20. Jahrhundert durch Künstler entdeckt und waren seitdem in eine erweiterte Kunstgeschichte aufgenommen worden. In den frühen 1930er Jahren in New York war dieses Material jedoch nicht so bekannt. Das MoMA hatte die Ausstellungsstücke vornehmlich von europäischen Privatsammlern ausgeliehen. Es plante eine Wanderausstellung und wollte zu pädagogischen Zwecken auch Evans' Photographien, gerahmt und zu Portfolios zusammengestellt, als Geschenk an afroamerikanische Colleges geben. Vielleicht ging dieses Projekt, die Afroamerikaner mit ihrer Kultur vertraut zu machen, auf Mabry zurück, der von 1932 bis 1934 als Assistent des Präsidenten der traditionell schwarzen Fisk University gearbeitet hatte. Die Ausstellung und die Portfolios stießen auf ein positives Echo. Arthur A. Schomberg, der damals als Kurator an der Filiale der New York Public Library in der 135. Straße tätig war, schrieb: „Diese Sammlung wird hoch gewürdigt werden und für das Studium der primitiven afrikanischen Kunst unverzichtbar sein. In unseren Schaukästen werden wir sie den Schülern der New Yorker Stadtschulen und den Erwachsenen aus der Nachbarschaft zugänglich machen, damit sie sich an den Handarbeiten der afrikanischen Völker erfreuen."[206]

Evans' Bezahlung war sehr gut, und der Auftrag herausfordernd groß und neu. Er hatte 603 Objekte zu photographieren, dies aber nur während der Nacht, wenn die Ausstellung und das Museum geschlossen waren. Evans griff zu seiner 8x10-Kamera und stellte sich auf die Beleuchtung (direkt und schwach, um keine Schatten zu erzeugen), Aufstellung und Hintergrund ein und versuchte auch durch entsprechende Bearbeitung der Negative seine eng konzentrierte Sicht auf die afrikanischen Objekte zu erzeugen. Die Ergebnisse sind eindrucksvoll. Stilistisch entsprechen sie 72
seiner Gesamtsicht auf die Welt. Und es war eine gute Übung, die Anwendung der Plattenkamera weiterzuentwickeln. Jedes Portfolio enthielt 477 Photographien von 404 Objekten; die Herstellung von 8000 Abzügen zog sich, von Assistenten unterstützt, bis ins Jahr 1936 hin.

Der Grund, warum Vicksburg der richtige Moment ist, hat mit dem zu tun, was die Kampagne dort mit der Aufgabe in New York verband. Im März 1936 photographierte Evans Schwarze auf den Gehsteigen und in ihren Quartieren, und er photographierte ebenso Statuen der Helden des Bürgerkriegs, die meisten in dunkler Bronze gegossen. Die Beziehung zum Projekt in New York ergibt sich aus der Kombination Schwarze und Skulptur. Die Bezugnahme der ausgestellten Skulpturen zum schwarzen Amerika war eine Idee des MoMA, das ja Evans' Portfolios an schwarze Colleges verteilen wollte. Ging das auch Evans an? Waren die „Negroes", wie er sie nannte, die er im Süden gesehen und photographiert hatte, mit den „Negroes", wie sie in der MoMA-Ausstellung hießen, verbunden? Stellte irgendeiner der Betroffenen diese Verbindung her? Ein möglicher Verdacht fällt auf Peter Sekaer, einen weniger bedeutenden Photographen und Freund, der neben Evans in Vicksburg und anderswo im Süden arbeitete. Er half auch mehr als fünf Monate lang dabei, die Photographien für das MoMA abzuziehen. Das geschah in dem Labor in der Bethune Street in New York, das Evans mit Ben Shahn und Lou Block teilte. Sekaer wusste also von den afrikanischen Skulpturen. Und wir werden sehen, dass er sich für einzelne Schwarze engagierte, was Evans nie getan hatte. Aber vielleicht war das Junktim, das im Abstand so auffällig scheint, für beide Männer damals nicht herzustellen.

Oder, um noch einmal anders anzusetzen, griff Evans' Erfahrung mit den afrikanischen Skulpturen über auf seine Arbeiten in der nationalen Gedenkstätte in Vicksburg? Ein Vergleich bietet sich an zwischen der Auf-
68 nahme des General Tilghman, der Arme und Waffe zum Himmel reckt,
73 und dem Bildnis von König Giele, dem Kriegsgott aus Benin, der vor einem
dunklen Hintergrund fest auf seiner Bodenplatte steht und in beiden Händen ein Schwert hält. Die Figur aus gehämmertem Messing ist 104 cm hoch. Evans bildete sie dreimal ab: einmal zur Gänze, leicht von der Seite gesehen, der mächtige Rücken mit Schultern und Nacken und die großen Füße mir ihren gespreizten Zehen. Ein Charakteristikum dieser Aufnahmen ist, dass der Maßstab nicht erkennbar wird, sodass letztlich alle Objekte monumental wirken. Auf jeden Fall holte er sie nah heran – auch Tilghman muss auf Sockel und Kontext verzichten. Aber dieser Vergleich verdankt sich meinem aufmerksamen Auge und nicht dem Auge des Mannes, der diese Photographien schuf.

Im Museum rückte Evans seine große Kamera nah an die Skulpturen heran, um Details und die sorgfältig bearbeiteten Oberflächen jedes Objekts zu studieren. Durch die Positionierung der Kamera und durch Bildbeschneidung widmete er sich der Oberfläche und der Gestalt, und er stei-

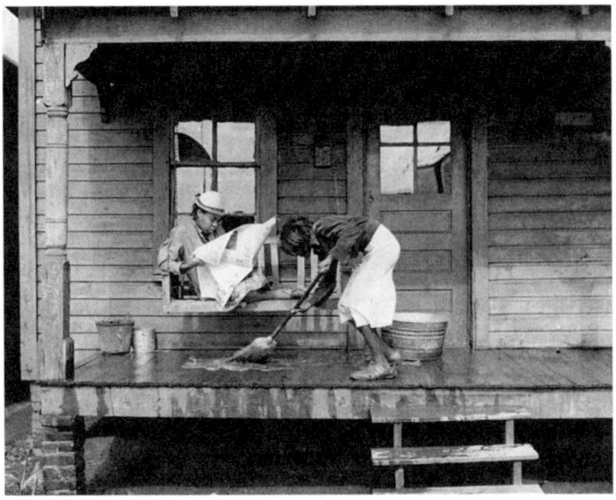

Abb. 29
Peter Sekaer,
Veranda in Birmingham,
ca. 1938

gerte den Maßstab. In Vicksburg interessierte Evans sich dafür, wie und an welche Menschen erinnert wird – mal abgesehen von Tilghman, der auch als Skulptur Aufmerksamkeit auf sich zieht. In New York aber war es das Kunstobjekt selbst, dem er sich zuwandte.

WIEDER IM SÜDEN

Nachdem er in den Schwarzenvierteln mehrerer Städte gearbeitet und Menschen im hellen Sonnenschein vor Läden beobachtet hatte, nahm er zur Abwechslung auch gerne mal ein Plakat auf, z. B. die Werbung für eine Minstrel Show. Anders als Peter Sekaer richtete er seine Aufmerksamkeit nur selten auf die Lebensbedingungen der Menschen. Sekaer hatte z. B. eine Reihe von Hauseingängen aufgenommen, an denen „Colered" stand, außerdem eine schwarze Frau, welche die Veranda ihres Hauses mit dem Besen reinigt. (Abb. 29) Und wenn es um das Thema Unterhaltung ging, zeigte Sekaer lieber den Vorgang des Verkleidens für den Zulu-Umzug beim Karneval von New Orleans. Das war nichts für Evans, der auf Abstand blieb, um die Dinge mehr indirekt anzudeuten. Sein Geschmack waren eher die Plakate der Minstrel Shows als der Zulu-Karneval.[207]

Vom Beginn seiner Karriere an fühlte sich Evans von Postern und den Buchstaben und Wörtern, die zu diesem Medium gehören, angezogen. *Zerrissene Filmplakate* hieß eine Aufnahme, die er 1931 auf Cape Cod gemacht

hatte – mit den rätselhaften Buchstaben SA, die einmal für *Saturday* standen. Als er den Süden in den Jahren 1935 und 1936 bereiste, photographierte Evans drei Minstrel Show-Plakate, die ihn wegen ihrer bildnerischen Qualität angesprochen hatten. In Demopolis stieß er auf ein großes
74 Plakat für die Silas Green Show, gerade mal zwei Monate alt und schon in Fetzen. Das war kurz vor oder nachdem er in Selma die Poster für dieselbe Show gesehen hatte, als er herumhängende Männer am Gehsteig photographierte. Das Plakat zeigt einen Schwarm von dünnen Tänzerinnen und einen Mann. Evans hatte seine 8 x 10 aufgestellt, und als ein Maultiergespann mit einem Wagen dazwischenkam, machte er eine zweite Aufnahme, die Poster und Gefährt zusammen ins Bild nahm. Um den Maultierkarren besser herauszubringen, schnitt er das Datum und ein Plakat für einen Film links ab. Im 19. Jahrhundert waren Maultiere oft im Einsatz, aber 1936 waren sie Geschichte. Es heißt, 1925 habe es vor allem im Süden noch sechs Millionen Maultiere gegeben, aber in den 1930er Jahren wurden sie durch Traktoren ersetzt. Weil Maultiere steril sind, starben sie danach sehr schnell aus. Sie passten sehr gut zu Evans' Sinn für vergehende Vergangenheiten. Das Plakat wurde für Evans interessant, als Geschichte in die Szene mit dem unerwarteten Maultierkarren eintrat. Die beiden anderen Plakate, auch in Alabama, aber später photographiert, sind packender als Bilder, und Evans wählte sie als Abbildung 34 und 42 für Teil 1 von *American Photographs* aus. Sie werben für J. C. Lincolns Sunny South Minstrel und zeigen die Blackface-Auftritte, die für diese Kunstform typisch sind. In
75 einem Fall ist eine Gruppe von Tänzern in Phantasiekostümen abgebildet, die Männer in Frack und weißer Krawatte. Interessant ist, dass ein Riss unten links auf ein darunterliegendes Plakat schauen lässt, das mit Tiger und Löwe für einen Zirkus warb. Diese Verdoppelung der Bildebenen, der Kontrast zwischen eleganten Tänzern und wilden Tieren muss Evans herausgefordert haben. Er beschnitt allerdings den linken Teil des Bildes, als er es in *American Photographs,* Teil 1 auf Abb. 42 reproduzierte.

76 Das andere Plakat der Sunny South Show (ebda., Abb. 34) ist wilder und packt einen mehr. Das Setting ist ein Holzhaus mit Fenstern und einer Tür, das an vielen Stellen die Ziegelwand durchscheinen lässt, was für Evans die Sache sicher interessanter machte. Im Haus und außerhalb des Hauses sind

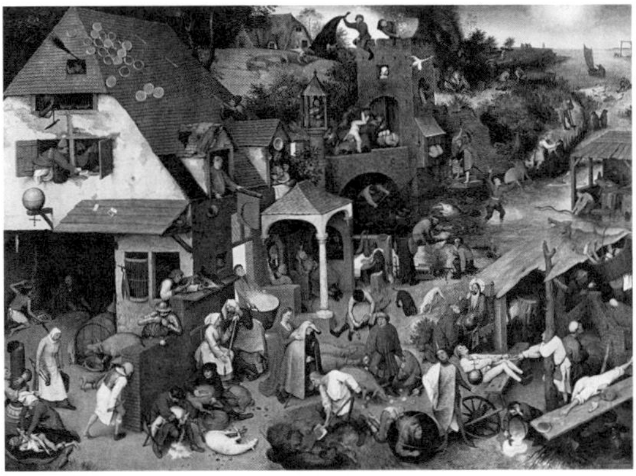

Abb. 30
Pieter Bruegel d. Ä.,
Die flämischen Sprichwörter, 1559

Schwarze zu sehen, die in Standardrollen agieren: da ist ein Hühnerdieb, ein Wassermelonendieb, ein Banjo-Spieler, eine schwarze Mammi, ein Mann, der Wasser aus dem Fenster schüttet und andere. Es geht hier darum, dass wir die konventionellen Rollen erkennen. Das ganze Bild erinnert einen an flämische Bilder, die Sprichwörter in Handlung übersetzen – Pieter Bruegel hat das im 16. Jahrhundert gemalt (Abb. 30). Bei Evans und bei Bruegel gibt es diese chaotische Ansammlung von Individuen, die jedes für sich eine bestimmte Aktion ausführt. Bildmäßig eine schöne Erfindung. Wer aber kam auf die Idee zu diesem Design eines Werbeplakats? Evans als Künstler zollt einem anderen Künstler Respekt – oder zwei anderen Künstlern, wenn wir Bruegel hinzunehmen. Wenn er seine Plattenkamera aufstellt und ein großes, detailreiches Bild von dieser Plakatwand macht, dann ist er dem Maler vergleichbar, der seine Leinwand mit den Sprichwörtern bedeckt. Was Evans sah und photographierte, war die Praxis einer Kultur, doch es bleibt die Frage, genauso wie bei Bruegel, ob das die Kultur der im Bild Abgebildeten ist oder ob es eine Kultur ist, die von anderen für sie erfunden wurde. In beiden Fällen ist es der Blick eines Außenseiters. So wie Bruegel die Bauern sah, so schätzte er, was für ihn fremd war, was ihm aber echt erschien. Wenn wir auf diese Photographie schauen, dürfen wir allerdings nicht ignorieren, was Evans sah – dass das Plakat zerrissen war. Aber er konnte, so wie es Bruegel in der Malerei tat, das Thema auf der Ebene der Kunst behandeln.

Aber da ist noch mehr. Evans fühlte sich wie gesagt schon länger von Bildern und Wörtern auf Wänden angezogen. Hier kamen die Minstrel Show-Plakate gerade recht. Aber er war wohl im Süden in diesem Moment der einzige, der sich dafür interessierte. Wie er sagte, er hatte ein Auge dafür. Aber er hatte auch ein Auge für Beziehungen. Silas Green aus New
62 Orleans ist die Show, deren Plakat Evans in Selma an der Wand hinter den Männern photographiert hatte. Höchstwahrscheinlich hatte sich Evans an die Namen Silas Green und J. C. Lincoln erinnert und seinem Auge eingeprägt. Die Bilder der Männer in der Realität und die Bilder der Plakate mit den Männern überlagern sich. Man denke noch einmal daran, wie Evans mit Bradys Photographien im Kopf die Menschen vor den Friseurläden von Vicksburg ablichtete.

Doch klären wir erst einmal, auf was Evans da sah. Die drei Minstrel Show-Plakate, die er photographierte, gehören zu der charakteristischen amerikanischen Blackface Minstrel-Tradition, charakteristisch und zutiefst problematisch. In den 1840er und 1850er Jahren kam es in New York zu den ersten Aufführungen solcher Shows, vornehmlich für ein Publikum aus weißen Arbeitern. Weiße Akteure mimten schwarze Kultur und traten als Schwarze zum Vergnügen weißer Zuschauer auf. Das Format ging dann über in Varietés und schließlich ins Kino, meist in verfilmte Musicals. *The Jazz Singer* war der erste Tonfilm, er kam 1927 heraus, wenige Jahre vor Evans' Kampagnen im Süden. In diesem Film trat Al Jolson mit geschwärztem Gesicht auf. Michael Rogins Buch *Blackface, White Noise* ist eine eindrucksvolle Abhandlung über Blackface im Film und über seine enge Beziehung zum Judentum.[208] Juden wie Al Jolson „amerikanisierten" sich selbst, indem sie ein schwarzes Gesicht anlegten. In *Babes in Arms* (1929) schwärzt Judy Garland ihr Gesicht ein, während sie „I'd like to black my face" und „My father was a minstrel man" singt. Minstrel Shows tourten in den Südstaaten bis in die Mitte des letzten Jahrhunderts hinein. Silas Green, eine Kompanie, die von Schwarzen betrieben wurde und bei der Bessie Smith und Ma Rainey auftraten, machte weiter bis 1958, ein erstaunliches Faktum.[209] Die Truppe setzte sich erst teilweise, zum Schluss ganz aus schwarzen Schauspielern zusammen.

Heute versteht man Blackface als ein rassistisches Phänomen, wenn man auch seinen Beitrag zur populären Musik, zu Varieté und Film würdigt. Eric Lott, der Autor eines revisionistischen Buches zum Thema, beginnt *Love and Theft: Black Minstrelsy and the American Working Class* (1993) mit dieser Beschreibung: „Blackface-Theatermaskeraden waren eine im 19. Jahrhundert etablierte Bühnentradition und waren vor allem in den Nordstaaten zuhause. Dort karikierten weiße Männer Schwarze – um des Scherzes und des Geldes willen." Aber Lotts Darstellung ist nicht gänzlich negativ:

> „Ich unterscheide mich von den meisten Autoren, die über das Thema Minstrels schreiben und ihre Analyse auf den Rassenkonflikt beschränken. Ich sehe Spielarten des rassischen Begehrens als fundamental in der Mimikry der Minstrel Shows. Es war ein Begehren über die Rassengrenzen hinaus, welches mit einer fast unhaltbaren Faszination und mit sich selbst schützenden Verachtung für schwarze Menschen und ihre kulturellen Praktiken gekoppelt war. Und das machte aus Blackface nicht so sehr ein Zeichen für weiße Macht und Kontrolle, als vielmehr für Panik, Angst, Schrecken und Vergnügen."

Lott betont, dass es eine Zeit gab, in der das Format ein Medium war, um die Beziehungen zwischen den Weißen und Schwarzen aufrecht zu erhalten:

> „Es stellt sich heraus, dass die Minstrel Show für mehr als hundert Jahre eine Plattform war, auf der zwei Kulturen ihre Energien austauschen konnten, die im normalen Leben auf rigide Weise gebunden und kontrolliert waren, eine veränderbare Zwischenzone des Rassenkonflikts, die sich in den zwanziger Jahren aufzulösen begann, nachdem sich ihre historische Funktion erfüllt hatte."[210]

Lott sagt, dass sich dieses energetische Feld in den 1920er Jahren abzubauen begann. Es dauerte noch an in Evans' 1930er Jahren. 1931 erschien die Pionierstudie über den amerikanischen Humor von Constance Rourke. Sie beurteilt die Minstrel-Kultur milde und leitet sie aus der Kultur der Schwarzen ab, hat aber am Format Blackface als solchem kein Interesse. Sie sagt nur: „Der Negro-Minstrel war tief in der Realität verankert, wenn auch seine Darsteller weiß und die Figur ein Mythos war."[211] Der Untertitel von Rourkes Buch: *American Humor – A Study of the National Character* spricht für ihre Tendenz, eine gesamtamerikanische Kultureinheit unabhängig von Rasse und Klasse anzunehmen. Lewis Mumford war nicht der einzige unter den New Yorker Geistesgrößen, der dieses Buch lobte. Gleichwohl, man ist überrascht, dass Songs, die man lange Zeit, z.B. in den späten 1940er Jahren, als ich die Oberschule besuchte, für traditionelle Folk Songs aus dem Süden hielt – *Blue Tail Fly, Oh! Susanna, Swanee River* –, in Wirklichkeit von Stephen Foster, also von einem der berühmtesten amerikanischen Songwriter für geschwärzte weiße Männer geschrieben wurden, die sie in Minstrel-Theatern zur Aufführung brachten.[212] Man hat solche Songs sowohl aus schwarzen als auch aus weißen Quellen hergeleitet, aber sie tragen den Fluch des Unterhaltungsmediums Minstrel Show an sich.

1936, als Evans seine Theaterplakate aufnahm, war auch das Jahr, in dem RKO den Film *Swing Time* herausbrachte. In ihm feierte Fred Astaire den schwarzen Stepptanz, indem er selbst als Blackface tanzte. (Abb. 31) Dass sie sich mit der Minstrel-Tradition in Bild und Tanz auseinandersetzten, verbindet Evans und Astaire in diesem Moment. In der Mitte einer Depression arbeitete der eine in der Bild-, der andere in der Unterhaltungsindustrie. Aber beide waren Künstler mit einem Sinn für den Stil eines Phänomens, das die herrschende Kultur damals für schwarze Kultur hielt.

Es ist erstaunlich, dass Astaire vor dem Garderobenspiegel gezeigt wird, wie er sich ein schwarzes Make-up auflegt, sich „aufschwärzt", wie man damals sagte. Aber wenn er zu tanzen anfängt, vergisst man das. Dann ist er Astaire. Fred Astaire, der so viel dem Tanz der Schwarzen verdankte, spricht es hier offen aus. Das würde heißen, dass weiße Blackface-Darsteller schwarzen Leistungen Tribut zollen, so wie das auch Constance Rourke annahm. Astaire widmete einen Song Bill „BoJangles" Robinson, einem der besten schwarzen Stepptänzer aller Zeiten, der in einem Minstrel-Theater anfing und ins Varieté wechselte. Doch auf diesem Bild gilt Astaires Tribut seinem Lehrer John Sublett, genannt „Bubbles", in dessen Kostüm für Sportin' Life in *Porgy and Bess* Astaire hier auftritt. In seiner Performance spüren wir etwas von dem Verlangen der Rassen nacheinander, von dem Lott

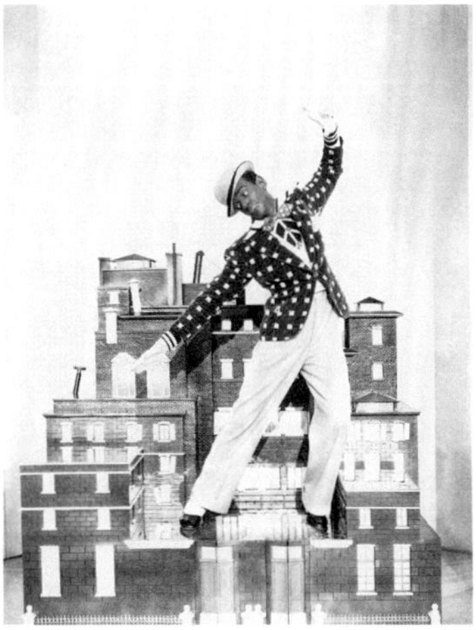

Abb. 31 Fred Astaire in *Swing Time*, 1936

sprach. Astaire rezipiert etwas Originelles, das ihm nicht gehört und das er sich aneignet, nicht sich verkörpernd, sondern sich verlierend.

Dieses Vermögen finden wir auch bei Evans, man denke an seine Bemer-
kung zu Nora Sayre in Glyndebourne: „Beobachte mich, ich werde jetzt
verschwinden." Das passt zu der dritten der drei Poster-Photographien, der
Bruegel'schen. Ein großer Stilist der Photographie bewegt sich auf derselben
Ebene wie Astaire, der ein großer Stilist des Tanzes war. Um zu Evans' Photo-
graphie der J.C. Lincoln-Show zurückzukommen: Ich kann das auch, 76
denkt er, als er die Kamera vor der Wand aufstellt und die Figuren abphoto-
graphiert, die auf dem zerfetzten Papier herumtanzen. Im Namen der Kunst
lässt er sich auf photographische Weise gehen, so wie Astaire beim Tanzen.

Was beide auch im Jahr 1936 taten, Evans und Astaire, mit vier Jahren Unterschied geboren, im Westen und nicht im Osten, war ein Einsatz für die angeschlagene amerikanische Geschichte. Ihre Haltung zur Minstrel-Tradition war direkt und positiv. Sie akzeptierten sie als einen Teil der amerikanischen Kultur. Das wird man heute eher problematisch sehen, als Anerkennung eines veralteten und rassistischen Formats. Warum soll man sich also damit beschäftigen? In Astaires Fall liegt eine genealogische Erklärung auf der Hand. Sein Stepptanz kommt aus der Minstrel-Tradition wie auch „BoJangles" Robinson selbst. Der Fall Evans liegt anders, hat breitere Wurzeln. Die Minstrel-Tradition war ein Teil der Vielfältigkeit Amerikas, die er im Süden entdeckte.

Man sagt, das waren eben die Dreißiger Jahre. Was Evans sah und tat, ist heute nicht mehr möglich. Aber es hilft, wenn wir ihn nicht allein betrachten. Astaire ist ein Gegenpart, aber der amerikanische Künstler, der die mit Evans vergleichbare Reichweite und die gleiche entschlossene Anerkennung amerikanischer Vielfalt besitzt, ist Bob Dylan. Ich kenne Evans und kann nicht behaupten, Dylan gut zu kennen. Dylan hörte früh auf, in seinen Songs zu protestieren. Wie Evans nahm er die Rolle des Beobachters an. Die Gründe aber sind verschiedene, doch endeten die beiden in sehr ähnlichen Positionen. Dylan schreibt: „Ich spielte alle diese Songs herunter, als ob alle weisen und poetischen Worte mir gehörten, nur mir … das war ein Gegenstück meiner selbst."[213] Er ist ein anderer Mensch, so wie Evans, aber auch wie Astaire, der in seiner Kunst verschwindet. Das scheint eine amerikanische Seinsweise zu sein. In seiner Autobiographie *Chronicles* schreibt Dylan, dass er eine der letzten Minstrel Shows gesehen hatte – und das war in Minnesota, wo er als Kind lebte.[214] Aber der Beweis liegt in seiner Musik, wo er Minstrel, Schwarz und Weiß verarbeitet, ohne Unterschiede zu machen. Dylan ist die Spitze des Eisbergs, aus dem aus Weiß und Schwarz zusammengeschmolzen die amerikanische Musikkultur besteht. Einen aufregenden Bericht über diese Welt gibt Nick Tosches in *Where Dead Voices Gather*, ein Buch, das die rätselhafte Gestalt des Emmett Miller (1900–1962) ins Zentrum stellt, einen der letzten Blackface-Sänger.[215] Vielleicht sollte man nicht Eisberg, sondern Blase als Metapher benutzen. Eine Blase sieht man nicht von innen, sondern von außen, als ein soziales Faktum. Als solches ist diese Blase zutiefst problematisch. Deswegen gab Dylan seinem Album von 2001 den witzigen Titel: *„Love and Theft"* (er fügte die Anführungszeichen hinzu). Indem er den Titel von Eric Lotts Buch stahl, nahm er die „veränderbare Zwischenzone des Rassenkonflikts" auf, die Lott beschreibt. Dylan war als Whiteface aufgetreten, wahrscheinlich als Referenz auf Jean-Louis Barrault und dessen Rolle in Marcel Carnés Film *Les Enfants du Paradis* (1945). Aber für ein amerikanisches Publikum ist ein weißes Make-up eine Erinnerung an das schwarze Make-up der Minstrels. Tosches weist darauf hin, dass gelegentlich auch Schwarze sich „anschwärzten".

Dylan führt nicht nur zur Minstrel-Kultur, sondern auch zu einem erweiterten Verständnis von Amerika. Man könnte einwenden, dass hier im Zusammenhang des Themas „Evans und der Süden“ zu viel Wert auf den Bürgerkrieg gelegt wurde. Doch ist der Bürgerkrieg ein Faktum, das nach wie vor Amerika bestimmt. Wie kann man sich für Amerika begeistern, wenn man ihn auslässt? Als Bill Ferris Evans fragte, was ihn am Süden interessierte, war seine Antwort: der Bürgerkrieg. Und Dylan wie vor ihm Evans hat ihn studiert. Die produktive Mischung von Weiß und Schwarz in der amerikanischen Musikkultur hat eine dunkle Seite. Evans hatte siebzig Jahre nach dem Krieg im Süden photographiert. 2006, 140 Jahre danach, schrieb Dylan den schmerzhaften Song „Cross the Green Mountain“, in dem alles, von der Gründung der Republik bis zu den katastrophalen tödlichen Verlusten dieses Krieges so frisch und furchtbar herüberkommt, als wäre es heute, als wäre der Schrecken in den großen Weltenplan eingetragen. Das ist nicht Evans’ Sicht. Er sieht auf die Details – aufgegebene Plantagenhäuser, untätige Schwarze auf den Straßen, Plakate für Minstrel Shows und Denkmäler. Evans Blick ist auf ganz spezielle Weise dunkel. Als Agee sein Exemplar von *American Photographs* erhielt, lobte er in einem Brief an Evans das Buch und schrieb zum Schluss: „Es ist auch gefährlich, und ich würde gerne wissen, wie weit man die Gefährlichkeit von etwas Gefährlichem treiben kann.“[216] Agees Worte treffen auf Evans zu, aber sie sind auch auf Dylan anwendbar. Es besteht eine faszinierende Verwandtschaft zwischen ihnen.

DREI PÄCHTERFAMILIEN

Drei Wochen verbrachte Evans im Sommer 1936 mit den Familien Burroughs, Tingle und Fields in Hale County, Alabama. In Kuba, drei Jahre zuvor, hatte er in etwa die gleiche Zeit verbracht. Die Ergebnisse differieren enorm. Der Auftrag war derselbe: Menschen in schlimmen Situationen beobachten – 1933 unter der Knute eines Diktators, 1936 in einer Wirtschaftskrise mit einer ungerechten Verteilung der Lasten. Aber während er in Kuba eine exotische und extensive Welt entdeckte, musste er sich in Alabama auf die Haushalte dreier dicht verknüpfter Familien in engen häuslichen Verhältnissen konzentrieren. Wieder kam Evans durch die Hilfe eines

Freundes an einen Job – in diesem Fall war das der jüngere Schriftsteller James Agee, der *Fortune* überzeugt hatte, für seinen Beitrag Evans als Photographen anzuheuern. Er schrieb an einer Fortsetzung der Serie „Life and Circumstances", die sich der Lage amerikanischer Arbeiter widmete. Der geplante Essay über weiße Pächterfamilien bedeutete eine weitere Publikationsmöglichkeit für Evans, aber vor allem bot er die Möglichkeit, mit Agee zusammenzuarbeiten, den Evans bewunderte, ja liebte. Der ausgefeilte Tribut, den Evans nach Agees Tod für die zweite Ausgabe von *Let Us Now Praise Famous Men* schrieb, ist voller Bewunderung und gleichzeitig klarsichtig, was den Freund angeht.

Bei einem Photographen, der umhergeht, um die Welt zu beobachten, ist die Verbindung von Leben und Arbeit essentiell. Ein Schriftsteller kann seine Arbeitszeit ausdehnen, beinahe ins Unendliche. Agee machte während der drei Wochen mit den Familien in Alabama Tag und Nacht Notizen, und dann, als *Fortune* den Artikel abgelehnt hatte, schrieb er weiter, vier Jahre lang, bis *Let Us Now Praise Famous Men* 1941 herauskam. Evans' Arbeitseinsatz war auf die drei Wochen vor Ort begrenzt. Weiter oben haben wir die Eigenart dieses Photographen hervorgehoben, ein Sujet in mehreren Negativen zu studieren. In diesem Fall musste er sie nach einer Vereinbarung mit der Regierung hinterlegen, obwohl diese ihn zeitweilig aus dem Vertrag mit der FSA entlassen hatte. Man vergleiche damit die Aufzeichnungen, die Agee Seite für Seite in seiner winzigen, schwer zu lesenden Schrift niedergeschrieben hat – bis heute nicht ediert. Gibt es eine Ähnlichkeit zwischen einer Überfülle von Negativen und einer Überfülle von Wörtern? Der Vergleich muss sich auf die verschiedenen Weisen, ein Thema zu durchdenken, richten. In beiden Fällen kann man von unökonomischen Verfahren sprechen, der Zeitrahmen ist ein anderer, und sie beschäftigen natürlich das Auge ganz anders.

Und es gab einen großen Unterschied, was das Endresultat angeht. Buch 1, so der Titel in der 1941 erschienenen Erstausgabe von *Let Us Now Praise Famous Men*, ist eine knappe Galerie von 31 Photographien von Evans – in der zweiten Ausgabe 1960 waren es dann 62. Buch 2 ist der Text von Agee, beinahe 500 Seiten dick. Alle Kommentatoren meinen, dass Agee und Evans während der drei Wochen aufeinander angewiesen waren. Agee konnte gut mit Menschen und eröffnete für Evans Zugänge mit der Kamera, und es gibt deskriptive Passagen in Agees Text, die viel dem aufmerksamen Blick von Evans verdanken. Aber es ist schwierig, die Publikation als ganze zu beurteilen. Sie arbeiteten getrennt und entschieden über das Konzept des Buches gemeinsam, ob daraus so etwas wie eine Einheit entstand, ist fraglich. Evans' Photographien stellen die drei Familien und ihre Häuser getrennt und geordnet dar. In dem Material, das er an die Regierung weiterleitete, sind alle Namen verzeichnet. Agee veränderte die Namen und stellt die Familien in einer vorausgeschickten Liste in einer anderen Ordnung dar als Evans. Agee berichtet vorneweg in einer für ihn uncharakteristischen, nüchternen Prosa, wie er und Evans die Beute erlegten. Wir erfahren von der Verlegenheit bei einer privaten Zusammenkunft schwarzer Pachtbauern, der Entdeckung einer Familie aus verarmten, unglücklichen Weißen, dem Versuch, eine Kirche unter den Augen eines schwarzen Paares zu photographieren. Keine Photographien begleiten diese Episoden, was uns noch einmal daran erinnert, dass in der ersten Ausgabe keine Schwarzen auftauchen. Evans änderte das 1960, indem er den Fokus auf die größere Welt des Südens öffnete.

Nach diesen anfänglichen Abenteuern finden Evans und Agee eine Farmerfamilie (in Wirklichkeit waren es drei Familien). Um zu erfahren, wie das geschah, müssen wir bis Seite 321, bis zu dem Kapitel „Einführung" warten. Am Anfang steht stattdessen ein rhapsodischer Ausguss. Er handelt von dem Wunsch, mit der Schwester der Frau des Mannes, bei dem sie lebten, ins Bett zu gehen (Evans sollte da irgendwie mit von der Partie sein). Floyd Burroughs war der Name, aber Agee nennt ihn George Gudger und gibt der Schwester den Namen seiner Schwester: Emma. Evans sagte später, dass er sich jedes Mal gewunden habe und rot geworden sei, wenn er das las. Man könnte sich aber auch fragen, ob Evans überhaupt jemals den Text des ganzen Buches gelesen hat.[217]

Der Bekenntnischarakter von Agees Text ist ein starker Kontrast zu der Restriktion der Photographien, der 31 Bilder im Vergleich mit den fast 500 Seiten Prosa. Anstatt mit einer der Schwestern ins Bett gehen zu wollen, arrangierte Evans „Emma" mit Allie Mae, deren Ehemann und den Kindern
zu einem Familienportrait. Vor der rauen Bretterwand ihres Hauses posie- 77

ren sie in der Sonne und haben sich für den Anlass angezogen. Familienbilder waren kein Genre, das Evans pflegte. Obwohl es hinreißende Aufnahmen von einzelnen Freunden gibt, sind die Photographien von Freunden und Kindern in Gruppen weniger überzeugend.

Die Portraitbilder, die Evans während dieser Wochen in Alabama machte, sind so subtil und herausfordernd, dass wir seine Zurückhaltung gegenüber der Aufgabe Portrait vergessen. Evans weigerte sich die Berühmten zu feiern, er war stolz, Hemingway in Kuba nicht aufgenommen zu haben, als sie beide dort waren und tranken. Er bevorzugte es, normale Menschen klammheimlich zu photographieren, entweder mithilfe eines Winkelsuchers wie in Morgantown, Pennsylvania, oder mit einer im Mantel versteckten Kamera in der New Yorker U-Bahn. Seine Distanz nahm
78 eine beispiellose Form in der Aufnahme mit dem Titel „Studio" an. Sie entstand 1936 im Süden und hat den Aushang eines Photostudios zum Gegenstand. Die Geschwindigkeit, mit der Evans das Bildmotiv gesehen und sein Potential erkannt haben muss, ist schwer vorstellbar. Später sagte er es so: „Alle diese Menschen hatten sich vor der Kamera des örtlichen Photostudios aufgestellt, und ich bringe meine Kamera, und sie alle posieren für mich noch einmal."[218] Die Aufnahme wurde das zweite Bild in Teil 1 von *American Photographs.*

Evans machte noch eine zweite Photographie der verarmt aussehenden
79 Fields-Familie. Dass sie ein interessantes Vergleichspaar abgeben, hatte schon Szarkowski erkannt und beide in seine MoMA-Ausstellung von 1971 aufgenommen. Aber nur das zweite Bild wählte Evans für *Let Us Now Praise Famous Men* und *American Photographs* aus. Bud Fields, der Vater der erwachsenen Schwestern im Familienbild der Borroughs, sitzt auf einem Stuhl im Schlafzimmer zwischen seiner jüngeren Frau (links auf dem Bett) und drei Kindern – die acht Jahre alte Tochter seiner Frau von einem anderen Mann, ein drei Jahre alter Sohn und ein Kleinkind. Anders als die Borroughs in ihrem gestellten Photo sind die Fields in ihrer Aufstellung mehr zuhause. Auch vor der 8 x 10-Kamera und Blitzlicht. Die versammelte Familie ist barfuß, hat schmutzige Haut und zerschlissene Kleidung, sie sitzt in einem leeren Raum, der einzige, der vileleicht passende Schmuck sind ein paar Photographien.

Aber das Wort „versammelt" wird der Präsenz der Gruppe nicht gerecht. Evans wendet sich von verwirrenden Details nicht ab, aber als ganze besitzt die Familie eine gewisse Würde. Der Vergleich, den man mit historischen Gruppenportraits gemacht hat, trifft zu. Man denke an die Gemälde holländischer Familien im 17. Jahrhundert. Hier sind es vier Köpfe ungefähr auf gleicher Höhe, und diese Ordnung wird gebrochen durch ein sich windendes Kind, das von seinem Vater still gehalten wird, und ein Kleinkind, das auf dem Schoß der Mutter ausgestreckt liegt. Mit Einfluss hat das nichts zu tun. So etwas kommt aus der Tiefe der Bildkultur. Die dritte Familie, die Tingles mit ihren zahlreichen Kindern, wurde beim Singen ver- 80
ewigt – der Vater, die Mutter und eine Auswahl von zwei Kindern schafften es in *American Photographs* und in die erste, aber nicht in die zweite Ausgabe von *Let Us Now Praise Famous Men*.

Evans' Interesse an den drei Familien bildet sich in den Positionen ab, welche die Aufnahmen in beiden Ausgaben von *Let Us Now Praise Famous Men* erhielten – Burroughs zuerst, dann Fields, schließlich die Tingles. Diese Reihenfolge begradigt – wörtlich verstanden – das Durcheinander von Männern, Frauen und Kindern. Jedem Mann und jeder Frau ist ein eigener Platz eingeräumt. Agee dagegen stellt eine Liste von Familienmitgliedern (Namen geändert) auf und notiert die sich kreuzenden Verwandtschaftsbeziehungen. Evans stellt zwei „Pächteralben" auf losen Blättern und in vier Kapiteln zusammen, die heute in der Library of Congress aufbewahrt werden.[219] Darin werden seine Photographien der drei Familien durch Bilder ihrer Umwelt ergänzt.

Im ersten Kapitel haben wir die Portraits von Mrs. Tingle und Allie Mae Burroughs in den Kontext von Evans' Jahr in Frankreich gestellt. Mrs. Tin-
gle, wie sie in voller Länge in ihrem zerrissenen Kleid dasteht, wurde mit 16
Flauberts Dienstmagd verglichen, die einen Preis auf der Landwirtschaftsmesse von Vertretern der Bourgeoisie in Empfang nimmt. Und die be-
rühmte Nahaufnahme von Allie Mae Burroughs vor der Bretterwand 18
wurde mit Nadars/Carjats Portrait von Baudelaire (Abb. 4) in Verbindung gebracht. Letzteres hatte Evans in zweifacher Hinsicht als Bild Baudelaires und als repräsentatives Bild eines Mannes dieser Epoche gewürdigt. In Kapitel 2 trug die Beschäftigung mit dem Portrait von Allie Mae zu der Dis-

kussion darüber bei, inwieweit eine Photographie „literarisch" sein kann – eine Art zu erzählen, aber ohne Worte. Schließlich figuriert Allie Mae allein in *American Photographs* und wurde danach so oft behandelt, dass sie einen ikonischen Status in seinem Werk einnimmt.

Aber wir sollten auf diese Bilder im Kontext ihrer Entstehungsbedingungen schauen. Evans' unablässige Arbeit an und mit seinen Photographien wird besonders im Fall der Tingles deutlich. In der ersten Ausgabe von *Let*
82 *Us Now Praise Famous Men* ist Frank Tingles großer Kopf der ganzfigurigen
83 Aufnahme seiner Frau in ihrem sackähnlichen Gewand gegenübergestellt.
In der Ausgabe von 1960 erscheint er als Kniestück und strahlt Kraft aus. Neben dem größeren Körper ihres Mannes deutet die Haltung der Frau eine gewisse Grazie an. Agee kam nicht von ihrem Kleid los, „von dem primitivsten Gewand, was Herstellung und Design angeht, das ich je gesehen habe".[220] Jeff Rosenheim nennt das Portrait „brutal". Wenn Evans ehrlich ist, dann ist er in meinen Augen nicht brutal. Wenn auch Evans' Bild der Allie Mae Burroughs sich bald in der Form verselbstständigte, in der es in
85 *American Photographs* gedruckt wurde, in beiden Ausgaben von *Let Us Now*
84 *Praise Famous Men* bildet sie jedoch ein Paar, Kopf an Kopf, mit ihrem Mann.
(106–107) Ihr Gesicht nimmt einen anderen, einen milderen Ausdruck an, wenn die direkte Konfrontation mit Evans und der Kamera durch die Gegenwart ihres Mannes vermittelt wird.

Er sollte einen Bericht über drei zusammenhängende Familien erstellen, die in und um Hobe's Hill in der wütenden Hitze des Sommers in Alabama lebten. Das war der Auftrag. Das meiste erledigte Evans mit der 8 x 10-Kamera, aber man schätzt, dass er ein Drittel der Aufnahmen mit der kleinen, neuen Leica gemacht hat. Kinder bewegten sich in Haus und Umgebung, so wie es auch Evans tat, um sie im Lauf oder zu ihm aufschauend zu erfassen, wenn sie stillhielten. Seine Photographien haben ein Funkeln, das man in seinem Werk selten antrifft. Dass er drei solcher Aufnahmen der Tingle-Kinder in der Ausgabe von 1941 durch andere für die zweite Ausgabe ersetzte, zeigt, dass er bei diesem Material unsicher ist – was die Kinder und was die Photos anbelangt.

Obwohl Evans' Photographien zum festen Bestand der Selbstwahrnehmung Amerikas gehören, war Evans selbst sich unsicher, was Auswahl und

Präsentation betrifft, aber auch das Machen der Photographien. Er bewegte sich durch eine kleine Sphäre von Menschen, Interieurs und Exterieurs – Innenräume, Vorbauten, kleine trockene Areale des umliegenden Landes. In seinen Häusern herrscht Stille. Sie bestehen aus Wänden und Räumen ohne Einwohner. In einem Gespräch, in dem es um die Tendenz der Photographie zu „portraitieren“ zu sprechen kam, sagte Evans: „Ich liebe es, Menschen manchmal durch ihre Abwesenheit anzudeuten. Ich liebe es, meine Betrachter fühlen zu lassen, dass ein Interieur gerade noch von jemandem belebt wurde.“[221]

Im Haus der Burroughs bestätigt das die Art und Weise, wie Allie Mae ihr Haus mit ärmlichen Mitteln „schön“ machte. An diesem Punkt, beim Betrachten von Interieurs ohne Menschen kommen sich Evans und Agee am nächsten. Evans photographierte ein häusliches Arrangement, das Allie Mae aufgebaut hatte und das Agee einen Altar nannte. Wir können 81
Photographie und Text nebeneinanderstellen.

> „In der Mitte die quadratische Kaminumrahmung, bemalt, ein Anstrich, alt, blau-weiß. Vor dem Kamin nicht ganz so breit wie dieser der kleine Tisch ... ein weißes Tuch hängt ein wenig über die Kante ... Auf der Kaminumrahmung steht ungefähr 15 Zentimeter vom jeweiligen Ende entfernt ein Paar von kleinen Vasen auf dem Sims, einfache Form, das Material irisierendes Glas, mit Steinchen durchsetzt. In der Mitte zwischen ihnen eine geriefelte Untertasse. Am oberen Rand des Rahmens ein Fries aus weißem Papiertuch, das Mrs. Gudger [Burroughs] vielmals gefaltet und zu einer durchbrochenen Spitze ausgeschnitten hat, nach ihren eigenen Worten ihr letzter Versuch, das Haus hübsch zu machen.“[222]

So viele Wörter neben einer einzelnen Photographie – und das ist nur ein Exzerpt aus sehr viel mehr Text. Aber in der Photographie ist der kleine Tisch vor dem Kamin mit seinem glatt gestrichenen Tuch kaum sichtbar. Obwohl die Sorgfalt, mit der die Dinge arrangiert werden, evident ist, der Sinn eines jeden Objektes ist es nicht. Dagegen macht eine andere Photographie mit an die Wand geheftetem Besteck den Eindruck, dass die Dinge anwesend und die Menschen abwesend sind. Abwesenheit (hier von Evans

selbst arrangiert) charakterisieren auch Schale, Handtuch, Tisch und Topf
86 in einem Blick, den Evans in die Küche der Burroughs richtet. In beiden Ausgaben des Buches stellte Evans diese Ansicht dem Bild gegenüber, in
87 dem Squeakie, das jüngste Kind, ausgestreckt und schlafend am Boden liegt. Das Kind ist (zum Schutz gegen Fliegen?) mit einem Tuch bedeckt, das man als Mehlsack beschrieben hat. Das Tuch ist ein visuelles Echo des Handtuchs an der Küchentür auf der Photographie gegenüber. Das sagt eine Menge. Es erinnert einen an eine Photographie von Wright Morris mit einem einfachen hölzernen Stuhl auf einem Kachelfußboden. (Abb. 32) Evans nahm diese Photographie als Illustration seines Essays in Louis Kronenbergers *Quality: Its Image in the Arts* (1969) und begleitete sie mit folgenden zugespitzten Worten:

> „In die gegenüberliegende Photographie von Wright Morris findet sich einiges von der Falschheit und vom Kummer des Jahrhunderts eingeprägt."[223]

Evans wählte seine Worte über die Wirkung des Stuhls mit Sorgfalt. Es ist bemerkenswert, dass Morris (der ebenfalls sorgfältig mit Wort und Bild umging) später einwandte, dass er ganz einfach den Stuhl geliebt habe, während Evans' Haltung „normalerweise die des Kommentators, des spitzen Sozialhistorikers ist".[224] Morris ist darin recht zu geben, dass ein Ding einfach zu lieben nicht Evans' Sache war. Aber ist es richtig, ihn einen „spitzen Sozialhistoriker" zu nennen? Das scheint eine verfehlte Beschreibung dessen zu sein, was Evans tut.

Eine Folge von Worten kann sich bis zu einem Abbruch steigern, zumindest bei Agee ist das so. Wenn er zu dem an die Küchenwand gehefteten Geschirr kommt, dann gibt Agee zugunsten von Evans auf und schreibt: „und an den Wänden ist, was man in einer der Photographien sehen kann".[225] Allgemein gilt, dass Evans' Photographien mehr geben, weil er weniger liebt. Das ist das, was Morris nicht verstand. Evans drückt weniger Liebe aus als Agee (oder Morris), aber ihm lag sehr viel am Aussehen einiger ausgewählter Dinge. In Hale County beziehen die Dinge seiner Wahl dafür ungewöhnlich viele Menschen ein.

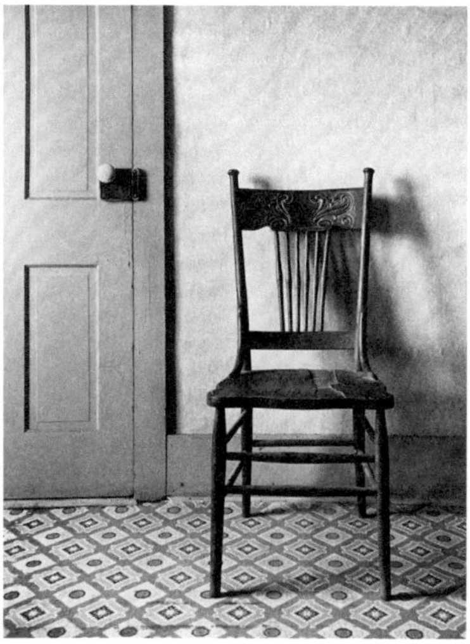

Abb. 32 Wright Morris, *Einfacher Lehnstuhl, The Home Place, bei Norfolk, Nebraska*, 1947

Es scheint so, als hätte er angefangen, Floyd Burroughs ein paar Mal mit einer 35mm-Kamera aufzunehmen, wie er inmitten einer Schar von Kindern auf der unordentlichen Veranda der Tingles steht. Dies war eine gute Einführung in die komplexe Struktur der drei Familien: Mrs. Tingle, die Mutter von sieben Kindern im Alter von sieben bis zwanzig, war die Stiefschwester von Bud Fields, der seinerseits der Vater von Allie Mae war, Floyd Burroughs Frau. Diese Familien hatten Geschichte. Während Agee sich in der Psyche jeder einzelnen Person verliert, widmet sich Evans der Resonanz dieses größeren Beziehungssystems.

Diese Resonanz war nicht nur in den Personen, die er photographierte, sondern auch in ihm selbst. Agee kam aus Tennessee, aber obwohl Evans in St. Louis geboren worden war, schmiedete er sich im Gespräch mit Bill Ferris eine südliche Herkunft: „Ich weiß nichts über meine Vorfahren, aber es muss da eine Verbindung zwischen dem alten Massachusetts und, ich nehme mal an, Virginia und einer Bewegung bis zu einem Ort wie Missouri gegeben haben. Ich denke, einige von ihnen müssen Kleinbauern gewesen sein." Er spricht dann über die Pachtbauern: „Ich fühlte fast eine Blutsverwandtschaft mit diesen Menschen und ein Verständnis und eine Liebe zu diesem alten, hart arbeitenden, bäuerlichen Menschenschlag des Südens. Sie sprechen in mir Herz und Gehirn sehr stark an."

Nicht ohne Überraschung hört man Evans zu, wenn er über seine gefühlte Blutsverwandtschaft mit den Menschen des bäuerlichen Südens spricht, er, der im Mittleren Westen geboren und aufgezogen wurde, zur Schule in Neuengland ging, Frankreich besucht hatte und in New York lebte. Evans war überall, wo er war, ein Außenseiter, aber die Photographien, die er in Hale County machte, zeigen eine gefühlte Verwandtschaft. Es ist oft gesagt worden, dass er den Menschen trotz ihrer Armut Würde zuwies und Respekt zollte. Aber sein direkter Blick, der aus einer bestimmten Distanz kam und Menschen in die Augen schaute, die sehr oft genauso direkt zurückblickten, ist mehr als ein photographischer Stil. Es ging auch darum, diese Menschen in ihrer Geschichte zu verankern. Berücksichtigt man die klare und schneidende Natur seiner Bilder, könnte man auch sagen: in ihrem Schicksal zu verankern. Man denke nur an die Tingle-
88 Kinder, Jungen und Mädchen, kläräugig, wie sie jedes für sich auf der öden Veranda sitzen, die meisten auf kleinen Stühlen. Das Schicksal, das sie erwartete, war hart. Die Gesichter zeigen eine Mischung aus Kummer und Schneid, jedes auf eigene Weise. Das sagt alles. Wirkungen breiten sich nicht aus wie kleine Wellen, die ein ins Wasser geworfener Stein bewirkt, sie gehen in die Tiefe und ins Innere. Jedes dieser Portraits hat eine schwelende Tiefe, die Evans entdeckte, während er diese Bilder machte. Es existiert eine Spannung zwischen zwei Annahmen: dass jede dieser Personen eine Geschichte zu erzählen hat und dass eine Geschichte über diese Person erzählt werden kann. Was stimmt? Es liegt in der Natur einer Photographie von Evans, dass sie eine Geschichte verspricht. Deswegen sprach Evans von den literarischen Aspekten der Photographie.

Man könnte dies untermauern, wenn man die in Hale County entstandenen Portraits mit den berühmten Arbeiten von Dorothea Lange vergleicht, die zu derselben Zeit für die Regierung arbeitete. Ihre *Heimatlose Mutter* von 1936 (Abb. 33), das ikonische Portrait einer verarmten Frau auf der Wanderschaft, ruft unser Mitleid mit menschlichem Elend hervor. Wir sollen etwas für sie und ihre Kinder tun, das ist die Botschaft, und das ist nicht Evans' Botschaft. Es geht nicht darum, wie er die Menschen sah, in welcher Einstellung er sie photographierte.

Dies bringt uns zurück zu den Worten von Clement Greenberg: „Lasst

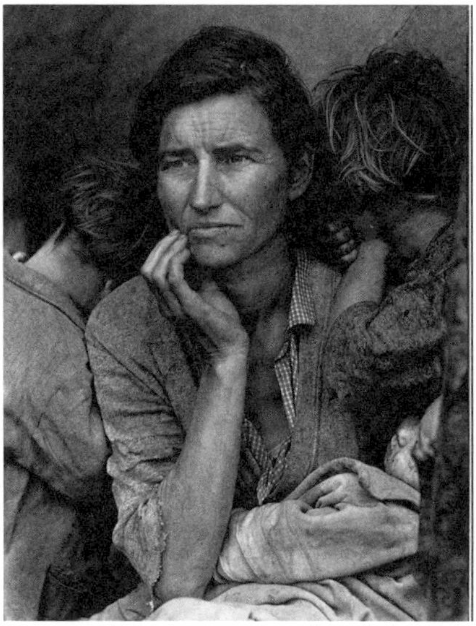

Abb. 33 Dorothea Lange, *Heimatlose Mutter, Nipomo, Kalifornien*, 1936

Photographie ‚literarisch' sein!"[226] „In einigen der besten Photographien, die ich kenne, drängt sich eine Geschichte oder eine Bedeutung oder Anekdote auf, ohne dass sie sich erklären oder greifbar machen würden; diese literarische Bedeutung wird als Präsenz oder Möglichkeit ... wahrgenommen." *Another Way of Telling* ist der markante Titel, den John Berger einem heute wenig beachteten Buch über Photographie gab.

Erinnern wir uns noch einmal an das, was Evans in den Monaten sah, bevor er die Farmer in Hale County getroffen hatte: unter anderem Schwarze auf Gehsteigen, in der Nähe der Hütten, in denen sie lebten, und abgebildet auf den Reklameplakaten für Shows. Selbstverständlich fühlte er sich näher an den Menschen weißer Hautfarbe. Sie hatten ihn in den Süden geschickt, um für *Fortune* zu photographieren. Aber Evans kannte den Süden und konnte die Anderen nicht vergessen und tat es auch nicht. Für die zweite Ausgabe hat er Jahre später das Portfolio um Bilder erweitert, die z. B. Schwarze auf dem Gehsteig in Vicksburg, das Minstrel Show-Plakat über den Maultieren oder Weiße und Schwarze vor dem Postgebäude von Sprott, Alabama zeigen.

William Faulkner, der im nahen Mississippi lebte, brachte sein vulkanisches Buch *Absalom, Absalom!* 1936 heraus, im gleichen Jahr, als Evans die

Pachtbauern photographierte. Faulkner fügt auf erschreckende Weise alles zusammen: die aufwallende Ambition eines bitterarmen weißen Mannes, Frauenverachtung in Haiti, inszestiöse Anwandlungen in der Umgebung eines ruinösen Plantagenhauses und (im Rückblick) die Inkompetenz der Generäle, die zur Niederlage der Konföderierten beitrug. Und er lässt am Schluss des Romans Quentin Compson, den letzten Überlebenden einer einstmals angesehenen Familie, in Sachen Süden ausrufen: „Nein, ich tue es nicht. Ich tue es nicht! Ich hasse ihn nicht! Ich hasse ihn nicht!“ Evans hatte den Süden in vielen seiner Elemente begriffen: arbeitslose Schwarze, eingeborene arme Weiße, verlassene Plantagenhäuser und Standbilder der Konföderierten und der Union. Wir können auch die Erfahrung der ethnischen Vielfalt Kubas hinzufügen. Aber in seinen Photographien bleiben die Sphären getrennt. Evans verewigte den Süden in seiner Komplexität, aber man kann nicht sagen, dass er seine Dämonen erkannt hatte, so wie Faulkner es tat.

1948 nahm Evans eine Einladung von *Vogue* an, in Mississippi eine Reihe von Aufnahmen zu machen, mit denen eine Auswahl kurzer Passagen aus Faulkners Werken illustriert werden konnte. Die damals entstandenen und veröffentlichten Aufnahmen sehen vertraut aus. Auf dem Kriegerfriedhof in Vicksburg photographierte er ein flaches Feld mit ganz einfachen Grabsteinen. Er photographierte das Monument für William C. Faulkner, den Urgroßvater des Dichters, der als Obrist für Mississippi im Bürgerkrieg gekämpft hatte.[227] 1954 war Faulkner so begeistert über eine Photographie
89 von Evans mit einer von hinten gesehenen Figurengruppe auf einem Friedhof in Kentucky, dass er darüber etwas schreiben wollte. Es ist evident, dass die beiden sich respektierten, wenn auch auf Distanz. Evans' anhaltendes Interesse am Süden drückt sich auch in seinem Text für einen doppelseitigen Beitrag zum Mai-Heft 1948 von *Fortune* aus. Er handelt von dem großen schwarzen Künstler Jacob Lawrence und spricht von „der großen verletzten Gruppe von Menschen“. Die Schwarzen waren verletzt. Wie verhält sich Evans dazu? Für sich genommen suggerieren diese Worte, dass Evans nicht Faulkners erdrückendes Gefühl der Verantwortung, der großen und allgemeinen Schuld teilte. Aber in seinen Photographien sieht er so klar und so weit. Was Dokumentarismus auch immer bedeuten mag, Evans

nahm wahr, im wörtlichen Sinne, was in der Geschichte des Südens falsch gelaufen war.

✧

American Photographs

Evans Rückkehr in den Norden im September 1936 nach den Wochen in Hale County kulminierte zwei Jahre später in der Publikation seiner *American Photographs* und der gleichnamigen Ausstellung im Museum of Modern Art. „Es stellte sich als eine Landmarke heraus", hat Evans Jahre später in dem Interview mit Paul Cummings gesagt. Es lohnt sich zu hören, mit welcher Genugtuung Evans die Wirkung dieses berühmten Erstlings unter den Photobüchern feierte. Die Analogien häufen sich – Visitenkarte, Pass, Landmarke:

> „Es war wie eine Visitenkarte. Es war ein voller Erfolg. Besonders das Buch war für mich wie ein Pass. Ganz gewiss. Es setzte meinen Stil und alles andere durch. Oh ja. Und im Lauf der Zeit wurde es immer wichtiger. Es stellte sich als eine Landmarke heraus, wirklich."[228]

Das Buch wurde im September 1938 publiziert. Was aber geschah in den zwei dazwischenliegenden Jahren? Evans entlang seiner Photographien zu verfolgen, wie sie gemacht, publiziert, bewundert und besprochen wurden, ist etwas ganz anderes, als ihm in seinem Leben zu folgen. Die dichteste biographische Darstellung verdanken wir James Mellow. Dass sein Text umstritten ist, beweist, dass die beiden Realitäten, die lange Unordnung des Lebens und der kurze, definitive Akt des Photographierens sich nur schwer vereinen lassen. Zwei Jahre Depression, eine Existenz an der Armutsgrenze, unrealisierte Pläne und die Entlassung aus seinem Regierungsjob erfolgten vor der Veröffentlichung des großen Buches. Für einen draußen arbeitenden Photographen gibt es kein Atelier wie für einen Maler, in das er sich zurückziehen kann, um nachzudenken, zu arbeiten, ja, auch um zu schmollen.

Leben und Arbeit: spät in 1936, zwischen New York und Washington wechselnd (wohnte dort bei seiner Schwester); wieder Hoffnung, einen Film machen zu können; macht Abzüge von Brady-Photographien für eine nicht realisierte Show des MoMA; 30. Januar 1937, Reise in den Süden, Auftrag von Roy Stryker, in Arkansas die vor der Überschwemmung des Mississippi Geflüchteten zu photographieren, die diesmal schwarze und nicht weiße Pachtbauern waren; März 1937, von Stryker entlassen; Sommer 1937, ein kurzer Trip mit Agee und seiner Frau nach Kuba für einen Auftrag von *Fortune*; Herbst 1937, erfolglose Bewerbung um ein Guggenheim-Stipendium; Suche nach einem Verleger, da *Fortune* den Artikel über die Pachtbauern abgelehnt hatte; irgendwann im Frühjahr 1938, Tom Mabry, Evans' Freund und jetzt am MoMA tätig, beginnt die Planung eines Buches und einer Ausstellung für den Herbst.

Es war eine unordentliche Zeit. In photographischer Hinsicht bemerkenswert war das Arbeiten mit dem Brady-Material, das wie die Bilder der
90 Hochwasseropfer Evans' fortgesetzte Beschäftigung mit den Folgen des langen Bürgerkrieges belegt. Er fertigte eine denkwürdige Serie von schwarzen Erwachsenen und Kindern an, die mit dem Blechteller in der Hand in langer Reihe auf Essen warten. Eine Frau, die im Bett einer Notunterkunft liegt, photographiert 1937, war die jüngste Aufnahme, die Evans in *American Photographs* aufnahm.

Weiter oben habe ich aus Evans' Brief an Ernestine Evans zitiert, den er im Februar 1934 in Hobe Sound, Florida, geschrieben, aber nicht abgeschickt hatte: „Ich weiß nun, dass es die Zeit für ein Bilderbuch ist. Am besten über eine amerikanische Stadt." Einige Seiten und viereinhalb Jahre später stehen Evans und wir nun vor einem Bilderbuch. Aber eine Stadt war nicht das Thema. Und am Ende hatte es Evans auch nicht geplant, sondern es wurde mit Hilfe von MoMA und Thomas Mabry und Lincoln Kirstein aus dem Korpus der seitdem entstandenen Werke geschaffen. Aber es war Evans, der das Design des Buches bestimmte: 20,3 x 28,8 cm, schwarzer Einband, schwarze Buchstaben auf blassem Schutzumschlag, das Wort *PHOTO–GRAPHS* kursiv und in zwei Zeilen gebrochen. Innen 87 Schwarzweiß-Photographien, auf der rechten Seite gedruckt und auf der linken durchgezählt, in zwei Bücher mit 50 und 37 Bildern aufgeteilt, am Ende jedes Teils eine Liste mit kurzen Titeln, Ort und Entstehungsdatum betreffend. Es gab mehrere Nachdrucke. Heute greift man zur Ausgabe, die 2012 erschien, 75 Jahre nach der Erstausgabe. Aber man sollte vermerken, dass die Erstausgabe eine außerordentliche Typographie hatte, klar und ausgewogen – für Evans war das wichtig. Und die Erstausgabe war nicht so dick. Liegt das nur an dem schlechteren Papier von 1938? Aber das Ergebnis war ein schlankes, leichtes, bescheidenes Buch. Wenn auch die Maße und Verteilung der Photographien auf den Seiten identisch wirken, so stechen doch die Bilder in der ersten Ausgabe hervor. Weniger Buch steht ihrer Wirkung nicht im Wege. Viele dieser Fotografien und das Format ihrer Reproduktion in *American Photographs* wurden im Bildteil am Anfang dieses Buches wiederholt. Er wurde so entworfen, um dem von Evans gewollten Design so nah wie möglich zu kommen: nummerierte Fotografien ohne Legenden.

In *The Crime of Cuba* folgte der Bildteil dem Text, in Agees *Let Us Now Praise Famous Men* ging er ihm voran. Die hier gewählte Größe der Reproduktion entspricht diesen Bänden. Anders als dort folgen die Bilder dieses Buches aber im Großen und Ganzen der Reihenfolge ihrer Entstehung. Beim Lesen möchten diese Bilder mit den verschiedenartigsten Umständen assoziiert werden, die zu ihrer Genese führten: ein gelebtes Leben, Begegnungen mit Menschen, mit Dingwelten, gesehen in New York, Neuengland, Kuba, in den Bergbauregionen im Nordosten, im Süden der USA. Schon zur Zeit ihrer Entstehung waren diese Aufnahmen außerordentlich. Gehortet in Evans' diversen Apartments existierten sie in einer Art von Limbo. Sie verweilten zwischen dem für Evans primären Akt der Aufnahme, wenn sein Auge mit der Kamera einholte, was die Außenwelt hergab, und dem, was danach kam: Ausstellung?, Veröffentlichung? – das blieb ungewiss.

Für *American Photographs* wurden die Photographien effektiv neu gefasst. Das Wo und Wann ihres Ursprungs ist verschwunden. Sie sind von ihren Wurzeln abgeschnitten. Das wird besonders klar, wenn man sie in der Folge ihrer Entstehung betrachtet, wie wir das getan haben. Wenn das auch üblicherweise nicht gesagt wird, mit dem Gewinn der neuen Fassung ging auch ein Verlust einher. Es gibt ein mutwilliges und vielleicht sogar fröhliches Mischen von Hier und Dort, Damals und Heute. Auf ein Bild folgt das nächste, und es werden Kontraste und überraschende Ähnlichkeiten evoziert. Dies ist Amerika, dies ist das Buch, das so brillant und doppeldeutig *American Photographs* betitelt wurde. Evans' Reputation beruht nicht auf dem ikonischen Photo – man denke an Paul Strands *Blinde Frau* (Abb. 19) oder Dorothea Langes *Heimatlose Mutter* (Abb. 33). Seine Reputation beruht auf einem ikonischen Buch.

Was genau ist das für ein Buch? Für Evans waren Bücher das bevorzugte Medium der Präsentation. Er hat sich dazu nicht geäußert, aber wir können annehmen, dass dies mit der langsamen Betrachtung von Photographien zu tun hatte, Seite für Seite, wie in einem Buch lesend. „Sie bleiben an ihnen haften wie an einem Schriftstück", war die kluge Bemerkung von Jim Dow, der für die MoMA-Ausstellung von 1971 bei der Herstellung der Abzüge half. Auf der Innenseite des Schutzumschlags steht ein Text, der mit den großgedruckten Worten beginnt: „DIE REPRODUKTIONEN IN DIESEM BUCH SOLLEN IN IHRER HIER GEGEBENEN REIHENFOLGE BETRACHTET WERDEN. Also schaue man sie nacheinander an, so als würde man ein Buch lesen." (Wenn diese Worte auch manchmal Evans zugeschrieben werden, stehen sie doch auf S. 200 in dem Nachwort von Kirstein.) Mehrere Interpreten haben sich die Sequenz der Bilder genau vorgenommen. Ich bin von der Notwendigkeit ihrer Anordnung nicht überzeugt. Es stimmt, es kommt zu wundersamen Erfahrungen, wenn man von einem Bild zum nächsten geht. Der Effekt hat eher etwas von einer sich im Wasser öffnenden japanischen Papierblume zu tun. Aber ist die gewählte Reihenfolge, die Evans mit starkem Beistand von Kirstein hergestellt hat, alternativlos? Die stilistische Einheit von Evans' Arbeiten vorausgesetzt, würde es eine andere Ordnung nicht auch getan haben? Echos und Gegensätze sind da, aber sie wären auch da, wenn man die Reihenfolge änderte. Schließlich hat Evans zur gleichen Zeit und mit großer Eile an einem Abend im Herbst 1938 einhundert Photographien in eine andere Ordnung (und zum Teil mit anderen Bildausschnitten) gebracht. Das geschah in der Galerie, die das MoMA zeitweilig als Ausstellungsort in der Passage des Rockefeller Center benutzte. So viel zur Frage einer einzigen und in sich perfekten Sequenz. Die Anordnung, die Evans für die Ausstellung traf, arbeitete freilich mit mehr Bildern und war dementsprechend variabler.

Aber wenn man auf sie in der hilfreichen Rekonstruktion in *The Hungry Eye* von Gilles Mora und John T. Hill schaut, vermisst man die Unterstützung durch die Seiten eines Buches.[229] In einem Buch eine Photographie zu betrachten, betrifft nicht nur die Frage der Sequenz, sondern hat auch etwas damit zu tun, wie das Objekt in der Hand liegt. Es bereitet ein essenzielles Vergnügen, Bilder zu halten und zu betrachten, die im Format des Buches zu uns kommen. Auch ist das eine Frage des Maßstabs, was selten angesprochen wird. Wenn ein Photograph mit seiner Kamera arbeitet, dann steht der Maßstab des Abzugs der entstehenden Photographie nicht fest. Diese Flexibilität unterscheidet ihn fundamental vom Maler, der die feststehende Größe einer Leinwand bearbeitet, um zu einem Thema dieses Buches zurückzukehren. Vor dem digitalen Zeitalter stand fest, dass jeder Abzug die Vergrößerung eines Negatives war – einzige Ausnahme die Bilder der 8 x 10-Kamera. Nur für die Ausstellung von 1971 ließ Evans sehr große Abzüge zu, ansonsten begegnet man seinen Werken im kleinen Format, so wie in einem Buch. So wie in dem Buch, das Sie gerade lesen.

Evans' Buch haben sich andere Photographen zum Vorbild genommen. Aber die Zeiten haben sich geändert. So verschieden ist dieses Buch vom Anspruch der großen, ja riesigen Photographien, die Künstler heute für die Wände von Ausstellungen, Museen und Sammlungen herstellen lassen. Sagen wir es so: Evans sah seine Photographien als Einzelstücke, aber er wollte auch, dass sie als Gruppe betrachtet werden. Im Zusammenhang des Buches *The Crime of Cuba* habe ich darauf hingewiesen, dass Evans viele gute, manchmal sogar bessere Photographien für die Herstellung einer konsequenten Ordnung opferte. Es gab da keinen Platz für den später sehr
bewunderten *Mann in weißem Anzug und Strohhut vor einem Zeitungskiosk,* 33
Havanna, der mit dem falschen Entstehungsdatum 1932 Abb. 20 in Teil 1 von
American Photographs wurde. Es gibt auch im Buch von 1938 einige erstaun-
liche Lücken. Wo ist zum Beispiel die Ansicht des Friedhofs in Bethlehem 56
samt Arbeiterhäusern und Stahlwerk, später von den Bechers wiederbe-
sucht? Wo ist *Wellblechfassade,* die Aufnahme, die Evans auswählte, um da- 1
rüber in seinem Interview mit Leslie Katz zu sprechen?

Die Präsenz oder Absenz dieses oder jenes Bildes in Frage zu stellen, spricht für das aktive und nachhaltige – Evans würde sagen: transzendente

– Nachleben einer einzelnen Photographie. Wenn auch Kirstein sehr zutreffend Evans' puritanischen Stil hervorhob, so tendierte sein Essay doch mehr in die Richtung, die Photographien als „Dokumente des Zeitalters vor einem unmittelbar bevorstehenden Zusammenbruch" zu bezeichnen, also zu einem Monument des Amerikas der Depressionszeit zu erklären, worin ihm viele gefolgt sind.[230] Vieles spricht dafür, dass Kirstein genau hingeschaut hat, er bezieht sich konkret auf verbogene korinthische Kapitelle aus Blech, die Überflutung des Mississippi, Rostschutzarbeiten am Chassis eines Automobils. Aber in seinem Essay ordnet Kirstein auch die Fragmente der Wirklichkeit in eine größere Ordnung ein. Hier ist eine selten zitierte Passage:

> „Die Stärke von Evans' Arbeiten liegt in der Tatsache begründet, dass er die Wirkung der Umstände auf bekannte Gegenstände detailliert erfasst. So dass das einzelne Gesicht, das einzelne Haus, die einzelne Straße mit der Stärke der übergroßen Zahl ausgestattet wird, mit der erschreckenden, kumulativen Macht der tausendfachen Gesichter, Häuser und Straßen."[231]

Hier stimmt Kirstein der Transzendenz zu, die Evans erzielen wollte. Der Essay ist ein essentieller Teil des Buches, aber die Photographien sind die Sache selbst. Und sie werden weiter angeschaut, nicht nur als Gruppe, sondern auch individuell, eine nach der anderen.

5
Portraits in der U-Bahn

Ich dachte ursprünglich, dass die Frauen, die Evans für seine Serie der U-
Bahn-Portraits (1938–41) heimlich aufnahm, wie die *Junge Frau in der Fulton* 4
Street aussehen. Gemeinsam ist den Aufnahmen eine gewisse stechende Qualität, die aber die Menschen Menschen sein lässt. Gleichwohl sind die rund 600 Bilder das Merkwürdigste, das Evans je geschaffen hat. Was macht sie dazu?

Wir wissen, dass Evans mit seiner verborgenen Kamera in der New Yorker U-Bahn in drei Kampagnen photographierte[232]: 15. Februar bis 27. Mai 1938, da schoss er zehn Rollen 35mm-Film; an einem einzigen Tag im Mai 1940 machte er 23 Aufnahmen; 7. bis 27. Januar 1941, 13 Tage lang, von denen er an einem Tag, am Sonntag, dem 26. Januar, 65 Einzelbilder schoss. Im März 1938 scheiterten Agees und Evans' Bewerbungen für ein Guggenheim-Stipendium zur Förderung ihres Alabama-Buches. Evans fing 1938 in der U-Bahn zu arbeiten an. Das war auch das Jahr von *American Photographs* – Ausstellung und Buch. 1939 scheint er das U-Bahn-Projekt auf die Seite geschoben zu haben. 1940 ging er ins Krankenhaus wegen einer Blinddarm-Operation und erhielt im März ein Guggenheim-Stipendium für sich allein. 1941 reichte er eine Gruppe der U-Bahn-Portraits zur Verlängerung des Guggenheim-Stipendiums um weitere sechs Monate ein. Dies wurde ihm am 12. März 1941 gewährt. Im Dezember dieses Jahres waren die USA in den Krieg eingetreten. Es waren schlimme Zeiten.

Wenn wir Evans' eigenen Kommentaren folgen, sind die U-Bahn-Portraits für ihre Technik, die Sujets für ihre Anonymität und die gesamte Serie für ihre Vielfalt zu loben. Zu letzterem Punkt schrieb Agee in dem für ihn typischen rhapsodischen Tonfall 1940, die Serie würde „Mitglieder jeder Rasse und Nation auf der ganzen Erde" umfassen.[233] Die Wieder-
holung so vieler vereinzelter, blasser, stillgestellter Gesichter hat etwas Un- 92
heimliches. Die meisten Köpfe sind mit Hüten in der Mode der Zeit be- 93
deckt und sitzen auf Leibern, die starr gegen die Fenster, deren Rahmen

und das Leitsystem der U-Bahn gedrückt sind. Zwischen der ungeteilten Aufmerksamkeit der Kamera (und unserer Blicke) und dem totalen Ausbleiben einer Antwort klafft eine Lücke.

Es ist nicht nur ihre Anonymität, sondern auch die Tatsache, dass ihnen nicht bewusst ist, dass sie gesehen werden, die diese Menschen fremd erscheinen lässt. Sie erinnern einen an aufdringliche Zeitungsphotos aus dieser Periode. Ich denke an Julius und Ethel Rosenberg und wie sie auf Photos erscheinen, die zehn Jahre später vor ihrem Urteil und ihrer Hinrichtung aufgenommen wurden. Evans beschrieb die Menschen, die er in der U-Bahn photographierte, als die Damen und Herren Geschworenen. Aber sehen sie aus, als wären sie ausgewählt zu urteilen? Warten sie nicht selbst auf ein Urteil? Die Menschen in den U-Bahn-Portraits sehen so gefangen aus wie die Menschen in den Aufnahmen, die Evans aus Zeitungen ausschnitt und die er in den späten dreißiger Jahren, als er an den U-Bahn-Bildern arbeitete, in einen Sammelband einklebte, dem er den Titel gab: „Bilder der Zeit 1925–35". Ich denke an die Aufnahme, die er von Ruth Snyder auswählte, der ersten Frau, die auf dem elektrischen Stuhl hingerichtet wurde. Sie ist das erste Bild in diesem Buch, ausgeschnitten aus den *Daily News* vom 14. Januar 1928. (Abb. 7) Ein spezieller Reiz dieses Bildes könnte für Evans gewesen sein, dass es von einem Reporter mit einer versteckten Kamera aufgenommen wurde.

4 Die junge Frau in der Fulton Street dominiert über eine kleine Welt aus Fedora-Hüte tragenden Männern, spiegelnden Fenstern, einem Zeichen, einem Kran vor Fassaden. So wie Wallace Stevens' Krug, der auf einem Hügel in Tennessee aufgestellt ist, könnte man von ihr sagen, dass sie „über alles herrschte". Die Frauen und Männer in Evans U-Bahn-Bildern sind isoliert. Sie herrschen über nichts.

Die anderen Photokampagnen von Evans – *The Crime of Cuba, American Photographs, The Mangrove Coast* – führten sehr bald zu Publikationen. Die U-Bahn-Portraits aber wurden erst fünfzehn Jahre später und als eigenes Buch erst nach zwanzig Jahren publiziert. Aber Evans interessierte sich weiter für sie als Gruppe. Zusammengenommen waren das mehr als 600 35mm-Negative mit ein bis drei Fahrgästen. Wenn man sie durchblättert, was man auf der Web-Seite des Evans-Archivs im Metropolitan Museum tun kann, ist das eine ernüchternde Erfahrung. Er nahm nach und nach verschiedene Selektionen vor und edierte die Aufnahmen verschieden – nach Größe, Zusammenstellung, Folge und Platzierung auf der Seite. Er erfand alternative Titel. Dadurch traten die Gesichter nicht aus der dunklen Tiefe der U-Bahn-Wagen hervor, sie versanken eher in ihr.

Über die Jahre schrieb und sprach Evans mit Leidenschaft über diese Aufnahmen, definierte und verteidigte sie in Interviews, auch nachdem vierzig von ihnen 1966 in einer kleinen Ausstellung des MoMA gezeigt worden waren, begleitet von dem Buch *Many Are Called.*[234] Sein Einsatz für das Vorhaben und seine Leistungen waren unabhängig von der Publikationsgeschichte. Das gilt freilich auch für die anderen Teile seines Werkes. Wir leben in einer anderen Zeit. Evans schrieb viele seiner Kommentare für Vorworte, die dann ungedruckt blieben. In dem Buch von 1966 fiel er auf ein Stück rhetorische Prosa zurück, das James Agee 1940 verfasst hatte.

DIE BASIS

Was also sagte Evans? Und wie verhält sich das Gesagte zu dem, was er tat und was wir sehen? In einem Entwurf setzt sich Evans mit Nachdruck für das Gaffen ein, also für ein Verhalten, das Amerikanern untersagt ist. „Ich erhielt meine Lizenz zum Gaffen im Deux Magots 1926“, ein berühmter Satz. Seine Eltern seien dagegen gewesen. „Gaffe nicht“, habe seine Mutter gesagt, und sein Vater verabscheute das Herumsitzen in Cafés. Für Evans war im Endeffekt das Gaffen eine Sache von Leben und Tod. „Sterbe etwas wissend. Du bist nicht lange hier.“[235]

Aber er gaffte nicht wirklich, wenn er in der U-Bahn photographierte. Er saß in den Gängen, mit einer Kamera, die unter dem Mantel verborgen war und durch einen Fernauslöser bedient wurde. Sein Blick ist ein indirekter. Was er also in seiner Vorrede propagierte und woran er fest glaubte, das wird in diesem Projekt gar nicht gebraucht. Was das Projekt aber brauchte, war eine Eigenschaft der Kamera, von der ihre „Theoretiker“, wie er sich ausdrückte, nichts wussten: „... dass sie dazu gebracht werden kann, nicht zu denken und die Gefühle ihres Benutzers nicht auszudrücken“.[236] Im Anschluss daran gesteht Evans allerdings ein, dass er diesen Anspruch seiner „Aufzeichnungsmethode“ nicht erfüllt habe, weil Bilder ediert und ausgesucht seien, aber – und das spricht für den mehrdeutigen Charakter des Vorhabens – die Auswahl sei „aus Gründen getroffen worden, die auf technischen und niemals auf ästhetischen oder inhaltlichen Gründen basierten“.[237]

In dem Text kommt ein angespanntes Verhältnis zwischen Unterwürfigkeit und Aggression zum Ausdruck, was diese Stunden in der U-Bahn anbelangt. Er beschreibt die Fahrgäste als „ohne ihr Wissen gefangene Motive“ und den Photographen als „einen sündigen Spion und apologetischen Voyeur, mit Distanziertheit ausgerüstet … *Sie* sind Beute … *Du* allein besitzt eine Rüstung (sic) … *Ich* bin auf der Pirsch wie bei der Jagd“. Man bemerkt den schwierigen Wechsel zwischen *Du* und *Ich*. In beiden Fällen meint er sich selbst. Er beschreibt sich übertreibend als jemand, der Wochen in der U-Bahn „an eine Leica gefesselt“ verbringt, während die Menschen „zum Teil betäubt, ganz und gar eingesperrt und immer durch und durch duldsam“ seien.[238] Es ist dies ein hochtouriger Text mit einer Mischung aus Freude, Aggressivität und – mit Einschränkungen auch gesagt – mit Verlangen. Er drückt seine hohen Ansprüche dadurch aus, dass er das Vorhaben eines Dickens oder Daumier für würdig erachtet.

Die Ursprünge von alldem, das anfängliche Engagement, die Liebe und die Angst, treten in späteren Interviews hervor. Am 28. Oktober 1971 trat er an der Universität von Michigan anlässlich der dorthin ausgeliehenen MoMA-Ausstellung *Walker Evans* auf. Er sprach mit Begeisterung über die Anfänge und wie er nicht aufhören konnte, fuhr dann aber fort, die Zwänge zu bedauern, welche die Technik über ihn ausübte. Ein Student fragte: „Können Sie uns ein wenig über die U-Bahn-Portraits sagen?“

> „Ich will es versuchen. … Dieses Vorhaben hat wieder etwas mit der Idee des Sammelns zu tun. Ich fing an, mit dem Auge Menschen in der U-Bahn zu sammeln. … Das war eine Herausforderung, das Licht war damals sehr schlecht, die Ausrüstung war für eine so schwierige Situation noch nicht geschaffen, was die Stärke der Linsen und des Films angeht. Also es war eher etwas, das mich mehr und mehr und mehr anzog. Ich machte das eben und hatte mein Vergnügen dabei, bis ich über dem

> Thema wirklich verrückt wurde. Ich musste da abbrechen, sonst würde ich das heute noch machen. Sie kennen solche Triebkräfte. Sie wissen nicht, wann Sie mit so etwas fertig sind. So musste ich einfach aufhören."[239]

In einem schärferen Ton sprach Evans über dieses Thema mit Paul Cummings für die Archives of American Art. Evans erklärte: „Es war ein Projekt der Liebe. Mir bedeutet es viel, niemand hatte mich dazu aufgefordert. Niemand hat mich dafür bezahlt." Und im Mai 1973, in einem Interview mit Jeffrey W. Limerick brachte er einen anderen Aspekt auf. Er sagte: „Es war eine Rebellion gegen die Portraits, die in den Ateliers entstanden. Ich war wütend. Es war zum Teil wütender Protest – nicht gesellschaftlich, nicht ästhetisch – gegen gestellte Portraits."[240] Kurz gesagt: Die Verantwortung und die Begeisterung für das Projekt lagen ganz bei ihm. Und dann kommt das Argument auf, er habe das aus Wut getan. Wut auf die USA der Gegenwart und Wut auf das, was andere taten, gehören zu den Hauptmotiven der Evans'schen Selbstdarstellung und künstlerischen Produktion. Er hatte recht, was die Besonderheit seines Werkes anbelangt, aber man muss auch auf die produktive Funktion der Wut für das Schaffen von Evans hinweisen. In einer Unterhaltung mit Evans in Yale im Jahr 1971 sagte Frank: „Ich wüsste nicht, wogegen ich heute in der Photographie ankämpfen würde."[241] Evans antwortete: „In Leben und Kunst gibt es genug, gegen das man einen Kampf anfangen kann. … Ein Kampf, der sich aus moralischen Gründen herleitet, zieht jedermann an, aber das ist eine Frage der Moral."

DER LOOK

Was den Widerstand gegen die Atelierportraits angeht, könnte man nicht sagen, dass Evans sein eigenes Atelier in den U-Bahn-Wagen einrichtete? Nur die Köpfe in einer Gruppe von 16 auf einer Seite arrangiert, der Entwurf für ein geplantes Buch mit dem Titel *The Passengers*: erinnert(e) uns (ihn) das nicht an das Display der Portraitphotos um die Inschrift „Studio" herum, die unter dem Titel *Schaufenster eines Photostudios mit Penny Pictures,* 78
Savannah in *American Photographs* erscheint?[242]

Die Portraits in der U-Bahn wurden unter Bedingungen geschaffen, die Evans diktierte. Der U-Bahn-Wagen wurde sein Studio. Er produzierte seine Version, seine nicht gestellte Version dessen, was er ablehnte. Anders gesagt: Evans taucht unter in die dunkle U-Bahn, so wie er unter das Abblendtuch und auf gewisse Weise in den Körper der Plattenkamera ein-
51 tauchte. Als er in dem mit Säulen verzierten Kubus der Belle Grove Plantage arbeitete, entsprach der Raum seiner 8 x 10-Kamera. Und so entspricht die verborgene 35mm-Contax, metallen, klein und schwarz bemalt, dem Inneren des U-Bahn-Wagens, in dem Evans und die Fahrgäste dahinfuhren, zusammen gefangen, wie Evans schrieb.[243] Wenn die 89 Bilder immer auf der rechten Buchseite erscheinen, mit Lichtreflexen auf Glas und Metallrahmen hinter und zwischen den Fahrgästen, wirkt der U-Bahn-Wagen wie ein Stück einer Maschinerie. Aber Evans hatte die U-Bahn aus Metall und Glas in eine Sehmaschine verwandelt.

In den 1950er Jahren, nachdem er sein obsessives Arbeiten in der U-Bahn aufgegeben hatte, aber bevor er die Aufnahmen in Buchform herausgebracht hatte, bestätigte Evans die Verwandtschaft von Zuginnenraum und Kamera – wenn er auch im folgenden Zitat aus dem Zugfenster auf die Welt schaut. Hier ist der erste Abschnitt des Baudelaire'schen Textes (ich beziehe mich bei diesem Vergleich auf Baudelaires *petits poèmes en prose*), den er für *Fortune* und seine Bildstrecke mit dem Titel „Along the Right-of-Way" im September 1950 publiziert hatte. Wir haben ihn schon in Kapitel 1 herangezogen:

> „In Schlafwagen 6, Wagen 287, ist das Licht noch nicht eingeschaltet. Eine Stunde lang schaukelte und ratterte der Zug durch das Land. Dieses gemietete Stahlgehäuse mit seinen ernsten und fesselnden gedruckten Anweisungen, wie man die verschiedenen Vorrichtungen zu bedienen hat, ist der Rückzugsort des gehetzten Menschen. Die Kapitäne und die Könige verschwinden. Hier vor allem, an diesem Ort und in dieser Stimmung, kann der Reisende sich ganz und gar dem nachhaltigen Zeitvertreib des Hinausschauens hingeben."[244]

Als Apparat zeigt Evans die U-Bahn in dem einzigen U-Bahn-Photo, mit dem er das 1966 erschienene Buch *Many Are Called* abschloss. Es ist interes- 94
sant, dass er diese Aufnahme während seiner ersten Kampagne am 25. Februar 1938 machte. Nur in diesem Bild blickt er in die ganze Tiefe eines Wagens. Wir sehen, wie sich die Menschen auf beiden Seiten auf ihren Sitzen zusammendrängen, und wir sehen die Lichtquellen, die großen Birnen in der Mitte der Decken und die kleinen Birnen über den Fahrgästen. Die Bedingungen für diese Photographie werden sichtbar gemacht: gedrängte Menschen, Licht, das sich an Wänden und Fenstern reflektiert, hier und da Beschriftungen. Und in der Mitte der Anlass dieses Bildes: ein blinder Akkordeonspieler mit einer blechernen Sammeltasse, der sich auf Evans zubewegt. Letzterer hatte in einem seiner unpublizierten U-Bahn-Texte geschrieben: „der unvermeidliche, erfindungsreiche Blinde, der sich auf dem schaukelnden Gang des Wagens vorwärts bewegt".[245]

Blind zu sein, war ein großes Thema für Evans. Wir haben schon darauf verwiesen, dass Paul Strands *Blinde Frau* für ihn eine fundamentale Bedeutung hatte. Er photographierte Blinde auf den Straßen von New York und
in Chicago sowie am Strand und vor einem Haus, als er in Florida war. 95
Eine erstaunliche Anekdote erzählt seine junge Freundin Nora Sayre. Evans, der einen Hang zur Verkleidung hatte, stellte sich in einer New Yorker Straße auf, mit Sonnenbrille und einem Stock ausgerüstet, und wartete, bis Passanten Münzen in seinen Hut warfen, weil sie glaubten, er sei blind![246] Wenn auch Evans sich oft auf seine Sehschärfe berief, sagte er doch auch gelegentlich: „Ich arbeite eher blind." Gegen Ende seines Essays über Photographie für Louis Kronenbergers Buch *Quality: Its Image in the Arts* (1969) gibt es einen Abschnitt, in dem er an der Blindheit der modernen Gesellschaft verzweifelt – und dann sagt er plötzlich (zweideutig?): „Die Blinden sind nicht völlig blind. Wirklichkeit ist nicht völlig wirklich."[247]

Mit Blindheit konnte man spielen: in Worten, sie auf der Straße vortäuschend, sie mit der Kamera verfolgend. Der blinde Akkordeonspieler, der nicht zu den Fahrgästen gehört, nichts sieht, während er gesehen wird, ist ein Alter Ego Evans', seine Rückseite, könnte man sagen. Die Menschen um ihn herum, die Evans photographiert hat, sind dann seine Unterseite, etwas, das in ihm tief verborgen ist.

Es ist interessant, dass Evans sich öfter darauf bezog, dass er schlechtes Benehmen photographierte – allgemein gegen das Establishment gerichtet und im Besonderen als ein Kind, das den Wünschen der Eltern nicht gehorcht. Wir haben seine Bemerkung über das Gaffen gelesen. Hier zwei weitere Belege:

> „Ich selbst photographiere oft mit dem instinktiven Impuls eines bösen Kindes. Ich tue das immer in dem Gefühl, dass jemand … [sagen wird] ‚Hör sofort damit auf!'"[248]

> „Meine Photographie war eine halbbewusste Reaktion gegen korrektes Denken und Optimismus; sie war ein Angriff auf das Establishment. Ich höre noch, wie mein Vater sagt: ‚Warum schaust du auf diese Szenen, sie sind deprimierend. Warum schaust du nicht auf die schönen Dinge im Leben?'"[249]

Evans fiel es schwer, zu seiner Kindheit zurückzukehren. Versuche in diese Richtung wurden enttäuscht. Im Juli 1935 besuchte er eine Schule, in die er als Junge gegangen war, und notierte in seinem Tagebuch, dass „Raum im Lauf der Zeit kleiner wird oder so wirkt" und fügte hinzu: „wieder gelangweilt". Und in dem Vortrag, den er zwei Tage vor seinem Tod am Radcliffe College hielt, setzte er sich mit diesen Themen länger auseinander:

> „Ich denke viel über Kindheit nach, während mein Leben voranschreitet. Ein obsessives Thema. Deswegen stehen in den Bibliotheken so viele Memoiren. Es kommt die Zeit, da man sich zurückwendet, ich sage das mit Zurückhaltung, weil ich das nicht für die richtige Geistesbeschäftigung halte. Aber das Material hat sich so aufgehäuft, und es ist so reichhaltig und faszinierend, dass man eine Menge Zeit damit verbringt. Sie müssen wissen, ich bin weit zurückgegangen, um herauszufinden, dass [das Photographieren der Szenen meiner Kindheit] nicht gelingt und immer in Enttäuschung und unguten Erfahrungen endet. Die Dinge sehen einfach nicht richtig aus. Man nimmt sich etwas vor, das man in seiner Kindheit kannte und das in einem Gefühle auslöste, und dieses

> Gefühl lässt sich nicht wiederholen – das Objekt reflektiert die Gefühle nicht. Man investiert in etwas, das nicht länger da ist, etwas von einem selbst. Ich vermeide das entschieden, aber ich bin sehr interessiert an der unmittelbaren Vergangenheit von Dingen unabhängig von meiner Person. … Heute liebe ich es, ein Haus ohne persönliche Note zu betreten.“[250]

Was also war die Motivation für die U-Bahn-Portraits? Man hat vorgeschlagen, dass Evans darin „die moderne Anonymität seiner Zeitgenossen und die moderne Anonymität seines Mediums“ erkannte.[251] Für mich scheint es sich um etwas Einfaches, mehr Grundsätzliches zu handeln: dass er in dem fremden, zurückgezogenen Zustand der Individuen in der U-Bahn sich selbst wiederfand.

Evans konnte mit Selbstportraits nicht viel anfangen. Die Ausnahme bilden einige Aufnahmen von ihm und seinem Schatten, die er in Frankreich 1926/27 anfertigte und nach seiner Rückkehr nach New York für ein paar Jahre fortsetzte: Kopf, Körper, einmal nackt. Einige Aufnahmen aus dem Photoautomaten sind witzig und aktuell. Aber dann hörte er damit auf. „Ich habe einige Photos von mir selbst gemacht, aber ich möchte nicht, dass andere Personen sie sehen. Wissen wir, wie wir aussehen? Nicht wirklich.“[252]

DIE BEZIEHUNGEN

Man zögert, will man Evans Beziehungen oder Sympathien in Bezug auf die Menschen, die er in seine photographische Welt aufnahm, näher cha-
rakterisieren. Ich denke an *Junge Frau in der Fulton Street* oder an *South Street,* 4
New York mit dem Mann mit offenem Hosenladen, eine Aufnahme, die in 23
einer anderen Version in *American Photographs* auftaucht, oder an Allie Mae
Burroughs, die Frau des Pachtbauern, die in Großaufnahme vor ihrem 18
Holzhaus steht und ebenfalls in dasselbe Buch Eingang fand. Aber die Vermutung liegt nahe, dass seine Anziehung und sogar Sympathie etwas mit ihm selbst zu tun hatte. Man denke noch einmal daran, dass Evans der Mann war, der unter das Abblendtuch seiner Plattenkamera tauchte, und

der sagte, als er die Massen in Glyndebourne photographieren wollte: „Beobachte mich, ich werde jetzt verschwinden.“ Man beachte die Zusammenstellung von *beobachten* und *verschwinden*. Er liebte es, seinen Worten einen bestimmten Dreh zu geben.

Die U-Bahn-Serie ist der extreme Fall des verschwindenden Mannes. Weil er selbst verborgen war, fühlte sich Evans zum Teil zu den U-Bahn-Fahrgästen hingezogen, diesen versunkenen, abwesenden, zurückgezogenen Gestalten. Die U-Bahn war eine große Gelegenheit. Wenn er das Thema aus eigenen Stücken ergriff, so ist es doch etwas, dem er nicht entkommen konnte. In Michigan hatte er ja gesagt, dass er „über dem Thema wirklich verrückt wurde“. Die Situation dieser Fahrgäste und seiner selbst, wenn er unter ihnen weilte, war eine Bedingung dafür, ein Photograph zu sein. Aber vielleicht war da noch was anderes.

EINE PARALLELE IN DER DICHTUNG

Es gibt ein mysteriöses Gedicht von Elizabeth Bishop, einer US-amerikanischen Dichterin und Zeitgenossin von Evans. Wie Evans fesselt sie, was sie sieht. 1935, nach Ende ihres Studiums in Vassar und nach New York gezogen, schrieb sie *Der Mann-Mott*, ein großes, dunkles Gedicht, das die U-Bahn zum Thema hat.[253] Die Titelfigur des Gedichts ist eine Schöpfung der Phantasie. Das Wort „man-moth“ war ein Druckfehler für „mammoth“, den Bishop in der *New York Times* gefunden hatte. Wie auch in anderen Fällen setzte sie bei sehr kleinen, gewöhnlichen Dingen wie einem Druckfehler an. Das macht sie Evans vergleichbar, den Menschen, Dinge und vor allem Wörter anzogen. In Bishops Gedicht klettert der phantastische Mann-Mott Gebäude bis zum Mond hoch und schleppt seinen Schatten „wie das Abblendtuch eines Photographen hinter sich her“. Er hat aber ein helles Loch im Himmel für den Mond gehalten und steigt enttäuscht hinunter in den Untergrund und nimmt als verlorener Geist die Form eines U-Bahn-Fahrgasts an. Große Erwartungen stürzen ab in die Tiefe, welche die Dichterin hier mit der Untergrundbahn identifiziert.

In einem Notizbuch, das aus der Zeit vor dem Gedicht datiert, hatte Bishop eine Frau in der U-Bahn beschrieben, die so weiß wie der Tod aussah.

Alles an ihr war tot.[254] Wieder eine Anregung, die aus der Alltagswelt stammte. Aber es gilt hervorzuheben, dass *Der Mann-Mott* in und über New York 1935, also zeitgleich mit Evans, geschrieben wurde. Wie dessen U-Bahn-Portraits ist es ein Dokument für eine dunkle Zeit, die auf einen Krieg zuführte. Der Grund, der Evans in den Untergrund zog, ist also nicht nur ein persönlicher, sondern hat auch mit den Menschen zu tun, die er und Bishop dort unten sahen.

Evans mithilfe eines poetischen Textes zu lesen hat drei Argumente für sich: Erstens war Evans ein verfehlter Schriftsteller, wie wir gezeigt haben. Obwohl er schon früh gemerkt hatte, dass er als Schriftsteller keinen Erfolg haben konnte, hörte er sein ganzes Leben lang nicht auf, in seiner Miniaturhandschrift zu schreiben und umzuschreiben. Er entwarf beißende Texte zur Begleitung verschiedener photographischer Arbeiten, schrieb hauptberuflich für zwei Jahre in den 1940er Jahren für *Time*, und von 1945 bis 1965 schrieb er die Begleittexte zu seinen Photoessays für *Fortune*. Zweitens war für Evans die Photographie unter den Bildkünsten das Medium, das der Literatur am nächsten kam. Er schrieb, die erste Frage an einen Abzug sei, ob er sich lesen lasse. Drittens ist Bishop ein guter Anlass, uns in die amerikanischen Zeitumstände zu vertiefen.

Evans hatte ein Wort, das er wiederholte Male benutzte, um eine Qualität jenseits von Beschreibung anzudeuten. Dieses Wort ist *transzendent*. Oben
habe ich eine Bemerkung zitiert, die er über seine Photographie *Wellblech-* 1
fassade machte: „Du fühlst, das ist transzendent." Dass sie die Beschreibung überschreiten, ist eine mysteriöse Qualität vieler Aufnahmen von Evans. Könnte man dieses Wort auch in Bezug auf die U-Bahn-Portraits gebrauchen?

In verschiedenen Interviews erklärte Evans diesen Aspekt seiner eigenen Arbeiten mit einem Hinweis auf einen Text über Proust.[255] Er handelte von der Beziehung zwischen dem Reporter und dem Erzähler, also zwischen Dokumentarismus und Fiktion, wie sie in der *Suche nach der verlorenen Zeit* hergestellt wird. Elizabeth Bishop ermöglicht einen alternativen Zugang zu den transzendenten Möglichkeiten von Evans' Arbeiten.

Als Dichterin, die in Worten nacheinander beschreibt, war Bishop an der deskriptiven Kunst interessiert, aber auch (wie Evans) an einer Kunstform, welche Beschreibung übersteigt. In dieser Beziehung ist sie näher an Evans als an William Carlos Williams, den wir früher als einen Schöpfer einer US-amerikanischen Kunst angesprochen haben. Williams war ein Modernist, was Fakten anbetraf. „Ein Wort ist dann am meisten ein Wort, wenn es wissenschaftlich isoliert und mit Säure behandelt wird, um die Schmutzflecken zu beseitigen. Gewaschen und getrocknet muss es dann richtig herum auf einer sauberen Oberfläche platziert werden." Diese Worte erinnern uns daran, wie auch die technische Basis der Photographie für Evans wichtig war. Aber Bishop war mehr auf der romantischen Seite – wie auch Evans. Die Berufung auf Transzendenz ist eine romantische Note: Wie können wir das besser verstehen?

Hier ist noch einmal Bishop, nicht in einem Gedicht, sondern in einem Brief, den sie einer jungen Kritikerin schickte, die über sie schreiben wollte. Ihr Thema ist Charles Darwin, ein großer Beschreiber, den Bishop mit Leidenschaft las. Bishop widmet sich der Frage nach dem Verhältnis zwischen Bewusstem und Unbewusstem. Das Zitat ist lang, weil alles sich auf Transzendenz im Werk von Evans beziehen lässt. So also entwickelt Bishop die komplexe Natur von Darwin als beschreibender Autor:

> „... Darwin lesend bewundert man die schöne, feste Fallstudie, die er aus seinen endlosen, heroischen *Beobachtungen* aufbaut, fast unbewusst oder automatisch – und dann kommt ein plötzliches Nachlassen, eine zu vernachlässigende Redewendung, und man fühlt das Merkwürdige seines Unterfangens, sieht den einsamen jungen Mann, sein Auge ausgerichtet auf Fakten und kleine Details und mit Schwindel sich ins Unbekannte versenkend. Was man von der Kunst verlangt, von ihrer Erfahrung, ist dasselbe Ding, das auch für ihre Erschaffung nötig ist, eine selbstvergessene, völlig nutzlose Konzentration. (Insofern kommt das immer einem Ausstieg gleich, meinen Sie nicht?)"[256]

Wenn Bishop über Darwin und seine „schöne, feste Fallstudie, die er aus seinen endlosen, heroischen *Beobachtungen* aufbaut" schreibt, dann beschreibt sie sich und ihre Dichtung, aber sie könnte auch Evans beschreiben, den Photographen, der die Welt erschließt. Und „das Merkwürdige seines Unterfangens“ und der „einsame junge Mann, sein Auge ausgerichtet auf Fakten und kleine Details“, das könnte ebenso für Evans gelten. Doch ungeachtet der Wirkung von Darwins Prosa und von Evans’ Photographien wissen wir, dass beide nicht allein unterwegs waren.

Dies ist eine vormoderne Sicht auf Wissenschaft – eine Wissenschaft, die sammelte und nicht wie die moderne Wissenschaft reduziert und konzentriert. Wie Darwin war Evans ein Sammler. Doch nach dem Sammeln geht in Darwin etwas anderes vor, das Bishop einsichtig und teilnahmsvoll mit „sich ins Unbekannte versenken“ beschreibt. Dieses „Unbekannte“ ist das, worauf sich Evans mit dem Wort *Transzendenz* bezieht. Die „selbstvergessene, völlig nutzlose Konzentration“, die Bishop für die Kunst beansprucht, für ihre Rezeption wie auch für ihre Produktion, darf als eine liebevolle Würdigung von Evans angenommen werden. Und es war eine Dichterin, die das in Worte brachte.

Bevor wir diesen magischen Abschnitt verlassen, dürfen wir nicht die Bemerkung in Klammern vergessen: „Insofern kommt das immer einem Ausstieg gleich, meinen Sie nicht?“ Wahrscheinlich ist „Ausstieg“ essenziell für das Transzendente in der Kunst: dass der Künstler und die Künstlerin aus sich herausgehen oder sich überschreiten. Aber was für die Dichterin eine Redensart ist, kann für den Mann mit der Kamera in einem wörtlichen Sinne gelten. Im Angesicht seiner großen Aufnahmen haben wir das Gefühl, dass Evans da war, und zur gleichen Zeit meinen wir, dass er nicht da war. Nennen wir es Verschwinden. Also auch wenn er die Dinge vor seinen Augen emporhebt, entkommt er.[257]

Transzendenz haben wir nun besser verstanden, stellen wir also die Frage erneut: Erzielte Evans Transzendenz in der U-Bahn-Serie? Ich stelle die Frage, weil ich denke, dass die Antwort negativ ausfällt, und weil mir das die Gelegenheit gibt, nicht nur auf Transzendenz zu schauen, sondern auch der rätselhaften Natur der U-Bahn-Portraits näherzukommen. Das Element des Witzes, das oft aus Evans’ unpersönlicher Distanz entsteht, fehlt hier. Man denke an die großartige Unordnung der Welt um die junge
Frau auf der Fulton Street, an den unwahrscheinlichen Auftritt der drei 4
Männer auf der South Street, sitzend und liegend in symmetrischer Anord- 23
nung oder an den unerschrockenen Blick von Burroughs vor ihrer Bretter- 18

wand, mit einem schwachen Lächeln auf den Lippen. Oder zeigt die Kamera, dass sie es ist, die ihn gefangen hat? Im Kontrast dazu drängen sich die U-Bahn-Photographien den Fahrgästen auf, ohne Nachlassen, ohne Erhebung.

Die U-Bahn-Serie steht auch den Aufnahmen mit der Polaroid-Kamera gegenüber, die es dem alten Evans erlaubte, den Gesichtern sehr nahe zu rücken – oft waren es junge Frauen. Evans fertigte ungefähr 1200 Polaroid-Portraits an, doppelt so viele wie die U-Bahn-Portraits. In diesen schnell geschossenen Bildern haben die Frauen, vom Blitz getroffen, weit aufgerissene Augen und sehen bedürftig und zugleich begehrenswert aus. Verglichen damit haben die U-Bahn-Passgiere keine Bedürfnisse. Die Bürde ist auf seiner Seite. Evans sagte von sich selbst, er sei „mit Distanziertheit bewaffnet". Das stimmt, wenn wir nur an seine Position und seinen Einsatz der Kamera denken. Aber jetzt sind es die Fahrgäste, die sich von ihm distanziert haben. Ich nehme an, der Grund dafür war, dass er hier Versionen seiner selbst begegnete.

Evans' Einsatz, seine Aufmerksamkeit bleiben unerlöst. In gleichem Maße gesehen und erfunden sind die rohen Bilder Evans' schwärzester Blick auf die *conditio humana*. Wörtlich verstanden, ging er nach unten und kam nicht wieder hoch. Aber vielleicht ist hochkommen nicht das richtige Wort. Evans arbeitet hier in geringen Tiefen, und seine Finsternis ist visionär. Vor dem Hintergrund seiner dezidierten Identifikation mit Baudelaire könnte man diese Bilder in dessen Tradition sehen. Evans ging so weit und beschrieb den Photographen des Baudelaire-Portraits, den er für Nadar hielt, als den Mann, der die Katakomben und Abwasserkanäle von Paris „mit bemerkenswertem Stil" photographiert. Verglichen mit den häufigen Baudelaire'schen Anklängen in seiner Prosa, ist im photographischen Œuvre von Evans die U-Bahn-Serie der seltene Fall, in dem er im Schatten Baudelaires geht.

6
Auszeit bei *Fortune*

„... auf einer glücklichen Mission, im Auftrag von *Fortune* dem nachzugehen, wohin sein scharfes Auge ihn führte."

1941, als Evans zum letzten Mal als Photograph aus der U-Bahn aufstieg, steuerten die USA auf den Krieg zu. Photographische Materialien waren schwer zu bekommen, und Benzin für einen privaten Wagen wurde rationiert. Evans hatte Glück, dass er einen Job als Rezensent bei der *Time* hatte. Wenn er auch später sagte, er sei froh gewesen, sich als Schriftsteller ausprobieren zu können, so ist die Vorstellung doch sehr ernüchternd, dass er während dieser Jahre keine Photographien machte. Dann kam 1945 wieder einer seiner Glücksmomente, und er wurde als fest angestellter Photograph und 1948 als Bildredakteur Mitarbeiter von *Fortune*. Diese Positionen nahm er bis 1965 ein.

Eine Menge geschah 1941. Das im Jahr zuvor angetretene Guggenheim-Stipendium, das durch seine Blinddarm-Operation unterbrochen worden war, wurde erneuert, und *Let Us Now Praise Famous Men* wurde für den Druck vorbereitet, um in diesem Frühjahr bei Houghton Mifflin zu erscheinen. Das Thema passte nicht in die Zeit, und 643 Exemplare wurden 1941 verkauft und 1000 bis 1949, als die Auflage ausverkauft war. Evans fuhr ein paar Mal nach Bridgeport, Connecticut (dazu später mehr), um für *Fortune* eine Stadt zu photographieren, die sich auf den Krieg einstellte. Er erhielt den Auftrag, einige Gebäude des Wheaton College nahe Boston zu photographieren – ein nicht weiter zu berücksichtigendes Unternehmen. Im Oktober heiratete er seine alte Freundin Jane Smith Ninas aus New Orleans. J.S.N. hatte er verschlüsselt *American Photographs* gewidmet. Das soziale Leben in New York erreichte neue Höhen, wenn es auch bis 1954 dauerte, dass Evans zum Mitglied der von ihm so geschätzten Century Association gewählt wurde. Die Hochzeitsreise an die Westküste Floridas wurde von einem gewissen Karl A. Bickel bezahlt, der als Developer in dieser Region operierte. Sein Buch *The Mangrove Coast* hatte am Schluss 32

Photographien von Evans und erschien 1942, der dritte seiner Bildbände. Spätere Ausgaben erschienen ohne die Photographien. Einige dieser Aufnahmen fallen auf. Als ich von Evans und seinen Hang zum Thema Ausschuss handelte, sprach ich den verblassten Glanz eines geschnitzten Zirkuswagens der Ringling Brothers an. Er gehört zur Serie ausrangierter Wagen im Werk von Evans, und er machte diese Aufnahme zum Schlussbild in *Messages from the Interior* (1966). Aber die Arbeit in Florida überzeugt als ganze nicht, vergleichen wir sie mit dem, was er in den 1930er Jahren und davor zustande brachte. Etwas fehlt: ein Gefühl für ein Ganzes, das er hatte, als er das Potential seines Mediums erforschte und tief in Amerika einstieg. Ein Renaissance-Maler wie Giovanni Bellini hörte nie auf, Madonnen zu malen, und die Gebirgskette Sainte Victoire blieb Cézannes Thema bis zum Ende. Etwas Vergleichbares gab es für Walker Evans nicht.

Das Gefühl, dass etwas augenscheinlich fehlt, bleibt, wenn wir zur Arbeit für *Fortune* kommen. Der Job machte sich bezahlt, aber war das der wirkliche Grund? Die Worte, die wir diesem Kapitel vorausgestellt haben, stammen aus der Hauszeitschrift des Jahres 1946 von Time Inc., dem Verlagshaus, in dem *Fortune* erschien. Der Text sagt von Evans, er befinde sich „auf einer glücklichen Mission, im Auftrag von *Fortune* dem nachzugehen, wohin sein scharfes Auge ihn führte".[258] Das mit dem Auge entsprach Evans' Selbstbild, aber den Rest hätte er so nicht gesagt. Diese Worte wurden von seinem Arbeitgeber geschrieben, in dessen „Auftrag" die Arbeit getan wurde. Zwar konnte Evans weiterhin ziemlich genau das tun, was er tun wollte. Bereits im Jahr 1941 hatte *Fortune* den stark beschäftigten Evans nach Bridgeport geschickt, um die Kriegsvorbereitungen zu dokumentieren. Er setzte dort die Reihe der Sozialportraits fort, die er in der U-Bahn angefangen hatte. Aber die Menschen, die er unter der Sonne Bridgeports aufnahm, von der Seite von Kopf bis Knie gesehen, gehend und Einkaufstaschen tragend, sie sind von den U-Bahn-Portraits weit entfernt. In gewissem Sinne sind alle Aufnahmen anonymer Menschen, auch die, die er in Detroit und Chicago machte, ein Korrektiv zu den U-Bahn-Portraits. Er hatte die Prämissen verlassen. Es war nicht mehr die gestörte Menschheit, als deren Teil er sich selbst sah, es waren die gut funktionierenden, im Sonnenschein klar aufgenommenen Bürger von Bridgeport.

1946 brach er für eine zweimonatige Reise in den Mittleren Westen auf. Seine beiden ersten Photoessays für *Fortune* waren „Labour Anonymous“,
aufgenommen in Detroit, und „Chicago: A Camera Exploration“. Sie er- 96
schienen im November 1946 bzw. Februar 1947. Die Aufnahmen aus Detroit gehören zu den besten Arbeiten, die er in seiner Zeit bei *Fortune* machte. Jerry L. Thompson hat sich diese Klassiker in einer Abhandlung vorgenommen, zu der es wenig hinzuzufügen gibt, außer dass wir diese Werke hier im Kontext der langen Arbeitsbiographie von Evans würdigen wollen.[259] Evans brachte nach Chicago die Neigung und die Technik mit, antihagiographische, anonyme Portraits seiner amerikanischen Mitbürger anzufertigen. In Detroit setzte er sich an einem Samstag an einer Straßenecke und gegenüber einer mit Sperrholz verkleideten Wand nieder, die ihm als Hintergrund diente. Mit der Rolleiflex (einer Kamera, in die man von oben hineinschaut, um nach vorne zu sehen) verschoss er 13 Rollen Film mit ungefähr 150 Bildern. Er reduzierte diese auf 58 Aufnahmen, und von diesen wurden elf in *Fortune* auf Doppelseiten veröffentlicht. Als jemand, der von der Malerei und ihrer Produktion herkommt, staune ich über die Geschwindigkeit, mit der diese Bilder gemacht wurden, und darüber, wie viele der Veröffentlichung geopfert wurden.

Jede Person ist unter der Hüfte abgeschnitten. Wir sehen die Vorüber- 97
gehenden also mit ihrem Gesicht, ihrem Oberkörper und ihren Armen. So 98
schreiten sie voran. Sie sind „sprechend“ in dem Sinne, den wir den Kinderbildern der Farmerfamilien in Hale County gaben. Aber während diese Kinder das Leben herunterdrückte, zeigt der Gang dieser Erwachsenen einen gewissen Auftrieb, abgesehen von Zeichen der Sorge hier und da. Liegt das daran, dass sie so unbehindert vorwärtsstreben?

Um seinen *Fortune*-Auftrag zu erfüllen, quälte sich Evans mit dem Begleittext ab – ein Text, den die Leute in New York ignorierten und durch einen eigenen ersetzten. Evans ursprüngliches Interesse galt den durchschnittlichen Menschen in Detroit und zwar an einem Samstag im Sommer und nicht an einem gewöhnlichen Arbeitstag. Er stellte eine lange Liste von Arbeitern und Berufen auf: Maschinenöler, Schnellköche, Verkaufsmanager, Modellformer, Wachpersonal, Hersteller von Blaupausen, Physiotherapeuten, Schweißer, Monteur, Sortierer, Polierer, Kistenmacher,

Hersteller, Verpacker, Bediener maschinell produzierter Waren. Die Liste klingelt in den Ohren. Ein Entwurf des Begleittextes endet mit den Worten *jedermann arbeitet.* Ernst und gewichtig wie sie ist, ist die Liste als Performance von den Photographien entfernt. Aber es ist möglich, dass Evans während der zwei Stunden intensiver Arbeit mit der Kamera sich immer stärker für den Wert der Menschen, die da vorübergingen, interessierte und als seiner Arbeit bewusster Photograph spürte, dass sie alle zusammen Arbeiter waren.

In dem Essay über Chicago finden sich mehr Straßenaufnahmen anonymer Städter, diesmal mehrheitlich Frauen. In der Unterhaltung mit Jeffrey W. Limerick im Jahr 1973 stimmte Evans dem Vorschlag zu, dass sein Ansatz in Chicago dem Ansatz in der New Yorker U-Bahn entsprach – obwohl man sagen muss, dass da einiges dazwischen liegt. In diesem Zusammenhang machte er die vielzitierten Bemerkungen über seine Unsichtbarkeit und seinen Protest gegen die Studioportraits. Aber dann wendet er sich überraschend etwas anderem zu: „Und mir ging da durch den Kopf, was man für ein bisschen grausam halten kann oder satirisch, und das betrifft die shoppende Frau in ihrer schlimmsten Form. Das sind eher antifeministische Bilder." Und er macht dann noch weiter: „Unappetitliche Frauen ziehen vorüber, Materialismus im Kopf, in den Armen viele Päckchen – an den Markt denkend ... bis heute kann ich shoppende Frauen nicht ausstehen." Merkwürdig ist, dass die Frauen in den publizierten Photographien durch ganz andere Dinge auffallen: durch schräge Hüte, Ansteck-
99 nadeln und Sonnenbrillen und nicht durch die Päckchen, die sie tragen.

Wir haben schon anlässlich der Tagebucheintragung über die „sehr degenerierten Einheimischen", die er in West Virginia 1935 photographierte, festgestellt, dass Evans einen wütenden, gemeinen Charakterzug hatte. Das muss man berücksichtigen. Aber die Photographien aus Chicago genauso wie die aus Terra Alta, West Virginia behalten unabhängig von Evans' Gefühlslagen ihre kalte und klare Distanz.

Evans machte während der Jahre bei *Fortune* viele hervorragende Einzelaufnahmen. Aber ich teile nicht die neuerdings mit Nachdruck vertretene Auffassung, dass die Arbeit als ganze eine neue, außerordentliche und erfolgreiche Phase seines photographischen Schaffens war.[260] Seine Vorliebe

gehörte dem Buch oder der Wand eines Ausstellungsraums. In der Einleitung habe ich die bemerkenswerte Szene näher betrachtet, die er in Paducah, Kentucky, auf der Main Street photographiert hatte und die er in großem Format für ein Portfolio mit dem Titel „One Newspaper Town" abzog, 5
das im August 1947 in *Fortune* veröffentlicht wurde. Vermutlich entstand es auf der Tour in den Mittleren Westen, aus der auch die Aufnahmen in Detroit und Chicago kommen. Die Aufnahme gehört zu den vielen Main Street-Bildern, die Evans gemacht hat – beginnend in Saratoga, New York, und nicht endend in Greensboro, Alabama. Für ihn waren diese Straßen, meist gesäumt von diagonal geparkten Autos, die Herzkammern des amerikanischen Lebens, im Norden wie im Süden. Seine Sicht und Konstruktion der Straße in Paducah ist neu und magisch, weil sie mit dem Gewirr der Leitungen einen Innenraum im Außenraum schafft, aber das hat nichts zu tun mit der Zeitungsgeschichte des Ortes, die im Titel dieses Stücks angesprochen wird.

Evans schrieb einige einzigartige kleine Essays für *Fortune*. Der Text mit dem Titel „Along the Right-of-Way" (September 1950) darf als großer Erfolg gelten. In ihm klingt die Begeisterung für Baudelaire und dessen *petits poèmes en prose* nach, aber auch an Baudelaires unerfüllten Traum, für die radierten Pariser Ansichten seines Zeitgenossen Charles Meryon die passenden Worte zu finden. (Abb. 5) In diesem Fall kommen die Worte, die wir im Kapitel 1 vollständig zitiert haben, der Photographie mit dem Blick aus dem fahrenden Zug gleich. Die sechs Aufnahmen, die nach diesem verwir- 107
renden, brillanten Bild kommen, halten diesen Rang nicht. Es wurde in matten Farben gedruckt. Wir können uns vorstellen, wie Evans die technische Herausforderung gefiel, Bilder aus dem schaukelnden, Kamera-ähnlichen „gemieteten Stahlgehäuse" heraus zu machen, wie er die Zugfahrt enthusiastisch beschrieb.

Die technische Herausforderung, mit der Kamera einmalig etwas Einmaliges aufzunehmen, fesselte Evans ein Leben lang. Der in der Schweiz geborene Robert Frank, ein Gefolgsmann, dessen Karriere Evans zuerst unterstützt hatte und mit dem er über die Jahre in Kontakt blieb, hat beschrieben, wie Evans an die Arbeit ging. Das Motiv waren Werkzeuge, die sie zuerst kauften, dann wurde die 8 x 10-Kamera in Stellung gebracht,

über den Werkzeugen positioniert, Beleuchtung, Hintergrund bestimmt – und das Ganze, um die Bilder der Serie „Beauties of the Common Tool" (Juli 1955) zu produzieren. Frank sagte dazu später: „Ich erinnere mich daran, wie wir die Serie ‚Essay über das gemeine Werkzeug' für *Fortune* machten. Ich denke, mich hat das sehr beeinflusst, denn ich lernte, was es heißt, eine einfache Photographie zu machen."[261] Evans näherte sich der Aufgabe so, wie er es in seiner photographischen Kampagne zwanzig Jahre zuvor für die Ausstellung *African Negro Art* getan hatte. Was Evans interessierte, war die wahrnehmbare Ästhetik und nicht die kulturelle Einbettung ins Leben im Fall der Skulpturen, in Arbeitszusammenhänge im Fall der Werkzeuge. Sein Begleittext nennt den Eisenwarenladen ein „Museum der anderen Art". Sein Bestreben war es, durch Platzierung und Beleuchtung das Objekt zu isolieren, um es klar und optimal sichtbar zu machen. Seine
100 monumentale Erscheinung auf einer Seite raubt einem den Atem: Zangen,
101 Stemmeisen, Scheren, Maurerkellen, Engländer, die niedrigen Preise in
Dollar und Cent jeweils am Rand angegeben. In letzterer Hinsicht ist der Beobachtung der Form doch ein Element der Kultur beigegeben. Volle und klare Sichtbarkeit ist immer ein Ziel von Evans' Schaffen gewesen. Warum auch nicht? Natürlich wusste Evans, dass Photographie lügt, und hat es oft selbst zugegeben, so als würde es ihm Vergnügen bereiten. Er lebte und schuf mit dieser Mehrdeutigkeit. Heute findet da eine Verengung statt. Die objektive Leistung der Photographie wird in Frage gestellt, und Arbeiten wie seine Werkzeug-Bilder werden als Transformationen angesprochen. Man hat das Vergnügen an praktizierter Mehrdeutigkeit vergessen.[262]

Die Sujets, die Evans während seiner Arbeit für die Zeitschrift aufgriff, haben eine merkbare Tendenz. Wiederholte Male handeln sie von etwas, das entweder vergeht oder zerstört wird: große Ferienhotels in Neuengland („Summer North of Boston", August 1949); Abriss alter Gebäude in New York („The Wreckers", Mai 1951 – warum der Titel?)[263]; Bahnhöfe auf dem Lande („The U.S. Depot", Februar 1953); einfache Werkzeuge („Beauties of the Common Tool", Juli 1955); Eisenbahnschilder („Before They Disappear" – ein Titel, der mehr oder minder für alle diese Sujets gelten könnte). Seine ständige Aufmerksamkeit für Gegenstände unter Stress entspricht der Definition seiner photographischen Arbeit. Er gab ihr die wunderbare Flaubert'sche Fasson in dem Satz, den er für die zweite Ausgabe von *American Photographs* 1961 entwarf: „Evans war und ist an dem Anblick interessiert, den jegliche Gegenwart als Vergangenheit bieten wird." Er schrieb das in der Zeit, da er für *Fortune* arbeitete.

Viele der Objekte, auf die Evans aufmerksam wurde, waren einfacher Natur: Werkzeuge, ländliche Bahnhöfe, Schilder usw. Man hat sie unter dem Begriff „vernacular" versammelt, was in Kürze heißt: nützlich, häuslich, einheimisch und populär. So wurde Evans' Arbeit in der Ausstellung definiert, die Clément Chéroux 2017 für Paris und San Franzisco organisierte. Seinen einführenden Essay überschrieb er mit „The Art of the Oxymoron: The Vernacular Style of Walker Evans." Danach hat sich Evans für die einfachen, volkstümlichen Aspekte und Artefakte einer Kultur entschieden und nicht für das, was man kurz Elite nennen könnte. Mich überzeugt das nicht. Immer wieder geht es bei ihm nicht um Hoch und Niedrig, sondern um Alt und Neu. Evans war total gegen die amerikanische Fortschrittsgläubigkeit. Diese Haltung stimmt überein mit dem Statement über Zeit und Photographie, das er 1961 niederschrieb, aber die Perspektive ist eine andere. Er opponierte gegen den Drang zum Neuen in allen Dingen, vor allem aber im Design. Wir dürfen daran erinnern, dass der Idlewild Terminal von TWA, entworfen von Eero Saarinen und 2019 als Hotel neu eröffnet, 1962 in Photographien von Ezra Stoller elegant gefeiert wurde und Evans in der April-Nummer von *Fortune* den Essay „The Auto Junkyard" herausbrachte. Wenn die Dinge, die ihm gefallen, einfach sind, dann hat das mit Geschichte zu tun – so sagte er einmal, dass ihm Häuser aus unbemalten hölzernen Wänden mehr zusagen als bemalte. In der kurzen Geschichte der USA ist das Alte anders als in Europa eher einfach als grandios. In der Einleitung mit dem Titel „Das Auge des Walker Evans" (die zuerst in Chéroux's Katalog erschien) habe ich vorgeschlagen, dass „vernacular", wenn wir diesen Terminus weiter gebrauchen wollen, eine Frage des Stils ist – eine ästhetische Entscheidung. Er arbeitete in dem Bewusstsein, dass dieser indigene amerikanische Stil bedroht war, den der englische Kritiker Lawrence Gowing 1958 so aufregend beschrieben hat – wir haben ihn zitiert – und der in Evans' photographischer Manier seinen Ausdruck fand. Evans bevorzugte den Osten der USA, sowohl in seinen nördlichen, als

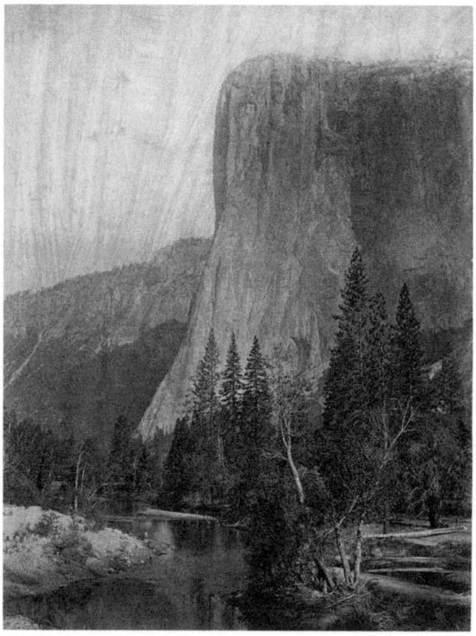

Abb. 34
Carleton E. Watkins,
El Capitan, Yosemite,
1865/66

auch in seinen südlichen Regionen, und das hatte auch mit Alt gegen Neu zu tun. Ihn beschäftigte die beschädigte Geschichte des Ostens. In der Zwischenzeit war aber in Kalifornien eine neue Welt voller Optimismus entstanden. Was die Photographie anbelangt, so erzeugte der Westen gefeierte Bilder der Wunder der Natur. In der Mitte des 19. Jahrhundert entstand eine merkwürdige Mischung aus Risikokapitalismus, wie man das heute nennt, und einer Verehrung unberührter Natur. Wenn wir in die 1860er Jahre und zu Carleton E. Watkins ikonischen Bildern (Abb. 34) des Yosemite Parks zurückgehen, dann müssen wir berücksichtigen, dass dieselben Geldmenschen, die die Flüsse und Berge Kaliforniens im Goldrausch ruinierten, auch die Auftraggeber eines Photographen waren, der für sie Bilder der schönen Landschaften liefern sollte, die gewissermaßen übrig geblieben waren. Das Leben von Carleton Watkins ist ein beredtes Zeugnis. Geboren im Norden des Staates New York (wo auch sein Zeitgenosse Matthew Brady herkam) ging der ambitionierte junge Mann nach Kalifornien, um sich einen Traum zu erfüllen, und machte Bilder nicht von Großunternehmern, sondern für Großunternehmer.[264]

Evans sprach sich gegen Natur als Gegenstand aus, wann immer sich die Gelegenheit bot. Er sagte oft – und seine Photographien sind der Beweis –, dass er Gegenstände bevorzugte, die menschliche Arbeit hervorgebracht hatte. Es fällt auf, dass seine Bildauswahl für Louis Kronenbergers *Quality: Its Image in the Arts* (1969) nicht eine einzige Landschaft enthält. Eine erstaunliche Ausnahme macht das letzte Bild mit dem Titel *Lunar Orbiter I* – mit Evans' Worten: „ein automatischer Schnappschuss der verschleierten Erde, die über dem nackten Mond schwebt".[265] Für ihn sei das die schönste Aufnahme aus dem All: „Kunst als unbeabsichtigtes Nebenprodukt von Technologie ist trotzdem Kunst." Er sprach oder schrieb niemals über die große Geschichte der Landschaftsphotographie noch über die großen Franzosen des 19. Jahrhunderts oder ihre amerikanischen Entsprechungen. Evans' Atget war nicht der Photograph der Parks um Paris herum. Man könnte sagen, er habe sich für Brady und den Krieg und nicht für die Bäume und Berge von Timothy O'Sullivan und Watkins entschieden.

War Evans bewusst, welche Rolle die Photographie bei der Ehe von Big Business und dem Land im Westen spielte? Das Themenfeld Industrie, Land und Photographie war ihm ja nicht unvertraut. Ich sage hier nicht: *Kapitalismus,* Land und Photographie, weil Evans dieses Wort, das heute so leicht von den Lippen fließt, nie gebraucht hat. Kehren wir zu seiner gro-
ßen Photographie *Joe's Autofriedhof* von 1935 zurück. Oben haben wir sie aus 57
der Perspektive eines Arbeitstages betrachtet. Sie wurde geschossen, nach-
dem Evans am Morgen die Häuser, Fabriken und Gräber von Bethlehem, 56
Pennsylvania aufgenommen hatte. Jetzt wollen wir diesen Streifen Land, entehrt durch Autowracks, eine „Scheinlandschaft" nennen, so wie man in der Literaturwissenschaft von der satirischen Gattung des „Scheinepos" spricht.[266] Hier also der Witz einiger Hügel und Bäume überwölbt von einem Haufen weggeworfener Automobile, einer „Landschaft", die er für die Publikation in *American Photographies* ediert hatte. Das untere Drittel wurde abgeschnitten. Konnte er sich vorstellen, wie diese magere, dichte, unwahrscheinliche Aufnahme im Vergleich mit den „richtigen" Landschaftsphotographien eines Ansel Adams wirken würde? Auf jeden Fall nahm Adams die Herausforderung an und machte zu Evans' Buch einen Kommentar, der nochmal zu Big Business zurückführt: „Walker Evans' Buch fügte mir einen Leistenbruch zu. Es macht mich völlig verrückt, was die Linken über Amerika denken."[267]

In *Joe's Autofriedhof* arbeitet Evans auf den Höhen seines Könnens. Er hatte in Leben und Werk immer das Automobil geliebt. Aber er sah und konnte in seinen Photographien zeigen, welche Folgekosten dieses industrielle Produkt in der Welt auslöste. „Natur langeweilt mich als Kunstform", hatte er in seinem letzten Vortrag gesagt. So bekommen wir eine durch weggeworfene Autos entstellte Landschaft. Als er dann einige Jahre später im Süden arbeitete, sah er im größeren Maßstab, wie Amerika „gemacht" wurde. Ein Blick auf „The Auto Junkyard" in *Fortune*, April 1962, konfron-
108 tiert uns mit dem, was verloren ging. Farbige Nahaufnahmen von Karosserien, Radkappen und Türen beziehen sich nur auf hässliche, grelle Versatzstücke. Dem Text fehlt es an Kraft, und er endet mit der zu cleveren Formel: „der Fall des Menschen vom hohen Rad". Die frühere Photographie erreichte da viel mehr und dies ohne Worte.

Als Evans bei *Fortune* 1946 anheuerte, wurde er in die Finanzwelt involviert, die er hasste. Wir erinnern uns daran, wie er in seinem letzten Auftritt in Radcliffe am Vorabend seines Todes davon sprach, dass er vor Freude gehüpft sei, als er davon las, dass Börsenmakler sich aus dem Fenster gestürzt hatten.[268] In späteren Jahren sprach er bedauernd über seine Abhängigkeit von Henry Luces Zeitungsimperium.[269] In dieser Beziehung war er nicht allein. Viele der gut ausgebildeten, klugen Angestellten bei Time Inc. sprachen sich privat gegen das System aus. In Evans' Archiv im Metropolitan Museum findet sich der „Jetzt-rede-ich"-Artikel eines Mannes, der drei Jahre lang für Time. Inc. in San Franzisco und Los Angeles gearbeitet hatte. Andrew Kopkind heißt der Autor, und sein Text erschien unter dem cleveren Titel „Serving Time" 1963 in der *New York Review of Books*. Der Artikel ist witzig und beißend. Das Geschäft von Time Inc. sei es, Time Inc. als Unternehmen zu promoten. Der Artikel macht klar, warum Evans darauf bestand, in einem fensterlosen Büro zu arbeiten, das als Lagerraum vorgesehen war, ein symbolischer Akt.[270] Er hielt sich heraus, um sich zu bewahren. Als Evans den Artikel von Kopkind ausschnitt, war er schon 18 Jahre bei Time Inc.

Abgesehen von der Tatsache, dass ihn die Finanzwelt anstellte, die er ein Leben lang attackiert hatte, waren zwei Aspekte der Arbeitsbedingungen bei *Fortune* neu. Erstens konnte er sich darauf verlassen, dass seine Photographien im Magazin veröffentlicht wurden. Und zweitens wurden die Bilder von Worten begleitet, wenn er Glück hatte von seinen Worten. Er konnte zum Schreiben zurückkehren, zu dem Medium, mit dem er begonnen hatte und das er in seiner Zeit bei *Time* hatte weiter pflegen können. Eine Reihe von Texten, an denen er so hart gearbeitet hatte, wurde freilich von *Fortune* nicht gedruckt.

Aber wie wichtig waren diese neuen Bedingungen für Evans? Zuerst der Ort der Veröffentlichungen. Zuvor hatte Evans selten gewusst, wo seine Bilder erscheinen würden. *The Crime of Cuba* war eine Ausnahme, und man kann sich fragen, was ihn dabei mehr reizte: die Chance, publiziert zu werden, oder für eine interessante Aufgabe auf einer interessanten Insel bezahlt zu werden. Obwohl er die Bildstrecke selbst plante, konnte er viele seiner schönsten Aufnahmen nicht unterbringen. Heute können wir uns kaum vorstellen, dass ein Photograph Bilder nur für sich oder um ihrer selbst willen macht. Für Evans war diese Situation nicht nur tragbar, sondern vielleicht das, was er wollte. Sie bedeutete eine Art von Freiheit. Entscheidend war für ihn die Freiheit, das zu photographieren, was er photographieren wollte. Sein Engagement war für ihn wichtiger als das, was daraus wurde. Als er sich 1973 mit Jeff Limerick über die U-Bahn-Serie unterhielt, merkte Evans an, dass er keine Vorstellung gehabt hatte, was er mit den Photographien anfangen sollte. Er war stolz auf die Idee und auf die technischen Mittel, die es ihm ermöglichten, die Serie durchzuführen. Aber das war es. Er wollte die Sache geheim halten, sagte er, damit niemand es ihm nachtun konnte. „Ich hatte keine Publikation vor … ich versprach mir persönlich nichts davon, sie herauszubringen.“ Zur gleichen Zeit sagte er dasselbe ganz allgemein zu Studenten der Universität von Michigan: „Es ist wirklich so, dass ich nicht viel über die Funktion dessen nachdenke, was ich zu tun versuche. Ich tue es einfach. Mein Gefühl ist, dass Dinge ihr Ziel erreichen, aber das Wichtige ist, Dinge zu tun, ein Kunstwerk hervorzubringen. Wie es irgendjemand erreicht, ist nicht so wichtig, denn wenn es gut ist, wird es sie erreichen.“[271]

In ihrer Studie über Evans' Arbeit für *Fortune* hat Leslie Baier ausgerechnet, dass diese etwas mehr als zwanzig Jahre dauernde Tätigkeit die Hälfte von Evans' Karriere als Photograph ausmacht.[272] Was den Output anbe-

langt, war es der größte Werkkomplex. Die 327 Aufnahmen, die auf den Seiten von *Fortune* reproduziert wurden, machen ein Fünftel der gesamten Produktion für die Zeitschrift aus. Gleichwohl ist es nicht selten, dass die Kenner sagen, wenn auch vielleicht unter vorgehaltener Hand, dass nach *American Photographs* etwas verloren ging. Als ich verstanden hatte, was Amerika in den Aufnahmen bedeutete, die Evans im Regierungsauftrag angefertigt hatte, diese so tief ansetzenden Arbeiten, verstand ich auch, was später fehlte. Es gibt dort bedeutende Einzelaufnahmen, aber es gibt auch eine Art kollektives Fehlen. Sein reduziertes Tempo und seine zurückgezogenen Position helfen zu begreifen, was ihn bewegte. Man vergegenwärtige sich seinen Arbeitsprozess. Als er bei *Fortune* war, hatte Evans so ziemlich alle Freiheiten, zu liefern, was er liefern wollte, um dann hinauszugehen, mit Auto, Bahn oder zu Fuß, um seine Photographien zu machen. Aber diese selbst erteilten Aufträge waren ihrer Natur nach limitiert. Eine Liste würde einen an die Liste wirklich guter Themen erinnern, die Evans sein Leben lang anlegte. Er hatte immer Ideen gehabt für neue Bilder und Bücher. Die Liste der Arbeit für *Fortune* erinnert uns daran. Aber wenn er unterwegs war, was er gerne war, zuerst in New York und Neuengland, dann in Kuba und im Süden und Norden des amerikanischen Ostens, dann hatten seine Arbeiten eine gewisse Erdung. Für *Fortune* verschoss er auch eine Menge Film, aber der Rhythmus des Arbeitens war ein anderer. Wenn er in seiner früheren Phase Tag für Tag herumreiste, war das Arbeiten offener und die Ergebnisse weniger vorhersagbar. Den Zusammenhang stiftete weniger ein Thema als die Welt, wie sie Evans nach und nach sah und verstand. Anders gesagt, vor der Sequenz der Bilder in *American Photographs* war da eine andere, eine bedeutungsvollere Sequenz, der die Forscher so sorgfältige und liebevolle Analysen gewidmet haben. Die erste Sequenz nennen wir Evans' Arbeitssequenz. Sie erstand im Tun, nicht aus einem Plan heraus. Sie ist schwer zu rekonstruieren, ich habe es in diesem Buch versucht, so gut ich es konnte. Aus dieser Arbeitssequenz entstanden die
56 großen Photographien. Man denke an die beiden Friedhöfe, den einen in
Bethlehem, Pennsylvania mit den Arbeiterhäusern und Fabriken über den
57 Gräbern, und den anderen, den Joe für Autos eingerichtet hatte, die nicht
66 sterben können. Oder an Vicksburg und die Schwarzen, die bei den Fri-

seurläden in der Sonne verweilen oder an das triumphale Denkmal für General Tilghman neben seinem Pferd, die Arme hochgerissen. Solche Ver- 68
bindung mit dem Grund finden wir zum Teil wieder in der Bildstrecke „La- 96
bour Anonymus", in der es Evans gelang, in zwei Stunden so etwas wie Verständnis für Arbeiter und Arbeit zu entwickeln und aufzuzeichnen. Es sieht nicht so aus, als hätte sich Evans dieses Projekt für den Tag vorgenommen. Es passierte einfach und passte zu der Straßenecke in Detroit, den Passanten und zu ihm. Was den Text angeht, an dem Evans hart gearbeitet hat, der kam nach den Photographien, er bezog sich nicht auf die Sequenz, wie sie Evans angelegt hatte, und er wurde nie veröffentlicht.

In späteren Interviews wurde Evans häufig gefragt, wie er seine Themen fand. Die Antwort fiel im wesentlichen immer gleich aus. Zu Jeff Limerick sagte er 1973: „Wie ich das ausgewählt habe? Ich würde sagen, es hat mich ausgewählt." Bill Ferris, der fragte, wonach er suchte, als er im Süden arbeitete, antwortete er: „Ich habe nach nichts gesucht. Ich würde sagen, es hat mich gesucht." Wir könnten diese Worte abwerten als das, was ein alter Mann im Gespräch so dahinwirft. Aber er könnte in diesem Fall absolut recht haben. Denken wir uns in den Photographen hinein, der mit der Kamera unterwegs ist und an einer Werkserie arbeitet. Das ist etwas anderes als die Arbeit im Studio. Nicht dass dort nicht auch der Zufall eine Rolle spielt, aber er nimmt eine andere Form an. Trotz seiner Geschicklichkeit im Umgang mit seinen diversen Kameras und auch mit Worten war Evans nicht der autoritäre Typ. Photographien, so dachte er, vielleicht auch über sich selbst, sind eher akzidentiell.

Zuerst ist da die Frage nach der Themenfindung. Dann, näher dran, die Frage nach dem einzufangenden Bild. Im Januar 1958 publizierte er im *Ar-
chitectural Forum*, einem anderen Time Inc.-Organ, die Bildstrecke „Color 109–111
Accidents". In seiner gewöhnlichen Manier, alles aus verschiedenen Perspektiven zu sehen, stellte Evans den Essay aus sechs Farbphotographien zusammen, die er an der 85. Straße in New York angefertigt hatte. In seinem Beitrag zu Kronenbergs *Quality* hatte er sich zwar 1969 gegen Farbphotographie ausgesprochen, aber für *Fortune* hat er sehr viele farbige Bilder gemacht, die, wie David Campany festgestellt hat, heute nur noch in ihrer gedruckten Form überleben. Von der Nähe gesehen, ist jedem Objekt

– und sie bleiben Objekte, auch wenn sie wie Muster wirken – eine Seite zugewiesen. In den Worten des hart erarbeiteten Textes wurde diese Ansammlung von Ecksteinen, Türen und Wänden, die er in schwachen Farben entlang der Straße fand, „von Wetter, Zeit, Nachlässigkeit und den zarten Händen delinquenter Jugendlicher hergestellt“. Als komplexe Bilder, was Farbe, Oberflächengestalt und einige für Evans typische Schatten anbelangt, bremsen sie unsere Wahrnehmung ab. Noch einmal die Erinnerung an Jim Dows weise Worte, bei einer Photographie von Evans würden die Augen verweilen wie bei einem Schriftstück. Obwohl Evans die Markierungen auf den Flächen spielerisch mit Klee und Pollock verglich, haben Menschen nur wenig mit ihrer Entstehung zu tun. Er erinnert seine Betrachter daran, „dass Autorität die Voraussetzung eines Bildes ist, das einen neuen Akzent setzt, bei einem perfekten Bild enorme Autorität“. Das Vergnügen am Akzidentiellen und Alten soll also in dieser Bildstrecke gegen die Autorität gestellt werden, die es braucht, ein neues Bild zu erzeugen. Und er kann es nicht lassen, eine Spitze gegen den Fortschritt zu formulieren. Er spricht das letzte Bild an und verteidigt das dekorative Design einer verkrusteten hölzernen Tür, die einmal tief grün angestrichen war, und fügt hinzu, dies sei „von den Kräften der Geschwindigkeit und Nützlichkeit bedroht“.

So klug und witzig viele Texte für *Fortune* auch sind, sie scheinen doch oft nur etwas zu kompensieren, was den Bildstrecken fehlt. Dass die Kombination von Bild und Text bei „Color Accidents“ so gut funktioniert, ist bei den Zeitungsarbeiten einzigartig. Man kann sich gut vorstellen, wie Evans die 85. Straße entlangging und über Photographie und Malerei und die verschiedenen Arten und Weisen, wie sie zustande kamen, nachdachte. Vielleicht gilt etwas Ähnliches für „Along the Right-of-Way“. Aber in diesem Fall kam die Idee, das Photographieren mit dem Blick durch das Fenster eines Zugabteils, eines gemieteten Stahlgehäuses zu vergleichen, im Prozess des Photographierens. Zumindest liest sich der Text so. Er reproduziert, was selten ist, eine Erfahrung hinter der Kamera.

Es gab noch einen anderen Grund, der ihn bewog, Text und Bild zu kombinieren. Ein von ihm sehr geschätztes Sujet, ein Sujet, das ihn gesucht hatte, waren für ihn die alten hölzernen Kirchen Amerikas. Er photo-

graphierte sie frontal und formatfüllend.[273] Im zweiten Teil von *American Photographs* sind drei von ihnen aufgereiht, unterbrochen nur durch eine
säulenverzierte Bank in Natchez. (Abb. 127) Die erste Kirche stand in Ten- 102
nessee, die anderen in South Carolina. „Negro Church“ ist der Bildtitel einer 60
dieser Aufnahmen: Schwarze und Weiße feierten den Gottesdienst getrennt – Evans und die FSA, die alle diese Negative bekam, haben das vermerkt. Evans sah, dass ein leeres Haus etwas über die dort lebende Familie sagen kann, und er sah an einer Gemeinschaft, was sie zur Gemeinde machte. Seine Kirchenbauten haben einen menschlichen Oberton.

Ein anderer schöner Essay wurde unter dem Titel „Primitive Churches“ im Dezember 1961 in *Architectural Forum* publiziert. Mit „primitiv“ meinte Evans, der auch für den Text verantwortlich war, „unauffällig“, „absichtlich einfach“. Die Bildstrecke ist chaotisch. Einige Bilder reichen fast bis an die Seitenränder, andere sind in verschiedenen Formaten über die Seiten verstreut. Evans lebt hier das Vergnügen aus, seine alten Photographien wiederzufinden und zusammenzustellen. Anders als in *Fortune,* wo seine Texte einem neuen Projekt gelten, geht er hier in die Geschichte zurück. Aber was an diesem Fall so besonders ist, ist die Tatsache, dass er nicht das Thema als solches, sondern die Bilder selbst anspricht. So stellt er sich auf gewisse Weise eine andere Sequenz seines Schaffens zusammen. Evans gibt sich liebevoll und achtsam den Kirchen hin, „fast ohne Ausnahmen Glaubenshäuser *in extremis*“ nennt er sie. Man fühlt, wie diese Kirchen „ihn ausgewählt haben“, warum er den Wagen anhielt und die Fassade der Kir-
che des Nazareners betrachtete, auf die seine Worte passen würden: „das 102
Gotteshaus mit dem geringsten Aufwand an Stil in den USA“. Oder warum
hielt er vor St. James, der äthiopisch-orthodoxen Kirche an der 93. Straße 103
Ost, die er hinter einem Hydranten und einem mit Wasser gefüllten Rinnstein aufnahm. Sorgfältig notierte er im Text, dass die Bögen rot, die Anschlagtafel schwarz und das Blech von matter Farbe ist. Er erwähnt nicht die Inschrift „Carpentershop in Basement“, aber dieses Schild ist in Schwarzweiß und lesbar. Zu einer Kirche in der Küstenregion von Carolina notiert er: „diese Kirche der Schwarzen weist einen großartigen und mit Liebe ausgeführten Einsatz von Schindeln am Glockenturm auf“. Das hat Geschichte[274]: In den 1930ern wählte Evans einen Ausschnitt aus diesem

Kirchturm aus, um ihn als Postkarte neu zu formatieren. Der Ort, die Identität der Kirchgänger und die Details dessen, was er dort gesehen hatte, blieben seinem Gedächtnis eingeschrieben.

Auf seinen Artikel über die Kirchen folgte in *Architectural Forum* der Aufsatz „Le Corbusier builds at Harvard". Gegenstand war das neue Visual Arts Center, das dazu bestimmt war, wie der Autor schrieb, eine traumatische Erfahrung zu erzeugen. Der Kontrast zu den Kirchen muss Evans ein großes Vergnügen bereitet haben. Sein Artikel ist eine Perle. Es gelang mir, eine Kopie zu erwerben, aber wie viele Menschen haben ihn je zu Gesicht bekommen? Noch einmal, wie wichtig war ihm das alles?

Anfangs erschienen Evans' Photographien verstreut in dieser oder jener Publikation. Die ersten Beispiele in David Campanys *Walker Evans: The Magazine Work* belegen das. Dann gab ihm die Arbeit für *Fortune* einen Schreibtisch, ein gutes Gehalt und die Freiheit zu photographieren. Doch war das keine Lösung. 1964 erhielt er die Einladung an der Yale Universität, den Vortrag „Lyric Documentary" zu halten. Dies führte im selben Jahr zu einer Berufung auf eine Professur am Department of Graphic Design.

CODA

Obwohl Evans so viel und ganz allgemein über Photographien und Photographie geschrieben und geredet hat, sind Auseinandersetzungen mit einzelnen Photographien selten. Die Aufmerksamkeit, die er den Kirchen widmet, ist charakteristisch. Ihn interessieren die Gestalt und die Entstehungsumstände der Photographie. Der Stil und die Qualität seines Schreibens hat die Qualität der Bildunterschriften, die er für die Photographien auswählte, die das Interview mit Leslie Katz in *Art in America* in 1971
1 illustrierten. Seinen Kommentar zu *Wellblechfassade* haben wir schon früh in diesem Buch zitiert. Der Gegenstand, die Art, ihn einzufangen und – in diesem Fall – zu transzendieren, beschäftigten ihn. Wenn er über die Aufnahmen anderer Photographen schrieb, verhielt er sich anders. Dann interessierte ihn das Aussehen, der Look, denn er hatte nichts anderes, er hatte ja das Objekt nicht selbst gesehen und photographiert. Die besten Belegbeispiele sind aber die kurzen, tiefschürfenden Bildlegenden in Kronenber-

gers Buch *Quality*. Aber von Bedeutung waren auch seine Kommentare zu Strands *Blinde Frau* (Abb. 19), zum *Baudelaire* von Nadar/Carjat (Abb. 4) und zu Wright Morris' *Stuhl mit gerader Rückenlehne*. (Abb. 32)

Aber das meiste, das Evans schrieb, blieb unpubliziert. So scheint es angemessen, sich am Ende des Kapitels über seine Zeit bei *Fortune* die unpublizierten Überlegungen vorzunehmen, die er einigen Photographien aus der Frühzeit des Mediums widmete. 1956 schrieb er für die *New York Times Book Review* eine Besprechung von Helmut und Alison Gernsheims Buch über Louis Jacques Mandé Daguerre, einen Erfinder der Photographie. Die Autoren regten sich über die Rezension auf, und vielleicht war das der Grund, warum Evans nicht noch einmal eingeladen wurde, Buchbesprechungen für die Zeitung zu schreiben.[275] Vermutlich erregten sich die Gernsheims unter anderem darüber, dass Evans kritisierte: „… die Autoren sind außerordentlich zurückhaltend, über die Schönheit und die Faszination zu schreiben, welche die besten Kameraarbeiten der Frühzeit in uns auslösen. Aber Bilder wie Niépces primitiver, geisterhafter Tisch, Hartshorns einfach herzzerreißendes Portrait von Poe … verdienen es stärker herausgestellt und kommentiert zu werden."[276] Kurioserweise druckte die *Times* nicht die Passagen, in denen Evans beweisen wollte, was bei den Gernsheims fehlte. Der Entwurf dieser Rezension verrät sowohl Evans' Liebe zu den Möglichkeiten des Mediums als auch seine Liebe zu den Worten.

> „Hier ist Niepces [sic] primitiver ‚Tisch, für eine Mahlzeit gedeckt', eine ‚Heliographie' auf Glas aus dem Jahr 1829, ein Bild, das in seiner Klarheit etwas von Wasser im Frühling hat. In ihm ruhen schweigend und geisterhaft der Löffel, die Weinflasche, der Kühler, das Mahl, so als belegten sie einen Moment in der Geschichte der Häuslichkeit, den dieses neue Spionagekästchen erspäht und eingefangen hat. Daneben das ernste und verwüstete Gesicht von Edgar Allan Poe. Seine wütenden, aufgeladenen Augen, die die Kamera zu übertrumpfen trachten, erwecken in dir das Gefühl, dass dieses aus den Gleisen geratene Leben irgendwie *deine* Schuld ist. An diesem Tag hat er seine Krawatte nicht korrekt gebunden, und die Knöpfe stehen zur Hälfte auf. Das Entstehungsdatum sagt, dass er sehr bald tot sein wird."[277]

7
Rückzug nach innen

Bevor wir uns die Jahre nach *Fortune* vornehmen – er kündigte 1965 –, müssen wir nachholen, was in Evans' Leben während dieser Zeit außerdem geschah. Das war so viel, dass die Nacherzählung das Hauptinteresse dieser Arbeit, das Werk weiterzuverfolgen, überformen könnte. Als erstes: James Agee erlitt bei einer Taxifahrt in New York einen Herzanfall und starb 1955. Für Evans war das ein Desaster, berücksichtigt man die lange Freundschaft und Arbeitsgemeinschaft der beiden. An Evans blieb es, die zweite Ausgabe von *Let Us Now Praise Famous Men* vorzubereiten, die 1960 herauskam. 1956 kann es zur Scheidung von seiner Frau Jane Ninas nach einem immer schwieriger werdenden Eheverhältnis. 1960 gab er den Wünschen der schönen Isabelle Boeschenstein von Steiger, einer viel jüngeren Schweizerin, nach und heiratete sie. Anders als Jane gefiel es ihr, den neuen Ruhm ihres Mannes zu genießen. 1964 kam es zur Ernennung als Professor of Graphic Arts an der Universität Yale, ein Titel, den er hochhielt. Diese Verpflichtung dauerte bis 1973, als sein Alter den Ruhestand erzwang. Seine Professur in Yale und seine Jahre davor bei Time Inc. waren Ämter, die in die Geschichte der Photographie in Amerika eingeschrieben sind.

1965 dann fing er an, eine endgültige Bleibe zu bauen, ein Haus auf dem Lande, nicht weit von New Haven, in Lyme, Connecticut, auf dem Grundstück, auf dem Jane Ninas einmal eine Hütte besessen hatte. Er ging jedes Jahr auf Reisen, nach Frankreich 1954, zum ersten Mal wieder seit 1927, aber meist war sein Ziel England. Es überrascht nicht, dass er das Leben auf den großen Passagierschiffen sehr schätzte. Photographien, die auf den Reisen entstanden, sind nicht weiter erwähnenswert. Er trank viel. Die zweite Ehe endete mit Scheidung 1973, aber die flammengleiche Attraktion, die alte wie junge Frauen auf ihn ausübten und er auf sie, war stark bis fast zu seinem Tod. Seine endlosen Geldschwierigkeiten endeten mit dem fragwürdigen Verkauf vieler Aufnahmen an Arnold Crane 1968; der Rest der Abzüge und Negative ging dann für eine hohe Summe – hoch in den Augen von Evans – an George Rinhart. Bemerkenswerte öffentliche Ereignisse waren 1964 der Vortrag „Lyric Documentary" in Yale, 1966 die Veröffentlichung von 88 U-Bahn-Aufnahmen in *Many Are Called*, gefolgt von *Message from the Interior*, einer Broschüre mit elf Aufnahmen, herausgegeben von seinem neuen Freund Leslie Katz und mit einem Vorwort von John Szarkowski, dessen Berufung zum Direktor der Photographie-Abteilung des MoMA die Verbindung zu diesem Haus wiederbelebte; 1971 veranstaltete Szarkowski dann die Retrospektive im MoMA und die kleinere Ausstellung *Walker Evans: Forty Years*, die in Yale installiert wurde. Evans' Wort war Gesetz in seinen letzten Jahren. Der Ruhm führte zu institutionellen Einladungen, bei denen Evans keine Vorträge hielt, aber ein paar Worte fallen ließ und Fragen, meist von Studenten beantwortete. Er gab Interviews mit Bill Ferris, Paul Cummings und anderen. Er steuerte einen Essay zu Louis Kronenbergers *Quality: Its Image in the Arts* (1969) bei, und eine illustrierte Unterhaltung mit Leslie Katz erschien im Märzheft des Jahres 1971 von *Art in America*. Sie wurde 1995 aufwendig von Eakins Press als *Walker Evans Incognito* und weniger aufwendig 2019 als *Walker Evans: The Interview with Leslie George Katz* (mit einem Beitrag von Anne Bertrand) nachgedruckt. Das alles sind Fakten, die das geschäftige Leben, das Evans meistenteils nach *Fortune* führte. Wo bleiben die Photographien?

Aber wenden wir uns zunächst den Worten zu. Viele Aussagen, die er in späteren Jahren traf, sind im Verlauf dieses Buches zitiert worden, denn sie sind lebendig und sie sind akkurat. Ob in Vorträgen, Tonbandaufnahmen oder bei informellen Gelegenheiten, immer ist da eine Unmittelbarkeit, eine Präsenz bei all dem, was er als alter Mann zu sagen hat. Auch wenn keine neuen Arbeiten mit der Kamera entstehen, bleibt Evans so lebhaft und bei Sinnen, als hätte er eine Kamera in der Hand. Vielleicht sind seine Wahrnehmungen auch geschärft durch das Bewusstsein eines Endes. Die unpublizierten Worte, die wir zum Schluss des letzten Kapitels über die anklagende Miene Poes zitiert haben, der sich dem Tod nahe weiß, scheinen tief gefühlt zu sein.

„Lyric Documentary" war der Titel des Vortrags, den er am 11. März 1964 an der Yale University hielt. Nachdem Jack Tworkov, der Dekan der Kunst-

abteilung von Yale, einen Vortrag von Evans vor der Century Association in New York gehört hatte, lud er ihn zum selben Zweck nach Yale ein.[278] Der Vortrag ist eine kuriose, hybride Affäre. Im ersten Teil definiert Evans seine eigene Arbeit, indem er das Hauptwort *documentary* mit dem Zusatz des Adjektivs *lyric* erklären möchte. Den ersten Teil des Vortrags las er ab. Obwohl wichtige Bildbeispiele angesprochen wurden, gab es keine Dias. Im zweiten Teil zeigte Evans Dias nach alten Postkarten aus seiner eigenen
104 Sammlung. Ohne Notizen ließ er sich jeweils kurz über 32 Bildpostkarten
105 aus und schloss mit zwei Bildern im Postkartenformat, die er nach eigenen Aufnahmen angefertigt hatte. Ein Tonband des Vortrags bewahrt das Evans-Archiv auf.

Es gibt zwei Berichte über diesen Vortrag. Hat man je registriert, wie unterschiedlich sie ausfallen? John T. Hill war ein Teilnehmer der Veranstaltung und später Direktor des Graduiertenstudiums für Photographie an der Yale University. Er ist Evans' Nachlassverwalter und Autor wichtiger Publikationen über Evans. Obwohl er sich des Teils bewusst ist, den er das „Schlusskapitel" nennt, konzentriert sich sein Bericht in dem Buch *Walker Evans. Lyric Documentary* (2006) doch auf den ersten Teil und stattet ihn mit Illustrationen aus. Dagegen publiziert Jeff L. Rosenheim, der Leiter des Evans-Archivs am Metropolitan Museum, eine vollständige Transkription der Tonbandaufnahme und bringt am Schluss Abbildungen der Postkarten, die Evans an diesem Tag zeigte. Sein Buch *Walker Evans and the Picture Postcard* (2009) betont also erwartungsgemäß den zweiten Teil. Auf Seite 29 zitiert Rosenheim aus einem Brief, den Evans 1964 an den Verantwortlichen für das Vortragsprogramm in Yale richtete: „Ich würde mein Thema gerne ‚Lyric Documentary' nennen. Der Vortrag würde einen Aspekt der populären Photographie des frühen 20. Jahrhunderts betreffen. Viele meiner Illustrationen wären Postkarten." Rosenheim sprach später von Evans' „geliebten Postkarten, dem eigentlichen Gegenstand seines Vortrags" in einem Text, dem er den Titel „Folk Documents" gab.[279]

Es liegt meiner Meinung nach an Evans, dass diese Beiträge so weit auseinanderliegen. Die hybride Natur des Vortrags belegt zwar die Weite des Interesses von Evans, aber sie registriert auch den Abstand zwischen zwei Themen, die Evans nicht zusammenbringen konnte. Auf der einen Seite die lyrisch-dokumentarische Natur seines Schaffens und auf der anderen Seite seine obsessive Sammelleidenschaft für Postkarten.

> „Das wahre Ding, über das ich spreche, besitzt Reinheit und eine gewisse Strenge, Stringenz, Einfachheit, Unmittelbarkeit, Klarheit und ist ohne künstlerische Prätention im selbstbewussten Sinne. Das ist seine Basis: es ist hart und stark."[280]

Alle, die sich bei Evans auskennen, werden diese Sätze aus dem ersten Teil des Vortrags für wahr halten. Sie geben eine straffe und bündige Beschreibung seines eigenen Stils. Das Gegenstück zu seinem Werk, die Postkarten, führt uns zurück zu Evans' Liebe zu Büchern, wie er sie sich niemals besser erfüllen konnte als in seiner Zeit bei der New York Public Library. Dort warf ihn Paul Strands *Blinde Frau* um, auf die er in der Ausgabe von Stieglitz' *Camera Work* stieß, welche die Bibliothek besaß. An einer Stelle charakterisiert er seinen Vortrag als seine „ästhetische Autobiographie", ohne das näher zu erläutern. Diese Stelle ist durch die Nähe zu der kurzen Passage hervorgehoben, in der er die Kombination von *documentary* und *lyricism* oder *lyric* damit erläutert, dass letztere Qualitäten durch den Photographen unbewusst hinzugefügt werden. Über diesen Geisteszustand sagt Evans nichts und kann er wohl auch nichts sagen. Um den lyrisch-dokumentarischen Stil zu illustrieren, bietet er ganz unerwartet großformatige Schwarzweiß-Druckgraphiken an: einen Holzschnitt von Calcar, der einen sezierten Körper (Abb. 6) zeigt, eine Illustration zu Vesalius, Palladios Architekturzeichnungen und Piranesis Studien mit einer Collage antiker Bauten. Diese Beispiele belegen nicht „künstlerische Motivationen", sondern ein Interesse am Lehren und somit ein Interesse, Verstehen zu fördern. Er geht weiter zu Audubon und den Vögeln, die dieser in ihrem Habitat zeigt, Seekarten und schockierende Darstellungen von Brüchen in einem medizinischen Handbuch. Er rechtfertigt die schockierende Qualität, wenn wir uns auch daran erinnern müssen, dass er an anderer Stelle davor warnt, dass mit „Stil" wie in *documentary style* nicht Polizeimeldungen über einen toten Körper oder einen Autounfall gemeint sind.[281] Schließlich wendet er sich Malern und Schriftstellern zu und zitiert länger Nabokov, bis er zu den

Photographen, besonders zu Brady und Atget gelangt. So entsteht ein Potpourri, das die Begeisterung für eine bestimmte Art von Bildern zusammenhält, Bilder von ihm und von anderen. Dann, nach einer grantigen Bemerkung in Richtung seines Lieblingsfeinds Alfred Stieglitz, ist der Übergang zu den Postkarten geschafft: „Aber wenn man sich richtig über etwas ärgert, dann bringt man etwas selbst hervor, etwas, das in die entgegengesetzte Richtung zielt." Man könnte meinen, das würde sich auf die eigenen Photographien beziehen, aber stattdessen sagt er: „Was ich Ihnen nun zeigen werde, sind ein paar Postkarten." Versehentlich erscheint auf der Wand der sezierte Körper aus Vesalius. Überrascht improvisiert Evans über den bemerkenswerten Schockcharakter der Darstellung und ihre Schönheit. Als noch ein weiterer Stich von Calcar erscheint, lässt sich Evans über die Würde einer diagrammatischen Wiedergabe des guten alten Skeletts des Menschen aus.

Postkarten begleiteten Evans schon lange, ihm zufolge seit der Kindheit. Seine 9000 Exemplare umfassende Sammlung befindet sich heute im Metropolitan Museum. Dass er sammelte, war gut bekannt, und Freunde sandten ihm aus allen Himmelsrichtungen Postkarten, die er in seine Sammlung aufnahm. 1948, in seiner frühen Zeit bei *Fortune* stellte er den ersten von drei Bildessays zum Thema aus Karten seiner Sammlung zusammen. Der erste Beitrag reproduzierte die Karten effektiv in ganzer Größe. Die beiden anderen Essays wurden 1962 in *Fortune* und *Architectural Forum* publiziert. Evans war nicht an neuen, sondern an Postkarten aus dem frühen 20. Jahrhundert interessiert, also aus der Zeit seiner Kindheit. Der Essay „Hauptstraße in Richtung Norden von Courthouse Square aus" (Mai 1948) gab eine Zusammenfassung der Geschichte der farbigen Bildpostkarte, die eine deutsche Erfindung war. Schwarzweiß-Aufnahmen wurden nach Deutschland geschickt, um dort lithographisch koloriert und gedruckt zu werden. „Come On Down", der Titel seines Essays im *Architectural Forum* Juli 1962, verweist auf sein Interesse für die handgeschriebenen Botschaften auf den Karten. In Yale zitierte er am Anfang seines Vortrags eine längere Passage aus seinem Essay vom Januar 1962 mit dem Titel „When ‚Downtown' was a Beautiful Mess". Er beschreibt dort „diese ehrlichen, direkten kleinen Bilder" als Dokumente der Volkskultur. Er plädiert dafür, die „Authentizität der Vergangenheit" anzunehmen, wenn man diese Karten schätzt, und nicht in Sentimentalität und Nostalgie zu verfallen, das letztere ein Geisteszustand, den er ablehnte. Die Bemerkungen zu den einzelnen Postkarten sind aus dem Ärmel geschüttelt. Er freut sich am „menschlichen Vergnügen an der Schönheit des Lebens", wenn er über die Teilnehmer eines Treffens der Quaker in Philadelphia um 1900 herum spricht (Abb. 35); ihm gefällt „noch ein Eisenbahnbild von guter Qualität", wenn er eine Postkarte des Bahnhofs in San Bernardino mit dem Santa Fé Express betrachtet – datiert 1910. (Abb. 36) Der Vortrag klingt da sehr entspannt, und man merkt, wie Evans Spaß daran hat. Die hochgradige Spannung seiner Kommentare zu den historischen Graphiken im ersten Teil des Vortrags hat er hinter sich gelassen.

Jeff Rosenheim schreibt: „Bildpostkarten boten genau jene anonyme, anti-ästhetische und dokumentarische Qualität, die er in seinem eigenen Werk zu erreichen sucht." Das entspricht dem Kommentar eines Redakteurs bei *Fortune*, den Rosenheim zitiert: „Seine Auswahl ist eindeutig kein Gag und auch keine Marotte oder ein nettes Hobby: sie haben dieselbe Funktion wie seine eigenen Photographien. Es sind beredte Statements, welche von der Welt sprechen, wie sie für das treue Auge offensteht." Die Punkte Anonymität, Anti-Ästhetik, dokumentarisch, treues Auge sind alle richtig, was Evans' eigene Werke betreffen, aber ich bin nicht überzeugt, dass die Postkarten als Bilder den Photographien von Evans nahe kommen. Überzeugt bin ich jedoch, dass Evans von ihnen besessen war und dass es sich lohnt, dies aus seiner Perspektive zu verstehen.

„Was ihre visuelle Oberfläche anbelangt, so wurden auf ihr einige der wahrhaftigsten Wiedergaben erzeugt, die jemals entstanden sind." Das schrieb Evans über die Postkarten in *Fortune* im Jahr 1948. Wir müssen jetzt berücksichtigen, dass Evans über etwas Vergangenes spricht. Er sagt nicht nur, dass Postkarten heute nichts mehr taugen, sondern vor allem, dass die von ihm gesammelten Karten in der Vergangenheit gemacht wurden und die Vergangenheit zeigen, in der sie entstanden. Am längsten sprach er in Yale über eine Karte aus den 1930er Jahren, die Autos im Holland Tunnel in New York zeigt. Er war über sich selbst überrascht, dass er das Wort „lyrisch" in Bezug auf diese jüngste Karte gebrachte. Das sei die einzige

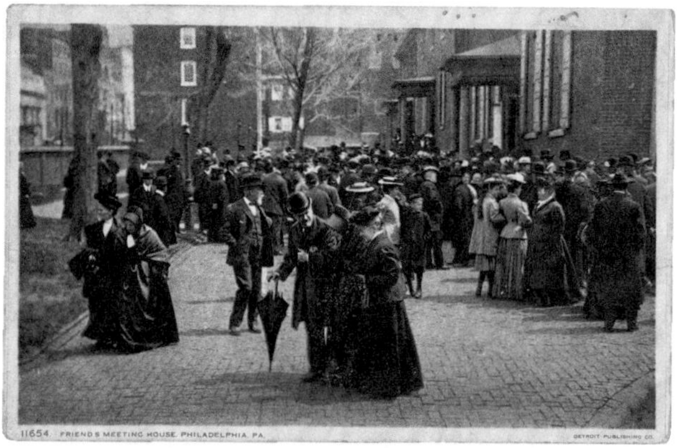

Abb. 35 *„Friends Meeting House. Philadelphia, Pa.“*, 1900er Jahre

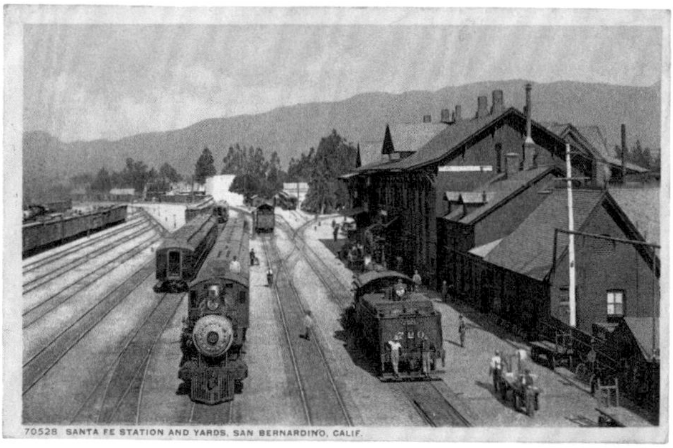

Abb. 36 *„Santa Fe Station and Yards, San Bernardino, Calif.“*, 1910er Jahre

Karte in der gezeigten Sammlung, sagte er, „die ich direkt am Stand gekauft habe“. Zeit spielt also eine Rolle. Selbst wenn Evans das nicht explizit sagt, ist das Alter und damit das, was die Karten zeigen, essenziell. Für uns sehen sie allesamt alt und altertümlich aus. Aber sie waren schon alt, als Evans sie sammelte. In dieser Beziehung sind *alte* Postkarten (meine Hervorhebung) kompatibel mit seinem eigenen Interesse am Photographieren und illustrieren dieses. Wieder habe ich im Sinn, was er für die Neuausgabe von *American Photographs* entwarf: „Evans war und ist an dem Anblick interessiert, den jegliche Gegenwart als Vergangenheit bieten wird.“

Es gibt nur einen einzigen Fall, in dem eine seiner Photographien genau einer Postkarte aus seiner Sammlung entspricht. Das ist seine Aufnahme der Hauptstraße in Morgan, Louisiana, von 1935, welche eine Postkarte derselben Ansicht aus dem Jahr 1929 dupliziert. Man hat gedacht, dass Evans zuerst diese Karte gekauft hat und dann die Stelle aufgesucht hat, um seine eigene Aufnahme zu machen. Interessanter aber sind die Fälle, in denen Evans aus eigenen Aufnahmen Postkarten machte. Nachdem er 33 Postkarten aus seiner Sammlung gezeigt hatte, zeigte er eine eigene seinen Zuhörern in Yale: *Fachwerkhäuser in Virginia* (1936), und er projizierte das Dia einer Postkarte, die er aus einer Photographie formatgerecht ausgeschnitten
hatte: *Gepäckwagen, Galena, Illinois* (1963): Man könnte sagen, dass er den 104
Vortrag über Postkarten mit Postkarten aus eigener Produktion schloss. Und er beschnitt oder, wie er sagte, er edierte seine Photographien bis zum Ende.

Warum verwandelte er Photographien in Postkarten? Die Geschichte beginnt 1936, bevor er zusammen mit Agee in den Süden aufbricht. Tom Mabry, der Freund vom MoMA, interessierte sich für einige Abzüge von Evans' Photographien im Postkartenformat.[282] Es handelte sich um etwa zwei Dutzend Aufnahmen, die im Rahmen des Resettlement-Auftrags entstanden waren. Den Vorgang hat man wie folgt beschrieben: Evans sollte von 8 x 10-Negativen angefertigte und beschnittene Kontaktabzüge in Postkartenformat auf Photopapier mit vorbedruckten Rückseiten abziehen. Für dieses Projekt hätte Evans Photographien weiterverwendet, die er im Regierungsauftrag geschossen hatte. Er bekam vom MoMA einen Vorschuss für Postkarten, die von ihm und vom Museum zusammen publiziert und vom Museum verkauft werden sollten. Aber dazu kam es nicht. 1937 erinnerte Mabry Evans daran, dass er beim MoMA in Schuld für bezahlte, aber nicht getane Arbeiten war. 1938 zahlte Evans in Photographien zurück, obwohl Mabry zu dieser Zeit schon ein Buch und eine Ausstellung seiner Photographien plante. Dementsprechend war die erste Photographie, die Evans an die Wand der Ausstellung hing *Häuser in New Orleans*
(1935), eines der im Postkartenformat ausgegebenen Bilder.[283] 105

Man hat festgestellt, dass diese zwei Dutzend Postkarten niemals in Umlauf gebracht wurden – außer eben in Yale und in der MoMA-Ausstellung, wo je eine von ihnen gezeigt wurde. Alle blieben in seinem Besitz. Man hat ihre Anfertigung mit Evans' Interesse am Edieren zusammengebracht, wie es in seiner bekannten Äußerung zum Ausdruck kommt, Stieglitz habe nicht einmal ein viertel Inch abgeschnitten, er aber würde abschneiden, was auch immer nötig wäre, um ein gutes Bild zu erzeugen.[284] Mir aber scheint, dass da noch eine andere Motivation war. Man könnte es einen Akt der Alterung nennen. Was er an den alten Postkarten bewunderte, war ihr Alter. Sie zeigten Dinge aus der Vergangenheit. Wenn er ein Detail seiner eigenen Aufnahmen in eine Postkarte verwandelte, machte er sie älter. Natürlich musste er sie nicht anderen Verwendungen zuführen, der Akt war durch diese Transformation schon vollzogen.

Die Vorstellung, dass Photographie die Zeit einfriert, irritierte Evans. Zu elaboriert und zu intellektuell nannte er sie und sagte: „Mich interessiert Zeit und Photographie unter einem anderen Aspekt: es geht um alte Photographien. Photographien, die man in der Vergangenheit gemacht hat, legen sich Qualitäten zu, die sie nicht hatten, als sie angefertigt wurden – etwas ziemlich Mysteriöses und Interessantes." Wenn man sich Evans' Kommentare zu den Postkarten aus seiner Sammlung durchgelesen hat, ist man von dem machtvollen Statement überrascht, mit dem er das eigene Bild im Postkartenformat begleitet, das er am Schluss des Vortrags in Yale
104 zeigte. In Kapitel 1 habe ich diese Stelle bereits im Kontext von Evans'
anhaltendem Interesse für den einfachen hölzernen Wagen zitiert – da be-
II trachteten wir den unbeschnittenen Abzug. Hier wollen wir sie im Kontext einer Photographie, die zur Postkarte wird, lesen: Die Photographie, von der er spricht, wurde gerade ein Jahr zuvor gemacht, und Evans liebte sie. Sie zeigt einen ausgebleichten Gepäckwagen, den er im Einklang mit dem Postkartenformat in das schwindende Licht des Tages, der die Vergangenheit ist, rückt.[285]

„Also das hier ist ebenfalls ein ganz neues Bild von mir. Und ich glaube, dass es, weil gänzlich ohne Retouchen … es handelt sich um einen alten Eisenbahnkarren, der, wie Sie sehen, noch im Gebrauch ist … in Galena, Illinois, am Bahnhof. Zufällig war da dieses Gras im Hintergrund und diese Menge an ausgebleichtem Holz und dieses Nützliche daran …

> *Unter diesen Lichtverhältnissen*, und das ist sehr wichtig, es war das Licht spät am Tag, entsteht für mich eine Qualität von … Wie ich sagte, ich wusste nicht, was daraus werden würde, als ich das machte, und ich war auch nicht hinter einer solchen Stimmung her, wie sie meiner Meinung nach das Bild jetzt hervorbringt. Ich möchte behaupten, dass ich das entdeckt habe – und dass ich das mir zuschreibe – das hat die Qualität, die ich nicht gesucht habe. So ediere ich das Bild wirklich."

Evans' Sinn für die Materialität seines Mediums wird hier sehr deutlich. Er griff in den Kontaktabzug ein, um das Bild auszuschneiden, das er haben wollte. Heutzutage gehen einige Photographen zu richtigen Skulpturen über. Man könnte sagen, Evans, der seine Bilder beschneidet, ist ihr Vorläufer. Aber er tat etwas anderes. Er wandte sich von seinem Medium nicht ab, sondern sein Verhalten bezeugt ein kreatives Vertrauen in die Möglicheiten seines Mediums.

Das Publikum, dem an diesem Tag 33 Bildpostkarten gezeigt wurden, dürfte nicht gewusst haben, dass Evans eine große Sammlung dieser Karten hatte. Merkwürdigerweise erwähnte er dieses Faktum nicht, denn es war das Sammeln, das ihm Freude bereitete. Er suchte nach ihnen, fand sie, ordnete sie nach Themen und bewahrte sie auf. In einer aufschlussreichen Unterhaltung mit Studenten an der Universität von Michigan am 29. Oktober 1971 offenbarte sich Evans in folgendem Statement: „Euer Auge ist ein Sammler. Ich denke, dass Künstler bildlich gesprochen Sammler sind. Ich jedenfalls habe beobachtet, dass mein Auge sammelt." Aber das ist erst die Hälfte.

Evans' zweite Bemerkung ist die Antwort auf eine Frage, die den Gebrauch des Wortes „Dichotomie" betrifft. Ein Student sagte zu Evans: „Man denkt oft an die Dichotomie zwischen dem Künstler, der Dinge schafft, und dem Sammler, der sie sammelt." Evans nimmt die Frage an und konzentriert sich auf das von Intellektuellen häufig gebrauchte Wort Dichotomie: „Entschuldigen Sie, wenn ich persönlich werde. Diese Worte amüsieren mich. Wie war Ihr Gebrauch? Dichotomie von was? Zwischen Sammeln und Schaffen, war es das, was Sie sagten?" Der Student sagte: „Ja, das ist richtig." Evans hat nun die Oberhand. „Die beiden gehören zusammen, aber sie sind nicht dasselbe Ding. Eines stößt das andere an. Finden Sie nicht?“ Ein bemerkenswerter Austausch. Sieben Jahre nach dem Vortrag „Lyric Documentary“ spricht Evans in der Tat über die Dichotomie zwischen den beiden Teilen des Vortrags in Yale, von denen der erste vom Schaffen und der zweite vom Sammeln handelte. An beiden Orten legt er nahe, dass die beiden Dinge zusammengehen – Sammeln geht über in Schaffen.[286]

Man hatte Evans nach Michigan eingeladen, als dort die MoMA-Ausstellung von 1971 in einer Reise-Version zu sehen war. Von Dezember 1971 bis Januar 1972 war eine noch kleinere Ausgabe unter dem Titel *Walker Evans: Forty Years* in der Yale University Art Gallery ausgestellt. Evans organisierte die Hängung. Zusammen mit alten und neuen Photographien zeigte er auch kaputte und verrostete Schilder, eine neue Sammelleidenschaft von ihm, die er unterwegs, beim Vorbeifahren befriedigte. (Abb. 37). Photographien zeigen, dass diese Schilder an den weißen Wänden seines Hauses in Lyme hingen. Zehn dieser Schilder waren gerahmt am Ende der Ausstellung in Yale zu sehen.[287] Man stelle sich die Überraschung der Besucher vor, welche in die Galerie gekommen waren, um Bilder des großen Walker Evans zu sehen, und zusätzlich alte Verkehrsschilder vorfanden. Buchstaben haben Evans von Anfang an fasziniert – Beschriftungen von Gebäuden, Schilder an Fenstern, Wänden oder Poster, die sich überall auszubreiten schienen, wo immer man hinschaute. Nun aber präsentiert er solche Zeichen, kleinere Exemplare, als solche. In einer Reihe hing eine verrostete Werbung für Chesterfield-Zigaretten, ein Zeichen, auf dem man liest: „Do you believe in Jesus I do“, ein Schild für NEHI-Softdrinks und eine Cola-Flasche. Es gab auch eine Reihe mit „No Trespassing“-Schildern, die er so arrangierte, dass sie zunehmend blasser wurden.

1936 hatte Evans bereits ein NEHI-Schild in der verlassenen Stadt Advance, Alabama photographiert und die Aufnahme in beide Ausgaben von
106 *Let Us Now Praise Famous Men* aufgenommen. In Yale tauchte dieses Schild, weiß gerahmt, wieder an der Wand auf. Evans hatte hier Unterstützung gehabt. Das Schild aus Alabama wurde von Evans' neuem Freund, dem Photographen William Christenberry, nach New Haven gebracht. Ungeachtet der Tatsache, dass das Zeichen auf der Photographie nur sehr klein er-

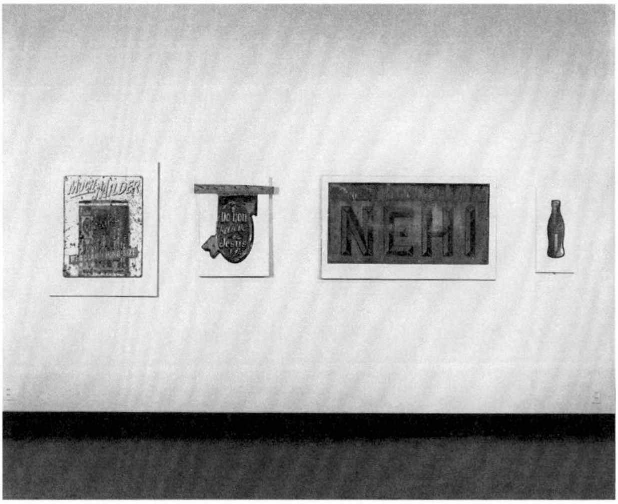

Abb. 37 Jerry L. Thompson, Schilder vom Straßenrand, in der Yale Art Gallery anlässlich der Ausstellung *Walker Evans: Forty Years*, 1972

scheint, hatten sich Evans und Christenberry daran erinnert. (Eine Werbung für diesen Drink taucht auch in der zweiten Ausgabe von *Let Us Now Praise Famous Men* auf.) Die Photographie aus Advance mit dem Schild war in der Yale-Ausstellung zu sehen. In ihr kamen Sammeln und Schaffen zusammen.

Unterscheidet sich Herumfahren und Auflesen von Schildern vom Sammeln von Bildpostkarten? Vielleicht. Evans war sich dessen nicht so sicher. Auf eine Saaltafel in der Ausstellung ließ er zum Thema seines neuen Interesses an den Schildern einige wohlüberlegte und nicht einfache Worte schreiben:

> „Diese Installation von ‚gefundenen Objekten' visueller Natur braucht nur wenige oder gar keine erläuternden Worte. Mit Sicherheit kann jedermann diese Objekte in der Galerie fühlen oder erfahren, so wie der Photograph sie im Feld, vor Ort gefühlt hat. Jene direkte, instinktive, leicht irritierte Empfänglichkeit des Auges ist involviert – hier, dort, jetzt, damals. Ein Eingriff findet freilich durch das Herausnehmen dieser Ob-

> jekte aus ihrem ursprünglichen Kontext statt. Der Punkt ist der, dass Herausnehmen, ganz einfach verstanden, genau dem entspricht, was der Photograph mit seiner Maschine, der Kamera tut – überall, immer. Der Photograph, der Künstler ‚nimmt' ein Bild, er hebt ein Objekt oder eine Kombination von Objekten heraus und dadurch erhebt er einen Anspruch auf dieses Objekt oder diese Komposition und einen Anspruch darauf, dass er das als Erster gesehen hat. Den Anspruch, dass er sein Objekt auf eine gewisse Weise transzendent gemacht hat und dass in jedem Fall seine Art zu sehen einen durchdringenden Wert erzeugt."[288]

Vieles ist bekannt: Evans' Auge, der Akt des Sehens und das Transzendieren waren grundlegend für sein Schaffen. Dass er vom „Herausheben" spricht, welches die Kamera mit einem Objekt vollzieht und was zur Aufwärtsrichtung des Transzendierens passt, ist eine Sache, aber dies mit dem Akt zu verknüpfen, der ein Objekt aufliest und nach Hause mitnimmt, ist ein Wortspiel. Vielleicht will er so rechtfertigen, dass er die Schilder mitgenommen hat. Er sagt, der Künstler „nimmt" [takes] ein Bild, das entspricht dem „mitnehmen" eines Schildes. Aber hierbei geht der Impetus – Evans würde sagen: die Notwendigkeit – zu sammeln, verloren. Sammeln führte zu der Ausstellung der Schilder in Yale. Wie das Archiv im Metropolitan Museum belegt, hat dieser Mann niemals etwas weggeworfen. Es wirkt so, als hätte er jede Niederschrift und jedes Stück Papier aufgeboben. Er war von Natur aus ein Sammler, und das hing eben, wie er selbst sagte, eng mit seiner Praxis als Photograph zusammen. Das wurde durch seinen Vortrag über Postkarten und durch das Photographieren und tatsächliche Entfernen von Schildern in späteren Jahren deutlich. Hervorheben gehört nicht dazu. Vielleicht war da noch etwas anderes im Spiel, als er herumfuhr und Objekte sammelte.

Während seiner Tage in Old Lyme photographierte und sammelte Evans nicht nur alte Schilder. Es gibt Beschreibungen der vielen Sammelobjekte, die an den Wänden hingen und schließlich auch die Fußböden bedeckten, als Isabell, seine Frau, zurück nach New York zog. Nicht nur Schilder, auch Flaschenkorken gehörten dazu. In den 1960er Jahren hatte er Mülleimer und Abfall auf den Straßen von New York photographiert. Wir haben eines dieser Bilder, das die Druckausgabe von Leslie Katz' Interview aus dem Jahr 1971 ziert, angesprochen und erläutert, wie ihn dieses Bild zu seinem Helden Baudelaire führt: „... dieses Bild eines Rinnsteins ist in gewisser Weise doch sehr menschlich. Es hat etwas von Baudelaire. Ich wünschte, Baudelaire wäre hier und könnte es sehen."

Die Anspielung ist komplex. In jüngster Zeit hat es eine starke Tendenz gegeben, Evans' Interesse am „Vernacular", an den Alltagsgegenständen des amerikanischen Lebens hervorzuheben. Das trifft auf viele seiner Bildgegenstände zu. Aber was ihn wirklich interessierte, war etwas anderes, etwas Ästhetisches.

In einem Interview mit dem *Yale Alumni Magazine* im Jahr 1974 wird Evans gefragt, ob er denke, dass die Kamera lügen könne. Die berühmte Antwort dieses Photographen, der die Wahrheit zu lieben scheint, ist oft zitiert worden. Evans sagte: „Mit Sicherheit tut sie das. Sie tut es fast immer." Mit diesem Eingeständnis der Lüge lassen es die meisten Zitate bewenden. Man hat das als dekonstruktivistisch verstanden. Doch da ist noch mehr. Der Interviewer lässt nicht nach und fragt Evans, ob die schöne Photographie eines Mülleimers eine Lüge sei. Evans lässt sich darauf ein und spricht von einem Mülleimer „der gelegentlich, zumindest für mich, schön sein kann". Und dann fährt er mit einem typischen Schlenker fort: „Das ist so, weil Sie es so sehen ... Mich zieht die verzaubernde Wirkung, die visuelle Kraft des ästhetisch abgewerteten Gegenstands an."[289] Man vergesse das Amerikanisch-Alltägliche um seiner selbst willen, was ihn interessiert ist die Schönheit des ästhetisch abgewerteten Gegenstands. Dies überhöht die Frage nach der Lüge. Ein Netz überraschender Gedanken wird da ein Jahr vor seinem Tod ausgespannt. Wir sollten also sehr ernst nehmen, was Evans vorhatte, als er Schilder und Müll mit in sein Haus in Lyme nahm.

Ich wundere mich immer wieder über Kritiker, die nach vorne, in die Zukunft schauen, über die Kunst hinaus, die sie gerade behandeln. Viele hat beschäftigt, dass Evans etwas machte, das aussah wie, von Interesse war für, Einfluss ausübte auf: Pop Art. Aber warum? Stellt man die Verbindung her, um das Ansehen des Künstlers und des vorausschauenden Kritikers zu erhöhen? In die Zukunft zu blicken, zielt oft in diese Richtung und vermeidet die Mühe, sich mit den Bedingungen künstlerischer Produktion näher auseinanderzusetzen. Aber sollten wir nicht zuerst diesen Punkt klarbekommen, bevor wir weitergehen? Für Evans heißt das, dass wir fragen, was das für ihn und sein Schaffen bedeutete: das Photographieren und Sammeln von Schildern (Pop Art) oder das Beschneiden von Photographien (Skulptur). In beiden Fällen ist das tiefer und geheimnisvoller (ich stehle ein Wort von John Szarkowski) als das, was danach kam. Hier ist Szarkowski in voller Länge:

> „Man hat vorgeschlagen, dass Walker Evans (oder Eugène Atget oder die Photographie ganz allgemein) der Vater der Richtungen war, die um 1960 unter dem Label Pop Art figurierten. In der Tat wäre es schwierig, anzunehmen, dass deren Erscheinung oder Substanz ohne Vorläufer in der Photographie möglich gewesen wären. Doch wenn man Bilder von Evans mit späteren Pop Art-Bildern zu ähnlichen Themen vergleicht, fallen die Unterschiede mehr auf als die Ähnlichkeiten. Die deskriptive und anspielungsreiche Komplexität, die größere Mehrdeutigkeit, die Zurückhaltung von Evans' Bildern enden nicht in der Parodie, sondern im Geheimnis."[290]

Komplexität und Geheimnis, aber auch Humor. Letzteres ist das Wort, das
91 Evans gebrauchte, um die Photographie, die er 1937 von der Veranda einer Kunstschule in South Carolina gemacht hatte, zu charakterisieren und von der Pop Art abzusetzen. Evans kommentierte die Aufnahme 1971 in seinem Gespräch mit Katz: „Das fand ich sehr lustig, absurd, naiv und unfreiwillig – viel mehr Humor als in Pop Art. Das Stillleben mit Früchten ist ein entzückendes Stück primitiver Malerei." Humor hat etwas mit Evans' Verhältnis zu Menschen und zu Geschichte zu tun. Auf einem der Schilder steht: „General Lafayette sprach 1824 von dieser Veranda". Ein anderes besagt, dass in diesem Gebäude nun ein öffentlicher Stenograph zu Hause ist. Evans schneidet die ersten Buchstaben zur Linken ab, so als wäre hier alles in Bewegung. Sein Blick ist umfassend, aber schnell. Pop Art dagegen ist genau fokussiert und kommt danach. Sie privilegiert den Künstler und die Cleverness der Kunst.

Während der Vortrag in Yale im Jahr 1964 das Sammeln öffentlich zum

Thema machte, bot *Message from the Interior* mehr eine innere Sicht. Es handelt sich hierbei um eine seriöse und elegante Buchveröffentlichung der Eakins Press, die Evans' Freund Leslie Katz gegründet hatte. Die Postkarten zeigen Ansichten von Orten und Menschen, die auch Evans beschäftigt und Vergnügen bereitet hatten. Der Bogentiefdruck erzeugt ein reiches Schwarz, der Ton ist düster. Das „Interior" des Titels meint nicht nur einen Raum, sondern auch Evans selbst, die Person. „Message", ein ungewohntes Wort, wurde von Evans in der Unterhaltung mit Jeffrey W. (Jeff) Limerick 1973 wiederverwendet, als er anmerkte, dass „die Zeit die Botschaft dieser Bilder tiefer macht". Das bezieht sich nicht auf eine Bedeutung, die in den Bildern verborgen liegt, sondern auf eine, die sie direkt vermitteln. Das trifft den Ton eines Buches sehr gut, das in Teilen eine Homage an die Pariser Interieurs von Evans' großem Vorgänger Eugène Atget ist. Evans hatte davon gesprochen, dass er Menschen gerne durch ihre Abwesenheit suggerieren würde. Das bedeutet eine positive Wahrnehmung des leeren Raumes. Aber Objekte, die für sich ein Interieur ausmachen, können auch Verlassenheit und Verlust ausdrücken.

Als Evans nach einer schweren Operation 1973 nach Hilfe suchte, nannte er seinen Zustand Melancholie und nicht Depression.[291] Melancholie, eines der vier Temperamente, hat eine berühmte Geschichte, an die sich Evans vielleicht gerne anschloss. Melancholie heißt die Botschaft, welche die elf Photographien des Buches vermitteln möchten, die er aus einer lebenslangen Annäherung an Amerika auswählte. Wir sehen Hallen, eine Küche, ein Wohnzimmer, Schlafzimmer, eine Orgel in einer ländlichen Kirche, eine Auswahl von Stühlen, Pflanzen, Bettzeug und ausgestopfte Tiere. Die groß bemessene Architektur des *Frühstücksraums der Belle Grove Plantage* wirkt in 51
dieser Gesellschaft blass und fragil. Zwei Bewohner mit finsteren Mienen sind zugelassen: eine Frau , die an einem Küchentisch sitzt, und ein Farmer vor einer Wand mit seinen kleinen Besitztümern. Die verkohlten Reste eines abgebrannten Hauses mit der Schönheit des Verfalls sind das zweite Bild in einem Buch, das mit Rätseln endet: das vorletzte Bild zeigt den geschlossenen Fahrkartenschalter einer Lokalbahn, die den Reisenden nirgendwohin mehr führt – vielleicht ein Zeichen dafür, das sich für Evans etwas schließen würde. Am Schluss steht das Bild einer weiblichen Figur

15 aus Holz, die für immer auf einem verlassenen Zirkuswagen in Sarasota, Florida, vor sich hin tanzt. (Vielleicht reizte Evans ja das Fragezeichen, das jemand ins Holz geritzt hatte.) Sammeln hieß für Evans in seinen späten Jahren weniger die Erwartung auf zukünftige Kreativität als eine Anerkennung der Verluste. Das „Herausheben" von Dingen, die als Schmuck seines Hauses dienten, war von einer gewissen Verzweiflung begleitet.

Was ihn rettete, war eine neue Art von Kamera. Zeit seines Lebens hatte Evans verschiedene Kameras besessen und benutzt. Obwohl er über sie nicht sprach, genausowenig wie sie in der Literatur über ihn vorkommen, versuchte er immer auf dem neuesten Stand zu bleiben und aus technischen Erneuerungen Nutzen zu ziehen. Zum Thema Polaroid und Evans sei hier Jerry L. Thompson zitiert, der zu dieser Zeit Evans assistierte:

> „Im Sommer 1973 … hörte er von einer neuen Kamera, die ihn interessierte, die Polaroid SX-70. Dies war ein modernistischer, stromlinienförmig designter Apparat, der zu einem ordentlichen, flachen Ledergehäuse zusammenklappte. Die Kamera lieferte quadratische Bilder wie die Rolleiflex, aber der Sucher war sehr lichtstark und leicht zu benutzen, wenn man ihn vor das Auge hielt (selbst wenn man Brillen trug), und sein Bild war nicht seitenverkehrt wie bei der Rolleiflex. Der Benutzer konnte mit dem korrekten Bild im Sucher ohne Zusatz zwischen unendlich und einem Fuß Abstand operieren. Die Polaroid lieferte fertige Bilder innerhalb von Minuten, nachdem sie aus der Kamera gekommen waren. Sie waren farbig."[292]

Im Sommer davor, als er ein Semester als Artist-in-residence am Dartmouth College verbrachte, war er am Magen operiert worden. Er kam durch, es ging ihm besser, und er reiste wie üblich im Spätsommer 1973 nach England, im Gepäck die neue Kamera. Polaroid hatte sie ihm großzügig mit allen Filmen, die er brauchte, zur Verfügung gestellt. Die Ironie dieser Geschichte ist nicht zu übersehen: Der Mann, der gegen den amerikanischen Hang zum Neuen, zum neuesten Stand der Technik gelästert hatte, war am Ende so begeistert und gut bedient von der neuen SX-70. Und sie machte Farbphotographien, die er auch einmal gehasst hatte und die er sehr oft machen musste, als er für *Fortune* arbeitete. Aber das war eben Evans: ein aufmerksamer Beobachter der Widersprüche der Welt und ein lebender Beweis dafür.

Mit der SX-70 photographierte er, was er zuvor photographiert hatte: Schilder, Abfall auf der Straße, Autowracks, anonyme Architektur. Jetzt freilich sind die Beschriftungen in einzelne Buchstaben zerlegt, und zum ersten Mal richtet sich der Blick nach unten, um auf dem Straßenpflaster
Richtungszeichen zu registrieren. Die Kamera machte es Evans möglich, 112
so dachte ich, zu den von ihm immer schon „hervorgehobenen" Objekten zu gehen und sie mit Hilfe der Leichtigkeit und Schnelligkeit der Kamera in das neue Bildformat zu übertragen. Die Verzweiflung, die das Hervorheben antrieb, hatte sich gelegt. Aber das ist zu einfach.

Reproduktionen von Evans SX-70-Aufnahmen konzentrieren sich meist
auf die neuen Versionen altbekannter Motive und auf die vielen überra- 113
schenden Nahaufnahmen von Gesichtern, darunter viele von jungen 114
Frauen. Die erstaunlich lebendigen Zeichen und Buchstaben einmal ausgenommen, ist das Ergebnis, so will mir scheinen, enttäuschend. Das stimmt, wenn wir mit Ergebnis meinen, dass wir ein Bild nach dem anderen betrachten, wie wir das im gedruckten Format tun. Aber ist diese Art der Betrachtung die richtige?

Wir können uns bei dieser Frage nicht auf Evans' Worte verlassen. Für ihn war es normal, Bilder zu machen, ohne daran zu denken, was daraus werden konnte. Man sagt, er habe ein Buch mit den Buchstaben von A bis
Z geplant. Aber das würde nur für einen Bruchteil seiner Aufnahmen gel- 117
ten. Meine Sicht auf den Gegenstand änderte sich, als ich die Gelegenheit hatte, mehr als 600 Polaroids zu betrachten. Sie wurden nach Themen sortiert auf Tischen in der Photographie-Abteilung der Yale University Art Gallery ausgelegt. Sie betrachtend schwand nach und nach in mir das Verlangen, sie jedes für sich zu beurteilen. Der kumulative Effekt der Sicht auf die Masse gewann. So gesehen, erschienen sie wie eine Ernte, in der Evans all das einfuhr, was er auf der Welt erfahren hatte. Erstaunlich jedoch war für Evans, dass er die Gegenwart über die Vergangenheit siegen ließ. Er wartete nicht, bis das Licht stimmte. Vielleicht erklärt die Ernte-These, warum Evans Dinge ein zweites Mal photographierte: das Rathaus (heute

die Station der Feuerwehr) in Moundville, Alabama, zum Beispiel oder den geschlossenen Fahrkartenschalter in Kingston, Rhode Island. Oder sie erklärt im Gegensatz zu diesen Wiederholungen, warum er Dinge aufnahm, die er noch nie aufgenommen hatte: Blumen in einer Vase oder einen menschlichen Schädel.

Gehen wir zurück zur Herstellung dieser Bilder mit der SX-70, die Evans weit von seinen normalen photographischen Praktiken entfernte. Als Erstes machte die Kamera Bilder so schnell wie das Zwinkern eines Auges. Es war leicht mit ihr, nahe an die Objekte heranzugehen, seien es Schilder oder Gesichter. Die Distanz, die für Evans die anderen Kameras einräumten, war nicht mehr gegeben. Die Weltanschauung der 8 x 10 und der anderen Kameras hatte keine Geltung mehr. Aber es ist nicht das Verlangen des Benutzers einer SX-70, das ihn oder sie nahe an die Objekte heranzieht. Man denke daran, wie Robert Frank sein Verhältnis zur Welt bestimmte, wenn er photographierte.[293] Es ist die kleine, leichte, schnelle Kamera, die den Photographen heranrückt. So kann man sagen, dass Evans ein neues Verhältnis zur Welt einnimmt, wenn er nicht mehr zu ihr gehört und sich in ihr versenkt. Aber dieses intime Weltverhältnis, das die SX-70 herstellt, stellt auch seine Bedingungen – vor allem, was die besondere Erscheinungsweise der Bilder selbst betrifft. Sie erzeugen eine glimmernde Attrappe der Welt.

Zweitens ist ein Edieren der Polaroids nicht möglich. Man bekommt, was man gemacht hat, und weil das alles so leicht und schnell geht, ist die einzige Grenze die Größe des Film-Pakets. Was einen überrascht, wenn man Evans' Polaroids in großer Zahl betrachtet, sind die vielen Wiederholungen.
114 Das Gesicht einer Frau, sagen wir das von Lady Caroline Blackwood, unendlich oft aufgenommen – das geschah auf einer England-Reise im Herbst 1971. Aneignung ist nicht möglich, sagt die Wiederholung. Evans wird das an der SX-70 geschätzt haben. Wir denken daran, dass er sein Werk edierte und verschiedene Versionen für verschiedene Anlässe anfertigte. Anders gesagt: unschlüssig zu sein in Sachen ikonisches Bild bedeutete eine Angst vor dem Abschluss. Schaut man seine Polaroids durch, merkt man, wie Finden und Verlieren sich durchdringen. Leben und Tod stehen dabei auf dem Spiel, so wie auch für Evans in den Jahren 1973 und

1974. Wenn er am Ende eines Tages die Bilder auslegte, die er gemacht hatte, um die Ernte zu überprüfen, sah er nicht nur die Ernte, sondern auch die gefallenen Blätter oder die Überbleibsel des Tages. Ich fand beim Überblick über die große Zahl, dass die Welt da ist, aber auch dieses oder jenes Objekt der Welt, das die Aufmerksamkeit an sich zieht. Transzendenz lässt sich bei letzterem nicht erzielen. Evans hatte ja mit Nachdruck dieses Wort gebraucht, speziell als es um seine Photographie *Wellblechfassade* ging. Bei I
den Polaroids ergibt sich auf magische Weise der Effekt eher in der Masse. Wegen der besonderen Qualität der Farben und der leichten Unschärfe hat die Welt als Ansammlung von Polarois eine schimmernde Präsenz.

Wenn man sich für das ganze Angebot interessiert, schließt man dann einzelne Photographien ein, die nicht so gelungen sind? Ich denke, das ist der Fall. Vielleicht sollte man nicht neue, große Photographien, sondern einen neuen Stil erwarten. Bei mehreren Anlässen sprach sich Evans darüber aus, wie viel Freude ihm die SX-70 bereitete, wie überrascht er war, etwas mit diesem „Gerät“, wie er es nannte, tun zu können. „Es wird alles sehr einfach, wenn dieses Ding aufklappt. Nur noch Kopf und Geschmack sind gefordert. … Man muss wissen, worauf man es richtet und warum, selbst wenn man instinktiv handelt.“ Gefragt, was er mit der SX-70 erreichen wolle, sagte er:

> „Meine Sicht erweitern und neue Stilrichtungen eröffnen, die ich bisher nicht genutzt habe. Das habe ich gegen meine Erwartungen herausgefunden. Ein praktizierender Photograph gewinnt mit dieser Kamera einen ganz neuen Radius. Man photographiert Dinge, die man vorher nicht photographiert hatte. Ich weiß nicht warum, aber ich fühle mich durch sie verjüngt.“[294]

Konstituieren die Polaroid-Aufnahmen also Evans’ Altersstil? Ob Evans selbst diesen Gedanken akzeptiert hätte, ist nicht klar. In dem Interview, in dem Evans von den „neuen Stilrichtungen“ spricht, holt er auch gegen den späten Stieglitz aus, dessen Frühwerk er lobt (eine Ausnahme, die er auch in Kronenbergers Buch *Quality* machte):

> „Als er anfing zu glauben, er könne Gott photographieren, photographierte er nichts. Aber er machte einige sehr schöne Bilder so um 1900 herum auf den Straßen von Paris. Die Realität dieser Straßen hat er erfasst. … Aber seine Bilder von Wolken bedeuten mir nichts, absolut nichts. Und er dachte, sie seien das größte Ding, das er je vollbracht hatte."

Ich nähere mich der Frage nach dem Altersstil aus der Perspektive einer lebenslangen Arbeit an der historischen Kunst Europas. Der Altersstil solcher Meister wie Tizian oder Rembrandt war ein sehr wichtiges und viel behandeltes Phänomen. Wenn Künstler normalerweise dem Stil ihrer Periode entsprachen, fielen ältere Künstler auf, die eigene Wege gingen und unabhängig von anderen arbeiteten. Das gilt als die Wahrheit der letzten Werke. Man denke an die eigenständige Pinselfaktur bei Tizian und Rembrandt oder an Picassos Spätwerk, das erst ignoriert wurde, oder an den alten Miró.

Mein Ansatz entstand aus einem komparatistischen Umgang mit dem aufregenden Buch von Thomas S. Kuhn *The Structure of Scientific Revolutions*, das 1962 publiziert wurde. Kuhn fragte, wie „revolutionäre" Änderungen in den Naturwissenschaften, in seinem Fall der Physik, ernst genommen werden und einen „Paradigmenwechsel" hervorbringen – letzteres ein vieldiskutierter Begriff. Was mir, die ich über die Geschichte der Malerei arbeitete, dabei auffiel, war die Tatsache, dass ein Altersstil in den Wissenschaften nicht möglich war, weil man dort per definitionem nicht eigene Wege gehen kann. Man kann nicht außerhalb des etablierten Paradigmas arbeiten. (Einige Physiker wie zum Beispiel Francis Crick beweisen dies, indem sie das Forschungsfeld wechseln, in Cricks Fall von Physik zu Biologie.) Was bedeutet das für die Photographie? Altersstil hat da bisher keine große Rolle gespielt, der letzte Lebensabschnitt schon. Praktiker der Straight Photography, die draußen arbeiten, haben die Sorge, dass ihre aktive Phase zu früh endet. Dies im Gegensatz zu den Studiophotographen, die wie Irving Penn immer weitermachten und sich etwas Neues einfallen ließen. Stephen Shore nannte zwei Fälle, die für ihn kein Vorbild waren: der 85-jährige Ansel Adams, der Shore erzählte, dass er den Durchbruch in den 1940ern hatte und seitdem nur noch vor sich „hinköchelte", und Walker Evans, der alle Photographien, die er, Shore, schätzte, in einem Zeitraum von 18 Monaten gemacht habe.[295] Heutzutage verlängern Photographen wie Robert Adams und Lee Friedlander und jetzt auch Shore ihr Lebenswerk, indem sie thematisch organisierte Photobücher von meist älteren und oft unpublizierten Aufnahmen herausbringen. Beweist das, wie schwierig es ist, bis zum Tode weiterzumachen und neue Photographien hervorzubringen? Shore entsprach seinem lebenslangen Interesse für Technik, wenn er seine MoMA-Ausstellung von 2017/18 mit Arbeiten beendete, die seinen kürzlich erfolgten Übertritt zu Instagram belegen (auch scheint er mit der Hasselblad X1D die Kamera gewechselt zu haben). Zu Instagram gehen heute viele junge Photographen. Shore spricht vom Instagram-Bild wie von einer Notiz oder von etwas, das man nicht anschaut oder übersehen hat. Wenn wir beim Konzept Altersstil bleiben, könnte man sagen, dass Instagram für den älteren Shore eine Zeitlang dasselbe bedeutete wie Polaroid für Evans. Die beiden Technologien haben die Schnelligkeit und den kleinen Ausschnitt gemeinsam – letzteres galt anfangs für das iPhone. Aber es gibt auch entscheidende Differenzen. Ein Instagram ist kein Abzug, es ist ein immaterielles Bild auf einem Schirm, das unendlich oft wiederholt werden kann, und der Maßstab ist flexibel. Weiterhin dient es und reizt es zur Kommunikation. Heute sagt man, dass Instagram nicht die Aufmerksamkeit auf das Übersehene lenkt, sondern der Verbreitung dient, den sozialen Transferwert des Bildermachens erhöht.

Und das, so sagt man, ist der Trend der Photographie der Zukunft.[296] Schon Kodak machte das Photographieren schneller. Polaroid beschleunigte die Entwicklung und Instagram die Verbreitung von Photographien. Ist Verbreitung der neue Trend? Wir sollten nicht vergessen, dass Evans, immer Herr der Verfahren, Postkarten liebte und selbst welche anfertigte, obwohl sie für ihn die Vergangenheit festhielten. Und anders als Instagram ist das Polaroid-Bild ein einzelnes materielles Objekt, das im Grunde nicht zu vervielfältigen ist. Es ist einfach da, und es unterstützt Evans' lebenslanges Credo: Es kommt beim Machen auf das Sehen an und nicht so sehr auf das Funktionieren des Apparats.

Wenn es um das Ende geht, müssen wir in Sachen Evans noch einmal zu

Atget zurückkommen. Was auch immer andere sagten, für Evans war er von Anfang an der Erste unter allen anderen Kunstphotographen – siehe die frühe Buchbesprechung „The Reappearance of Photography" von 1931. Viele Themen Atgets – Interieurs, Wagen, Spiegel, Metallarbeiten – gehörten auch zu Evans' Repertoire. Aber wie man aus Maria Morris Hambourg und John Szarkowskis Geamtausgabe der im MoMA aufbewahrten Atgets ersehen kann, widmet sich der späte Atget der Landschaft: 1925 waren das der verlassene, ungepflegte Park von Sceaux und die Gartenskulpturen und spiegelnden Wasserflächen der Parks in Versailles und Saint-Cloud. Flächen treten da gegen Tiefen an, Horizonte trennen Himmel und Erde, und der Photograph wagt es, die Kamera direkt in Richtung Sonne zu halten und die daraus resultierende Überblendung zu akzeptieren.

Dies ist aber nicht der Ort, Atgets Spätwerk zu würdigen. Es muss reichen, auf den Einsatz zu verweisen, den der alte Mann erbrachte, als er seine schwere Ausrüstung noch einmal an die alten Orte schleppte, um wieder zu reproduzieren, was er schon einmal gesehen hatte. Er war ein kommerzieller Photograph, und er wusste sehr gut über seine Absatzmöglichkeiten Bescheid. Die Photographien des Spätwerks scheinen aber gegen erwartbare motivische Kategorien zu verstoßen. Sie scheinen zum großen Teil zum eigenen Vergnügen aufgenommen worden zu sein. Das könnte eine Formel für den Altersstil eines Malers sein, ließe sich aber auch anhand von Atget und Evans auf einen Photographen übertragen.

Wahrscheinlich hat Evans Atgets späte Parkszenen niemals gesehen (Berenice Abbott scheint keinen Sinn für sie gehabt zu haben), und sie würden ihm auch nicht gefallen haben. Natur langweilt mich, hat er oft gesagt. Er wiederholte das wie auch viele andere Merksätze in dem Vortrag, den er am 8. April 1975, am Vorabend seines Todes in Radcliffe hielt: „Mich fasziniert die Arbeit des Menschen und die Zivilisation, die er aufgebaut hat. Ich denke, dass ist das interessante Ding in der Welt, was der Mensch tut. Natur als Thema der Kunst langweilt mich eher."[297] Evans war den Menschen zugetan und mehr noch dem, was sie geschaffen hatten. 1947 fand er in Santa Monica ein großes Hotelschild und die weißen Buchstaben einer Leuchtreklame, die das Durcheinander eines Palmenwipfels umgeben und bedrohen. Und was ihn an einem Kaktus faszinierte, den er dort sah, waren die Einritzungen, die Menschen auf seiner glatten, harten Oberfläche hinterlassen hatten.[298] Der Einsatz von Energie und das Eingraben charakterisieren die späten Parkbilder von Atget und Evans' späte Polaroid-Aufnahmen. Am Ende ihres Lebens verlieren sich diese Männer spielerisch in etwas, das sie geliebt haben. Atget in Landschaften, Evans in „manscapes". Gemeint ist damit auch die unerwartete Reichweite seiner unmittelbaren Erfahrung, die sich an z. T. neue Gegenstände heftet: Schilder, aber auch auf das Pflaster geschriebene Botschaften, Autowracks, merkwürdige Architekturdetails, aber auch Menschen, allein und in Gesellschaft. Der Sinn für den großen Zusammenhang, der sein Werk von Anfang an auszeichnet, geht verloren.

In ihrer letzten Stilphase sind die beiden Männer weit voneinander entfernt. Aber es scheint angemessen zu sein, dass Evans in seinem letzten Vortrag, in dem er sein Desinteresse an der Natur kundgetan hatte, in Gedanken zu Atget zurückkehrt, zu einer bleibenden Größe in seinem Leben. Am Anfang von Kapitel 1 habe ich diese Passage zum Teil zitiert, zum Schluss sei sie noch einmal zur Gänze mitgeteilt:

> „Ich mag nicht zu viel von Atgets Werk sehen, weil ich ihm selbst stilistisch zu nahe bin. Ich entdeckte ihn erst, als ich schon eine ganze Weile unterwegs war, und als ich es tat, war ich sehr elektrifiziert und alarmiert … Eine gewisse Unsicherheit und Furcht vor einem solch großartigen Vermögen und Stil bleibt zurück. Wenn das zu nahe an einem dran ist, fragt man sich, wie originell man ist. Natürlich kommt das ganz oft vor, dass Menschen in geistigen und künstlerischen Dingen eigenständig einen Stil entdecken und nicht wissen, dass jemand anders das Gleiche tut. Diese Unsicherheit rührt auch aus dem verzweifelten Gefühl, dass wir nicht über seinen Reichtum an Material verfügten, außer in alten Städten. Man kann sehen, was in London und Paris im Zeitraum der letzten Generation geschah; was er damals fand, findet man heute kaum mehr, und damals war das noch in voller Breite vorhanden."[299]

Nachwort

„… sie ist eine Kunst trotz alledem.“

Dieses Buch ist so angelegt, dass es Walker Evans beim Machen seiner Photographien begleitet. Wenn er aufhört, hört das Buch auf. Es ist ein Buch über das Machen, nicht über das Rezipieren. Wenn auch freilich das Schreiben über ihn eine Form der Rezeption darstellt. Eine Reihe von Fragen, die seine tägliche Praxis überschreiten, wurden angesprochen, aber es gibt ihrer noch sehr viel mehr. Vielleicht die größte Frage betrifft die Natur der Photographie und der Photographien.

Evans arbeitete von Anfang bis Ende zuversichtlich wissend, was er tat. Eine Konstante war, nicht kommerziell zu arbeiten (für *Fortune* tat er es freilich). Er begriff sich als Künstler, aber es kümmerte ihn nicht, ob seine Bilder Kunst waren oder nicht. Der Epigraph für dieses Nachwort ist einer Äußerung entnommen, die Evans einem *Time*-Journalisten am 15. Dezember 1947 gegenüber machte. Der Anlass war eine kurze Notiz zu seiner Retrospektive im Art Institute of Chicago. Der Artikel trug die Überschrift „Puritan Explorer“. „Photographie“, sagt Evans, „hat mit ‚Kunst‘ nichts zu tun.“ Dann fügte er leise hinzu: „Aber sie ist eine Kunst trotz alledem.“ Evans’ Worte sind clever und weise. Er erklärt sich entschieden gegen Photographie als Kunst und behauptet einen Augenblick später das Gegenteil. Seine Worte überbrücken die gegenteiligen Ansichten, das Werk seines großen Idols Atget betreffend. Denn wenn man kommerzielle Photographie (Atget) als das Gegenteil von Kunstphotographie (von Galerien verkauft und in Museen gesammelt) betrachtet, dann lässt man zu, dass die Motivation des Photographen die Vitalität seiner Bilder übertrumpft.

Was die Natur der Photographie anbelangt, werden weiterhin Kämpfe zwischen allen ausgefochten, die an Photographie interessiert sind: Kuratoren in Museen und Bibliotheken, Galeristen, Sammler, Kritiker, Praktiker. Vielleicht ist es die Unentscheidbarkeit der Fragen: Kunst oder Nicht-Kunst?, Wozu Photographie?, welche ihren Charme ausmacht. Das Werk von Evans siedelt auf der Grenze zwischen Welt und Photographie oder zwischen Leben und Kunst. Es war dokumentarisch, aber zur selben Zeit lyrisch, wenn er auch schon früh die Poesie der Photographien Atgets als eine Projektion seiner Person definierte.

Müssen wir es bedauern, dass Evans es nicht mehr erlebte, dass Photographie hochgeschätzt und für großes Geld verkauft wurde? Es ist wahr, dass er lange Zeit von der Hand in den Mund lebte, wenn auch mit einer gewissen Eleganz. Er musste schauen, dass er etwas fand, was ihn am Leben erhielt und was ihm ehrliche Arbeit erlaubte: in Kuba, im Auftrag der Regierung oder verschiedener privater Arbeitgeber. Aber wären eine veränderte Marktlage, Sammler, Museen besser gewesen? Er photographierte nicht mit dem Verwendungszweck vor Augen und wollte das auch nicht:

> „Ich denke nicht, dass ich viel über die Funktion meiner Versuche nachdenke. Ich tue es einfach. Ich fühle, dass Dinge ihr Ziel erreichen. Es geht eigentlich nur darum, Dinge zu tun, ein Kunstwerk zu machen. Wie es andere erreicht, ist nicht so wichtig, denn wenn es gut ist, wird es sie schon erreichen.“[300]

Das ist wenig praxisnah. Wenige Photographen würden das heute sagen. Aber darin bestand Evans' Stärke. Er war frei und freute sich an seiner Freiheit. Aber natürlich ist niemand frei. Die Zwänge des Mediums und der Welt sind immer gegeben. Evans stellte sich seine Photographien gedruckt und auf den Seiten eines Buches betrachtet vor. Und das erreichte er auch hin und wieder. Er starb im richtigen Moment. Hat das Aufkommen von Privat-, Unternehmens- und Museumsammlungen die Situation für die Photographie und für Photographen verbessert? Was die Lebensverhältnisse der Photographen anbelangt, sicher, aber auch für deren Werk?

Es lohnt sich, auf die Unsicherheit zurückzublicken, welche die Photographie bei ihrer Erfindung umgab. Der Entdeckergeist trieb ihre Frühgeschichte an, was wenig bekannt war, als Evans anfing. Die Bilder in Henry Fox Talbot's *Pencil of Nature* und die zur gleichen Zeit in Frankreich entstandenen Kalotypien wirken wie neugeboren – Dinge waren vorher so nie gesehen worden. Da ist Klarheit und Zielsicherheit in Talbots Werk, während die französischen Landschaftsbilder von dem mysteriösen Sinn für das Auftauchen eines Bildes aus der Papieroberfläche zeugen. Aber Talbots Erfindung der Photographie in England in den 1840er Jahren warf Fragen auf: Gehört die Photographie zur Geschichte der Bildtradition oder ist sie als automatisches Aufzeichnungsmedium außerhalb der Kunst angesiedelt? Talbot selbst war sich dessen unsicher und auch in der Frage nach dem Zweck der Photographie. Niemand wusste, was damit anzufangen war. Talbot, ein Gentleman-Amateurgelehrter und Naturkundler, dachte, das Medium würde das Wissen über die Pflanzen oder über die Inschriften auf assyrischen Reliefs befördern. Aber die Naturkundler zogen ihre handgemachten Bilder vor, und das Britische Museum zögerte, einen Photographen zuzulassen, um bei der Entzifferung der Keilschrift zu helfen. Talbot selbst entwickelte ein Interesse an der Photogravure und an den Mitteln, Photographien zu vervielfältigen, ganz gleich zu welchem Nutzen sie bestimmt waren.[301]

Wir würden nicht wagen, die Frage zu stellen, für was Malerei eigentlich gut sei. Der Beitrag der Malerei zur europäischen Kultur und zur Weltkultur ganz allgemein ist evident. Heute ist sie schon deswegen nicht fragwürdig, weil die Maler das Malen zum Thema machen. Malerei erklärt sich so selbst. Bei der Photographie aber hält die Unentschiedenheit über ihre Natur und Zweckbestimmung an. Wenn Evans sagt, was ihn auszeichne, sei sein Auge, meinte er sein auf die Welt ausgerichtetes Auge. Die Welt ist immer noch anzuschauen, während ich dies schreibe, und verändert sich ununterbrochen. Einige Photographen finden die Photographie oder sich selbst ebenso interessant oder noch interessanter als die Welt. Fragen über die Photoraphie bleiben. Die Antworten, die Evans in Schrift und Bild gab, sind subtil und bleiben essenziell.

Dank

Seit vielen Jahren habe ich Photographien gemacht, erst für die Familie und später, um etwas zum Anschauen zu haben. Ein Mittel, die Welt besser zu sehen und kennenzulernen. 2006/07 arbeitete ich mit dem Maler James Hyde und dem Photographen Barney Kulok zusammen, um drei Bilder von G. B. Tiepolo aufzunehmen. Das Ergebnis wurde glücklicherweise von dem Kurator Peter Galassi wahrgenommen. Maler, Photograph und Kurator, jeder auf seine Weise mit Photographien beschäftigt, regten mich an, mich für dieses Medium zu interessieren, noch bevor mein Blick auf Walker Evans fiel.

Bei der Befassung mit Photographie und speziell mit Evans haben mir viele Menschen geholfen, mit denen ich gesprochen habe, von denen ich mir Ratschläge geholt habe oder Informationen und Bilddateien erhielt und denen ich Textteile anvertraute. Zu ihnen gehören Photographen, Kritiker, Kuratoren und alte und neue Freunde. Ich schulde ihnen meistens punktuelle Unterstützung, in einem Fall eine umfassende und nachhaltige Hilfe. Es bleibt die Erinnerung an eine lange, intensive, manchmal kontroverse Unterhaltung. Dank geht an: Benjamin L. Alpers, Anne Bertrand, Lucas Blalock, David Campany, Clément Chéroux, Joshua Chuang, Alberto Frigo, Peter Galassi, John T. Hill, Myra Jehlen, James Hyde, Peter Kayafas, Barney Kulok, Kate McCrickard, Sze Tsung Nicolás Leong, Mikael Levin, Melissa Meyer, Belinda Rathbone, Beth Saunders, Stephen Shore, Steel Stillman, Jerry L. Thompson, Susan Weiss, Mariet Westermann, John Yau und Ulf Erdmann Ziegler.

Das Department of Photography des Museum of Modern Art, die Photographiesammlung der New York Public Library und das Department of Photography der Yale University Art Gallery haben mir auf großzügige Weise ihre Bestände zugänglich gemacht. Dieses Buch hätte nicht ohne die Unterstützung von Jeff Rosenheim und des Walker Evans Archivs des Metropolitan Museum of Art geschrieben werden können. Ich möchte Michelle Komie, meinem Verleger dafür danken, dass er mich willkommen geheißen hat, und auch Kenneth Guay, Terri O'Prey und Steven Sears vom Team der Princeton University Press für ihre harte, effektive Arbeit.

Schließlich möchte ich Gillian Malpass, der Designerin dieses unseres fünften gemeinsamen Buches dafür danken, dass sie mit Geschick, Magie und Sympathie aus Wörtern und verstreuten Bildern ein überzeugendes materielles Objekt geschaffen hat: dieses Buch.

ANMERKUNGEN

Einige Hinweise des Übersetzers auf relevante Webseiten mit Materialien zu Walker Evans: Alle Aufnahmen, die er für die Farm Security Administration gemacht hat, werden in der Library of Congress in Washington aufbewahrt. Man kann sie unter https://www.loc.gov/pictures/collection/fsa/ suchen. Dasselbe Material, aber mit besserer Auflösung und mit den Notizen auf den Negativtüten oder Kontaktabzügen findet man bei Picryl unter Walker Evans: https://picryl.com/. Diese im Regierungsauftrag gemachten Aufnahmen sind frei von Copyright. Den berühmten Vortrag in Yale University „Lyric Documentary" (1964) findet man illustriert und transkribiert unter: https://www.quatrainfotographic.com/pdf/blog/evans_lyric_documentary.pdf und unter https://editions-ismael.com/en/1964-walker-evans-lyric-documentary-2/. Das Oral History Interview mit Paul Cummings von 1971 ist hier zugänglich: https://www.aaa.si.edu/collections/interviews/oral-history-interview-walker-evans-11721#transcript. Die Erstausgabe der *American Photographs* wird für uns durchgeblättert in: https://vimeo.com/69333381. Das Metropolitan Museum beherbergt das Walker Evans Archive („a national treasure") und bietet verschiedene Zugänge zu Einzelwerken und Serien – unter anderen die Serie „12 Portraits of a Cat", in der Evans dem Internet weit vorausgreift, was den Lieblingsgegenstand (nach Sex) angeht.

Abkürzungen WEA: Walker Evans Archiv, The Metropolitan Museum, New York

VORWORT UND EINLEITUNG

1 Ernst H. Gombrich, *Die Geschichte der Kunst* (Köln: Phaidon, 1952), 6.
2 „Puritan Explorer", *Time*, 13. Dezember 1947.
3 „The Art of Seeing", *New Yorker*, 24. Dezember 1966.
4 WEA 1994.250.54. Mit seinem Vorschlag spielt Evans auf den „seeing eye dog", den Blindenhund an.
5 Leslie G. Katz, „Interview with Walker Evans", *Art in America*, März/April 1971. Das Interview wurde zweimal wieder abgedruckt: (1) Walker Evans und Leslie George Katz, *Walker Evans Incognito* (New York: Eakins Press Foundation, 1995); (2) *Walker Evans: The Interview with Leslie George Katz*, hrsg. von Anne Bertrand (New York: Eakins Press Foundation, 2019). Ein Typoskript des ganzen Interviews mit ungedruckten Passagen: WEA 1994.250.152 (4).
6 Paul Cummings, Oral History-Interview mit Walker Evans, 13. Oktober –23. Dezember 1971, Archives of American Art, Smithsonian Institution, Washington, D.C.
7 William R. Ferris, „A Visit with Walker Evans", in *Images of the South: Visits with Eudora Welty and Walker Evans*, Southern Folklore Reports, no. 1 (Memphis: Center for Southern Folklore, 1977), 33.
8 „The Thing Itself Is Such a Secret and So Un-approachable", *Yale Alumni Magazine*, 37, 5, Februar 1974.
9 „Walker Evans on Himself", hrsg. von Lincoln Caplan, *New Republic*, November 13, 1976.
10 James Agee, Brief an Dwight McDonald, 18. November 1937. Zit. in Belinda Rathbone, *Walker Evans: A Biography* (New York: Houghton Mifflin, 1995), 153.
11 Nora Sayre, *Previous Convictions: A Journey through the 1950s* (New Brunswick, N.J.: Rutgers University Press, 1995), 81–82.

[12] Cummings, Interview (wie Anm. 6).

[13] Katz, „Interview with Walker Evans“ (wie Anm. 5). Dort auch die folgenden Zitate.

[14] „Walker Evans, Visiting Artist: A Transcription of his conversation with students of the University of Michigan, 1971“, in *Photography: Essays & Images,* hrsg. von Beaumont Newhall (New York: The Museum of Modern Art, 1980), 320.

[15] Richard Doud, Oral History-Interview mit Roy Emerson Stryker, 1963–65, Archives of American Art, Smithsonian Institution, Washington, D.C.

[16] Sayre, *Previous Convictions,* 74 (wie Anm 11).

[17] *Walker Evans at Work: 745 Photographs together with Documents,* hrsg. von John T. Hill und Frances Lindley, mit einem Essay von Jerry L. Thompson (New York: Harper & Row, 1982), 161.

[18] James Agee, Brief an Walker Evans, 15. September 1938, zit. in Rathbone, *Walker Evans,* 164 (wie Anm. 10).

[19] Walker Evans, „Photography“, in *Quality: Its Image in the Arts,* hrsg. von Louis Kronenberger (New York: Atheneum, 1969), 202.

[20] Jim Dow in einem Interview mit Belinda Rathbone, 18. Januar 1991, Rathbone Documents, WEA.

[21] Cummings, Interview (wie Anm. 6).

[22] Ulf Erdmann Ziegler, „Photographie an der Schwelle – über eine Erfahrung mit der Architektur“, *Magische Allianzen: Fotographie und Kunst* (Regensburg: Lindinger & Schmidt, 1996), 244–274.

[23] Lawrence Gowing, „Paint in America“, *New Statesman,* 24. Mai 1958, wieder abgedruckt in *Lawrence Gowing: Selected Writing on Art,* hrsg. von Sarah Whitfield (London: Riding House, 2015), 378–383.

[24] Ebda.

[25] Ebda.

[26] John Szarkowski, Einleitung, in *Walker Evans* (New York: The Museum of Modern Art, 1971), 20.

[27] John Szarkowski und Maria Morris Hambourg, *The Work of Atget,* 4 Bde. (New York: The Museum of Modern Art, 1981–85), Bd. IV: *Modern Times* (1985), 156.

[28] Walker Evans, „The Reappearance of Photography“, *Hound & Horn,* 5, Oktober–Dezember, 1931.

KAP. 1

[29] WEA 1994.250.2 (8).

[30] Cummings, Interview (wie Anm. 6). Zu Evans' schriftstellerischen Anfängen s. Maria Morris Hambourg, „A Portrait of the Artist“, in Maria Morris Hambourg, Jeff L. Rosenheim, Douglas Eklund und Mia Fineman, *Walker Evans* (New York: Metropolitan Museum of Art, 2000), 10–13.

[31] Cummings, Interview (wie Anm. 6).

[32] Ebda.

[33] Ebda.

[34] Zur Weltwirtschaftskrise und Abbott s. *Berenice Abbott: Paris Portraits,* hrsg. von Ron Kurta und Hank O'Neal (Göttingen: Steidl, 2016).

[35] Nora Sayre, *Previous Convictions* (wie Anm. 11), 74.

[36] Isabelle Storey, *Walker's Way: My Years with Walker Evans* (Brooklyn, N.Y.: powerHouse Books, 2007), 111.

[37] Typoskript des Interviews von Leslie Katz mit Evans (1971) im Walker Evans Archiv, WEA 1994.250.152 (4), 21.

38 Ebda.

39 Zu sehen auf einer Photographie von Evans' Bücherregal in Old Lyme, Conn., siehe Anne Bertrand, „'I'm a writer too': The Texts of Walker Evans", in *Walker Evans*, hrsg. von Clément Chéroux (München, London und New York: Prestel Verlag, 2017), 44, Anm. 27.

40 Gustave Flaubert, Brief an Louise Colet, 9. Dezember 1852, in Gustave Flaubert, *Correspondance*, Bd. II: 1851–1858, hrsg. von Jean Bruneau (Paris: Bibliothèque de la Pléiade, 1980), 208.

41 Gustave Flaubert, Brief an Louise Colet, 8. Februar 8, 1852, in *Correspondance*, hrsg. von Bernard Masson (Paris: Gallimard, 1998), 163.

42 Gustave Flaubert, Brief an Louise Colet, 18. April 1854, in ebda., 290.

43 Zitiert in Tod Papageorge, *Walker Evans and Robert Frank: An Essay on Influence* (New Haven: Yale University Art Gallery, 1981), 9.

44 Cummings, Interview (wie Anm. 6).

45 John Szarkowski, Einleitung, in *Walker Evans*, 14 (wie Anm. 26).

46 Edmond Henri Adolphe Scherer, *Études sur la littérature contemporaine* (1886), zit. bei Carlo Ginzburg, *History, Rhetoric, and Proof* (Hanover, N.H., und London: University Press of New England, 1999), 107, Anm. 27.

47 Gustave Flaubert, *Madame Bovary. Sittenbild aus der Provinz*, übersetzt von Ilse Perker und Ernst Sander, Stuttgart 2017, 6.

48 Charles de Bos, zit. in Michael Fried, *Flaubert's "Gueuloir": On "Madame Bovary" and "Salammbô"* (New Haven and London: Yale University Press, 2012), 59.

49 Es wurde beschrieben als eine Victrola-Kommode in James R. Mellow, *Walker Evans* (New York: Basic Books, 1999), 116.

50 Ann Banfield, *Unspeakable Sentences: Narration and Presentation in the Language of Fiction* (Boston, London, Melbourne und Henleyon-Thames: Routledge & Kegan Paul, 1982); siehe auch Gérard Genette, dessen „Silences de Flaubert" weniger interessiert ist an Zeitformen als an Flauberts „contemplation extatique" (*Figures I* [Paris: éditions du Seuil, 1966], 232). Evans erwähnt nicht die romantischen Seiten Flauberts, obwohl die Romantik es war, die ihn für Baudelaire gewann.

51 Gustave Flaubert, *L'Éducation sentimentale* (Paris: Gallimard, Collection Folio classique, 2019), 22.

52 Gustave Flaubert, *Die Erziehung des Herzens. Der Roman eines jungen Mannes*, übers. von E. A. Reinhardt, Leipzig 1926, 8–9.

53 Marcel Proust, „A propos de ‚style' de Flaubert", *La Nouvelle Revue française*, 14, 72–90.

54 Ebda., 78.

55 Zum Lob der Vergangenheitsform bei der Beschreibung von Gemälden siehe Michael Baxandall über Libanius' Ekphrasis: *Patterns of Intention* (New Haven und London: Yale University Press, 1984), 2–5. Er beschreibt Ekphrasis als „Vergangenheitsform und Gehirntätigkeit".

56 WEA 1994.250.58 (5).

57 Zu einer Analyse der Einleitung, die Evans entworfen und Wheeler unterschrieben hatte, siehe Anne Bertrand, „Walker Evans, écrits et propos: Traduction française, édition critique et commentaire", Ph.D. thesis, Université Paris Diderot-Paris 7, 2018, vol. II: Anthologie, 721–736. John Taggs Interpretation führt in die Irre: *Disciplinary Frame: Photographic Truths and the Capture of Meaning* (Minneapolis, Minn.: University of Minnesota Press, 2009] 324–326, Anm. 233.

58 Das in Galena entstandene Bild hat Evans ediert. Szarkowski, der wusste, dass Evans 1947 in Illinois war, datierte es in diese Zeit. Jeff Rosenheim hat das Datum auf 1963 gesetzt und das Bild einem unpublizierten *Fortune*-Artikel zugeordnet, der zur Serie „Industrial Architectural Views" gehören sollte: Jeff L. Rosenheim, „Folk Documents", in *Walker Evans*, hrsg. von Clément Chéroux (Paris: Editions du Centre Pompidou 2017), 24–25.

59 *Walker Evans at Work*, 151 (wie Anm. 17).

60 Clive Barnes, „Stage: *No No Nanette* is Back Alive", *New York Times*, 20. Januar, 1971.

61 Katz, Interview (wie Anm. 5).

62 Hambourg, „A Portrait of the Artist", 26, 49 (wie Anm. 30) und Bertrand, „Walker Evans, écrits et propos", vol. I: *Essai critique*, 74–75, Anm. 203–205 (wie Anm. 57).

63 „Walker Evans on Himself" (wie Anm. 9).

64 Transkript der Tonaufnahme des Vortrags, publiziert bei Jeff L. Rosenheim, *Walker Evans and the Picture Postcard* (Göttingen: Steidl / New York: Metropolitan Museum of Art, 2009), 123.

65 *Unclassified: A Walker Evans Anthology*, hrsg. von Jeff L. Rosenheim (Zürich, Berlin und New York: Scala / New York: Metropolitan Museum of Art, 2000), 150.

66 Veröffentlicht in *Hound & Horn*, April–Juni 1933.

67 Die Aufnahme entstand um 1931, Hambourg u. a., *Walker Evans* (wie Anm. 30), datieren sie auf 1929.

68 Judith Keller, *Walker Evans: The Getty Museum Collection* (Malibu, The J. Paul Getty Museum, 1995), 264, Tafeln 180–191.

69 *Unclassified*, 162 (wie Anm. 65).

70 „Walker Evans on Himself", 8 (wie Anm. 9).

71 Gustave Flaubert, *Madame Bovary*, 250–251.

72 Gustave Flaubert, *Frau Bovary*, übers. von Arthur Schurig, Leipzig 1952, 120.

73 Mellow, *Walker Evans*, 130, 479–480 (wie Anm. 49).

74 Edmund Wilson, „The Wound and the Bow", in *The Triple Thinkers* (New York: Farrar Strauss and Giroux, 1976), 72.

75 Vor kurzem hat ein anderer Amerikaner Flauberts politisches Engagement genauso gesehen: Peter Brooks, *Flaubert in the Ruins of Paris: The Story of a Friendship, a Novel, and a Terrible Year* (New York: Basic Books, 2017).

76 Wilson, „The Wound and the Bow", 76–77 (wie Anm. 74).

77 Agnès Sire und Jean-François Chevrier, *Henri Cartier-Bresson, Walker Evans: Photographing America 1929–1947* (London: Thames & Hudson, 2009), 34.

78 Jerry L. Thompson, „Desedimenting Allie May: A Fresh Look at a Familiar Face", als E-Book veröffentlicht, *The Story of a Photograph* (Now and Then Reader).

79 Baudelaires bekannter Brief vom 23. Dezember 1865 wird zitiert bei Antoine Compagnon, *Baudelaire: L'Irréductible* (Paris: Flammarion, 2014), 160.

80 Evans, „Photography", 194 (wie Anm. 19).

81 Centre Pompidou, Paris, 26. April–14. August, 2017;
SFMOMA, 30. September 2017–4. Februar 2018.

82 Leslie G. Katz, „Interview with Walker Evans", *Art in America*, März/April 1971.

83 Charles Baudelaire, *Le Spleen de Paris: Petits poèmes en prose* (Paris: Gallimard, 2006), 110.

84 WEA 1994.250.2 (5).

85 Charles Baudelaire, „Le Peintre de la vie moderne", in *Critique d'art* (Paris: Gallimard,

2011), 351–352. Charles Baudeliare, „Der Maler des modernen Lebens" in Aufsätze zur Literatur und Kunst (Sämtliche Werke Band 5) (Darmstadt: Wissenschaftliche Buchgesellschaft 1989), 222.

86 Campany, *Walker Evans*, nicht paginierter Abbildungsteil.

87 Charles Baudelaire, „Salon von 1859", in Baudelaire, *Aufsätze*, 194 (wie Anm. 86).

88 Zit. bei Robert Kopp im Vorwort zu Charles Baudelaire, *Le Spleen de Paris*, 69 (wie Anm. 83).

89 WEA, 1994.250.152 (4), 9.

90 *By With To & From: A Lincoln Kirstein Reader*, hrsg. von Nicholas Jenkins (Gainesville: University Press of Florida, 1991), 44ff.; und Lincoln Kirstein, *Mosaic: Memoirs* (New York: Farrar, Strauss and Giroux, 1994), 204ff.

91 Robert Kopp, „Romanisme et modernité", im Katalog der Ausstellung *L'Oeil de Baudelaire* (Paris: Flammarion, 2016), 87–90.

92 Rosenheim, *Walker Evans and the Picture Postcard*, 106 (wie Anm 64.).

93 Rosalind E. Krauss, „Photography's Discursive Spaces", in *The Originality of the Avant-garde and Other Modernist Myths* (Cambridge, Mass.: MIT Press, 1986), 131–50; Molly Nesbit, *Atget's Seven Albums* (New Haven und London: Yale University Press, 1992); Peter Barberie, *Looking at Atget* (New Haven und London: Yale University Press, 2005); und Clément Chéroux, *Vernaculaires: Essais d'Histoire de la Photographie* (Paris: Le Point du Jour, 2013).

94 John Szarkowski, *Atget* (New York: The Museum of Modern Art / Callaway, 2000).

95 Maria Morris Hambourg, „From 291 to the Museum of Modern Art: Photography in New York, 1910–37", in Maria Morris Hambourg und Christopher Phillips, *The New Vision: Photography between the World Wars* (New York: Metropolitan Museum of Art / Harry B. Abrams, 1989), 3–63, und Hambourg, „A Portrait of the Artist", 2–27 (wie Anm. 30).

96 *Walker Evans*, 19 (wie Anm. 30).

97 Hambourg, „From 291 to the Museum of Modern Art", 48 (wie Anm. 30).

98 Walker Evans, „The Reappearance of Photography", in *Hound & Horn*, Nr. 5 (Oktober–Dezember 1931), 126–128, wiederabgedruckt in *Unclassified*, 80–84 (wie Anm. 65).

99 *Speaking of Art: John Szarkowski on Eugène Atget*. DVD eines Vortrags von 2003, Checkerboard Films, 2004.

100 „Walker Evans on Himself" (wie Anm. 9).

101 Ich vermeide den Begriff „Einfluss", weil er den Handelnden übergeht. Siehe Michael Baxandall, „Excursus against Influence", in *Patterns of Intention*, 58–62 (wie Anm. 55).

102 Katz, „Interview" (wie Anm. 5).

103 Franz Roh und Jan Tschichold. *Foto-Auge: 76 Fotos der Zeit* (Stuttgart: F. Wedekind, 1929).

104 Walker Evans, „The Reappearance of Photography", 126 (wie Anm. 98); *Unclassified*, 81 (wie Anm. 65).

105 Katz, „Interview", 57 (wie Anm. 5); Mellow, *Walker Evans*, 140 (wie Anm. 49).

106 „Walker Evans, Visiting Artist", 314 (wie Anm. 14).

107 *Walker Evans* (wie Anm. 58).

108 „Lyric Documentary" war der Titel seines Vortrags, den Evans an der Yale University 1964 hielt, transkribiert in Rosenheim, *Walker Evans and the Picture Postcard* (wie Anm. 64).

109 Walker Evans, „The Reappearance of Photography", 128 (wie Anm. 98).

110 Mellow, *Walker Evans*, 126–127 (wie Anm. 49); *Atget: Photographe de Paris*, mit einem Vorwort von Pierre Mac-Orlans (New York: E. Weyhe, 1930), 43; Szarkowski und Hambourg, *Atget*, Bd. II, 80 (wie Anm. 27).
111 Ebda., 79.
112 *Atget: Photographe de Paris*, 55, 59 (wie Anm. 110).
113 Szarkowski, *Atget*, 17 (wie Anm. 94).
114 Walker Evans, *American Photographs* (New York: The Museum of Modern Art, 2012), Teil 1, Tafel 30, 32.
115 „Walker Evans, Visiting Artist", 317 (wie Anm. 14).
116 WEA, 1994.250.89 (7).
117 Lugon, *Le Style documentaire d'August Sander à Walker Evans 1920–1945* (Paris: Macula, 2001); Chéroux, „The Art of the Oxymoron: The Vernacular Style of Walker Evans", in *Walker Evans* (wie Anm. 58).
118 Katz, „Interview with Walker Evans" (wie Anm. 5).
119 Ebda.
120 Paul Mariani, *William Carlos Williams: A New World Naked* (New York: McGraw-Hill, 1983), 294–295.
121 William Carlos Williams, *Selected Poems*, hrsg. von Charles Tomlinson (Harmondsworth und New York: Penguin Books, 1983), 117–118.
122 Hugh Kenner, *A Homemade World: The American Modernist Writers* (New York: Alfred Knopf, 1975), 214.
123 Katz, „Interview with Walker Evans" (wie Anm. 5).
124 Zit. ebda., 90.

KAP. 2

125 Zitiert nach dem Durchschlag eines Typoskripts, das die Transkribierung eines Tagebucheintrags sein soll: Geschenk an Jerry Thompson von Lincoln Kirstein 1984.
126 Eklund, „Exile's Return: Early Work, 1928–34", in *Walker Evans* (New York: Metropolitan Museum of Art, 2000)
127 Mellow, *Walker Evans* (wie Anm. 49).
128 Szarkowski, *Walker Evans*, 13 (wie Anm. 26).
129 Leslie G. Katz, „Interview" (wie Anm. 5).
130 Siehe dazu: Jerry L. Thompson, „Kommentare zu *Paar in Coney Island*", in *Walker Evans: Depth of Field*, hrsg. von John T. Hill und Heinz Liesbrock (München, London und New York: Prestel, 2015), 78–91.
131 Richard Benson, *The Printed Picture* (New York: The Museum of Modern Art, 2008), 104.
132 John Szarkowski, *The Photographer's Eye* (New York: The Museum of Modern Art, 2012), 42.
133 Katz, „Interview" (wie Anm. 5). Die kursiv gesetzten Worte wurden in der publizierten Version des Textes ausgelassen, s. die Transkription der Tonbandaufnahme: WEA 1994.250.152 (4).
134 Diese Stelle wurde inkorrekt als Teil des Katz-Interviews wiedergegeben bei Maria Morris Hambourg, „A Portrait of the Artist", in Hambourg et al., *Walker Evans*, 15 und Anm. 63 (wie Anm. 30). Man sehe stattdessen die Transkription eines Interviews mit Jonathan Goell vom 4. August 1971 (James Mellow Papers, Beinecke Library, Yale University, Box 22, 10). Korrektur durch Anne Bertrand in einem persönlichen Austausch mit der Autorin.
135 Walker Evans, „Photography", in *Quality*, 171 (wie Anm. 19).

136 Mellow, *Walker Evans*, 140 (wie Anm. 49).
137 Zum Verhältnis Steiner/Evans s. Rathbone, *Walker Evans*, 46 (wie Anm. 10).
138 WEA 1994.250.6 (20).
139 Jerry L. Thompson, *The Last Years of Walker Evans: A First-hand Account* (New York: Thames & Hudson. 1997), 87.
140 Rathbone, *Walker Evans*, 56 (wie Anm. 10).
141 Ebda., 76–77. Ferner: Mellow, *Walker Evans*, 166 (wie Anm. 49) und Eklund, „Exiles' Return", 38–39, Anm. 49 und 50 (wie Anm. 127).
142 *American Photographs*, Teil 2, Abb. 4.
143 Ebda., Abb. 21.
144 Die Kontaktabzüge wurden gebunden und sind nun im Archiv des Metropolitan Museum. Die Kisten des Jahres 1931 enthalten die Aufnahmen, die Evans zusammen mit Kristein und Fuller machte.
145 Lawrence Gowing, *Paul Cézanne: The Basel Sketchbooks* (New York: The Museum of Modern Art, 1988), und Anita Haldemann u. a., *Der verborgene Cézanne. Vom Skizzenbuch zur Leinwand* (München, London und New York: Prestel, 2017).
146 Gowing, *Paul Cézanne*, 144 (wie Anm. 145).
147 Ebda.
148 Evans „Photography", 211 (wie Anm. 19).
149 Ebda., 170.
150 Paul Cummings, Interview (wie Anm. 6).
151 Katherine Ware und Peter Barberie, *Dreaming in Black and White: Photography at the Julien Levy Gallery* (Philadelphia: Philadelphia Museum of Art, 2006), 86–87.
152 Ebda., Abb. 220.
153 Jeff Rosenheim, „Walker Evans", in der Rekonstruktion der Ausstellung *Manuel Alvarez Bravo, Henri Cartier Bresson, Walker Evans: Documentary and Antigraphic Photographs* (Göttingen: Steidl, 2004), 143–148.
154 Evans schrieb: „Dies ist eine Anthologie der ‚neuen' Photographie und die Herausgeber wissen, wo sie sie finden und drucken Beispiele der Zeitungsphotographie, Luftbildaufnahmen, Makroaufnahmen, astronomische Photographien, Fotomontagen, Fotogramme, Mehrfachbelichtungen und Abzüge von Negativen".
155 Katz, „Interview" (wie Anm. 5).
156 Cummings, Interview (wie Anm. 6).
157 Katz, „Interview" (wie Anm. 5).
158 Clement Greenberg, *The Collected Essays and Criticism*, 4 Bände, hrsg. von John O'Brian (Chicago und London: University of Chicago Press, 1986), Bd. II: *Arrogant Purpose, 1945–1949*, 60–63.
159 Ebda., 218f.
160 Evans, „Photography", 170 (wie Anm. 19).
161 Greenberg, „Photograph as Art", maschinenschriftliches und annotiertes Manuskript eines Vortrags im Metropolitan Museum am 15. Oktober 1972, der zweite Vortrag der Reihe „Photograph: Points of View" (Clement Greenberg papers, Special Collections, Getty Research Institute, Los Angeles). Eine Liste seiner gedruckten Stellungnahmen zur Photographie: Christine Mehring, „Siskind's Challenge: Action Painting and a New Laocoon, Photographically Speaking", *Yale University Art Gallery Bulletin*, 2006, 105, Anm. 17.
162 Katz, „Interview" (wie Anm. 5).

[163] *Camera Work. A Photographic Quarterly*, Nr. 49–50 (Juni 1917), 17.
[164] Evans, „Photography", 178 (wie Anm. 19).
[165] Howard Greenfeld, *Ben Shahn: An Artist's Life* (New York: Random House, 1998), 106–107.
[166] Cummings, Interview (wie Anm. 6).
[167] Eklund, „Exile's Return", 34 (wie Anm. 126).
[168] Ebenda, 41.
[169] Ebenda.

KAP. 3 [170] *Walker Evans at Work*, 82 (wie Anm. 17).
[171] Carleton Beals, *The Crime of Cuba. Mit 31 Aquatone Illustrationen nach Photographien von Walker Evans* (Philadelphia und London: J. B. Lippincott Company, 1933).
[172] Gilles Mora und John T. Hill, *Walker Evans: Havana 1933* (New York: Pantheon, 1989), und Andrei Codrescu und Judith Keller, *Walker Evans Cuba* (Los Angeles: The J. Paul Getty Museum, 2001).
[173] Mora und Hill, *Havana 1933*, 18 (wie Anm. 172).
[174] Beals, *The Crime of Cuba*, 17 (wie Anm. 171).
[175] WEA 1994.250.95.
[176] John A. Britton, *Carleton Beals: A Radical Journalist in Latin America* (Albuquerque: University of New Mexico Press, 1987).
[177] Evans, „Reappearance" (wie Anm. 104).
[178] Dieses und die folgenden Zitate aus Evans' kubanischem Tagebuch: WEA 1994.250.95.
[179] Mora und Hill, *Havana 1933*, 5 (wie Anm. 172).
[180] Siehe z. B. *Walker Evans at Work*, 98 (wie Anm. 17).

KAP. 4 [181] Cummings, Interview (wie Anm. 6).
[182] Mellow, *Walker Evans*, 220 (wie Anm. 49).
[183] Ebda., 224, 223. Dort auch die folgenden Zitate.
[184] *Walker Evans at Work*, 98 (wie Anm. 17).
[185] Die damals entstandenen Photographien ebda., 96–103.
[186] Mellow, *Walker Evans*, 230 (wie Anm. 49).
[187] Lincoln Kirstein, „Photographs of America: Walker Evans", in *American Photographs* (New York: The Museum of Modern Art, 2012), 196.
[188] William R. Ferris, „A Visit with Walker Evans", in *Images of the South: Visits with Eudora Welty and Walker Evans* (Memphis, Tenn.: Center for Southern Folklore [Southern Folklore Reports, no. 1], 1977), 26–39.
[189] Jeff L. Rosenheim, „‚The Cruel Radiance of What is': Walker Evans and the South", in *Walker Evans*, 71 (wie Anm. 30).
[190] Kirstein, „Photographs of America", 199 (wie Anm. 187).
[191] Jerry L. Thompson, „Walker Evans: Some Notes on His Way of Working", in *Walker Evans at Work*, 17 (wie Anm. 17).
[192] James Agee und Walker Evans, *Let Us Now Praise Famous Men* (Boston: Houghton Mifflin, 1960), xiii.
[193] Ferris, „A Visit with Walker Evans", 31 (wie Anm. 188).
[194] Zu einem nutzvollen Vergleich der beiden Ausgaben s. Alan Trachtenberg, „Contrapuntal Design", in *Walker Evans: Lyric Documentary*, hrsg. von John T. Hill (Göttingen: Steidl 2006), 229–233.
[195] Eine dieser Photographien fand als Nr. 84 Eingang in die Ausstellung *American Photographs*. Sie ist der linke Teil der erhellenden beidseitigen Gegenüberstellung der beiden

Aufnahmen in *Walker Evans at Work* (1984, 121) (wie Anm. 17) und, noch opulenter gedruckt, in *Walker Evans: Lyric Documentary*, 158–159 (wie Anm. 194).

196 Mellow, *Walker Evans*, 283 (wie Anm. 49) und Rosenheim, „Walker Evans and the South", 80 (wie Anm. 30).

197 „Walker Evans on Himself" (wie Anm. 9).

198 Ferris, „A Visit with Walker Evans", 28 (wie Anm. 188).

199 Eric Hobsbawm, *Interesting Times: A Twentieth-Century Life* (New York: The New Press, 2005), 344.

200 Es fällt auf, dass Thomas Mabry in seiner Rezension von *American Photographs* in *Harper's Bazaar* mit Bewunderung von Evans' Photographien der „geballten Sonne auf Vicksburgs Bürgersteigen und den Menschen, die es dort vielleicht gut aushalten" spricht, aber nicht erwähnt, dass es sich um Schwarze handelt. Hat man damals so eine nicht voreingenommene Sicht ausgedrückt?

201 Jeff Rosenheim bezieht sich in seinem Vergleich auf eine andere Photographie der Männer: Rosenheim, „Walker Evans and the South", 82 (wie Anm. 30).

202 Ebda., 74–75.

203 Lincoln Kirsteins Essay über Evans beweist diese Zuschreibung: „Photographs of America", 195. Auf Seite 198 über Brady und den Bürgerkrieg (wie Anm. 187).

204 Rosenheim schreibt abweichend: „Es ist eine Gesamtaufnahme der Generation der Nachkommen der Männer, für welche die Offiziere der Union kämpften. Mit Präsident Roosevelt anstelle von Präsident Lincoln als Auftraggeber." Rosenheim, „Walker Evans and the South", 83 (wie Anm. 30).

205 Mellow, *Walker Evans*, 292 (wie Anm. 49).

206 Virginia-Lee Webb, *Perfect Documents: Walker Evans and African Art, 1935* (New York: Metropolitan Museum of Art, 2000), 38.

207 Allison Kemmerer, *Peter Sekaer: American Pictures* (Andover, Mass.: Addison Gallery of American Art / Phillips Academy, 1999).

208 Michael Rogin, *Blackface, White Noise* (Berkeley, Los Angeles und London: University of California Press, 1996).

209 *Encyclopedia of Southern Culture*, hrsg. von Charles Reagan Wilson und William Ferris (Chapel Hill: University of North Carolina Press, 1989), 223–224.

210 Eric Lott, *Love and Theft: Black Minstrelsy and the American Working Class* (New York: Oxford University Press, 2013), 3, 6–7.

211 Constance Rourke, *American Humor: A Study of the National Character* (Neuausgabe New York: The New York Review of Books, 2004), 86.

212 Man denke an „Blue Tail Fly (Jimmy Crack Corn)", „Oh! Susanna", „Swanee River (Old Folks at Home)", später von Berühmtheiten wie Burl Ives und Bing Crosby gesungen.

213 Bob Dylan, *Chronicles* (London, Sydney, New York, und Toronto: Simon & Schuster, 2004), Bd. 1, 240.

214 Ebda., 234.

215 Nick Tosches, *Where Dead Voices Gather* (Boston, New York und London: Little Brown and Company, 2001).

216 James Agee, Brief an Walker Evans, 15. September 1938, zitiert bei Belinda Rathbone, *Walker Evans*, 164 (wie Anm. 10).

217 William Stott, *Documentary Expression and Thirties America* (Chicago: University of Chicago Press, 1986), 18.

218 Katz, „Interview" (wie Anm. 5). Er nannte als Ort Savannah, die FSA Birmingham.

[219] Rathbone, *Walker Evans*, 141–142 (wie Anm. 10).
[220] Agee und Evans, *Let Us Now Praise Famous Men*, 277 (wie Anm. 192).
[221] Cummings, Interview (wie Anm. 6).
[222] Agee und Evans, *Let Us Now Praise Famous Men*, 162–163 (wie Anm. 192).
[223] Walker Evans, „Photography", 180 (wie Anm. 19).
[224] Wright Morris im Gespräch mit Jim Alinder in *Wright Morris: Structures and Artifacts. Photographs 1933–1954* (Lincoln: Sheldon Memorial Art Gallery, University of Nebraska, 1975), 118.
[225] Agee und Evans, *Let Us Now Praise Famous Men*, 192 (wie Anm. 192).
[226] Siehe oben Kapitel 2.
[227] Judith Keller, *Walker Evans: The Getty Museum Collection* (Malibu, Calif.: The J. Paul Getty Museum, 1995), 329–337.
[228] Cummings, Interview (wie Anm. 6).
[229] Gilles Mora und John T. Hill, *Walker Evans: The Hungry Eye* (New York, Harry N. Abrams, 1993), 162–197.
[230] Alan Trachtenberg, „A Book Nearly Anonymous", in *Reading American Photographs: Images as History Mathew Brady to Walker Evans* (New York: Hill and Wang, 1990), 231–285; Douglas R. Nickel, „American Photographs Revisited", *American Art*, 6, 2 (Frühjahr 1991), 78–97; Jean-François Chevrier, „Walker Evans, *American Photographs* et la question de sujet", in *Walker Evans dans le temps et dans l'histoire* (Paris: L'Arachnéen, 2010), 6–61; Peter Galassi, „Walker Evans und die Kunst des Faktischen", in *New Photography 1890–1950: Von Stieglitz bis Man Ray*, hrsg. von Ortrud Westheider und Michael Philipp (München: Hirmer Verlag 2012), 35.
[231] Kirstein, „Photographs of America", 199 (wie Anm. 187).

KAP. 5

[232] Jeff. L. Rosenheim, Nachwort in *Many Are Called* (New Haven und London: Yale University Press, 2004), 197–204.
[233] Ebda., 15.
[234] Sarah Greenough, *Walker Evans: Subways and Streets* (Washington: National Gallery of Art, 1992). Der Appendix enthält mehrere unpublizierte Texte, die Evans über diese Serie verfasste.
[235] Ebda., 125.
[236] Ebda., 126.
[237] Ebda.
[238] Ebda., 127.
[239] „Walker Evans, Visiting Artist", 319 (wie Anm. 14).
[240] Jeffrey W. Limerick und Patricia L. Nelson, „An Interview with Walker Evans, Old Lyme, Connecticut, 20. Mai 1973". Ich danke Anne Bertrand für eine Kopie dieses unpublizierten Textes.
[241] „Walker Evans on Robert Frank / Robert Frank on Walker Evans", *Still*, 3, 1973. Ich danke Jerry L. Thompson für den Hinweis.
[242] 1936 photographierte er eine ähnliche Ausstellung von Portraits in Birmingham, Alabama; siehe Greenough, *Walker Evans: Subways and Streets*, Abb. 10 (wie Anm. 234).
[243] Benutzte Evans eine Leica oder eine 35mm-Contax mit einer noch stärkeren Linse? Vermutlich abwechselnd beide. Evans hinterließ Jerry L. Thompson eine schwarz angestrichene Contax, die er laut Thompson in der U-Bahn benutzt haben soll.
[244] Siehe Anm. 86.
[245] Greenough, 125 (wie Anm. 234).

246 Nora Sayre, *Previous Convictions*, 77 (wie Anm. 11).
247 Walker Evans, „Photography", 171 (wie Anm. 19).
248 Überlegungen beim Photographieren des 83 Jahre alten Carl van Vechten, 1961. WEA 1994.250.6.
249 Katz, „Interview" (wie Anm. 5).
250 „Walker Evans on Himself" (wie Anm. 9).
251 David Campany, „Walker Evans: Anonymous and Incognito", in *Walker Evans: Labor Anonymous*, hrsg. von Thomas Zander (Köln: Walther Koenig, 2016), 144.
252 Katz, „Interview" (wie Anm. 5).
253 Elizabeth Bishop, *Poems* (New York: Farrar, Straus & Giroux, 2011), 16.
254 David Kalstone, *Becoming a Poet: Elizabeth Bishop with Marianne Moore and Robert Lowell* (New York: Farrar, Straus & Giroux, 1989), 19–20.
255 Bertrand, „Walker Evans, écrits et propos", 75, Anm. 205 (wie Anm. 57).
256 Elizabeth Bishop, Brief an Anne Stevenson, 8. Januar 1964, in Elizabeth Bishop, *Prose*, hrsg. von Lloyd Schwarz (New York: Farrar, Straus & Giroux, 2011), 414.
257 Vidyan Ravinthiran, *Elizabeth Bishop's Prosaic* (Lewisburg, Penn.: Bucknell University Press, 2015) beschreibt die Beziehung zwischen Bishops deskriptiver Prosa und den Versen als Hebung.
258 Rathbone, *Walker Evans*, 200 (wie Anm. 10). KAP. 6
259 Jerry L. Thompson, „Walker Evans in 1946/Labor Anonymous", in *Walker Evans: Labor Anonymous*, 7–32 (wie Anm. 251).
260 David Campany, *Walker Evans: The Magazine Work* (Göttingen: Steidl, 2014).
261 „Walker Evans on Robert Frank / Robert Frank on Walker Evans" (wie Anm. 241). Siehe auch Mellow, *Walker Evans*, 550 (wie Anm. 49).
262 Geraldine A. Johnson, „Photographing Sculpture, Sculpting Photography", in *Photography and Sculpture: The Art Object in Reproduction*, hrsg. von Sarah Hamill und Megan R. Luke (Los Angeles: Getty Research Institute, 2017), 281.
263 Anne Bertrand, „Détruire: ‚The Wreckers', portfolio de Walker Evans dans *Fortune*, mai 1951", in *Photographier le chantier: Transformation, inachèvement, altération, désordre*, hrsg. von Jordi Ballesta und Anne-Céline Callens (Paris: Hermann, 2019), 43–56.
264 Tyler Green, *Carleton Watkins: Making the West American* (Oakland: University of California Press, 2018).
265 Walker Evans, „Photography", 211 (wie Anm. 19).
266 Jerry L. Thompson, „Some Notes on His Way of Working", 12 (wie Anm. 17).
267 Rathbone, *Walker Evans*, 166 (wie Anm. 10).
268 „Walker Evans on Himself" (wie Anm. 9).
269 Nora Sayre, *Previous Convictions*, 81 (wie Anm. 11).
270 Rathbone, *Walker Evans*, 235 (wie Anm. 10).
271 „Walker Evans, Visiting Artist", 341 (wie Anm. 14).
272 Leslie K. Baier, *Walker Evans at Fortune, 1945–1965* (Wellesley, Massachusetts: The Wellesley College Museum, 1977).
273 Mellow, *Walker Evans*, 302–303 (wie Anm. 49).
274 Jeff L. Rosenheim, *Walker Evans and the Picture Postcard*, Abb. 77 (wie Anm. 49).
275 Evans hatte vorher für die *New York Times Book Review* ein- bis zweimal pro Jahr geschrieben, bevor seine Mitarbeit endete: Anne Bertrand, „Walker Evans, écrits et propos", 47 (wie Anm. 57).
276 Campany, *Walker Evans*, 216–217 (wie Anm. 251).

277 WEA 1994.250.52.

KAP. 7

278 Jerry L. Thompson und Alvin Eisenman, „Teaching the Practice of Photography at Yale: A Conversation with Alvin Eisenman und Jerry L. Thompson“, *Yale University Art Gallery Bulletin*, 2006, 127.

279 *Walker Evans*, 21–25. (Anm. 58)

280 Rosenheim, *Walker Evans and the Picture Postcard*, 106 (wie Anm. 64).

281 Katz, „Interview“ (wie Anm. 5). Paul Cummings, Interview (wie Anm. 6).

282 Rosenheim, *Walker Evans and the Picture Postcard*, 20 (wie Anm. 64).

283 Gilles Mora und John T. Hill, *Walker Evans* (wie Anm. 219), wo besagte Postkarte am Ende der Abwicklung erscheint, weil diese verkehrt herum reproduziert wurde. Elf zu Postkarten transformierte Photographien bei Rosenheim, *Walker Evans and the Picture Postcard*, Anm. 69–79 (wie Anm. 64); weitere bei *Walker Evans: Lyric Documentary*, 87, 104, 156 (wie Anm. 194).

284 Katz, „Interview“ (wie Anm. 5).

285 Zu dem Galena-Bild s. Anm. 58.

286 Walker Evans, Visiting Artist, 317 (wie Anm. 14).

287 Zur Ausstellung: Jerry L. Thompson, *The Last Years of Walker Evans*, 18–21 (wie Anm. 139) und Jerry L. Thompson. „A ‚last lap around the track‘: Signs and SX-70s“, in *Walker Evans: Depth of Field*, 346ff (wie Anm. 130).

288 Thompson, *The Last Years of Walker Evans*, 56–57 (wie Anm. 139). Thompson geht das Thema anders an als ich.

289 *Walker Evans at Work*, 151 (wie Anm. 17).

290 Szarkowski, *Walker Evans*, 16 (wie Anm. 26).

291 Thompson, *The Last Years of Walker Evans*, 64 (wie Anm. 139).

292 Ebda., 64.

293 Siehe oben Kapitel 4.

294 William R. Ferris, „A Visit with Walker Evans“, in *Images of the South*, 37 (wie Anm. 7).

295 Steven Shore im Gespräch mit David Campany in *Stephen Shore: Survey* (New York: Aperture, 2014), 36.

296 Clément Chéroux, *Snap + Share: Transmitting Photographs from Mall Art to Social Networks* (San Francisco: San Francisco Museum of Art, 2019).

297 „Walker Evans on Himself“ (wie Anm. 9).

298 Mora und Hill, *The Hungry Eye*, 283, 284 (wie Anm. 229).

299 „Walker Evans on Himself“ (wie Anm. 9).

NACHWORT

300 „Walker Evans, Visiting Artist“, 14 (wie Anm. 14).

301 *William Henry Fox Talbot: Beyond Photography*, hrsg. von Mirjam Brusius u. a. (New Haven und London: The Yale Center for British Art und The Paul Mellon Centre for Studies in British Art, 2013).

Tafeln

Die mit * gekennzeichneten Tafeln sind im Originalformat wiedergegeben

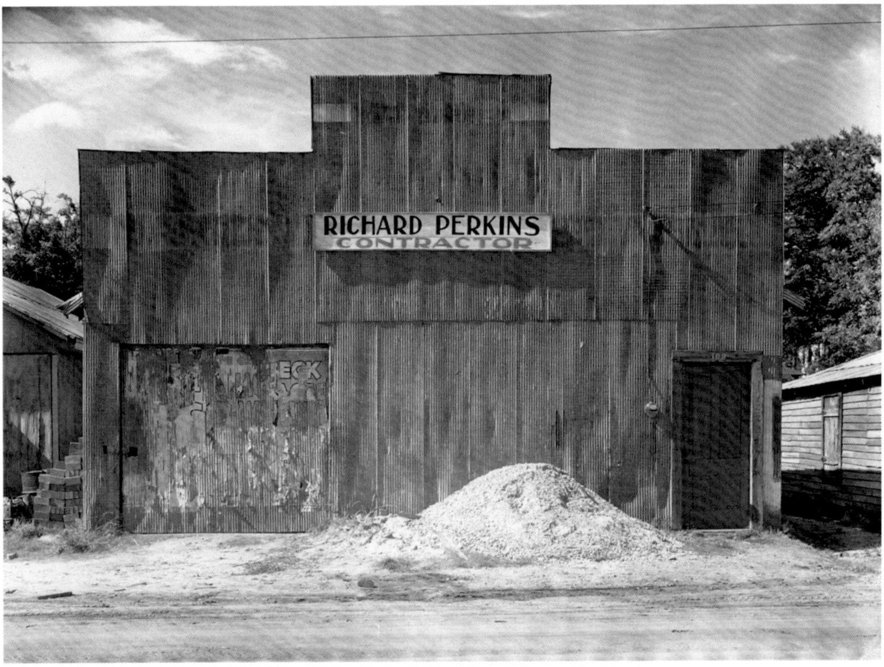

1 Wellblechfassade, Moundville, Alabama, 1936

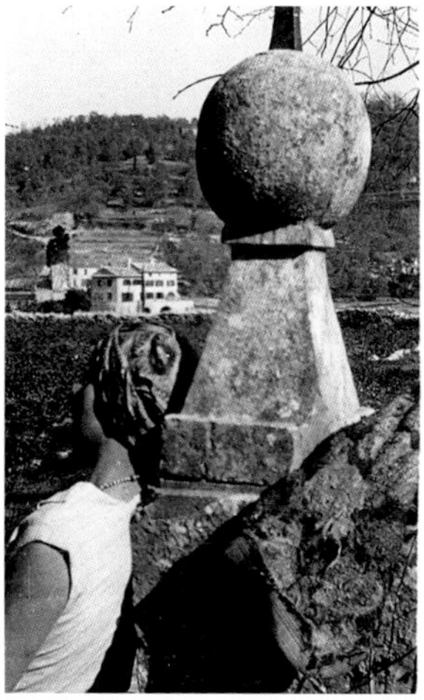

2 Georgette Maury mit Turban, an einen Steinpfosten gelehnt, Les Cyprès de St. Jean par Grasse, Frankreich, 1927*

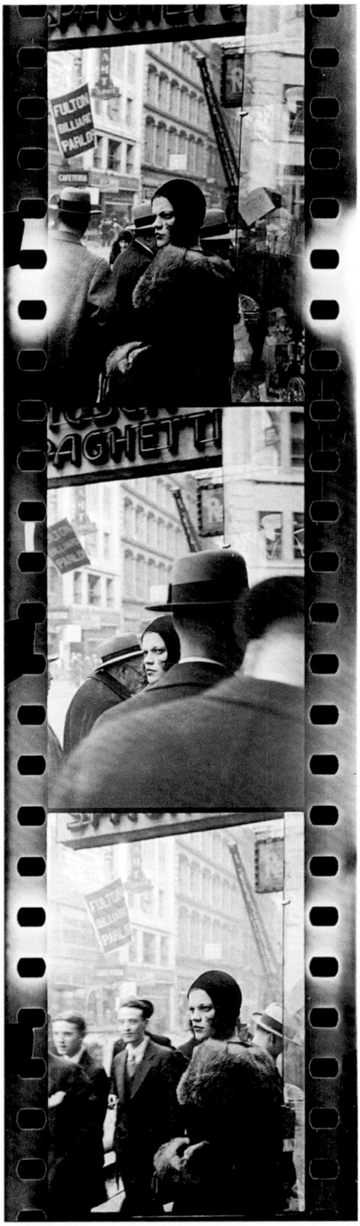

3 Drei 35mm-Filmbilder: Frau mit Glockenhut und Pelzkragen, Fußgänger, Fulton Street, New York City, 1929

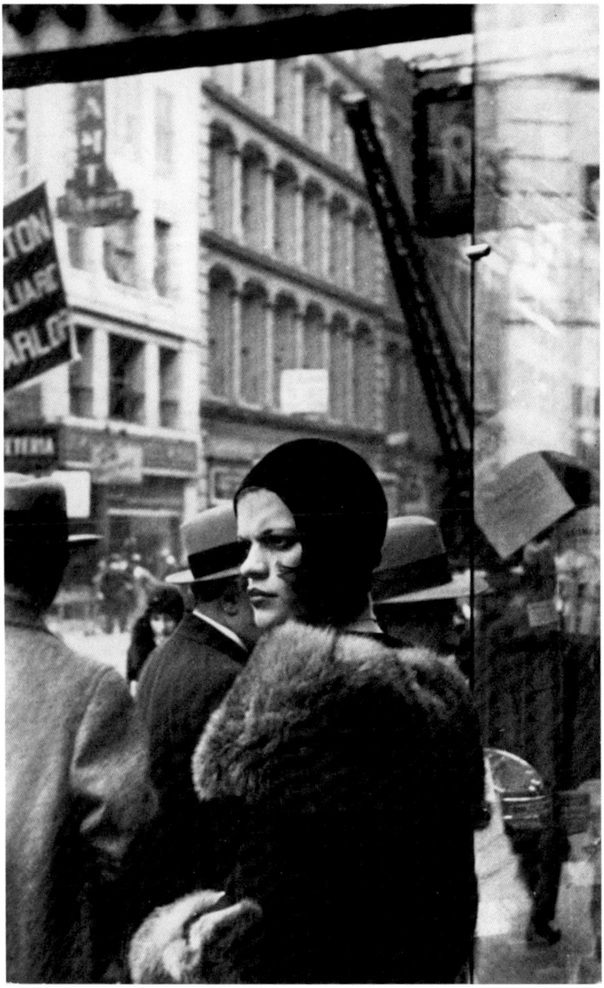

4 Junge Frau in der Fulton Street, New York, 1929

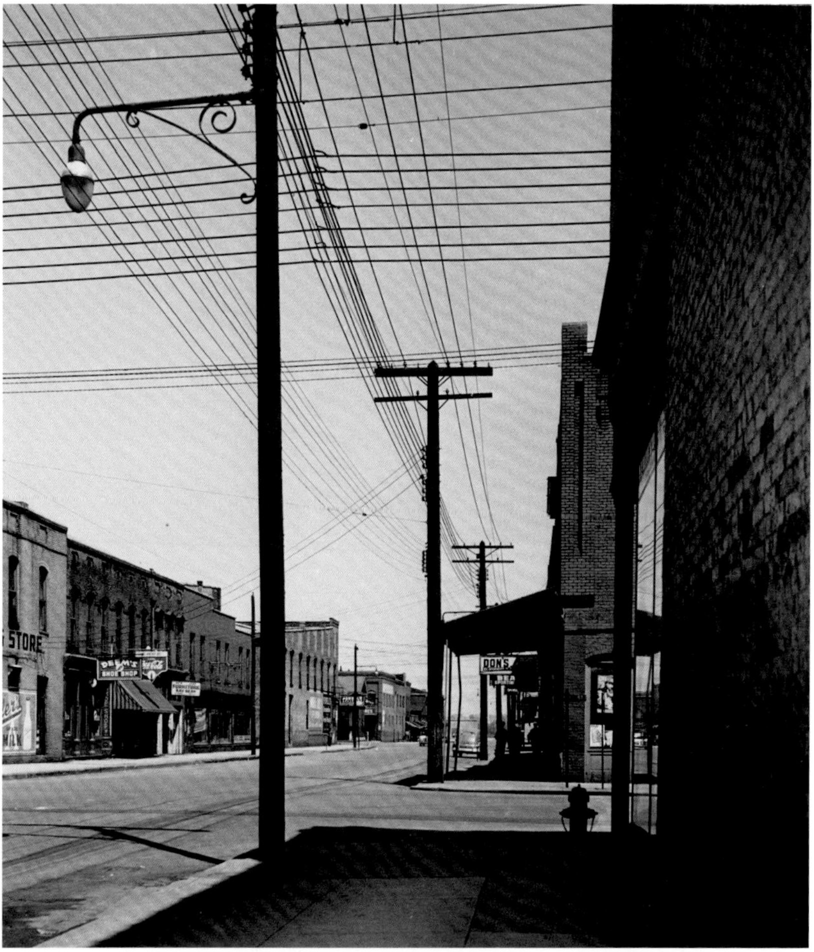

5 Geschäftsviertel, South 3rd St., Paducah, Kentucky, 1947

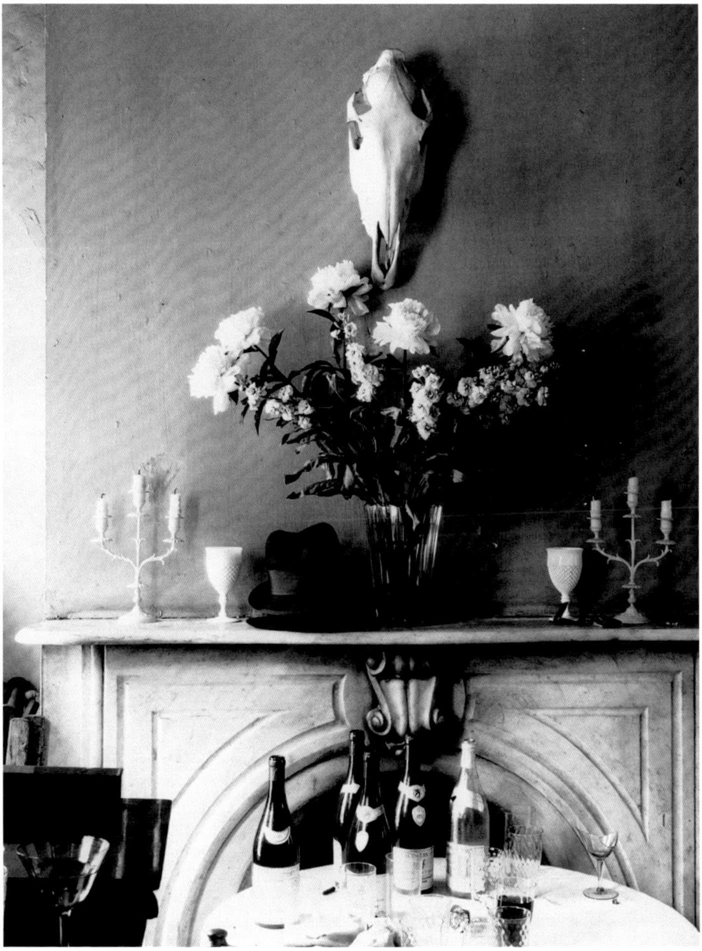

6 Salon in Muriel Drapers Wohnung, New York, 1934

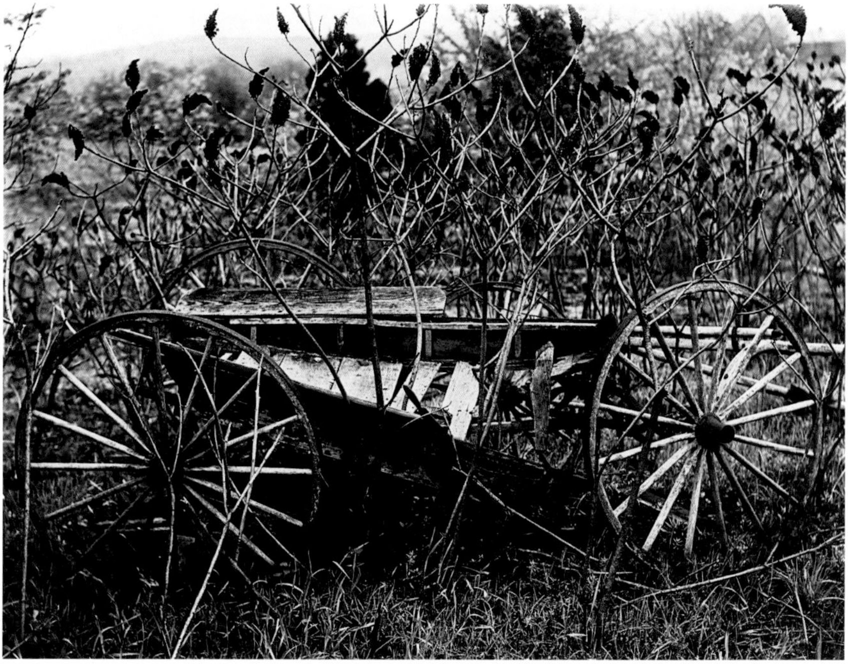

9 Ausrangierter Wagen in Gebüsch, Somerstown Road, Ossining, New York, 1931

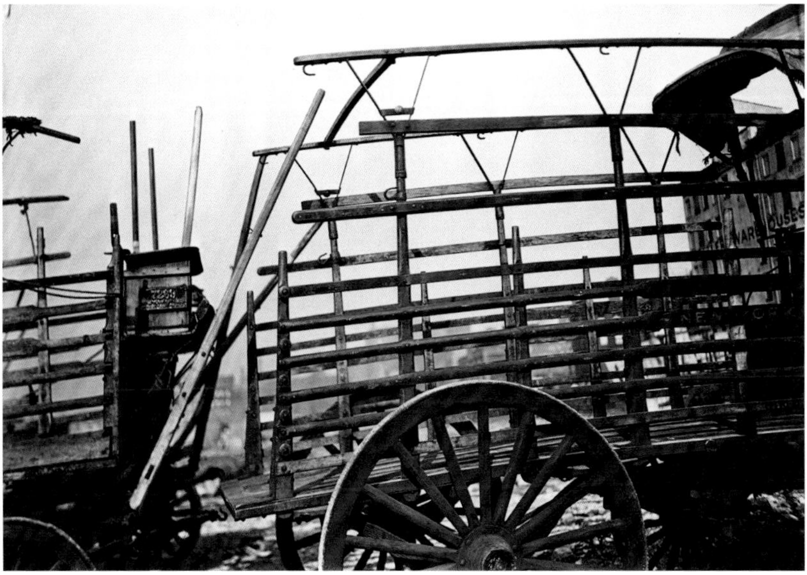

10 Wagen, Old Wallabout Market, Brooklyn, New York, 1930/31

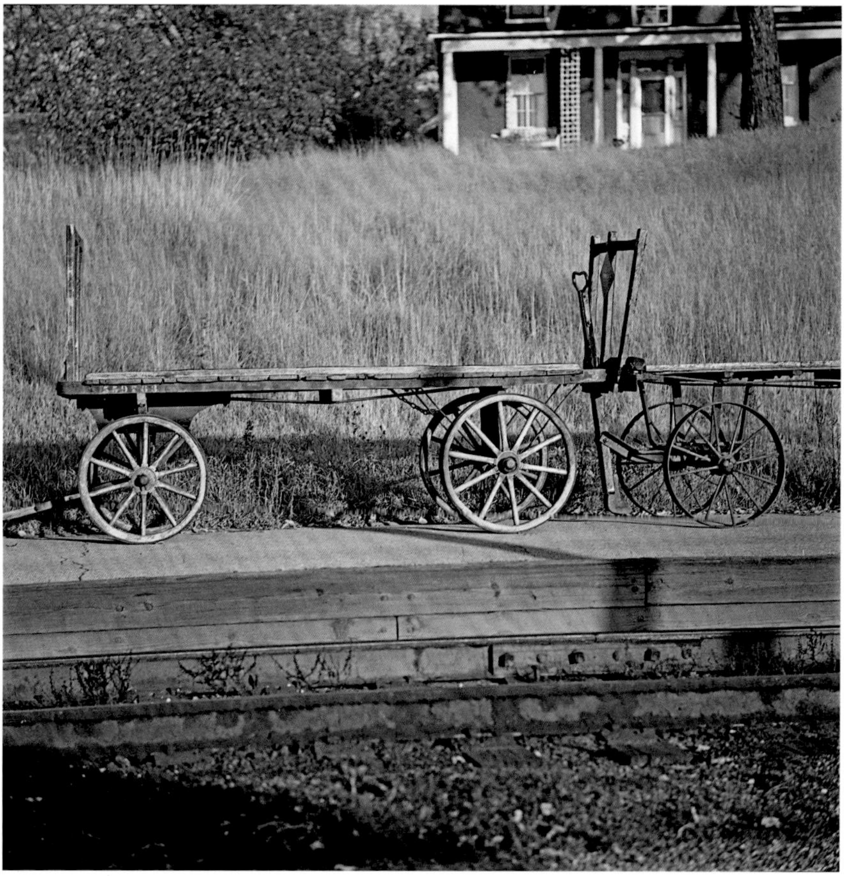

11 Gepäckwagen, Galena, Illinois, Ansichten von Industriearchitektur, für eine unveröffentlichte Serie, *Fortune*-Magazin, 1963

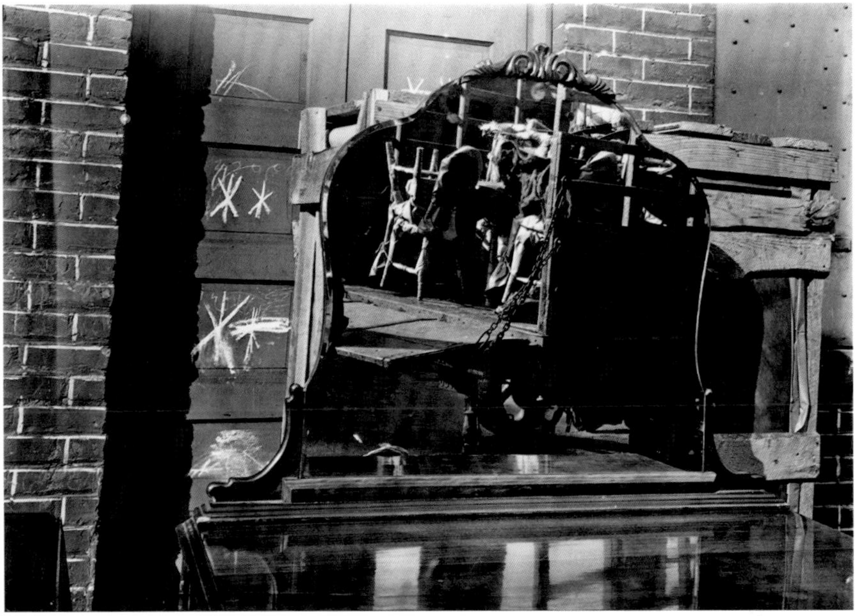

12 Umzugswagen und Spiegelkommode, Brooklyn, New York, 1929–31

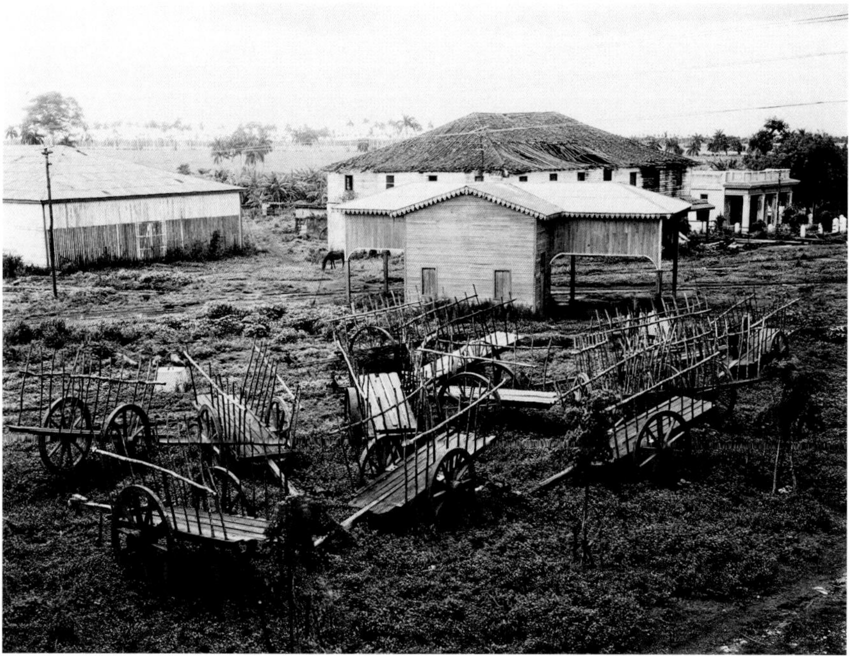

13 Wagen und Wirtschaftsbauten einer Zuckerplantage, Kuba, 1933

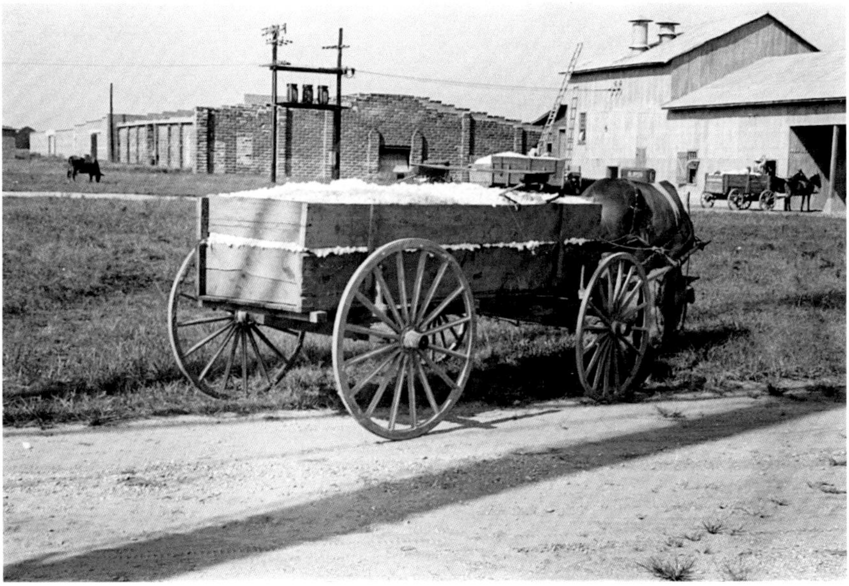

14 Eine Wagenladung Baumwolle vor dem „Cotton Gin", der Maschine zum Entfernen des Samens, Umgebung von Moundville, Alabama, 1936

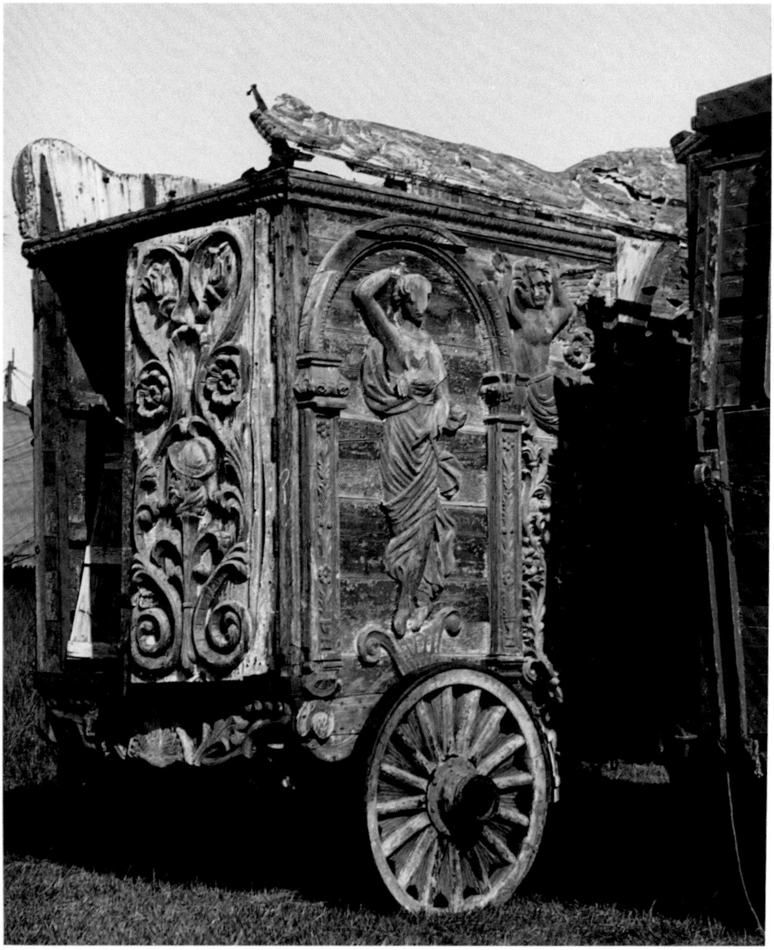

15 Ringling Zirkuswagen, Sarasota, Florida, 1941

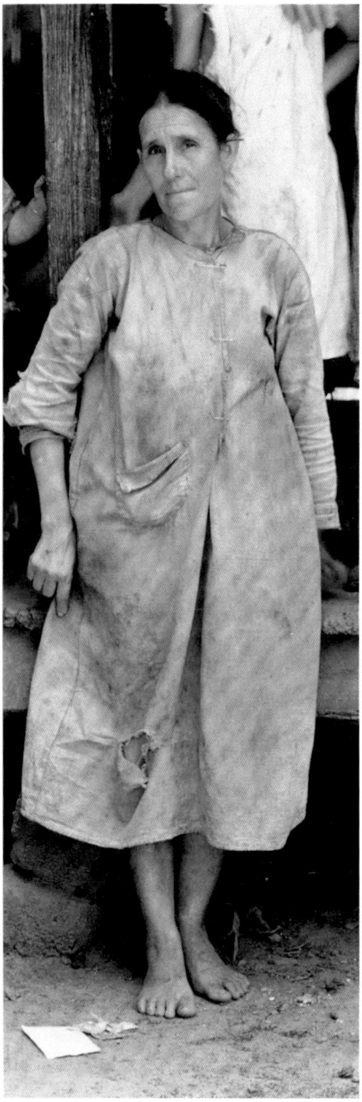

16 Frau eines Pachtbauern, Hale County, Alabama (Katie Tingle), 1936

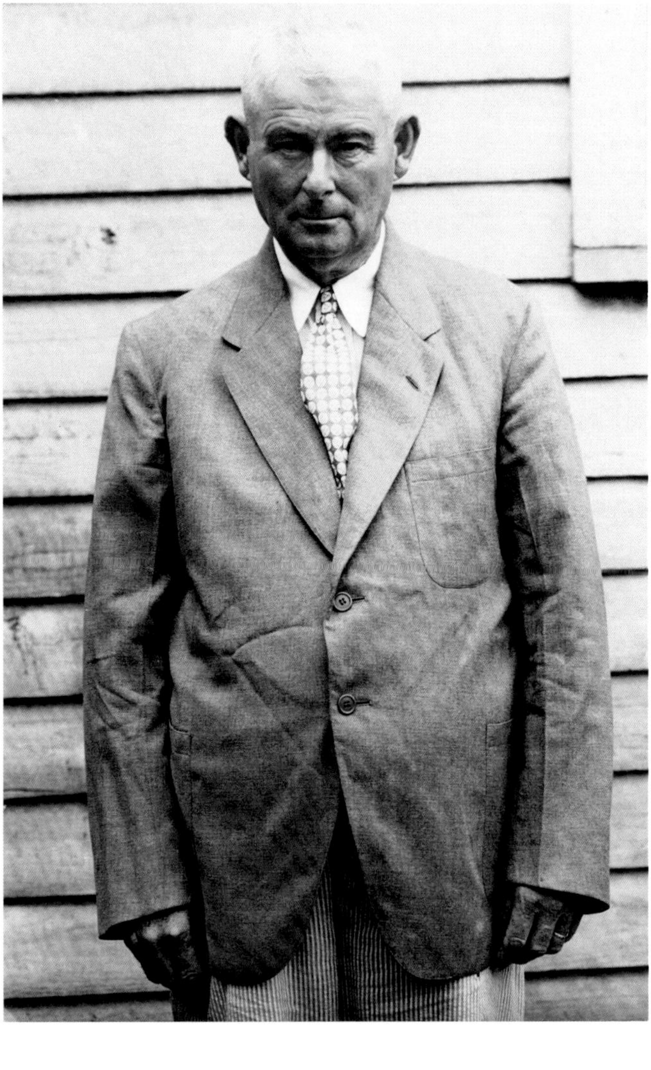

17 Grundbesitzer (Watson Tidmore), 1936

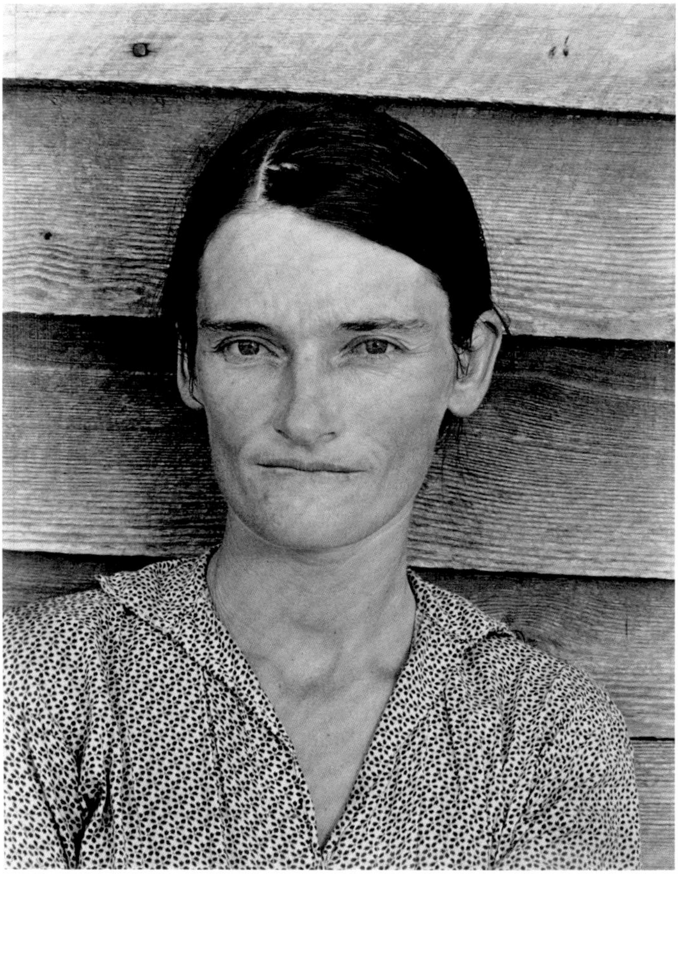

18 Frau eines Baumwollpachtbauern in Alabama (Allie Mae Burroughs), 1936

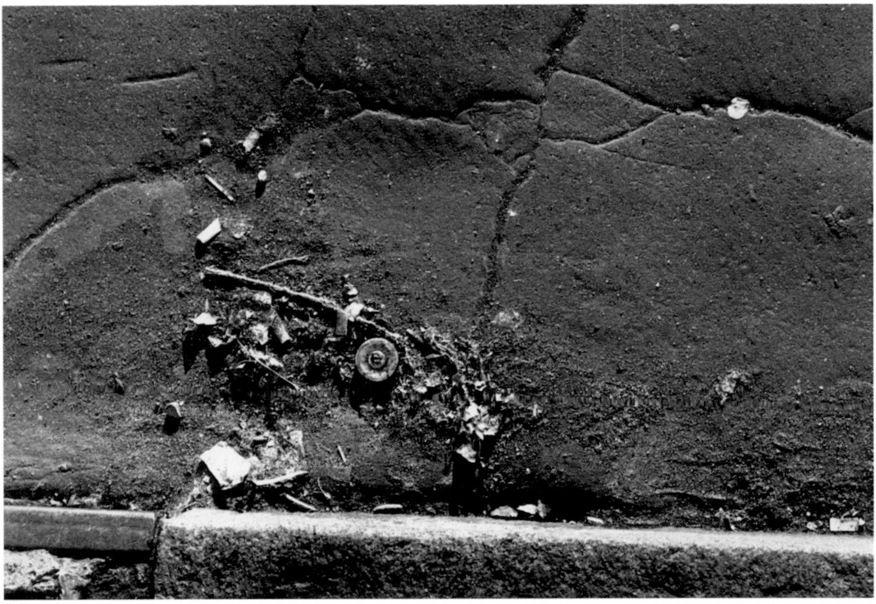

19 Straßenmüll, New York, ca. 1962

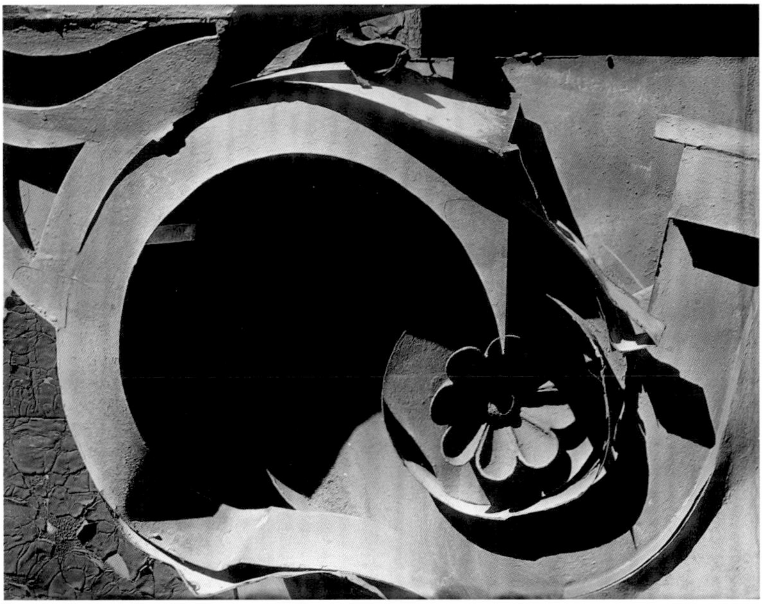

20 Blech-Relikt, 1930

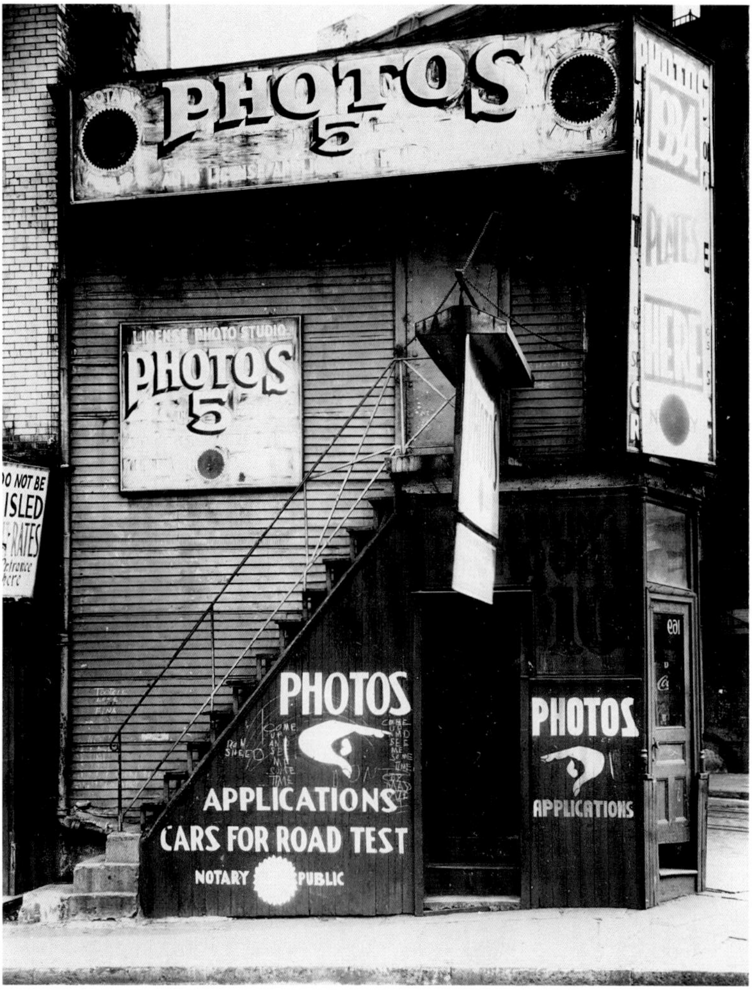

21 Photostudio, New York, 1934

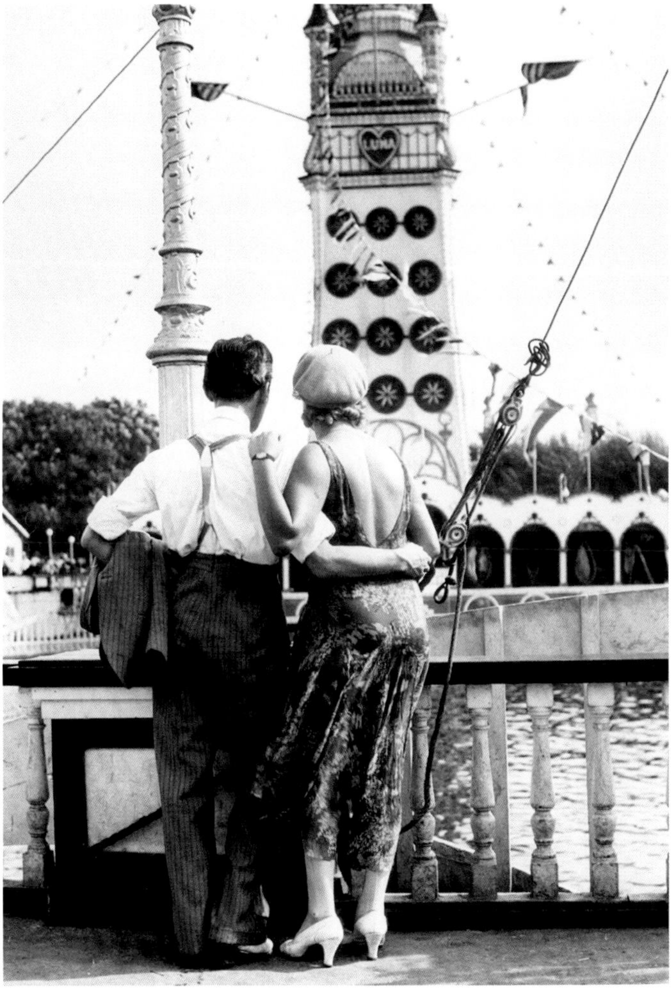

22 Paar in Coney Island, New York, 1928

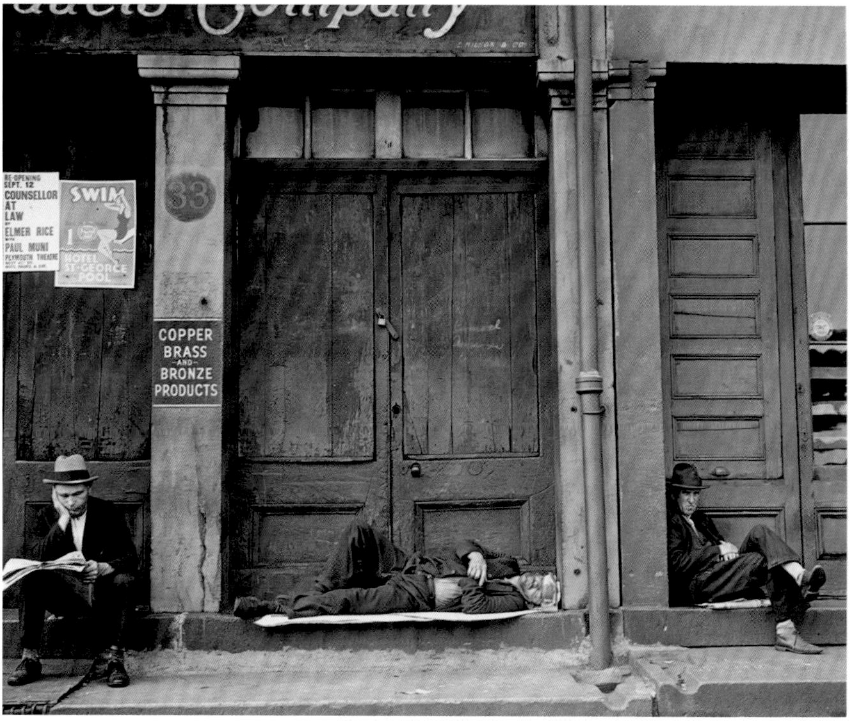

23 South Street, New York, 1932

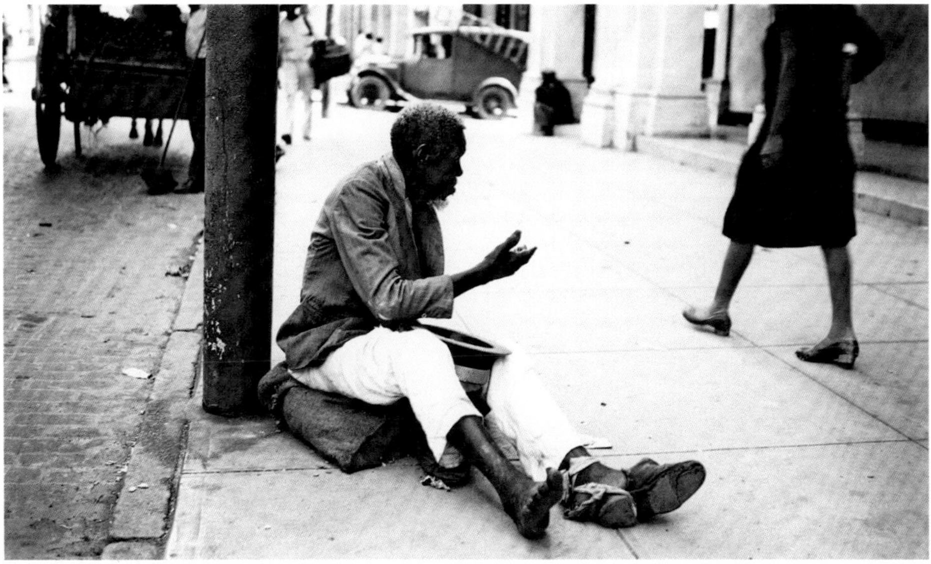

24 Straßenbettler mit ausgestrecktem Arm, Havanna, 1933

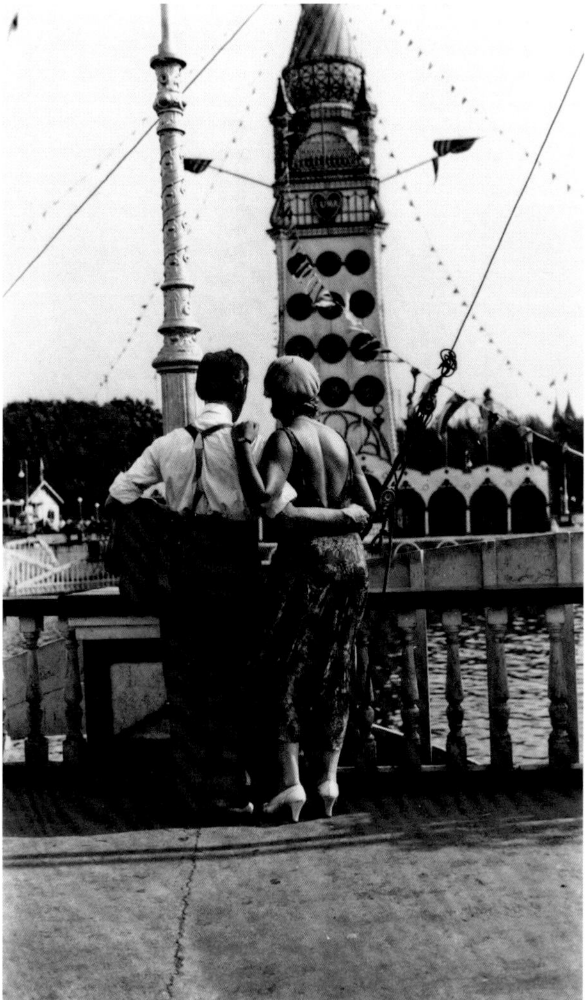

25 Paar im Luna Park, Rückenansicht, Coney Island, New York, 1928

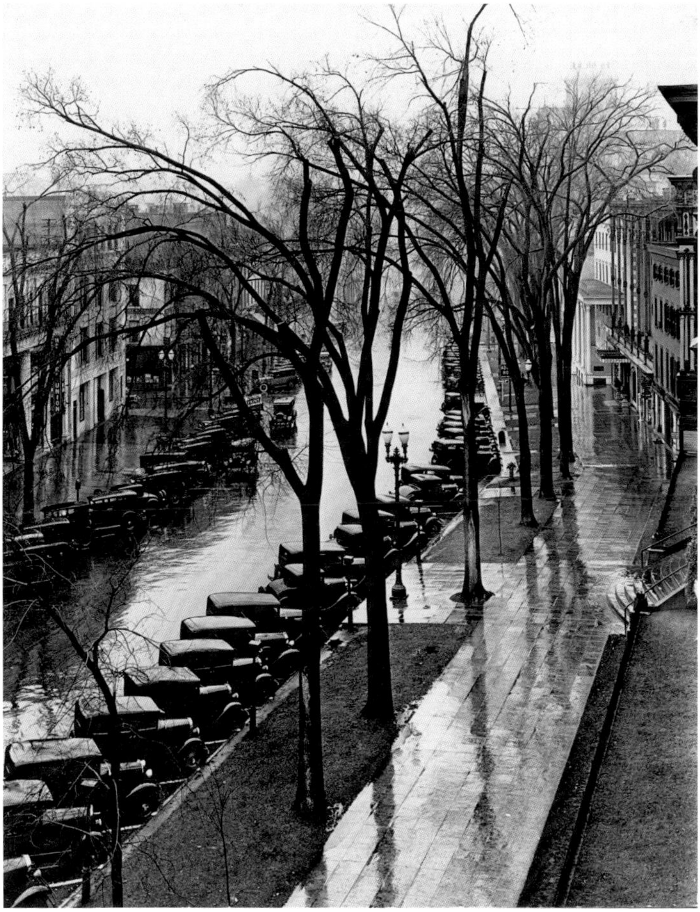

26 Hauptstraße, Saratoga Springs, New York, 1931

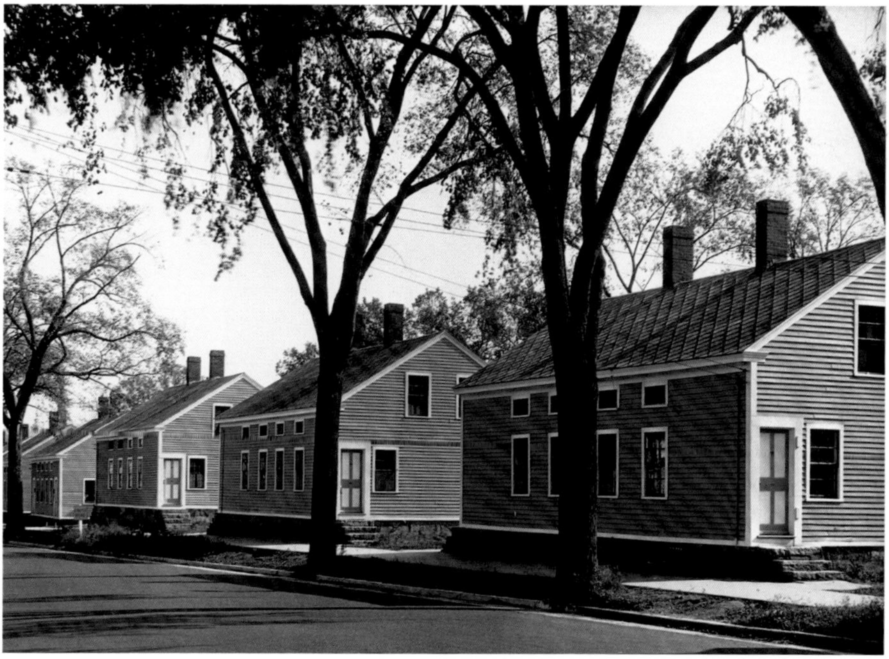

27 Häuser von Mühlenarbeitern in Willimantic, Connecticut, 1931

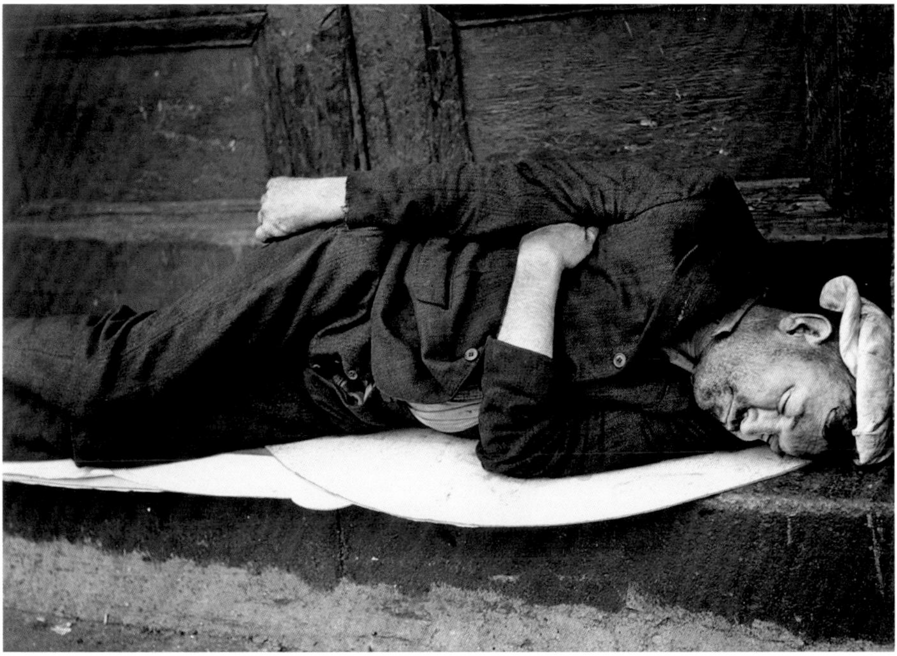

28 South Street, New York, 1932

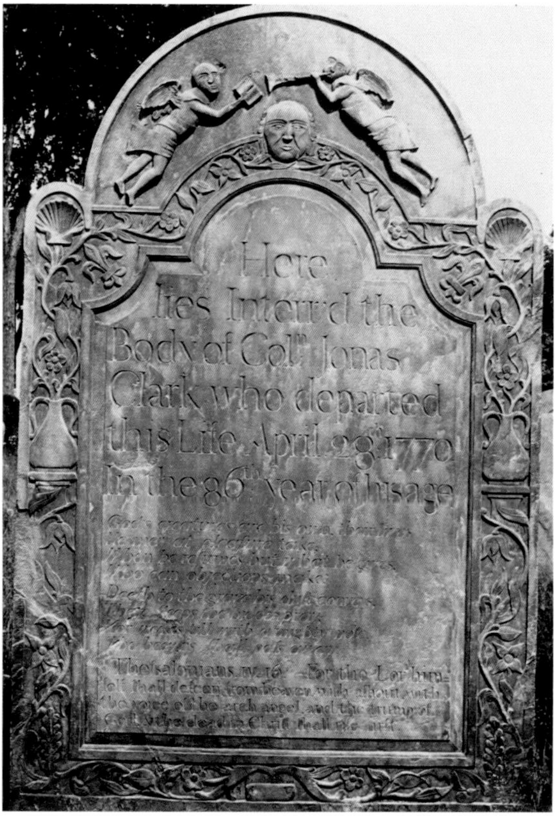

30 Grabstein von Colonel Jonas Clark, ca. 1930*

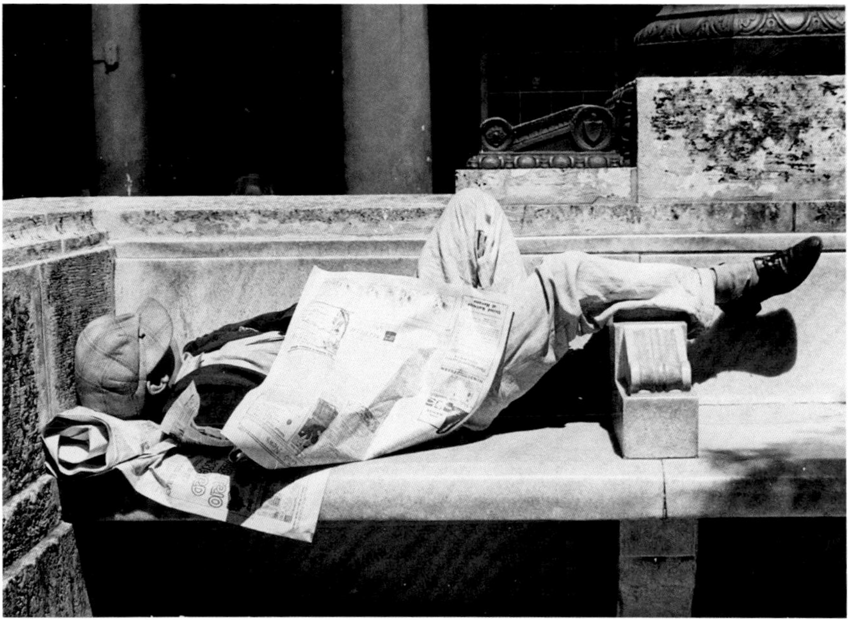

31 Landstreicher im Prado von Havanna, 1933

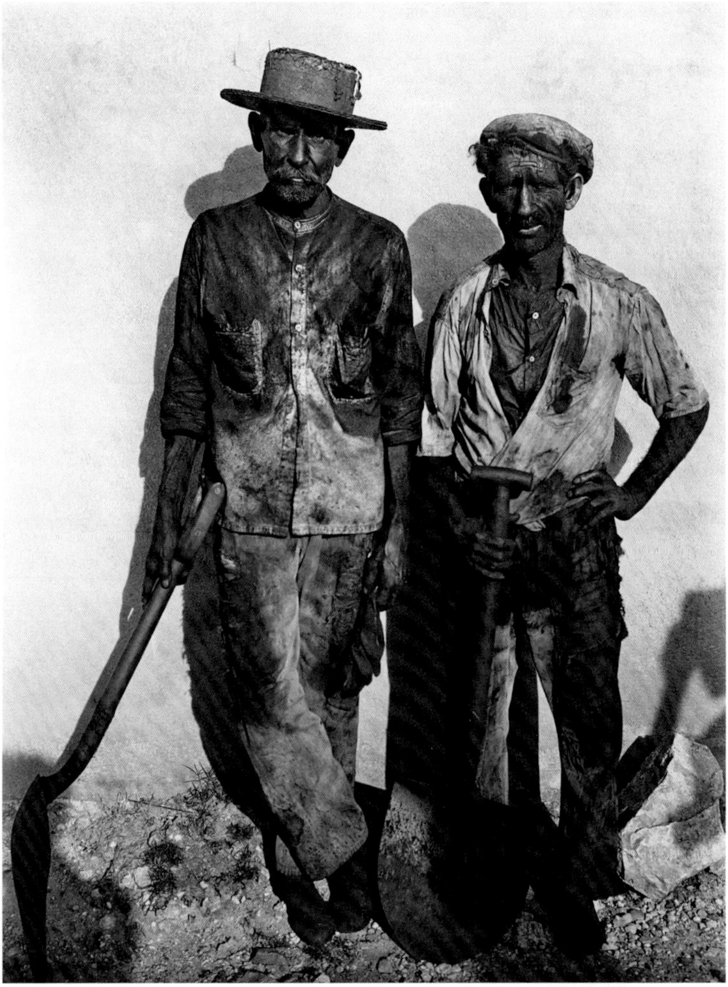

32 Zwei Arbeiter im Kohlehafen mit Schaufeln, Havanna, 1933

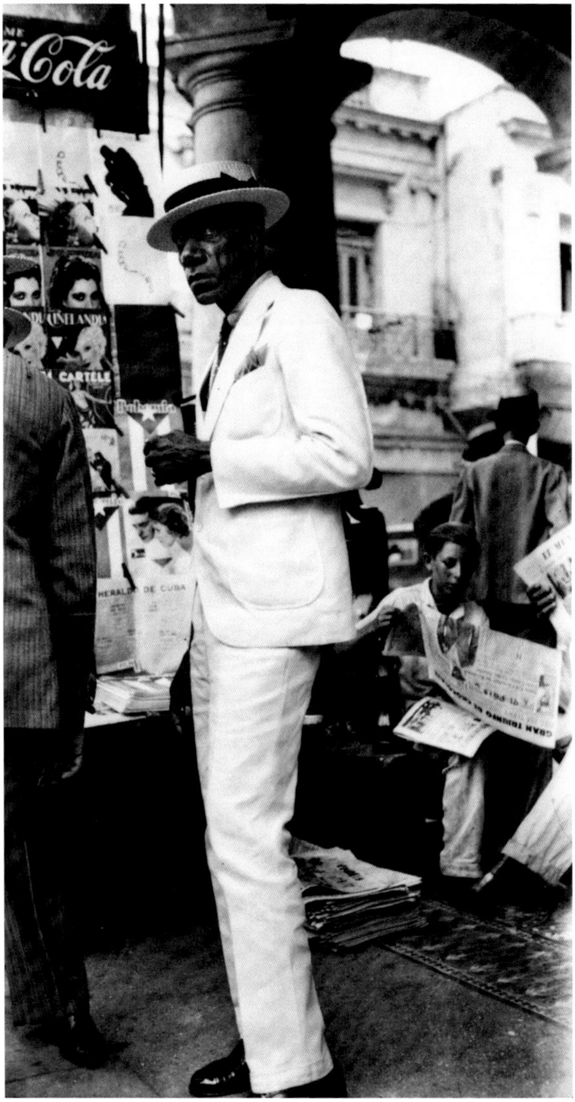

33 Mann in weißem Anzug und Strohhut vor einem Zeitungskiosk, Havanna, 1933

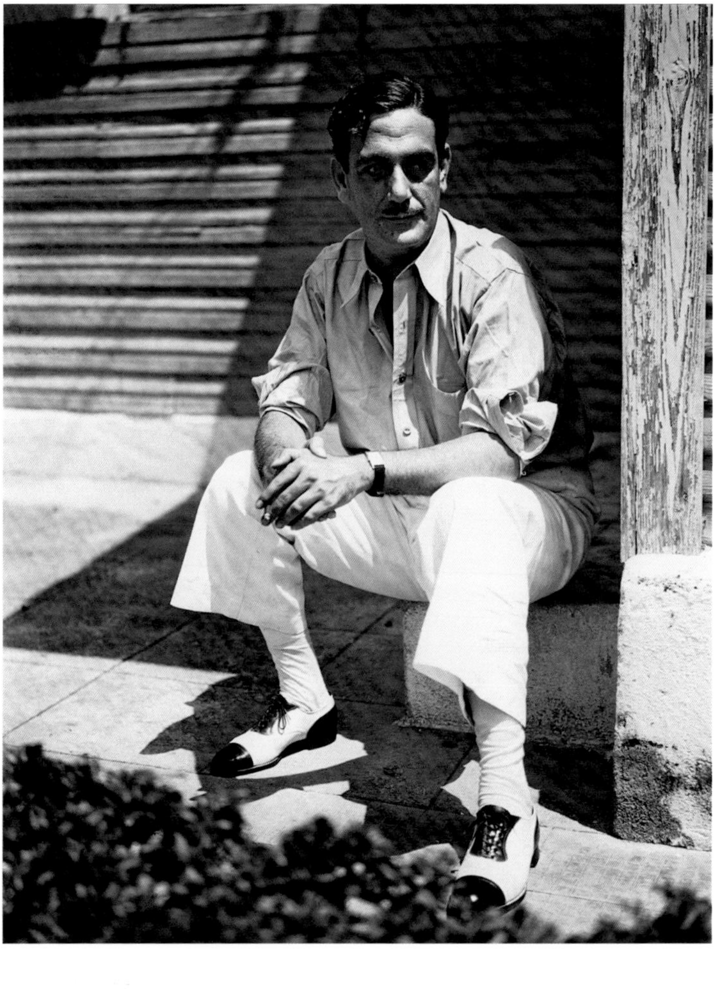

34 Jose Antonio Fernandez de Castro, Havanna, 1933

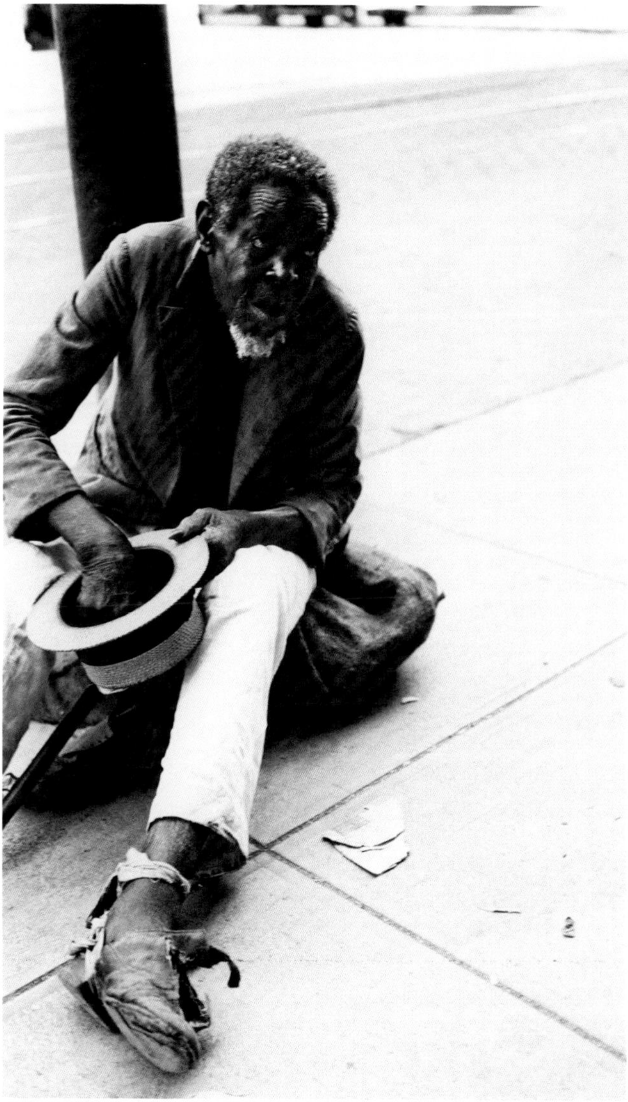

35 Bettler auf der Straße, Havanna, 1933

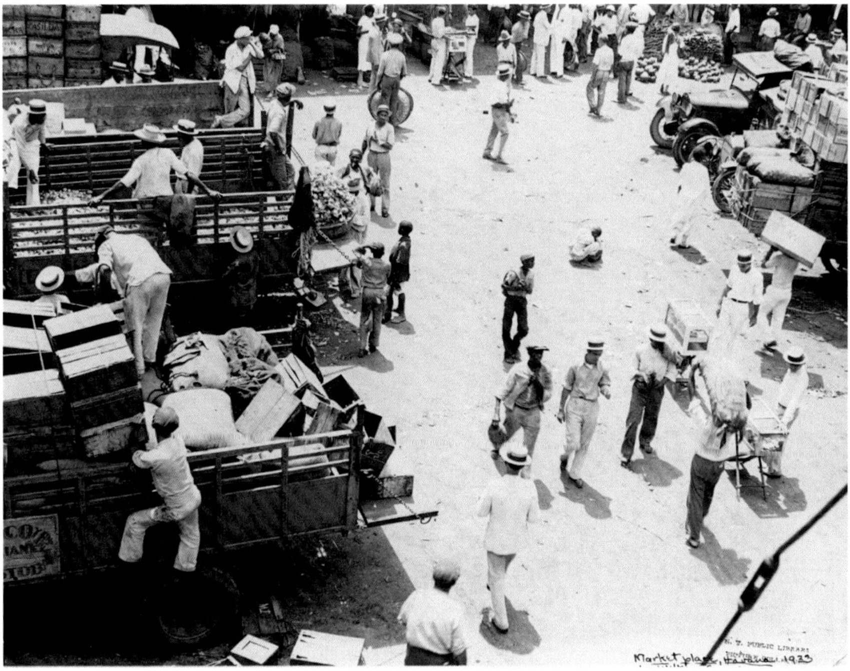

36 Marktplatz, Havanna, 1933

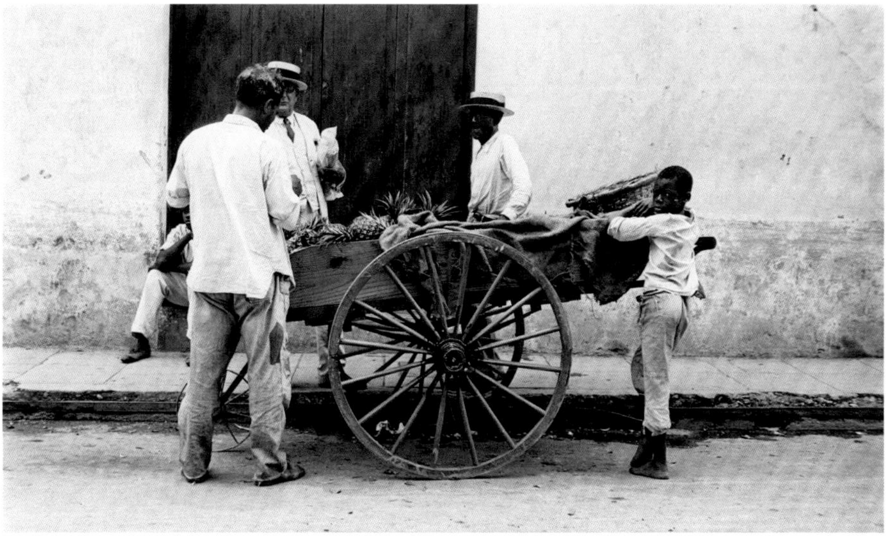

37 Ananasverkäufer und Männer um den Wagen, Havanna, 1933

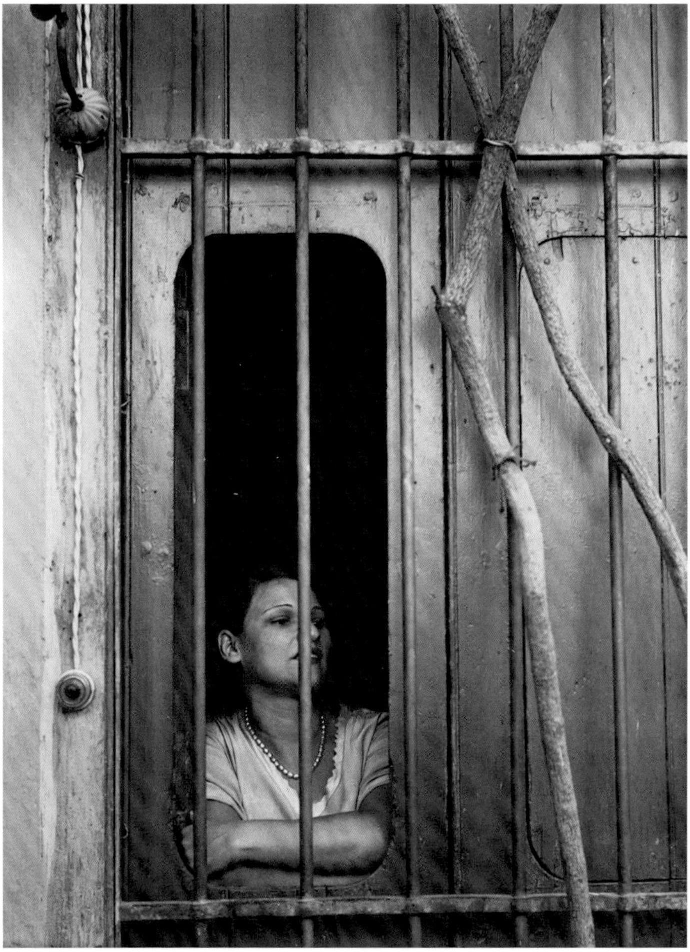

38 Frau hinter einem vergitterten Fenster, Havanna, 1933

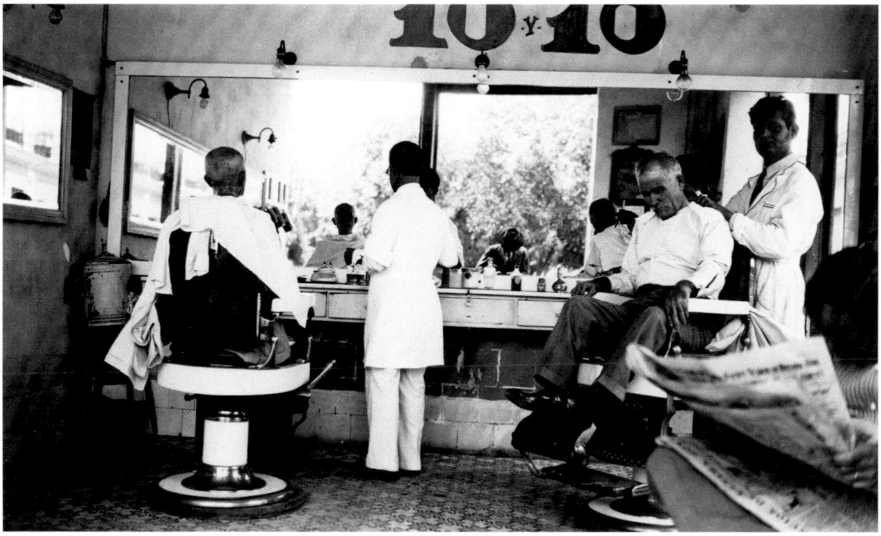

39 Friseurladen, Havanna, 1933

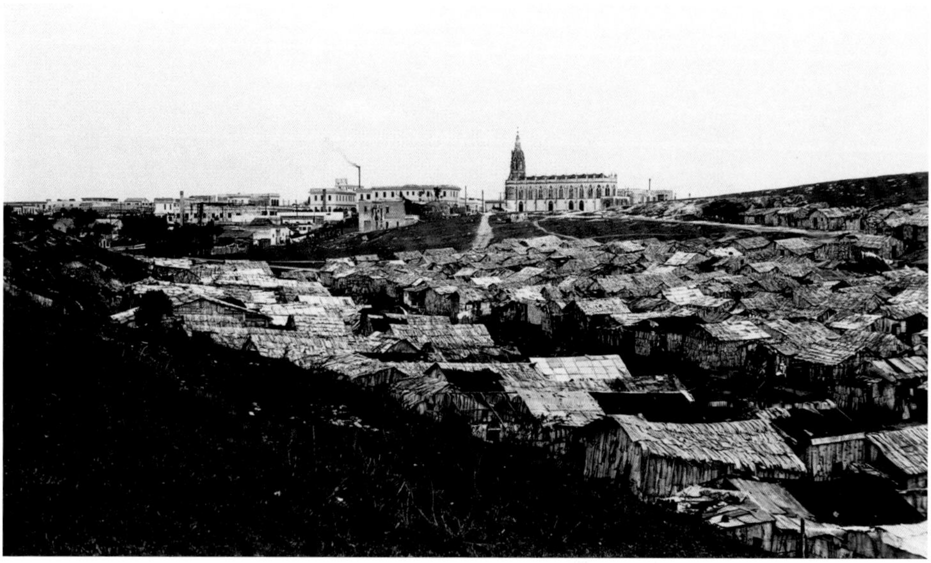

40 Baracken mit Kirche und Stadt im Hintergrund, Stadtrand von Havanna, 1933

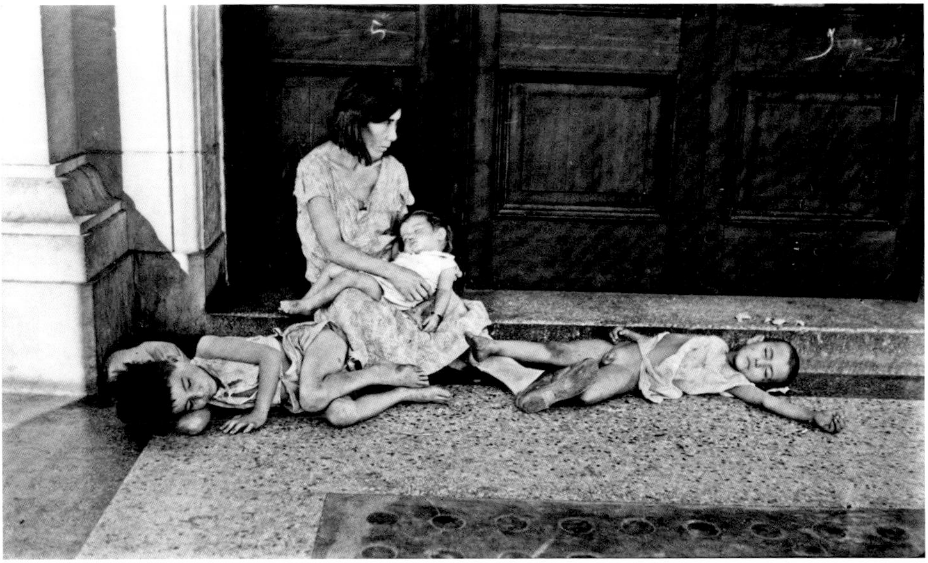

41 Mutter und ihre Kinder an einer Türschwelle auf der Straße, Havanna, 1933

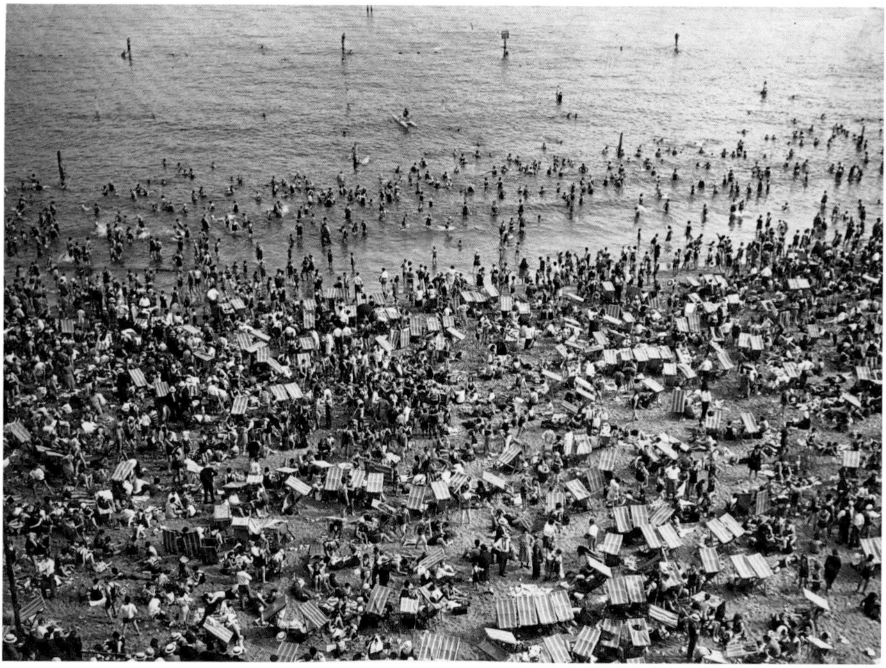

42 Strand von Coney Island, ca. 1929

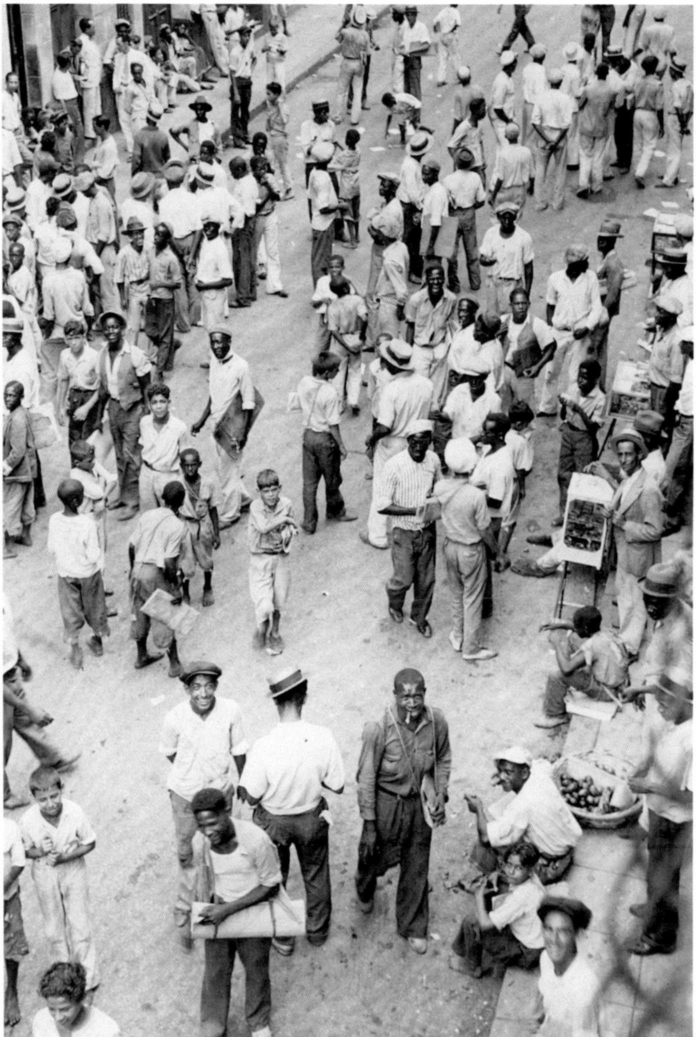

43 Straße in Havanna, 1933

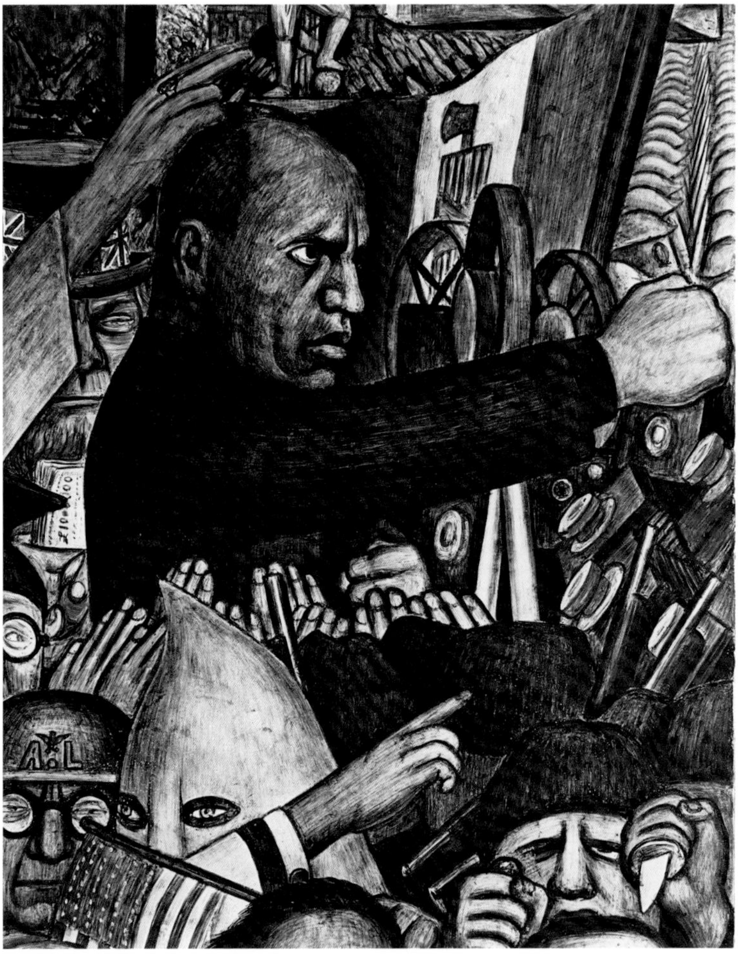

44 Detail des „Mussolini"-Paneels aus Diego Riveras Wandgemälde für die New Worker's School, New York City, 1933

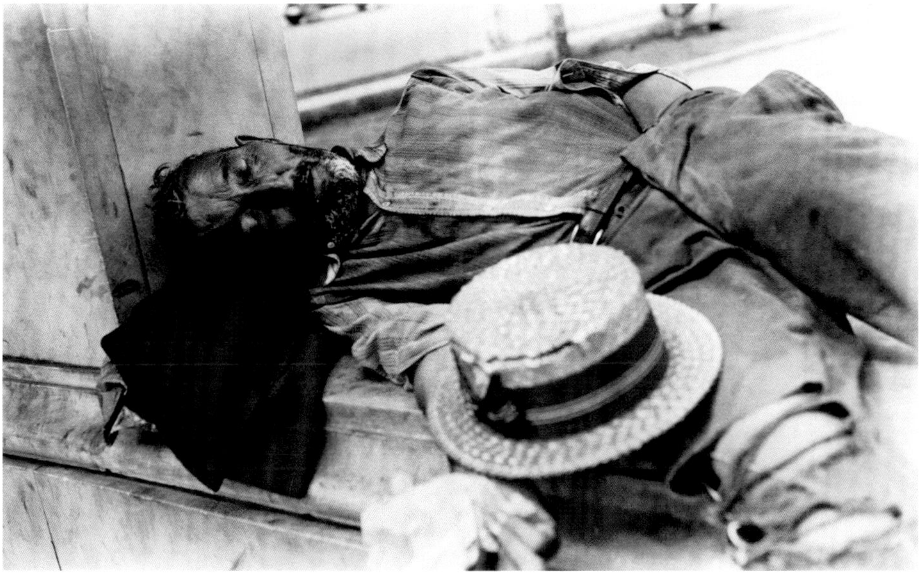

45 Schlafender Bettler, Havanna, 1933

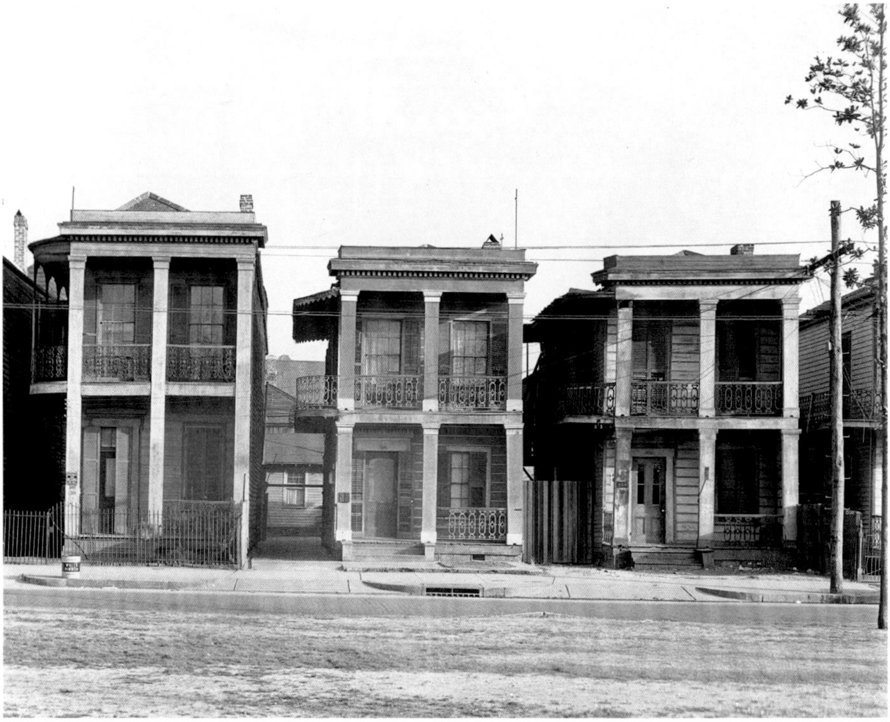

47 Häuser in New Orleans, 1936

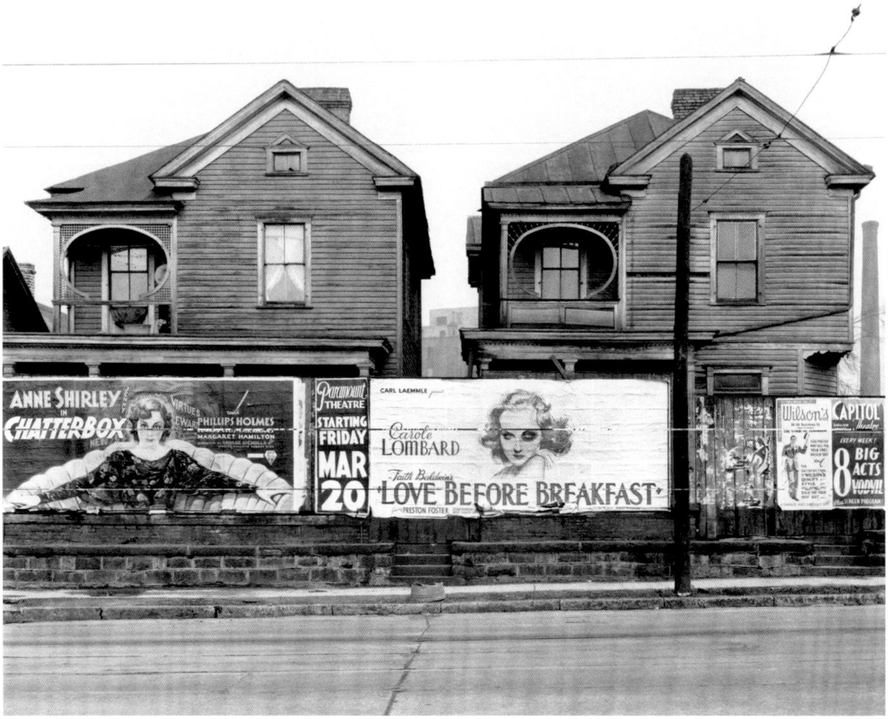

48 Häuser und Reklametafeln, Atlanta, Georgia, 1936

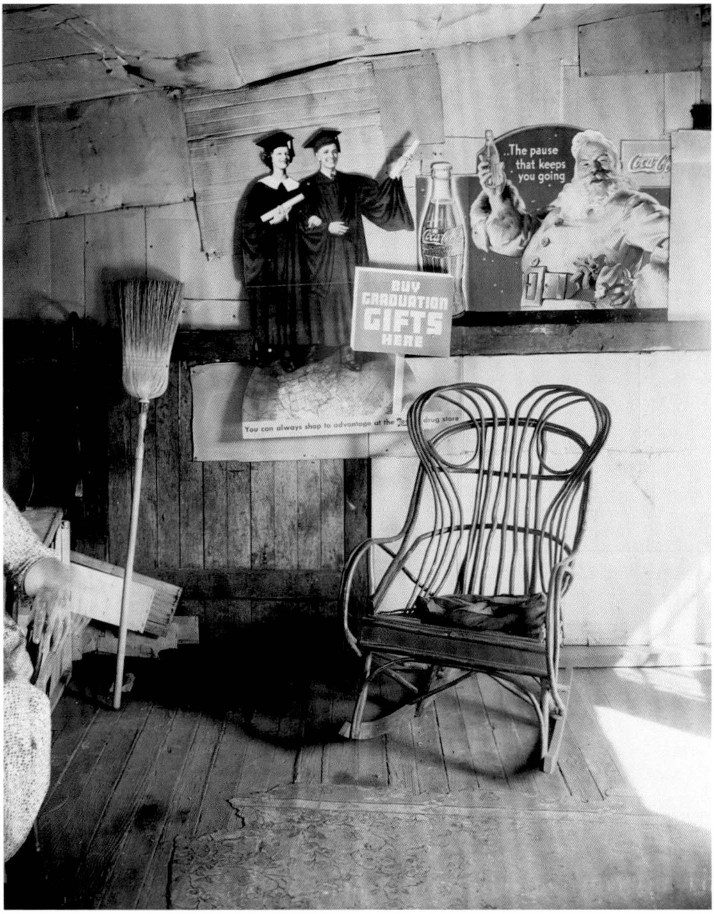

49 Wohnraum eines Bergarbeiters mit Schaukelstuhl und Werbeplakaten an der Wand, West Virginia, 1935

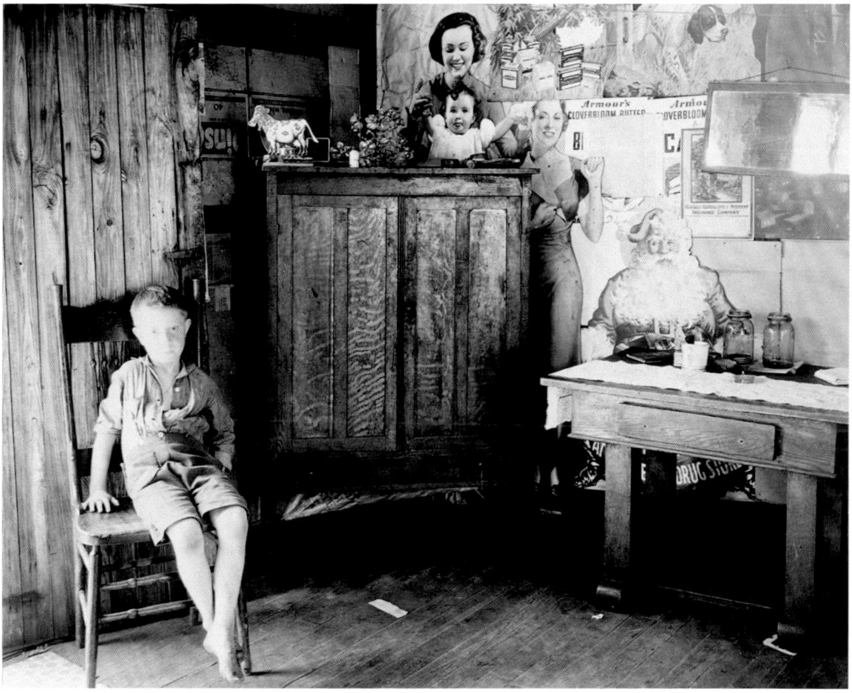

50 Junge im Haus eines Bergarbeiters, bei Morgantown, West Virginia, 1935

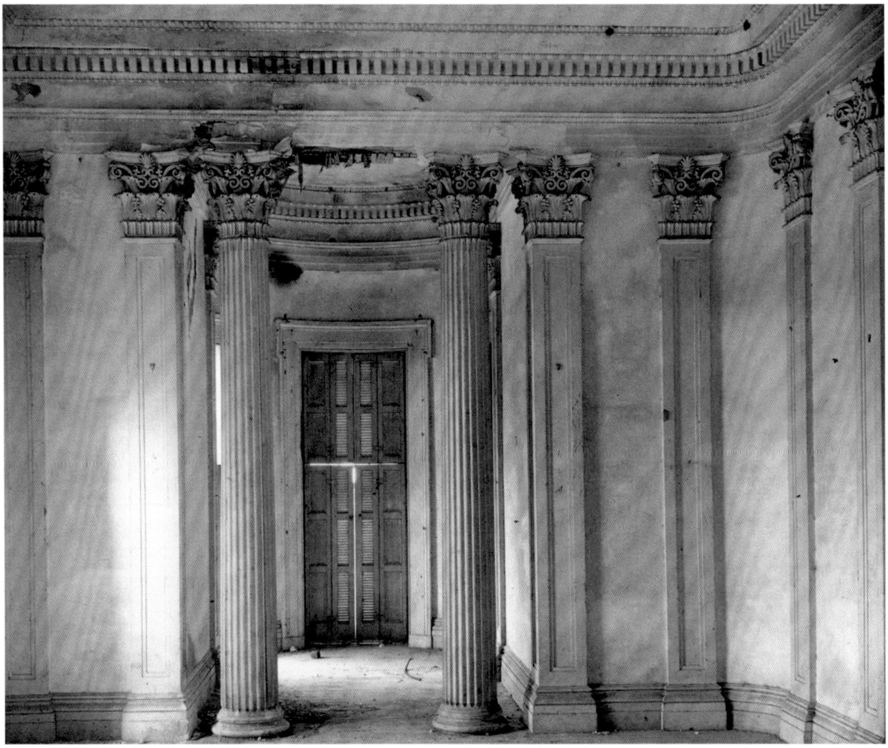

51 Frühstücksraum der Belle Grove Plantage, White Chapel, Louisiana, 1935

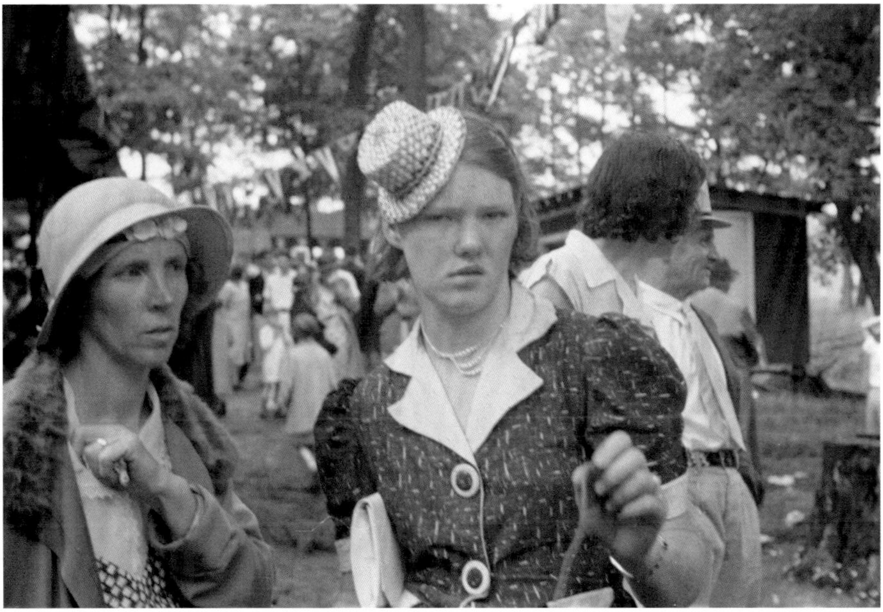

52 Unabhängigkeitstag, Terra Alta, West Virginia, 1935

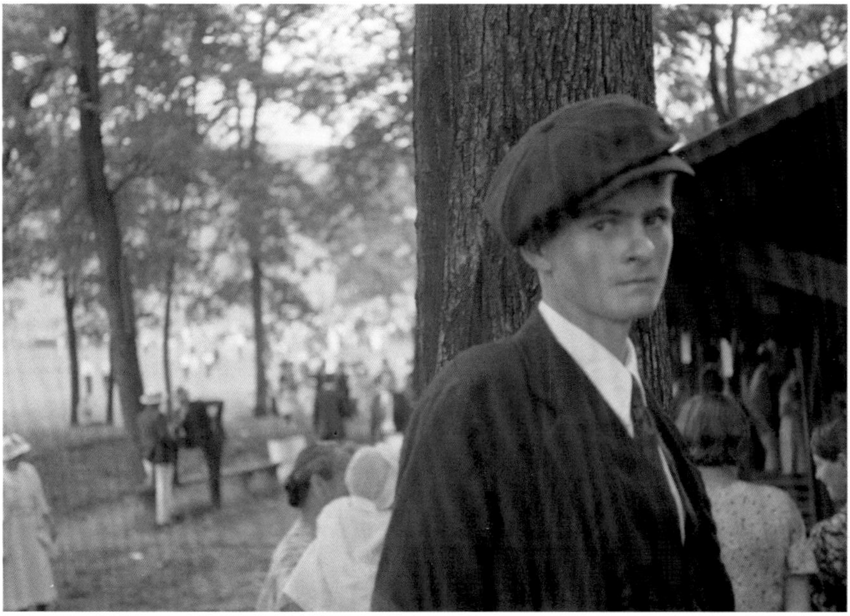

53 Unabhängigkeitstag, Terra Alta, West Virginia, 1935

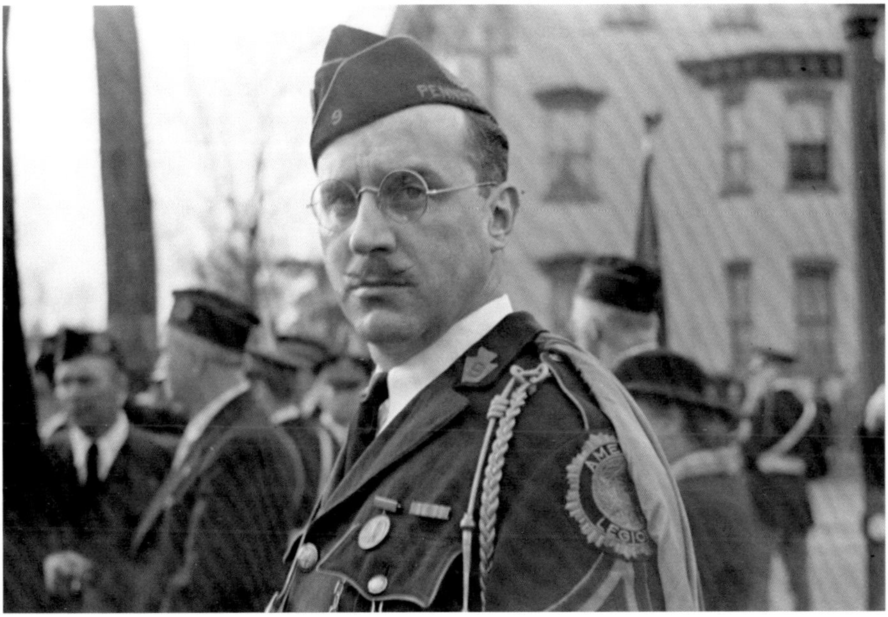

54 Offizier der American Legion, Bethlehem, Pennsylvania, 1935

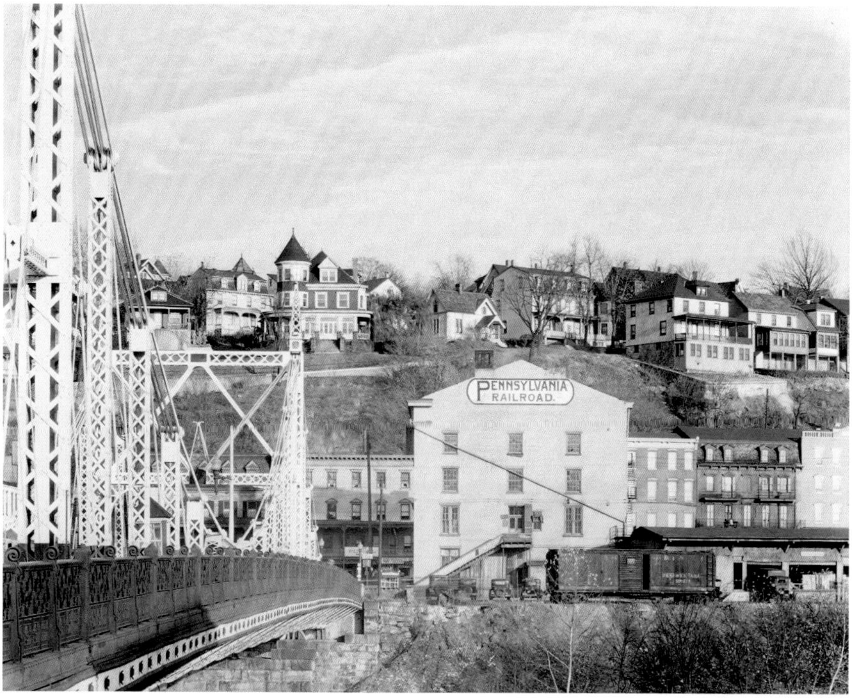

55 Ansicht von Häusern, Bahngleise und Brückenpfeiler, von Easton, Pennsylvania aus gesehen, Phillipsburg, New Jersey, 1935

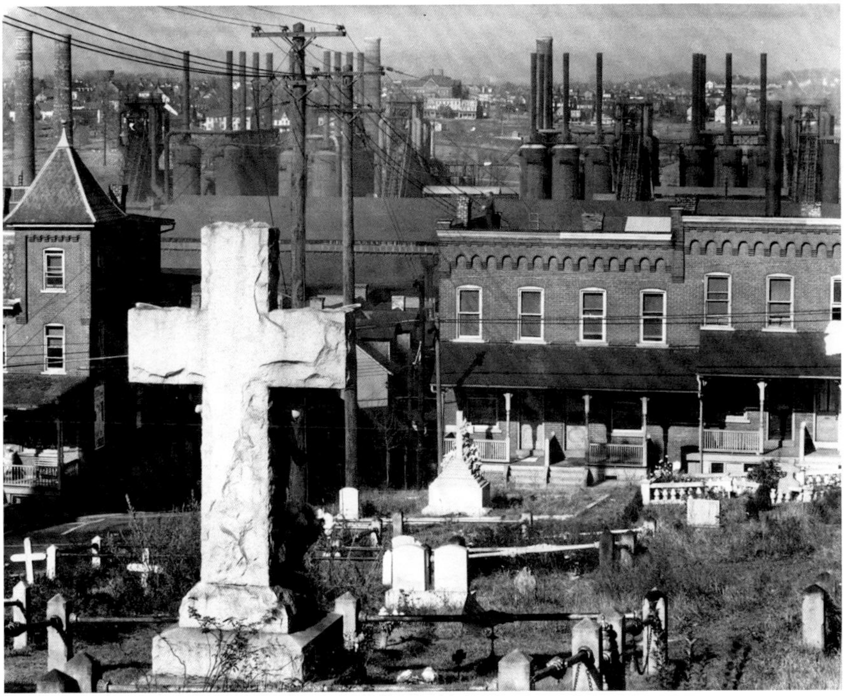

56 Friedhof, Arbeiterhäuser und Stahlwerk, Bethlehem, Pennsylvania, 1935

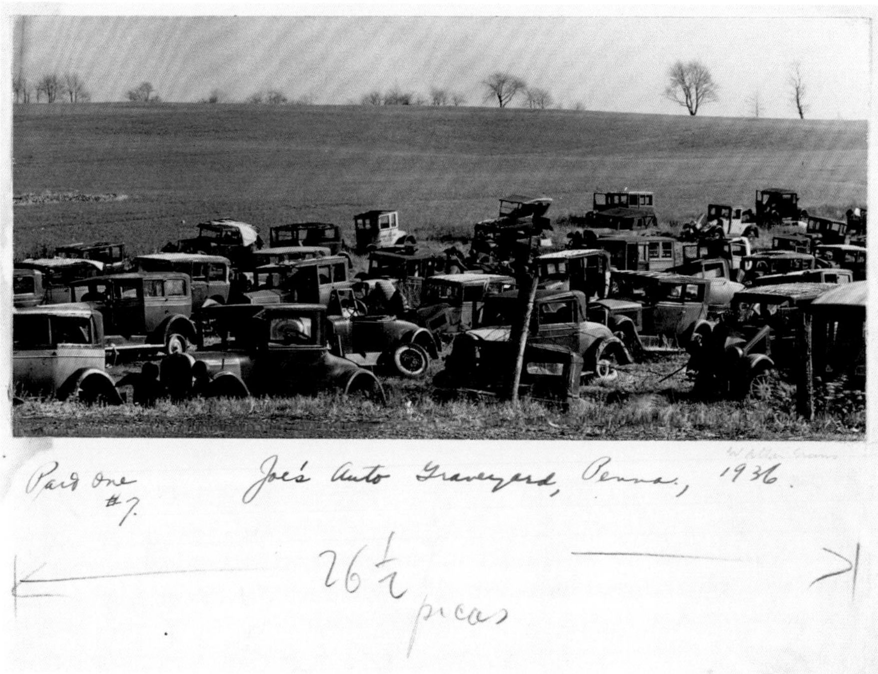

57 Joes Autofriedhof, Pennsylvania, 1935

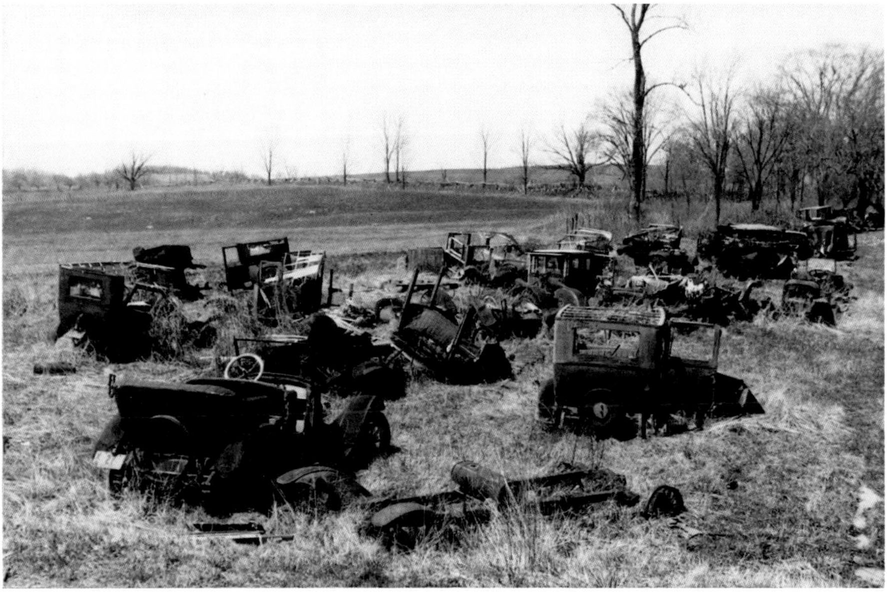

58 „Joe's Autofriedhof", bei Easton, Pennsylvania, 1935

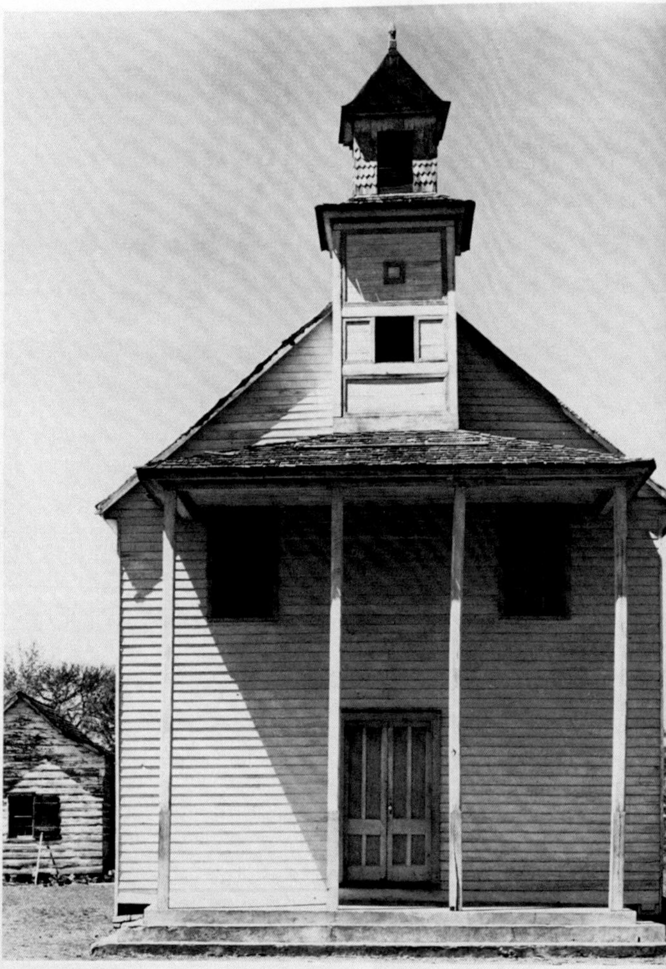

South Carolina, 1936. 8 x 10 negatives, two focal lengths, longer lens, this page

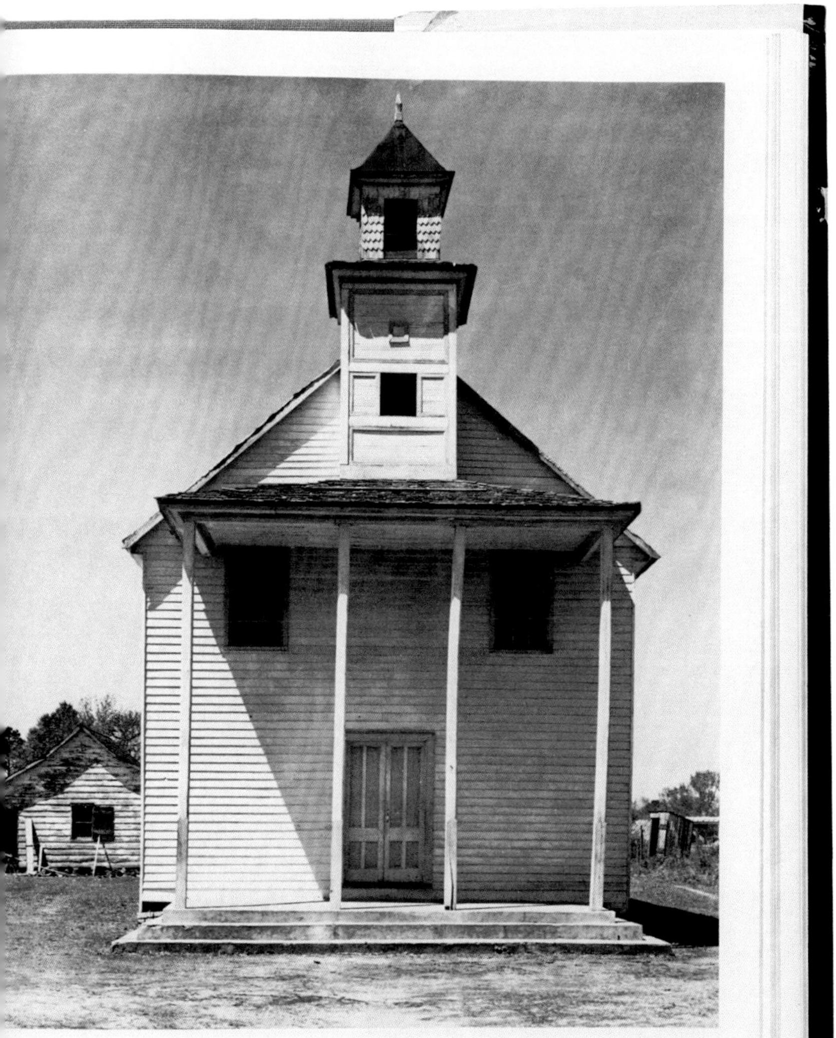

59/60 Kirche, South Carolina, 1936
Aus: Walker Evans/Jerry L. Thompson, *Walker Evans at Work* (New York 1982)
Das Bild links ist mit einer längeren Brennweite aufgenommen.

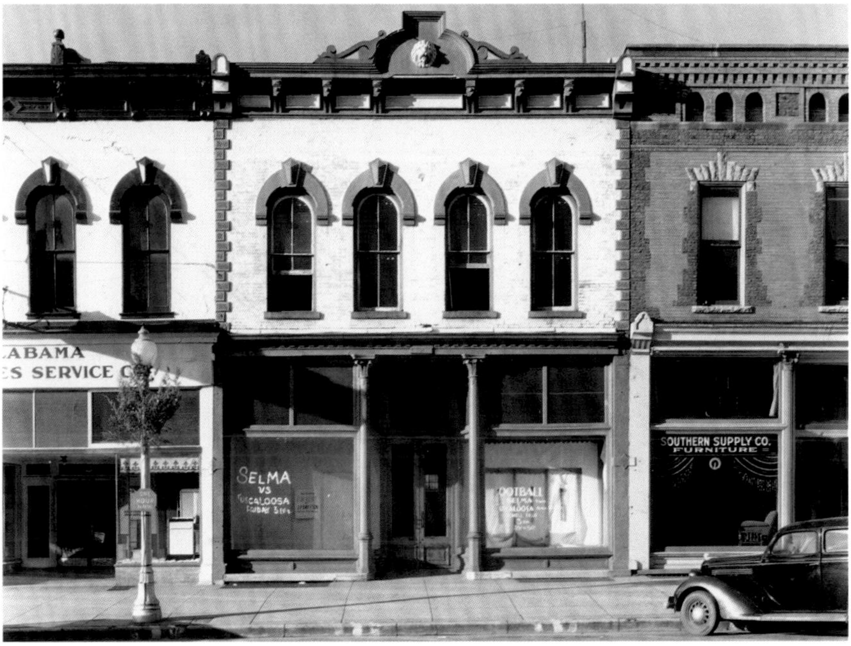

61 Häuserfront an der Hauptstraße, Selma, Alabama, 1936

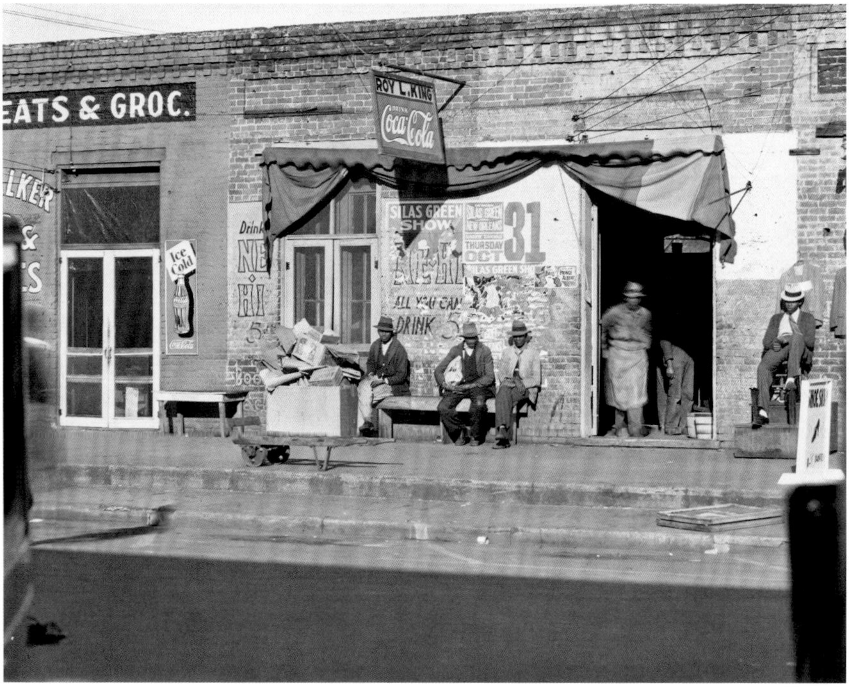

62 Straßenfront mit Läden, Selma, Alabama, 1935

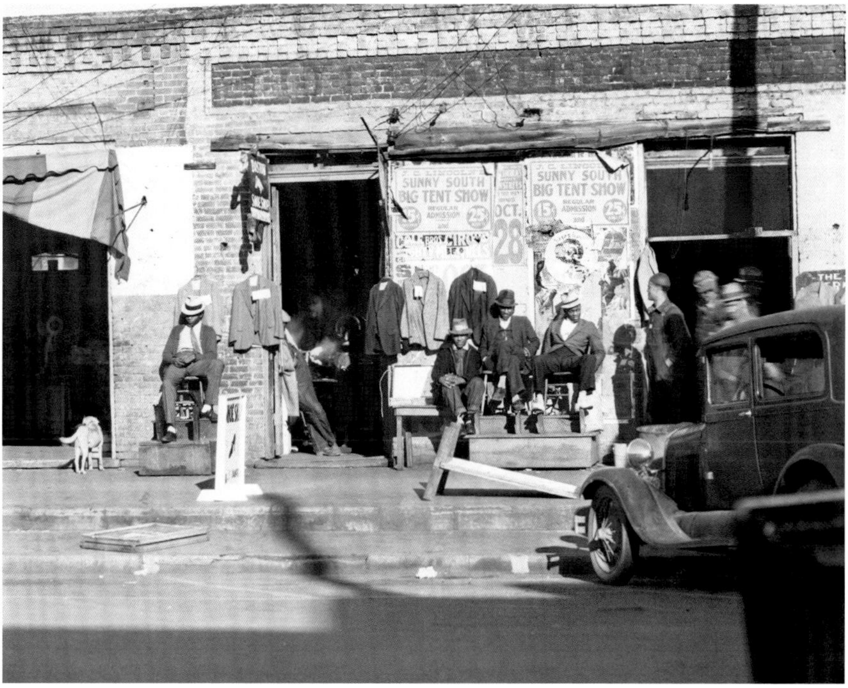

63 Straßenfront mit Läden, Selma, Alabama, 1935

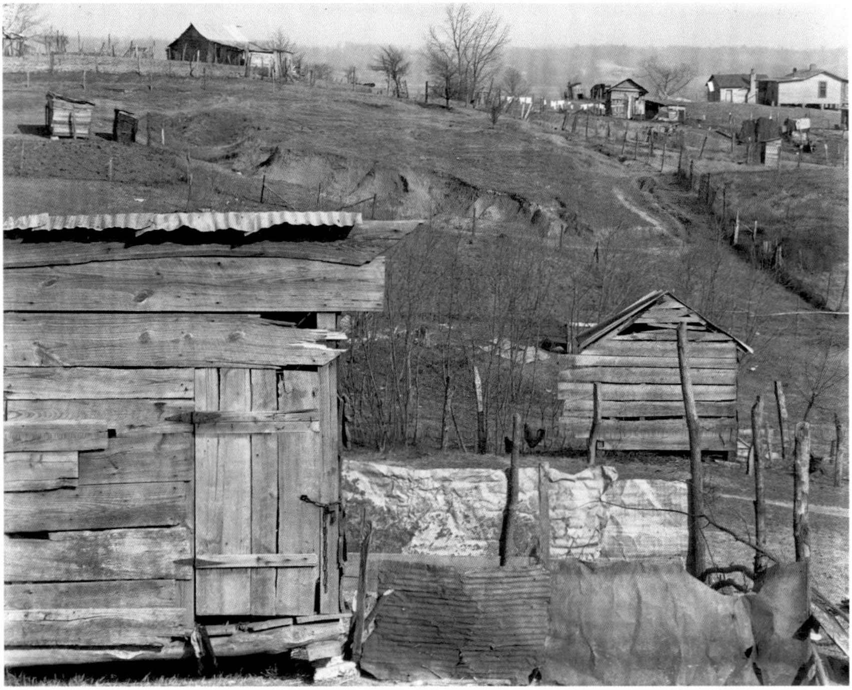

64 Häuser von Schwarzen, am Stadtrand von Tupelo, Mississippi, 1936

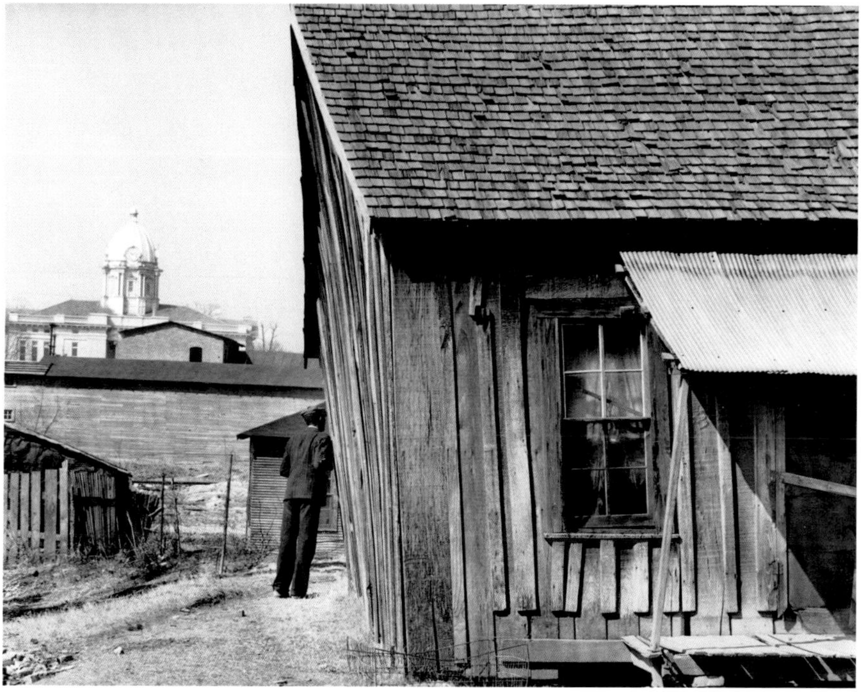

65 Im Schwarzenviertel, Tupelo, Mississippi, 1936

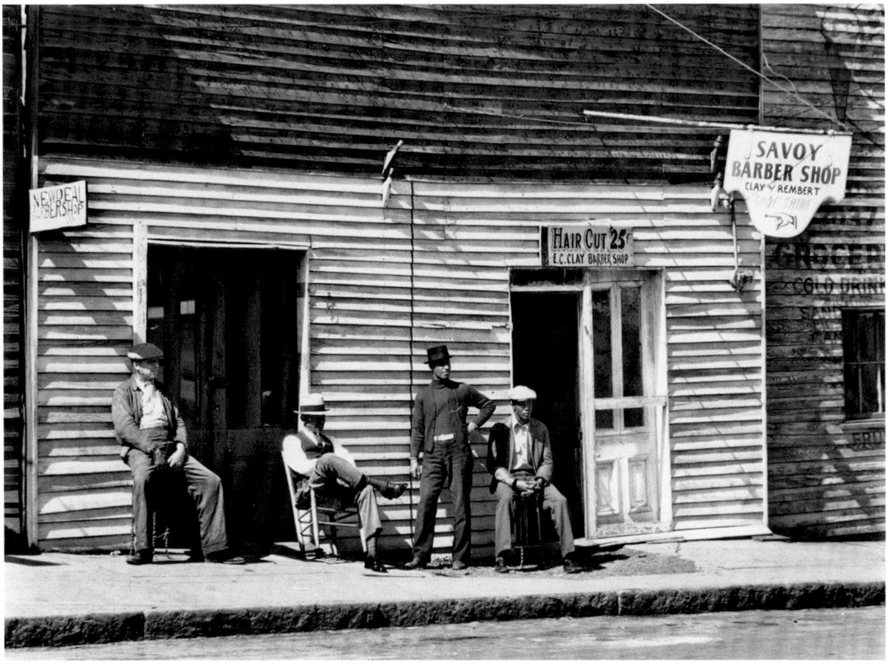

66 Friseurladen, Vicksburg, 1936

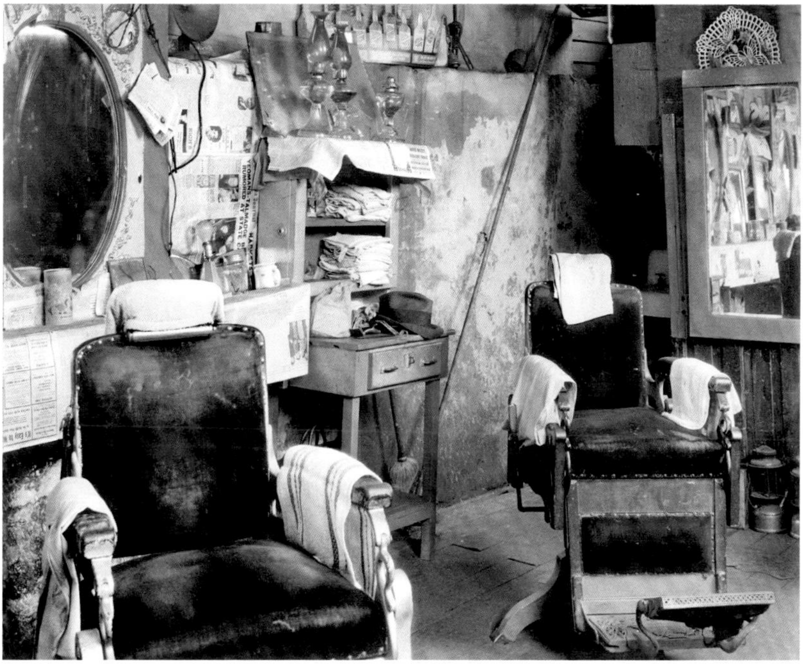

67 Friseurladen für Schwarze, Atlanta, Georgia, 1936

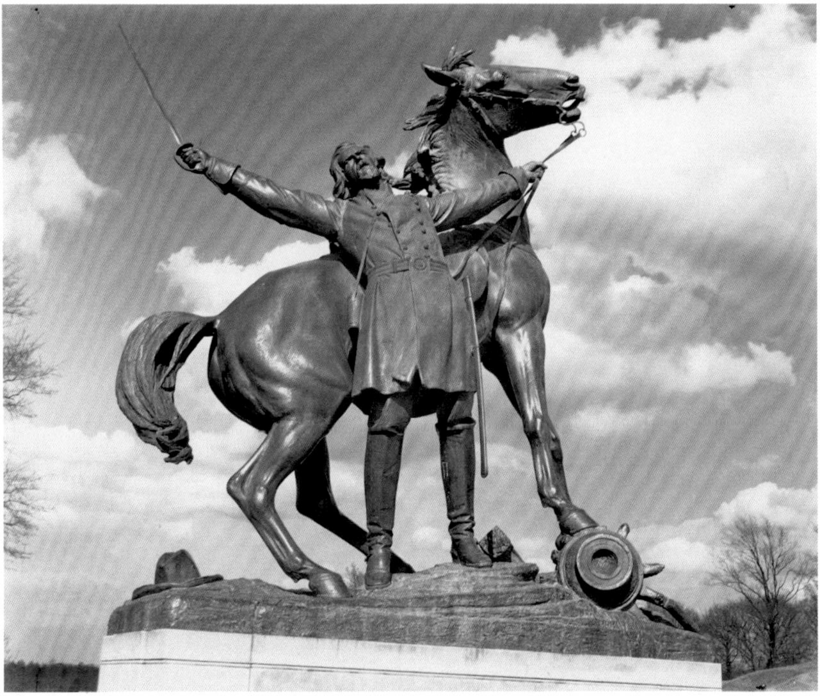

68 Kriegerdenkmal (Tilghman), Vicksburg, Mississippi, 1936

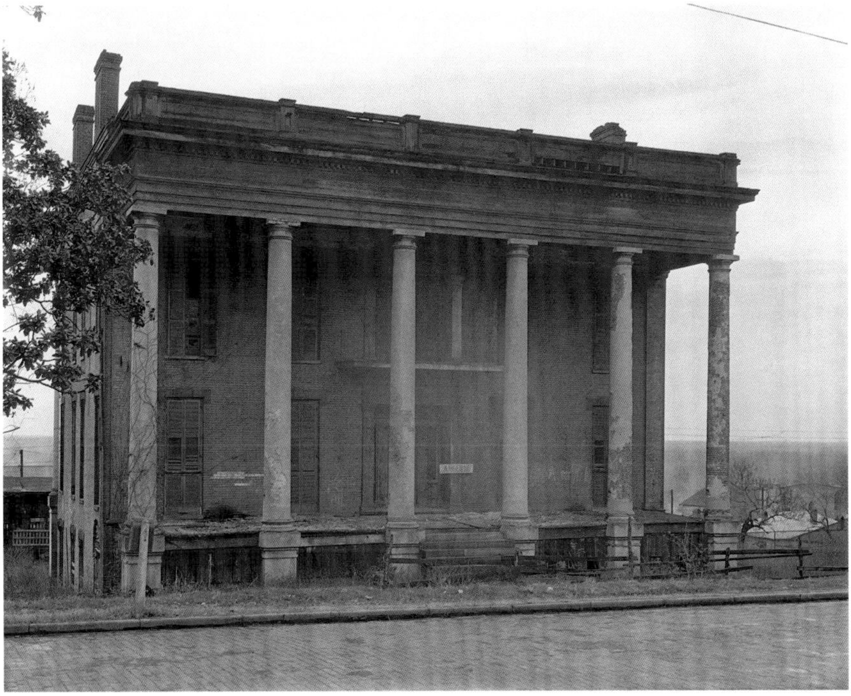

69 Plantagenhaus aus der Vorkriegszeit, Vicksburg, Mississippi, 1936

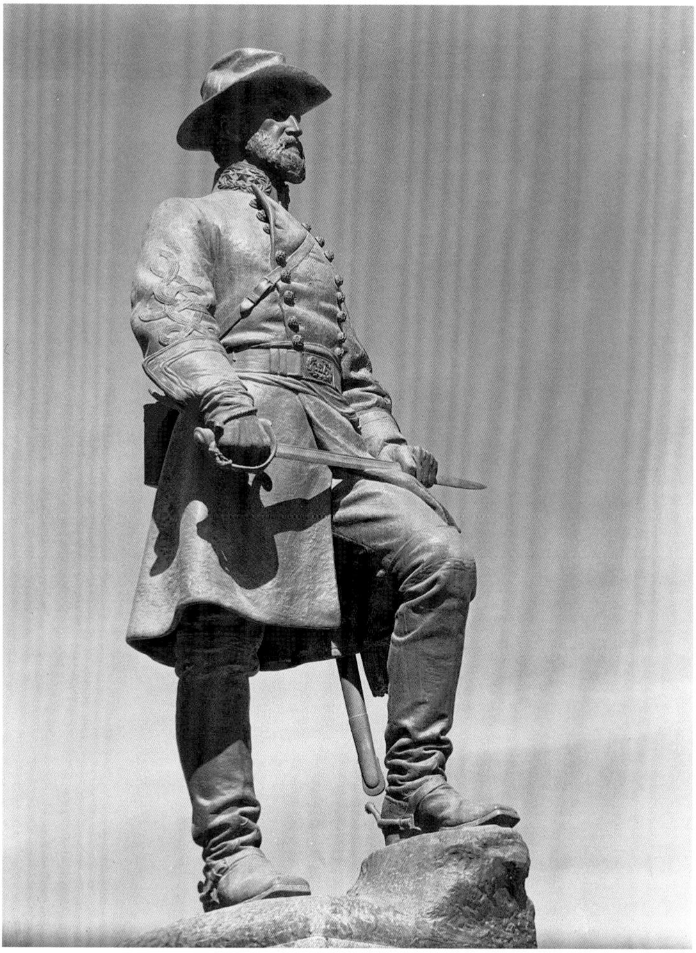

70 Kriegerdenkmal (Lee), Vicksburg, Mississippi, 1936

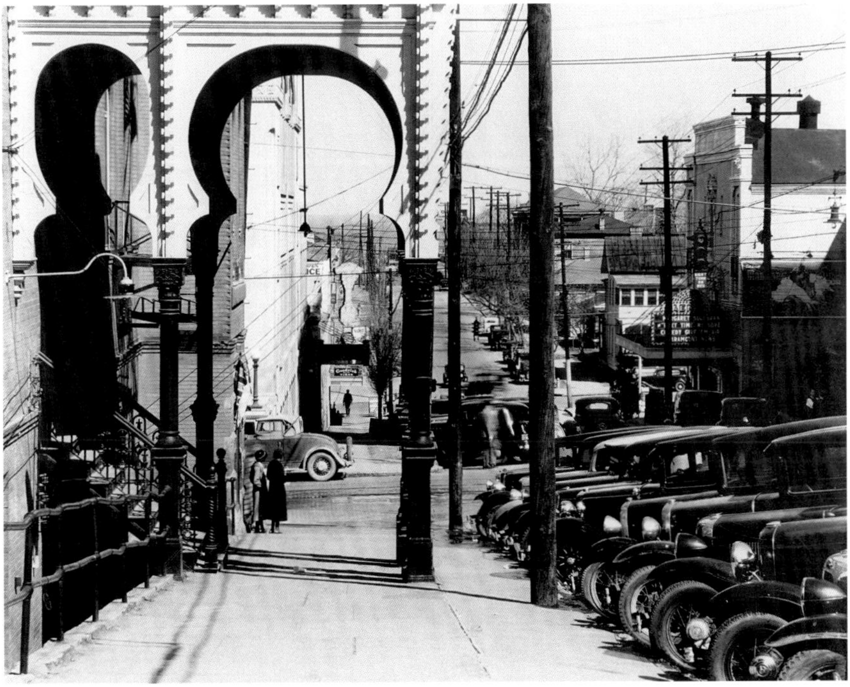

71 Straßenszene, Vicksburg, Mississippi, 1936

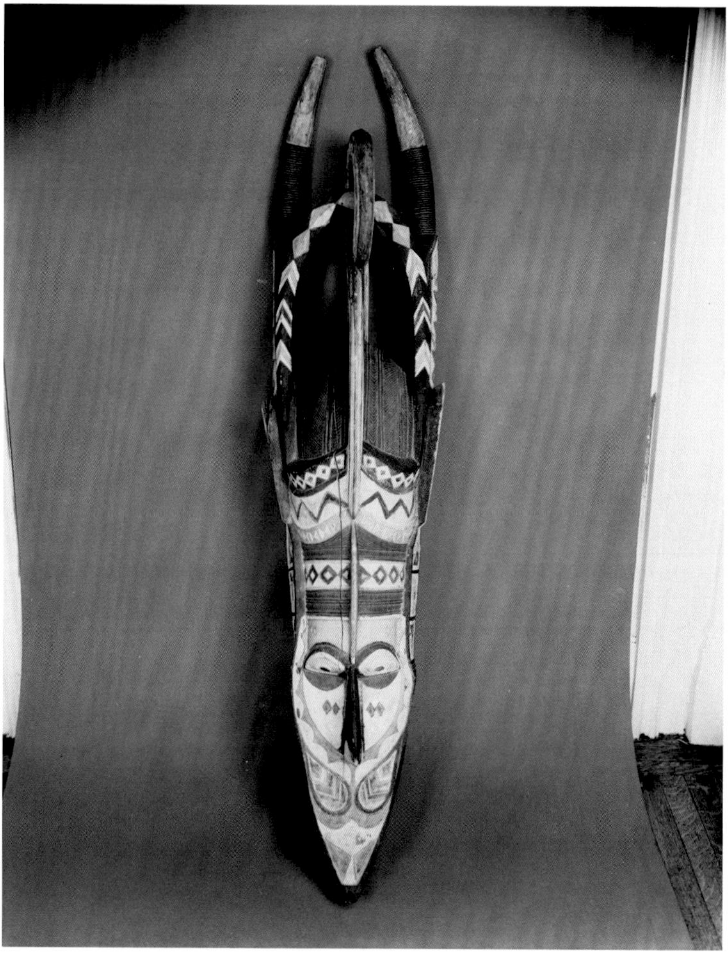

72 Ohne Titel (Banda-Kopfschmuck), Baga/Nalu, 1935

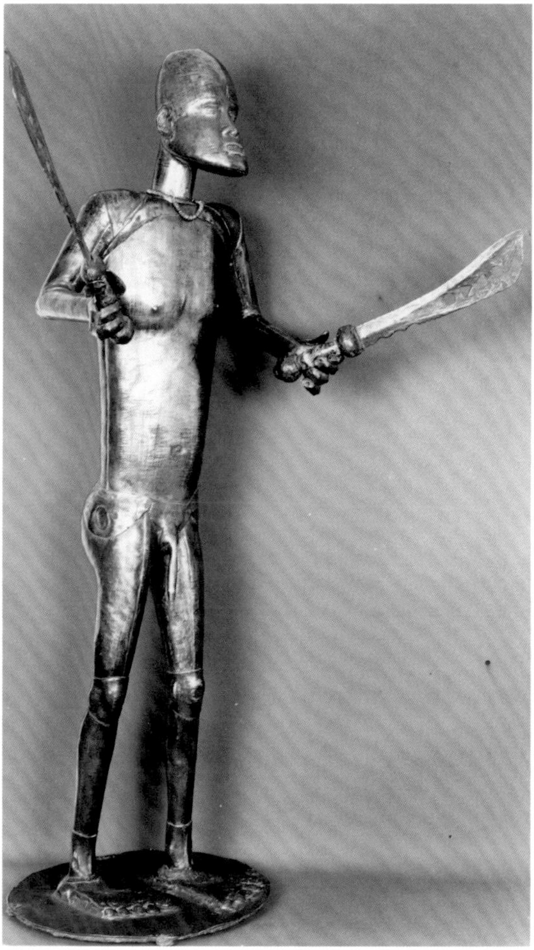

73 Figur, der sogenannte Kriegsgott, gehämmertes Messing, Abomey, Königreich Dahomey, 1935

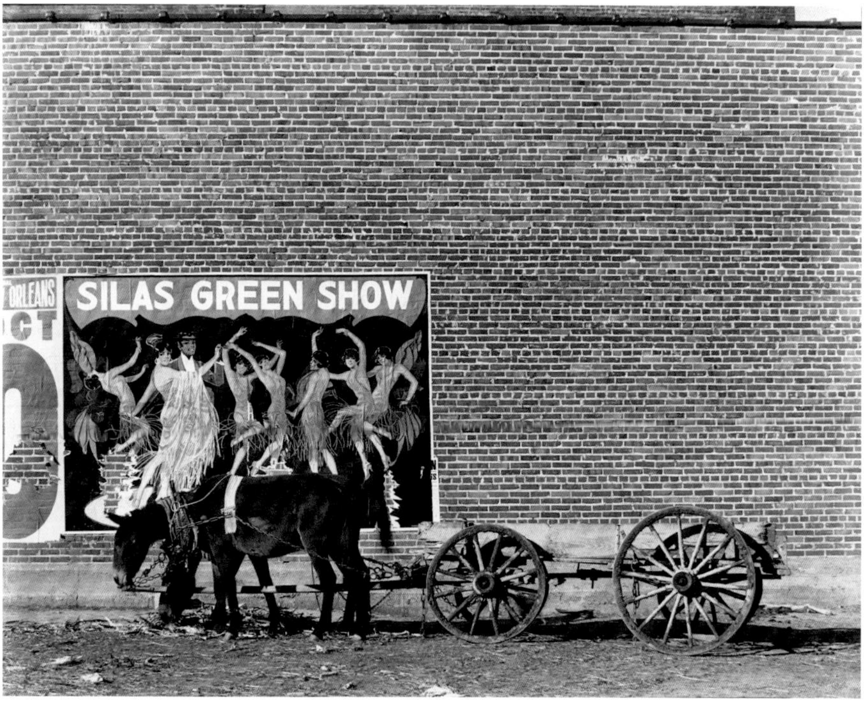

74 Maultiergespann und Plakat, Alabama, 1936

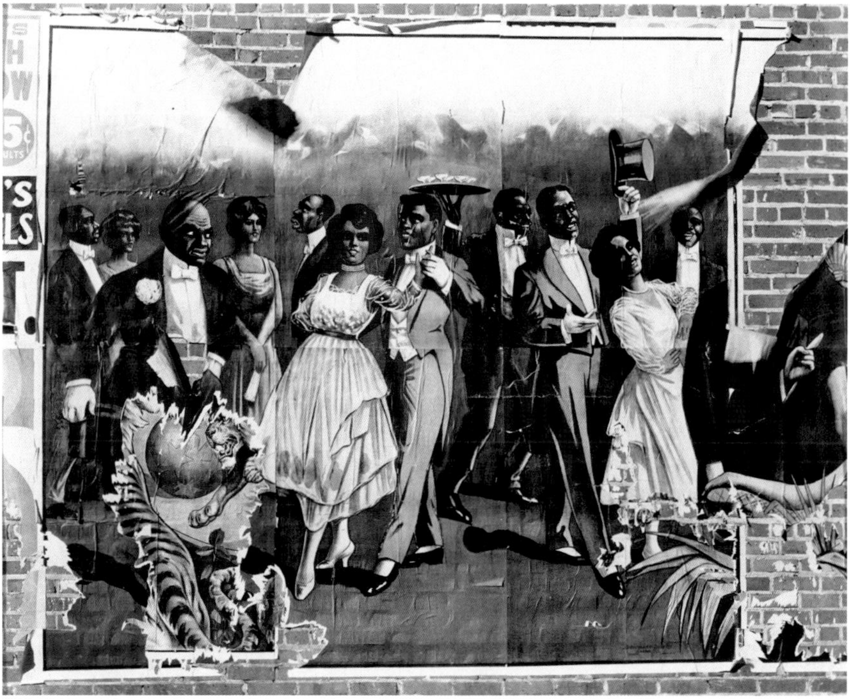

75 Minstrel Show-Plakat, Detail, 1936

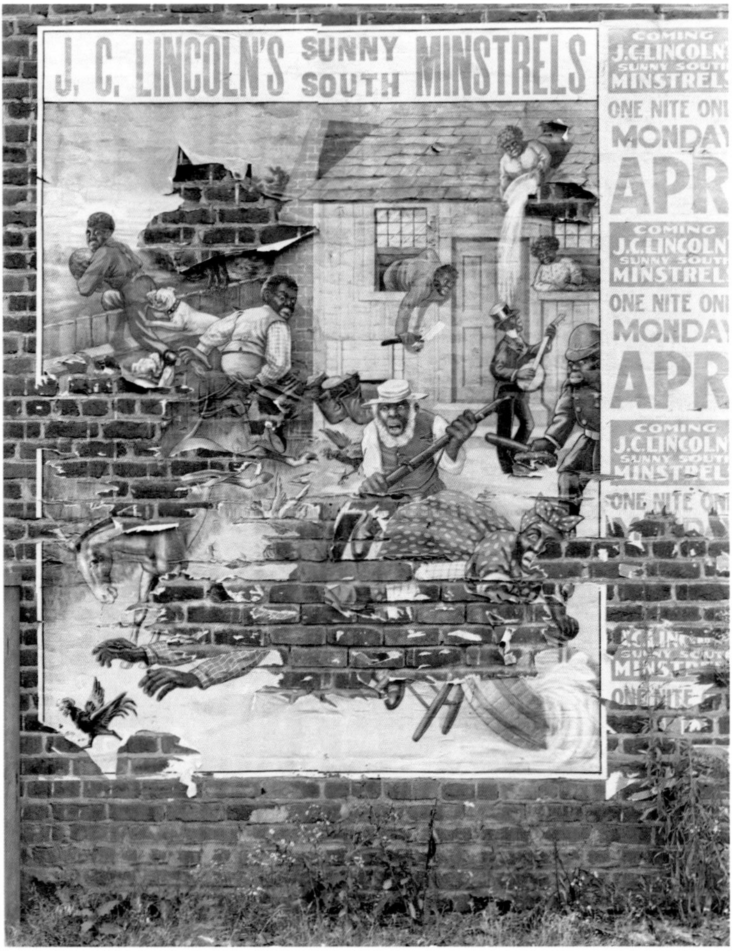

76 Minstrel-Plakat, Alabama, 1936

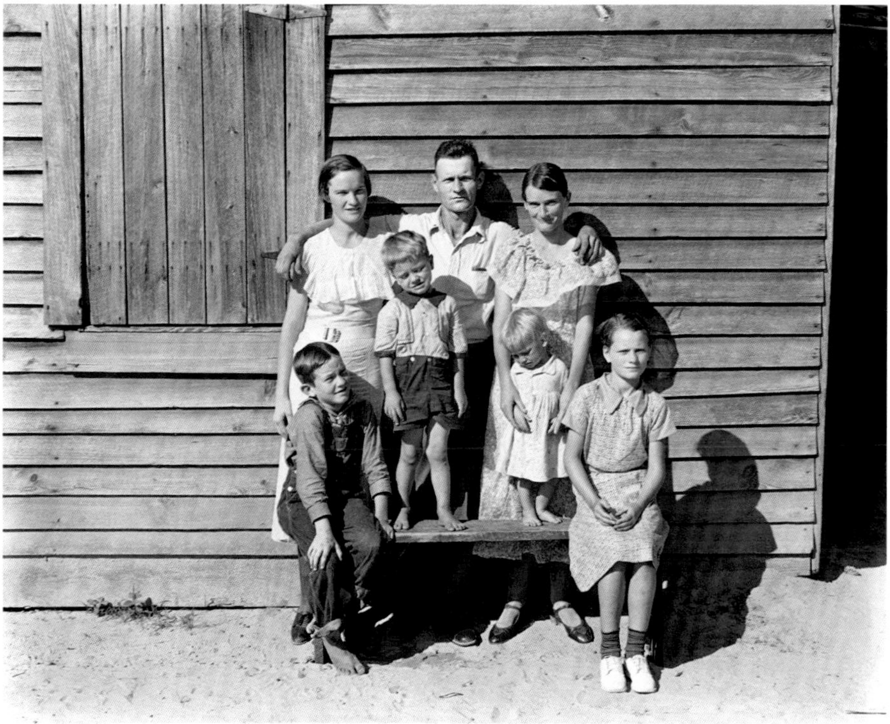

77 Die Burroughs-Familie, Hale County, Alabama, 1936

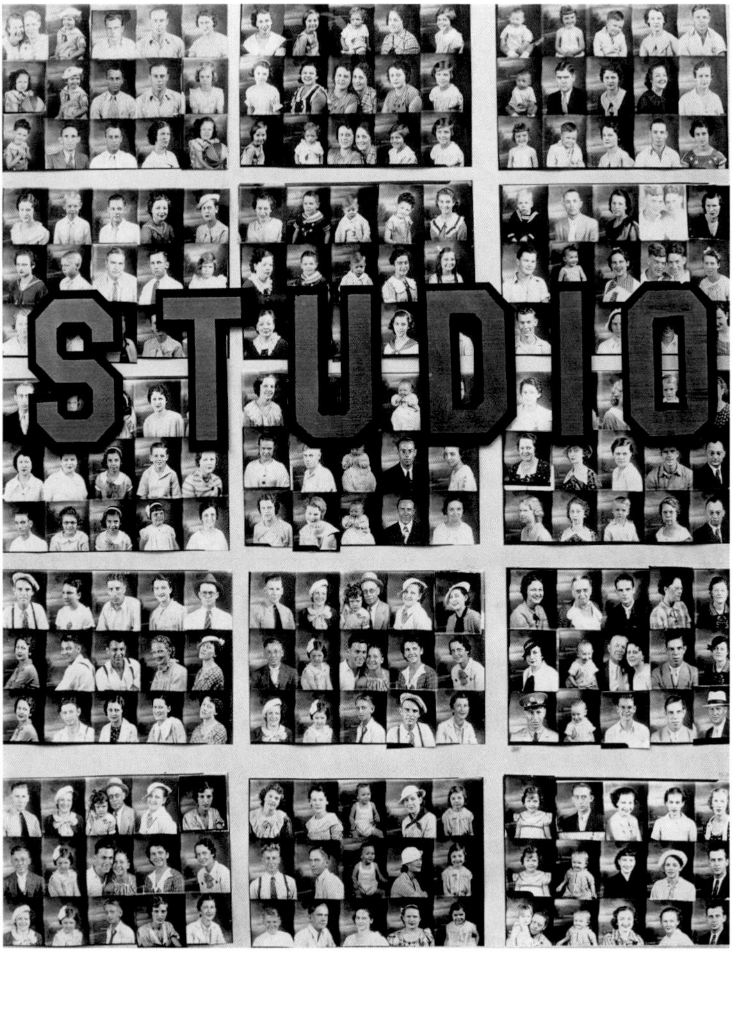

78 Schaufenster eines Photostudios mit Penny Pictures, Savannah, Georgia, 1936

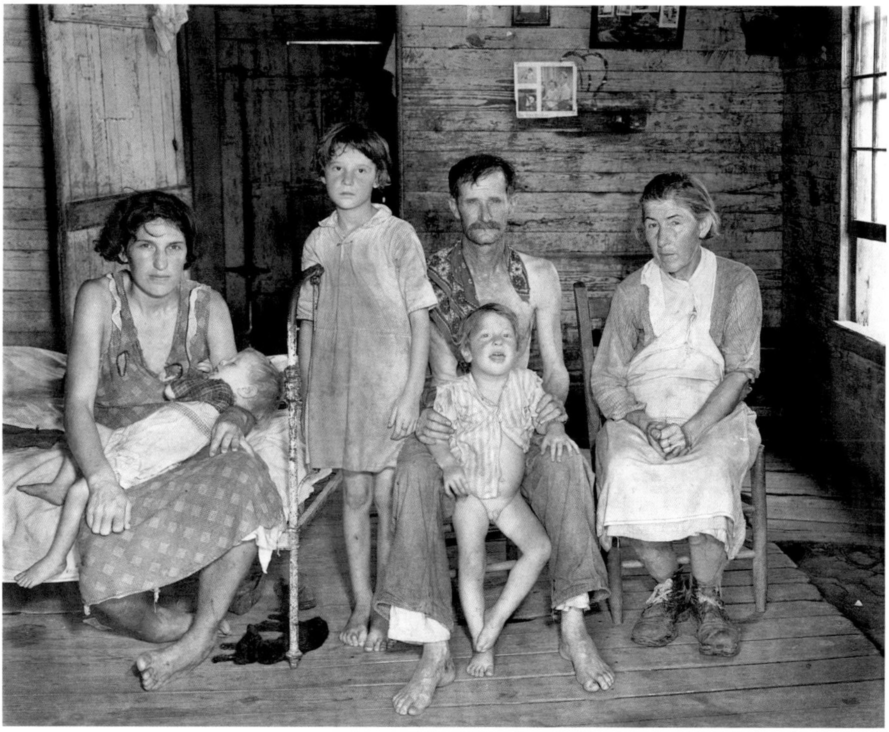

79 Die Fields-Familie, Hale County, Alabama, 1936

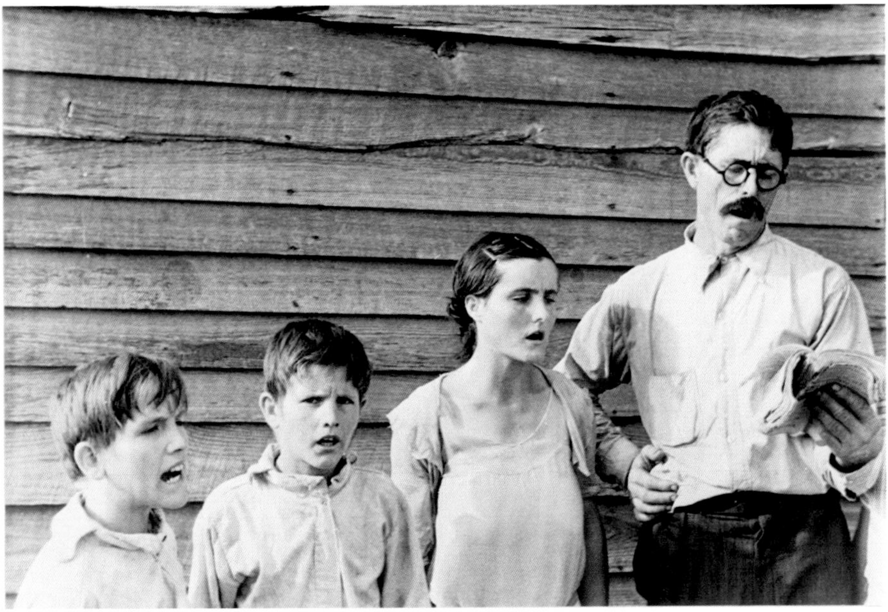

80 Die Tingles beim Singen von Kirchenliedern, Hale County, Alabama, 1936

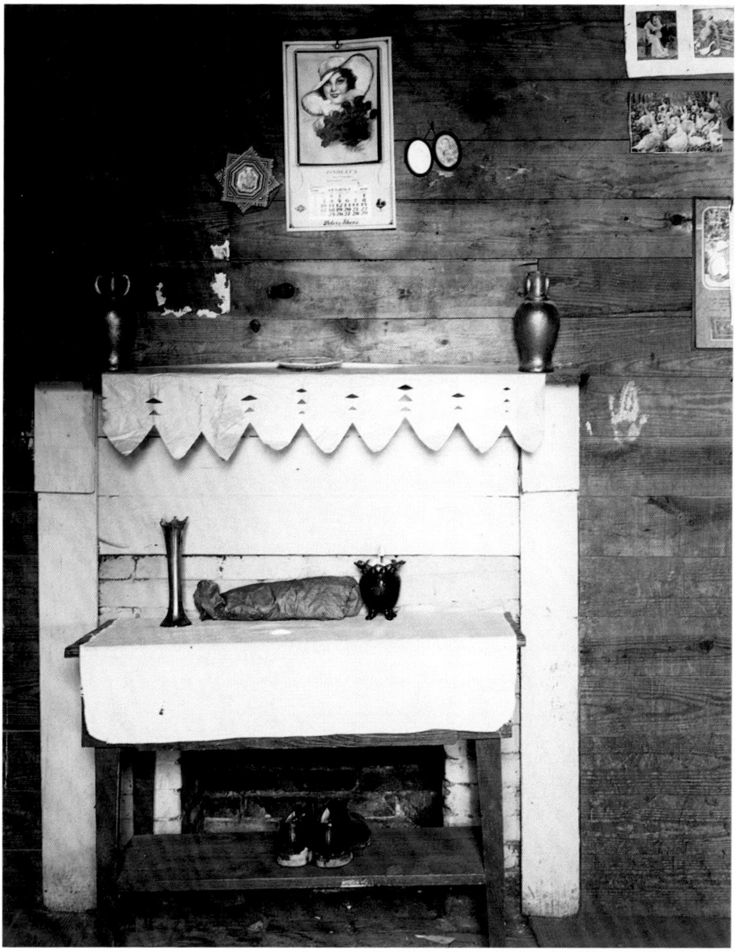

81 Tisch, Feuerstelle und Bilder an der Wand von Floyd Burroughs' Schlafraum, Hale County, Alabama, 1936

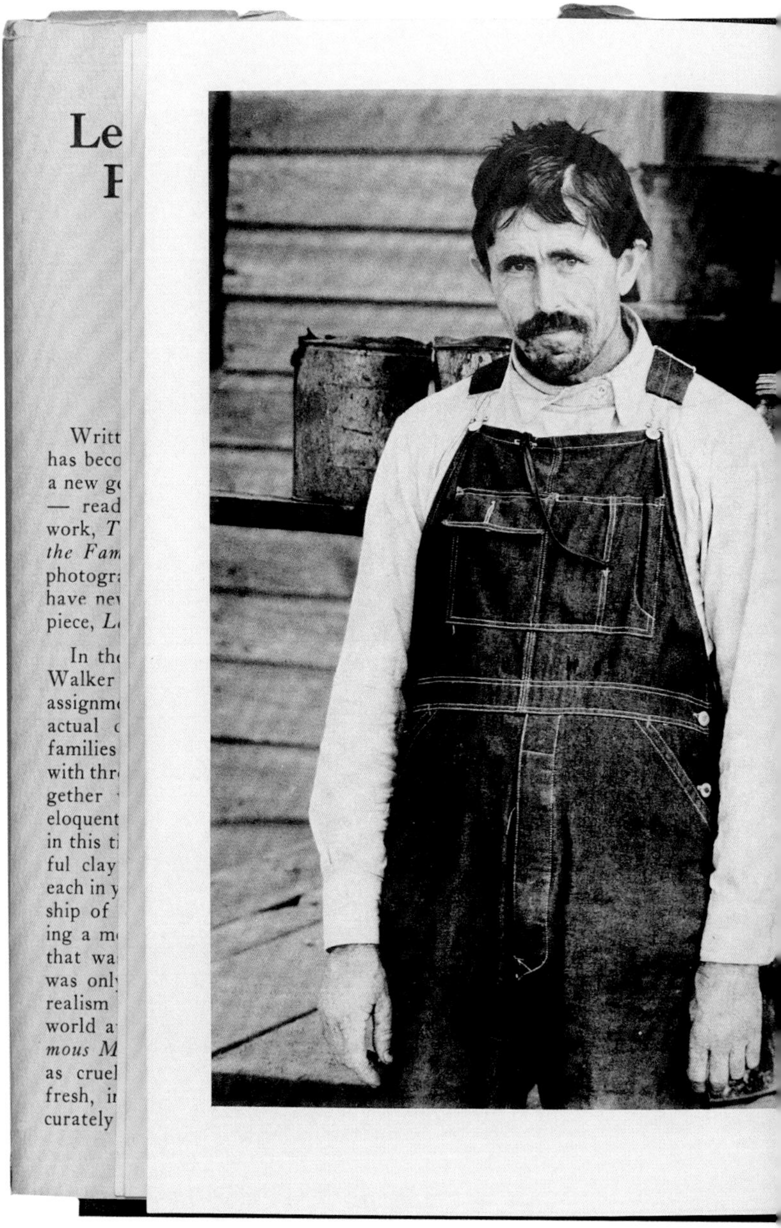
Le
F
Writt
has beco
a new g
— read
work, T
the Fam
photogr
have ne
piece, L
In th
Walker
assignm
actual
families
with thr
gether
eloquent
in this t
ful clay
each in y
ship of
ing a m
that wa
was onl
realism
world a
mous M
as cruel
fresh, i
curately

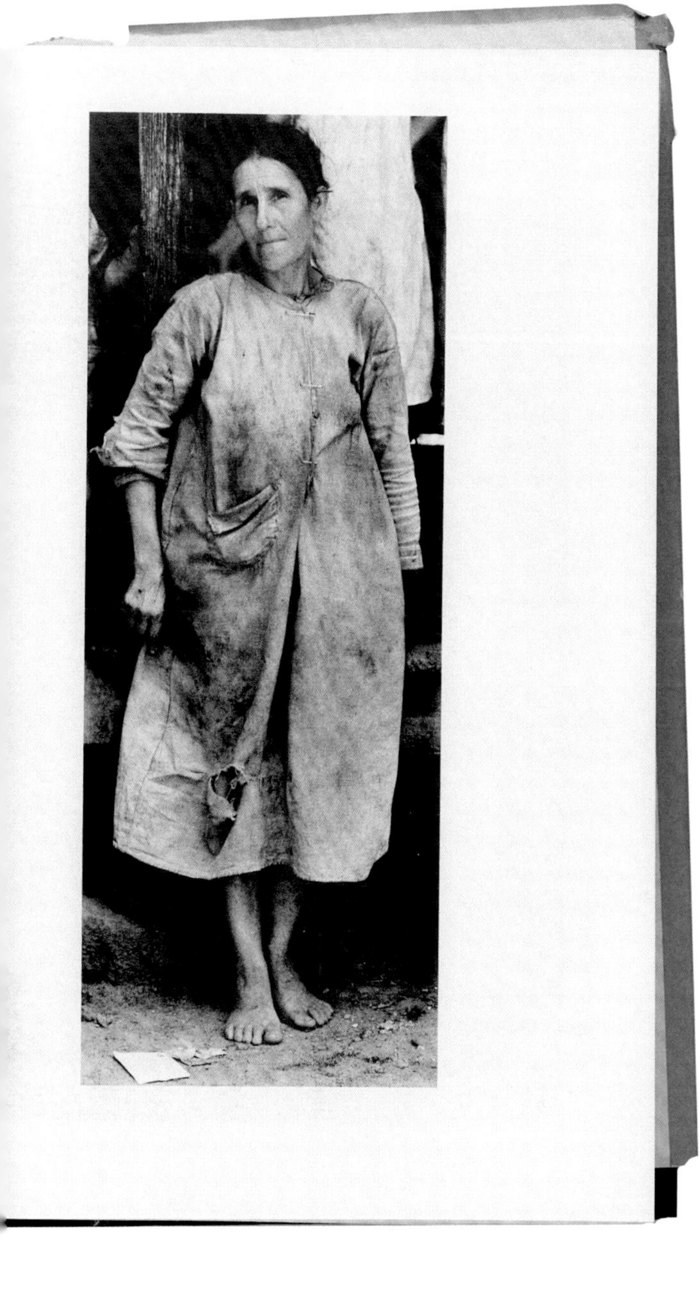

82/83 Unpaginierte Doppelseite aus: James Agee und Walker Evans, *Let Us Now Praise Famous Men* (Boston 1969)

Let
Pr

Written
has becom
a new gen
— reader
work, *The*
the Famil
photograp
have neve
piece, *Let*

In the s
Walker E
assignmen
actual dai
families in
with three
gether wo
eloquent,
in this tim
ful clay I
each in you
ship of a
ing a mod
that was
was only
realism th
world awa
mous Men
as cruel,
fresh, inte
curately p

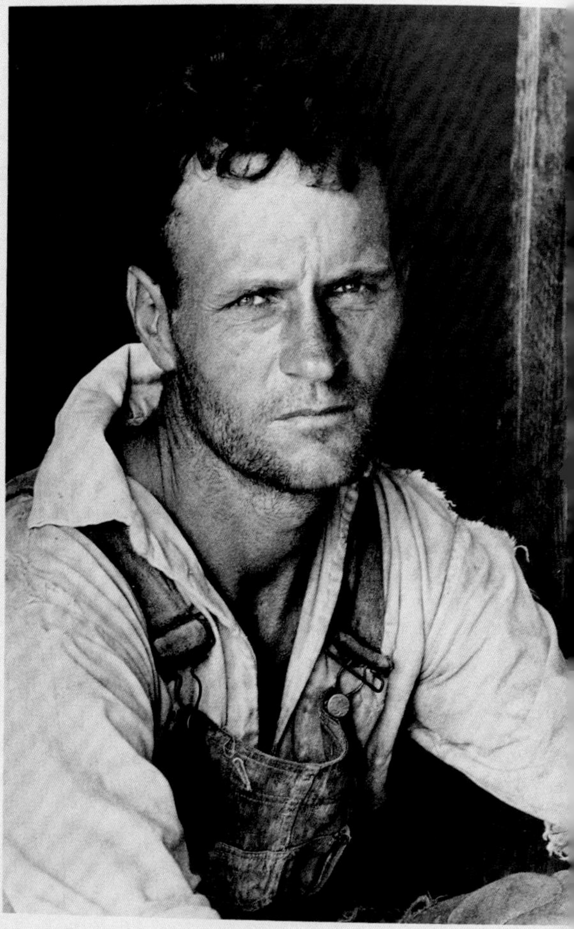

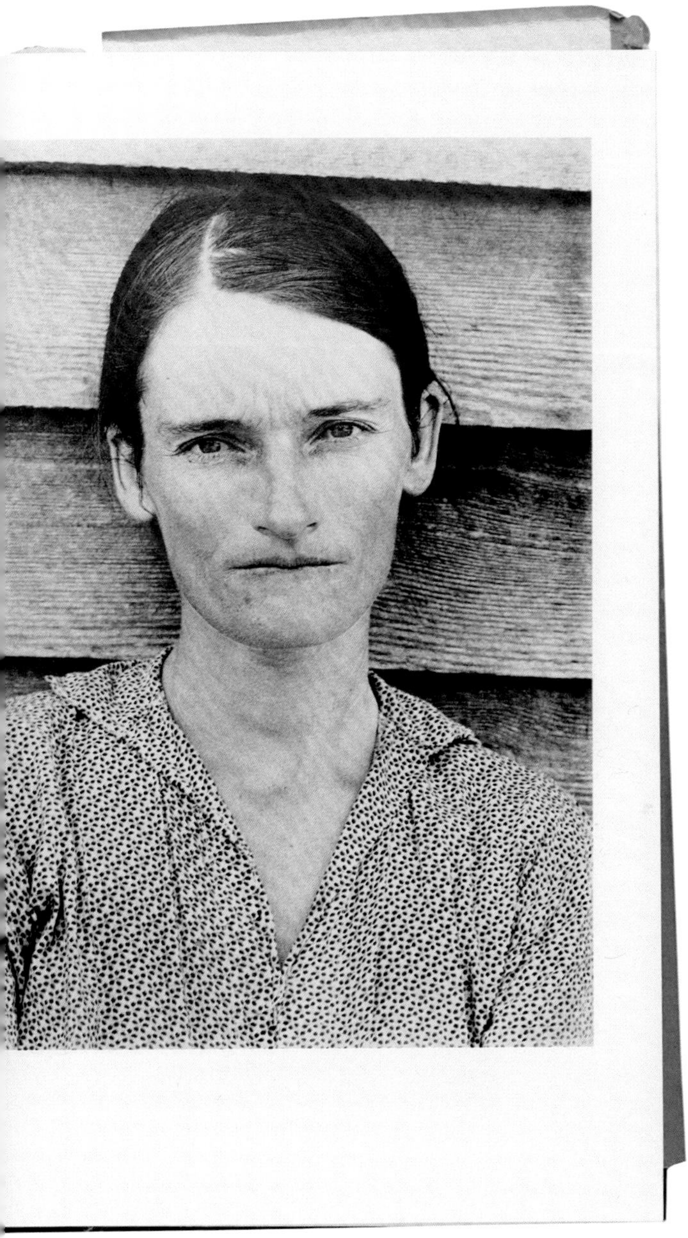

84/85 Unpaginierte Doppelseite aus: James Agee und Walker Evans, *Let Us Now Praise Famous Men* (Boston 1969)

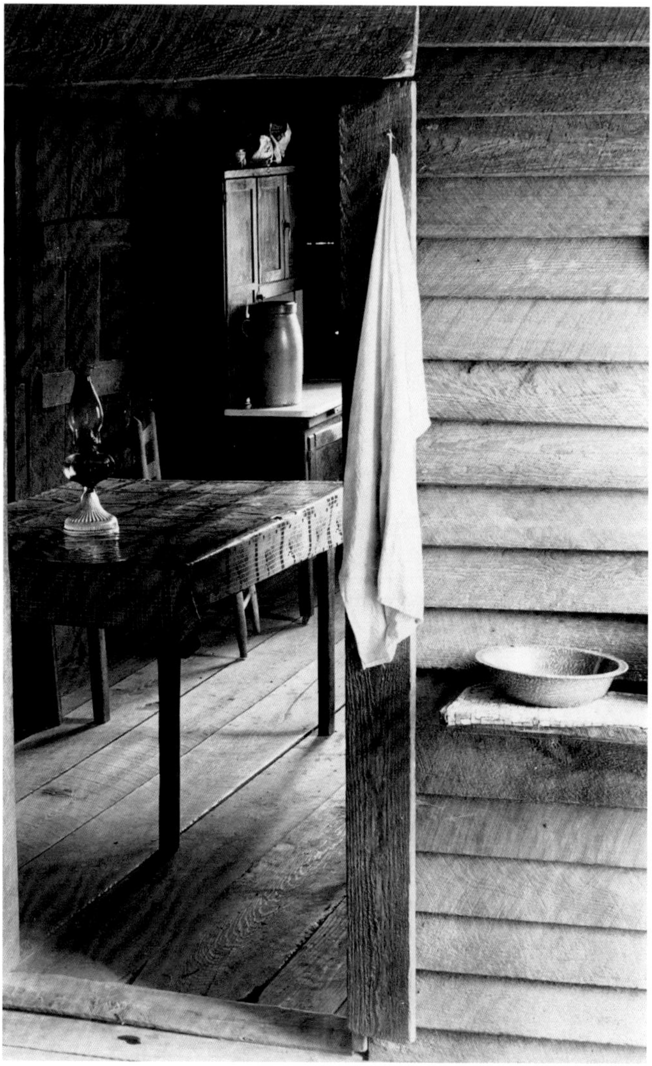

86 Küche eines Bauern, Hale County, Alabama, 1936

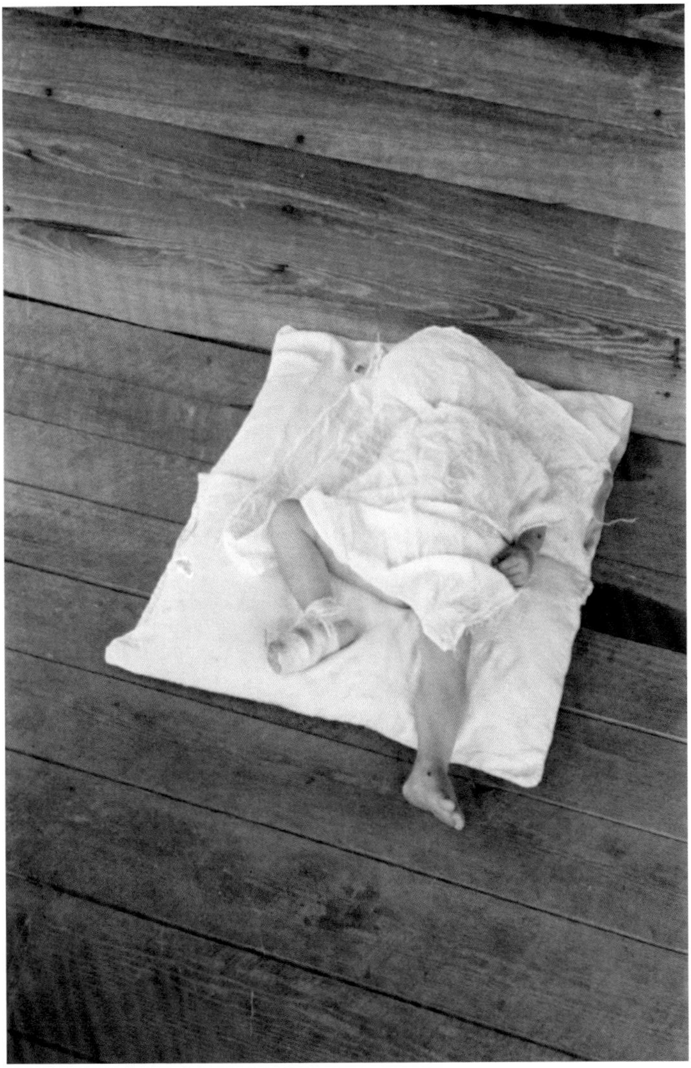

87 Squeakie Burroughs, schlafend, 1936

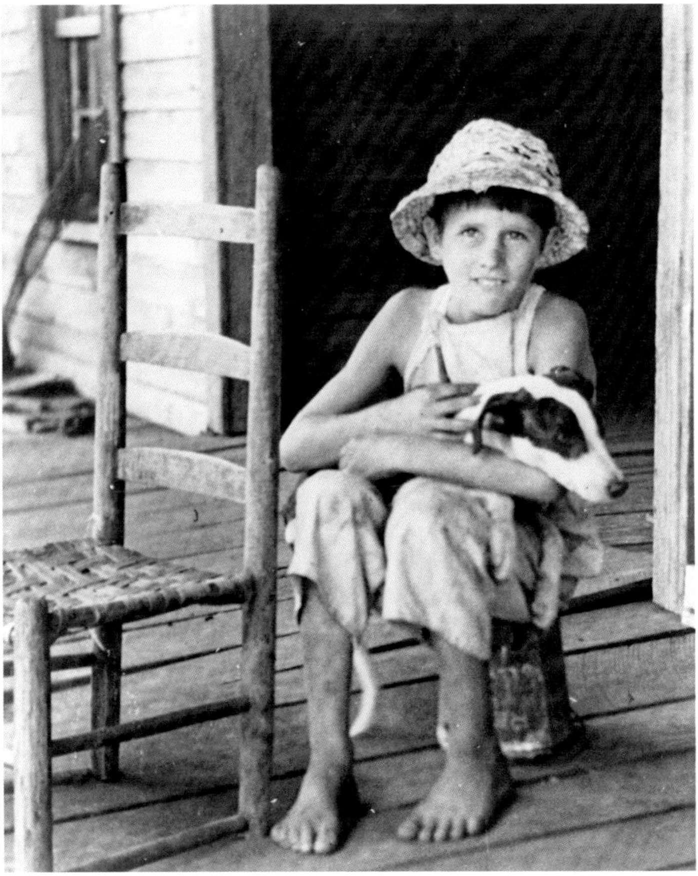

88 William Tingle, Hale County, 1936

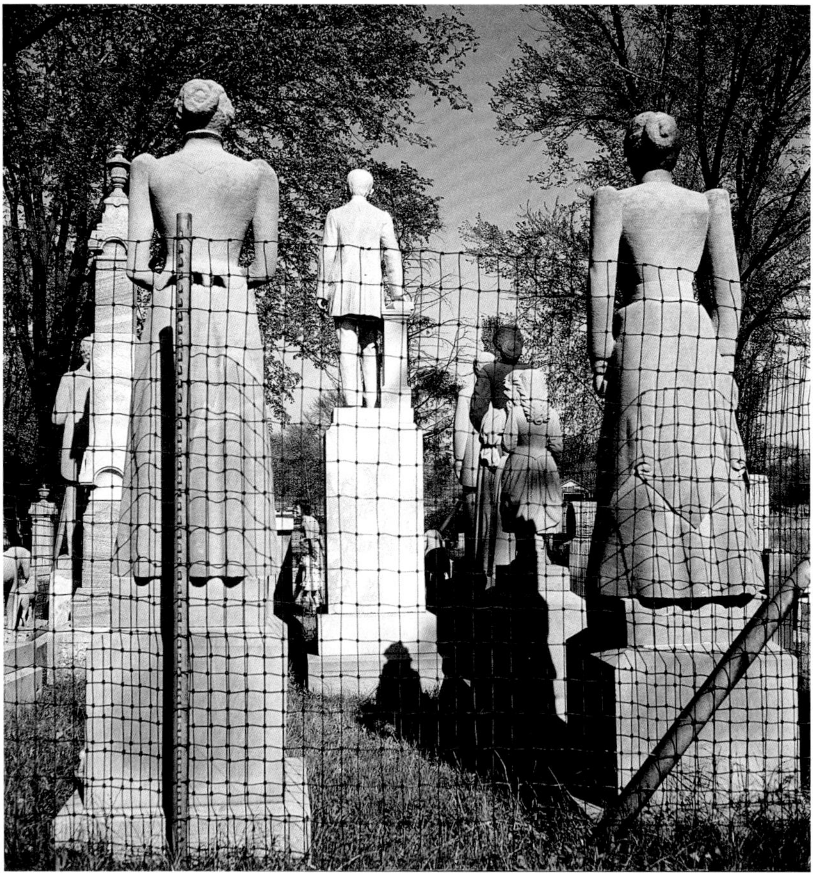

89 Familiengrab, Mayfield, Kentucky, 1947

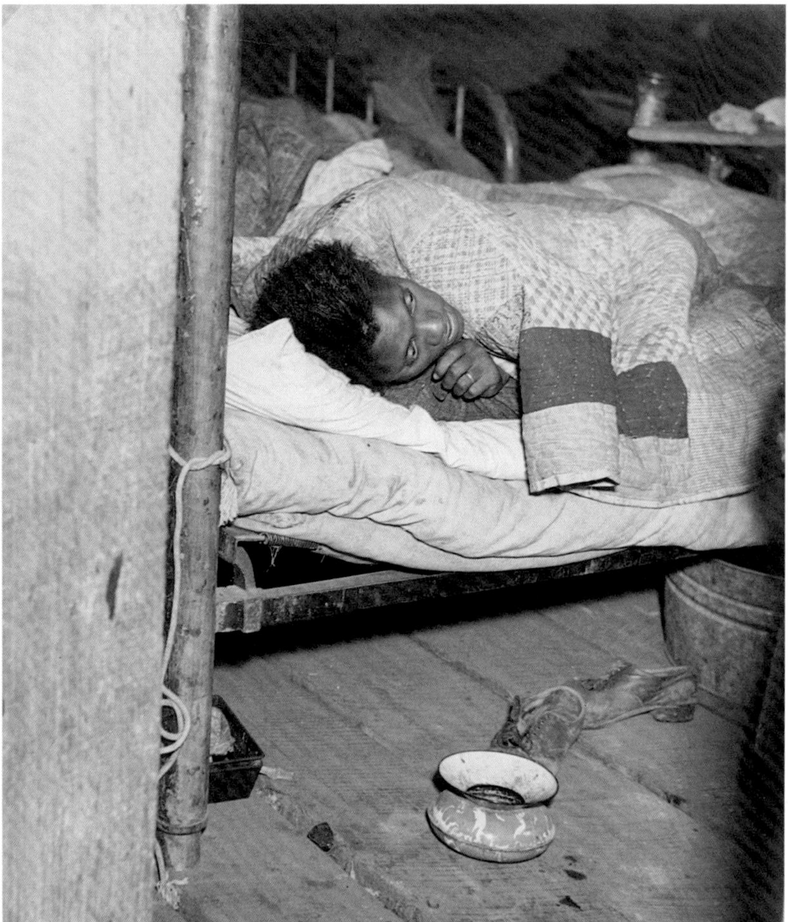

90 Hochwasseropfer in Arkansas, 1937

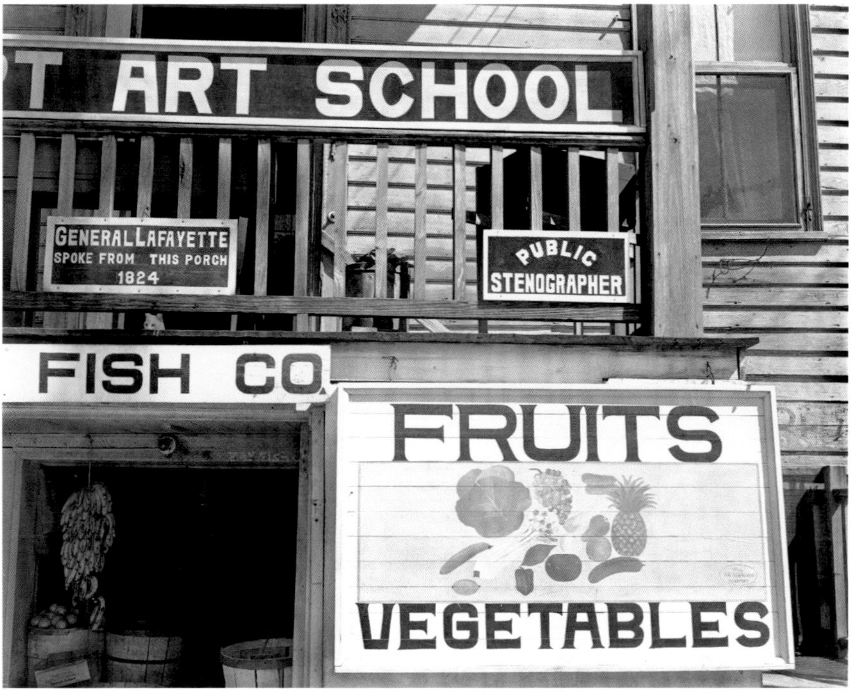

91 Beaufort, South Carolina, 1936

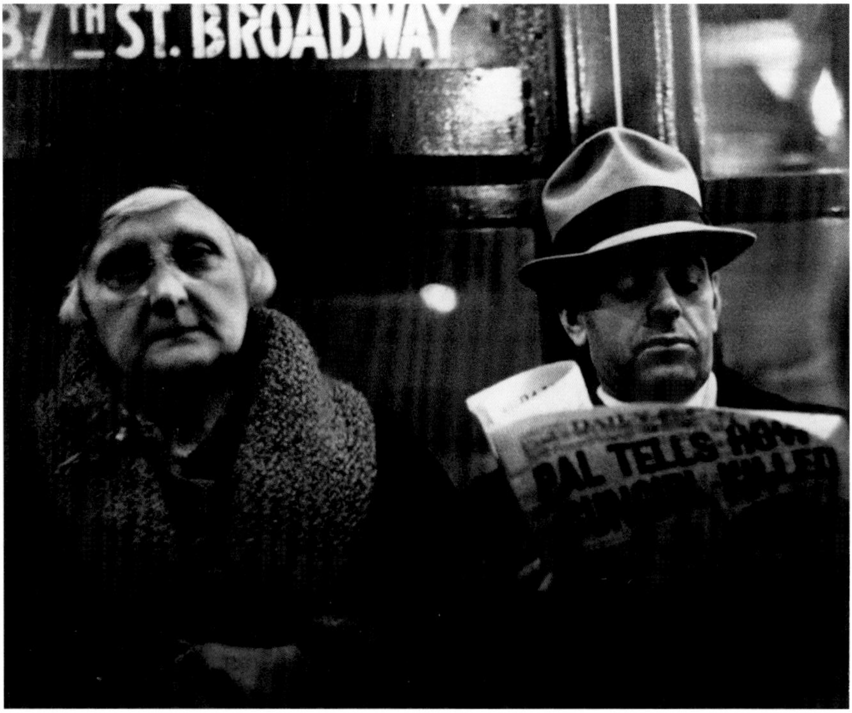

92 U-Bahn-Fahrgäste, New York City, 1938

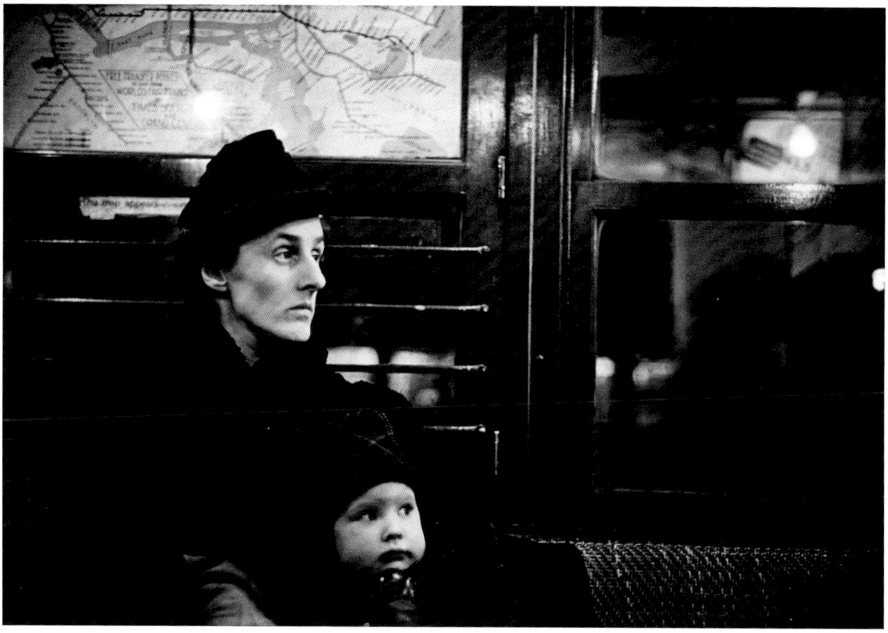

93 U-Bahn-Fahrgast, New York City: Mutter mit Kind auf dem Schoß, 1938

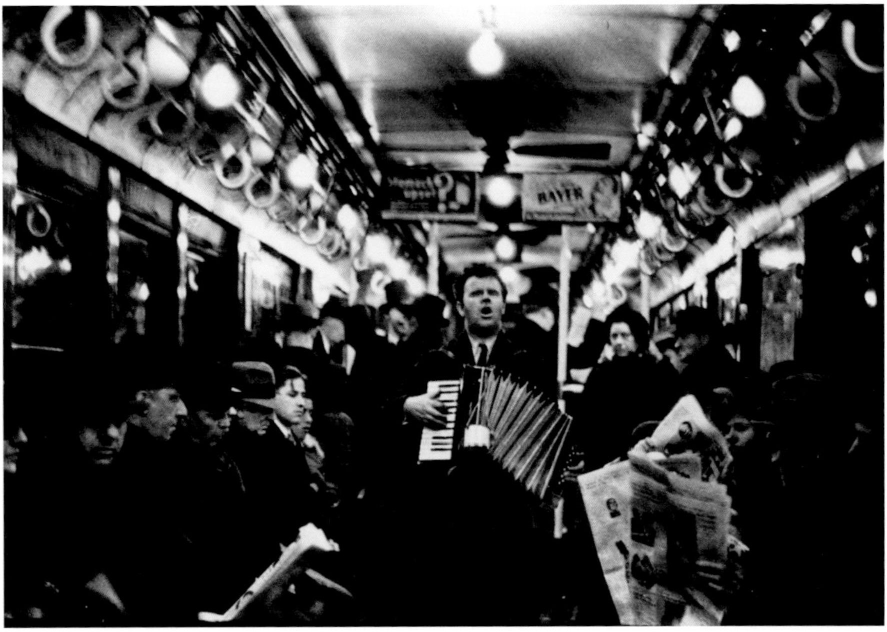

94 Blick durch den U-Bahn-Wagen: Akkordeonspieler im Gang, New York City, 1938

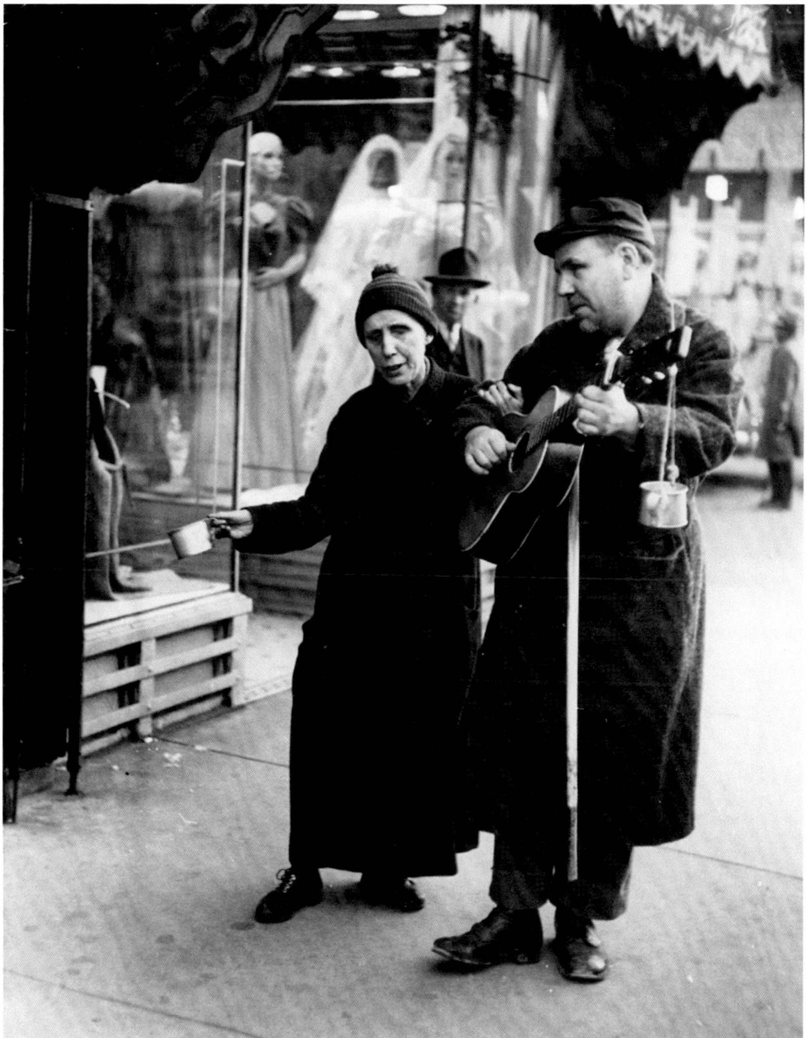

95 Chicago, zwei blinde Straßenmusikanten, 1941

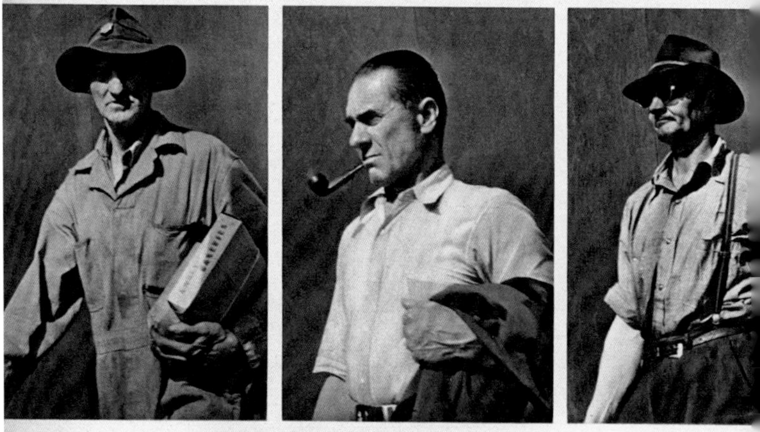

Labor Anonymous

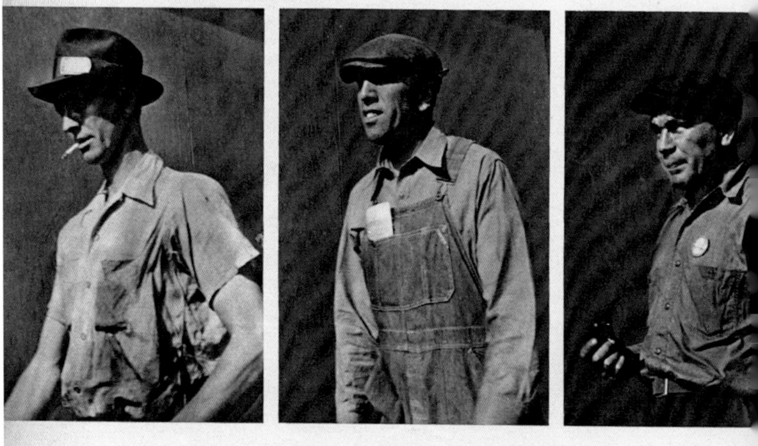

153

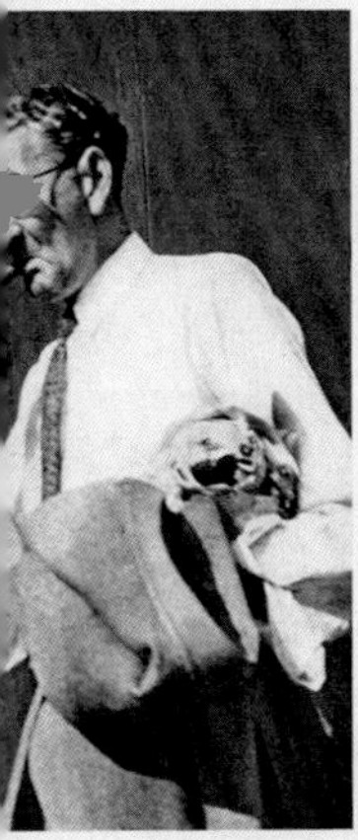

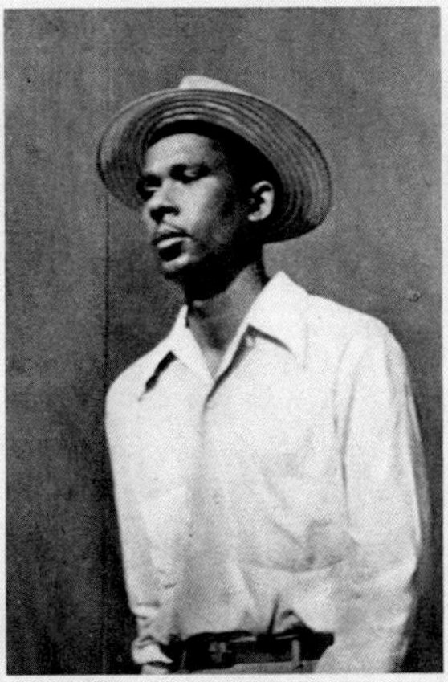

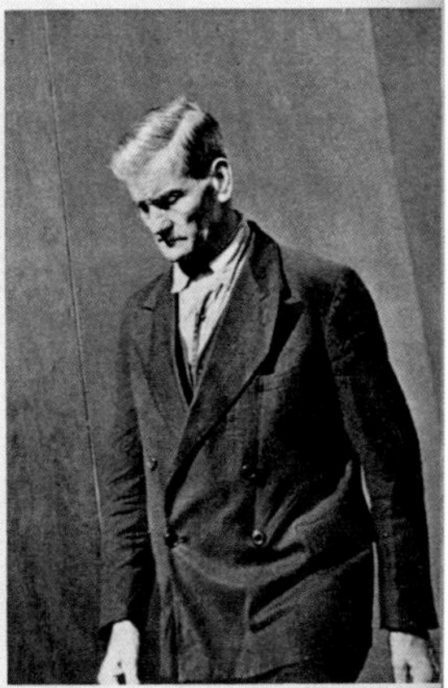

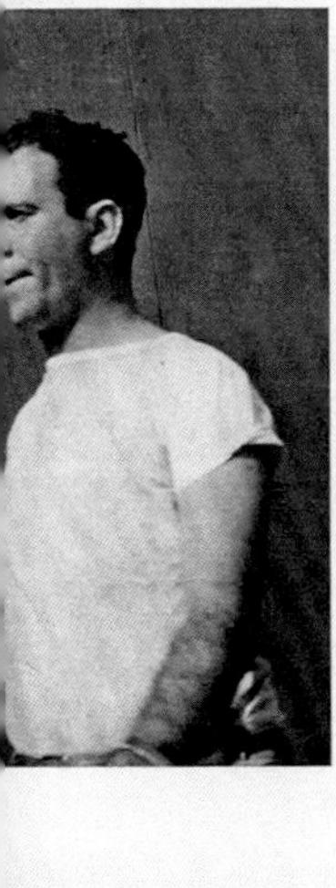

ON A SATURDAY AFTERNOON IN DOWNTOWN DETROIT

The American worker, as he passes here, generally unaware of Walker Evans' camera, is a decidedly various fellow. His blood flows from many sources. His features tend now toward the peasant and now toward the patrician. His hat is sometimes a hat, and sometimes he has molded it into a sort of defiant signature. It is this variety, perhaps, that makes him, in the mass, the most resourceful and versatile body of labor in the world. If the war proved anything, it demonstrated that American labor can learn new operations with extraordinary rapidity and speedily carry them to the highest pitch of productive efficiency. There may often be a lack of the craftsmanly traditions of the Older Worlds, but the wide spectrum of temperaments rises to meet almost any challenge; in labor, as in investment portfolios, diversification pays off.

Another thing may be noticed about these street portraits. Most of the men on these pages would seem to have a solid degree of self-possession. By the grace of providence and the efforts of millions, including themselves, they are citizens of a victorious and powerful nation, and they appear to have preserved a sense of themselves as individuals. When editorialists lump them as "labor," these laborers can no doubt laugh that one off.

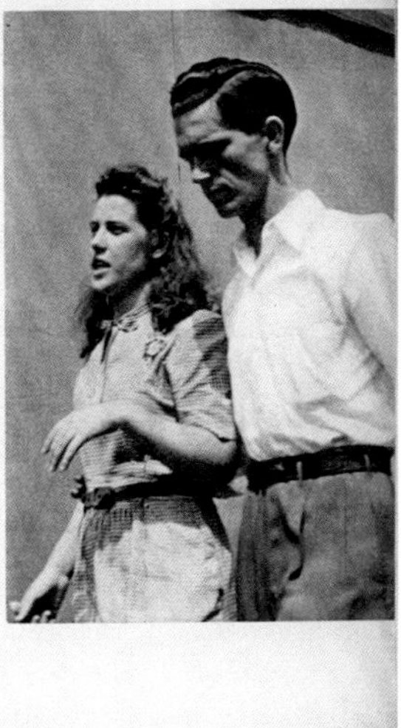

96 „Labour Anonymous“ aus *Fortune*, November 1946, S. 152/153

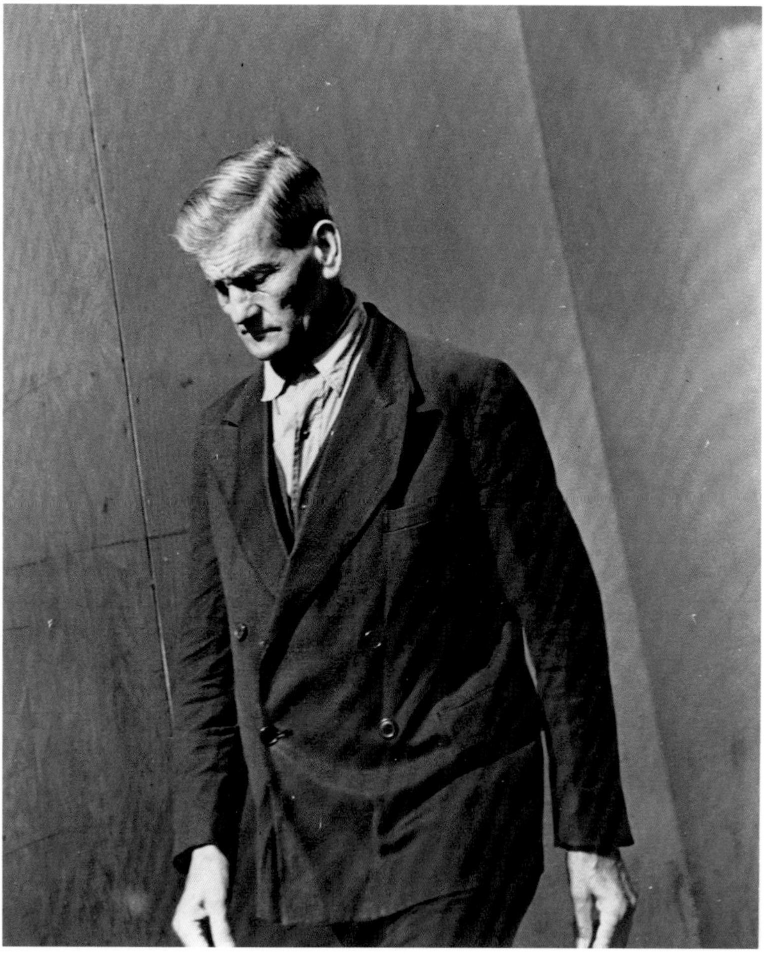

97 Fußgänger in doppelreihigem Anzug, nach unten schauend, Detroit (für den Artikel „Labour Anonymous" im *Fortune*-Magazin), 1946

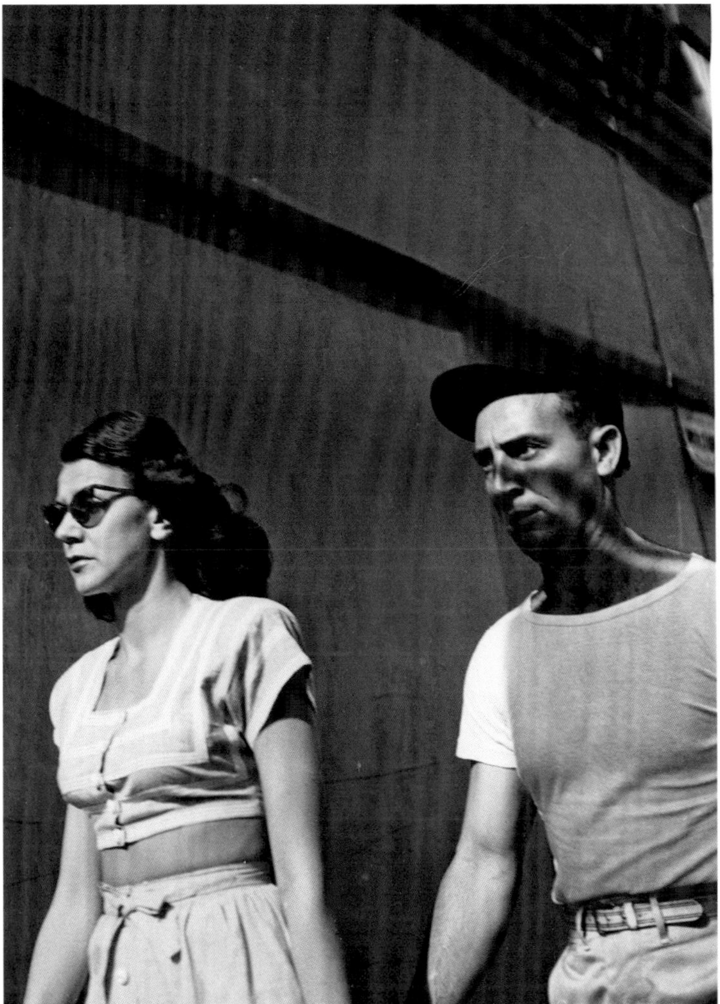

98 Fußgänger und Fußgängerin, Detroit (für den Artikel „Labour Anonymous“ im *Fortune*-Magazin), 1946

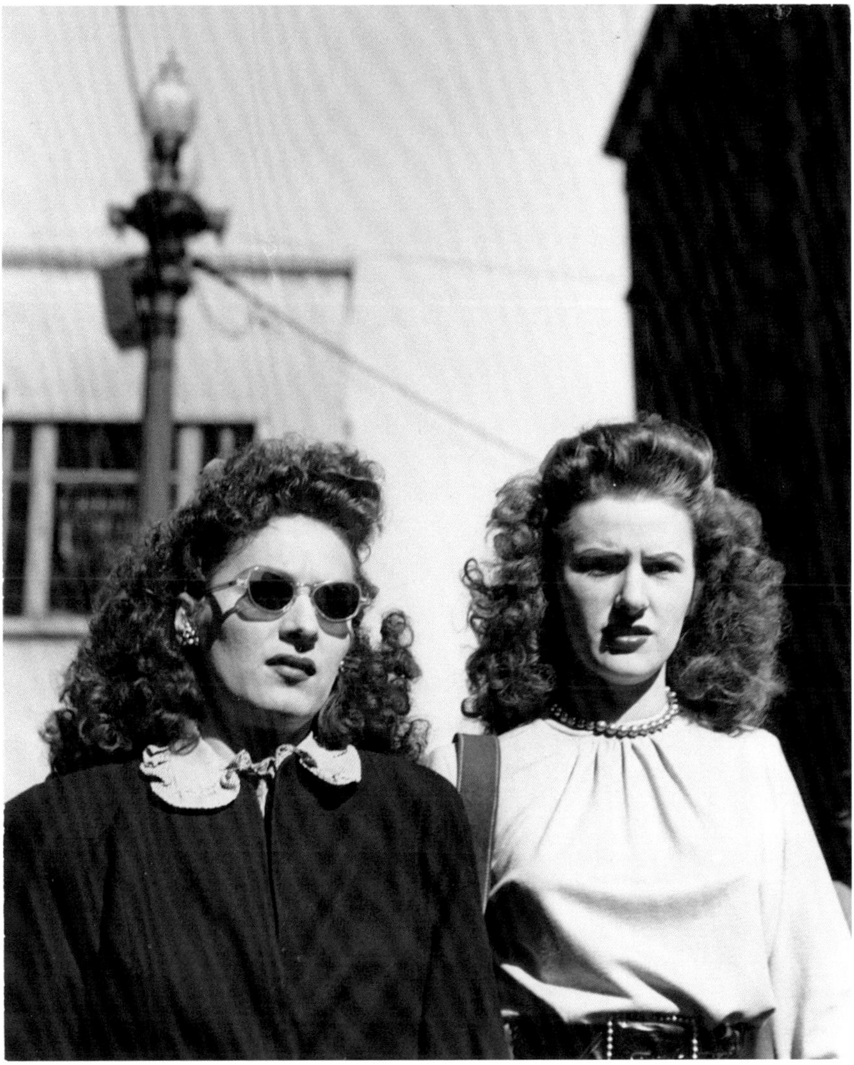

99 Kreuzung State und Randolph Street, Chicago, 1946

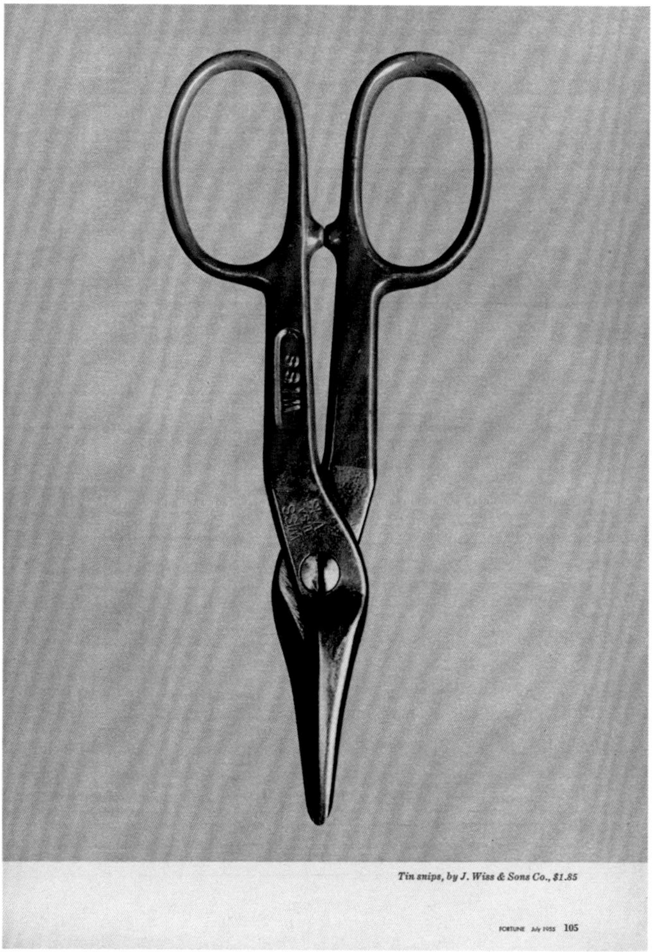
Tin snips, by J. Wiss & Sons Co., $1.85

FORTUNE July 1955 105

100 Blechschere, 1955, veröffentlicht in „Beauties of the Common Tool“, *Fortune*, Juli 1955, S. 105

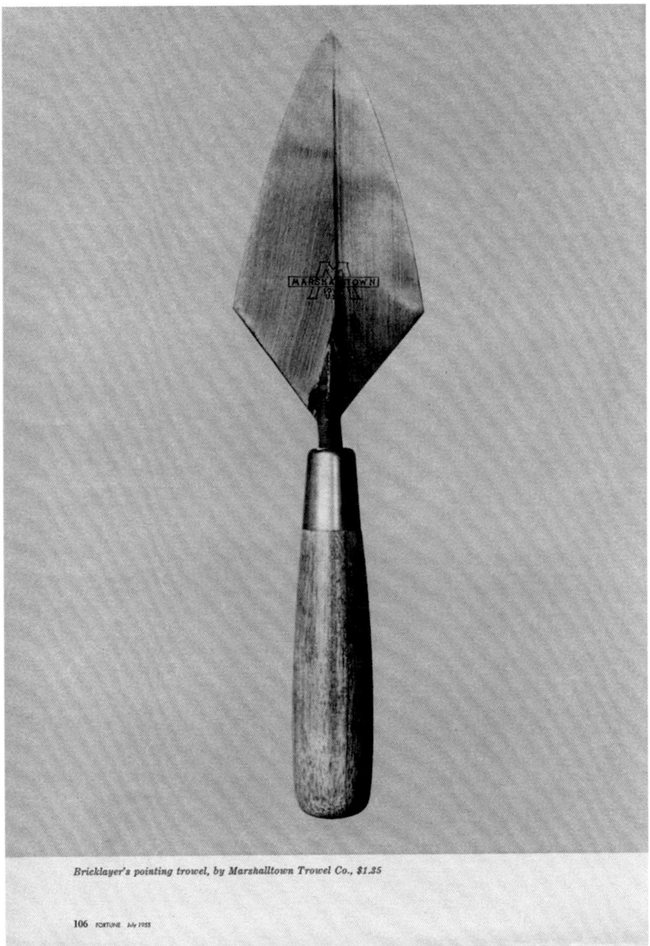

Bricklayer's pointing trowel, by Marshalltown Trowel Co., $1.35

106 FORTUNE July 1955

101 Maurerkelle, 1955, veröffentlicht in „Beauties of the Common Tool", *Fortune*, Juli 1955, S. 106

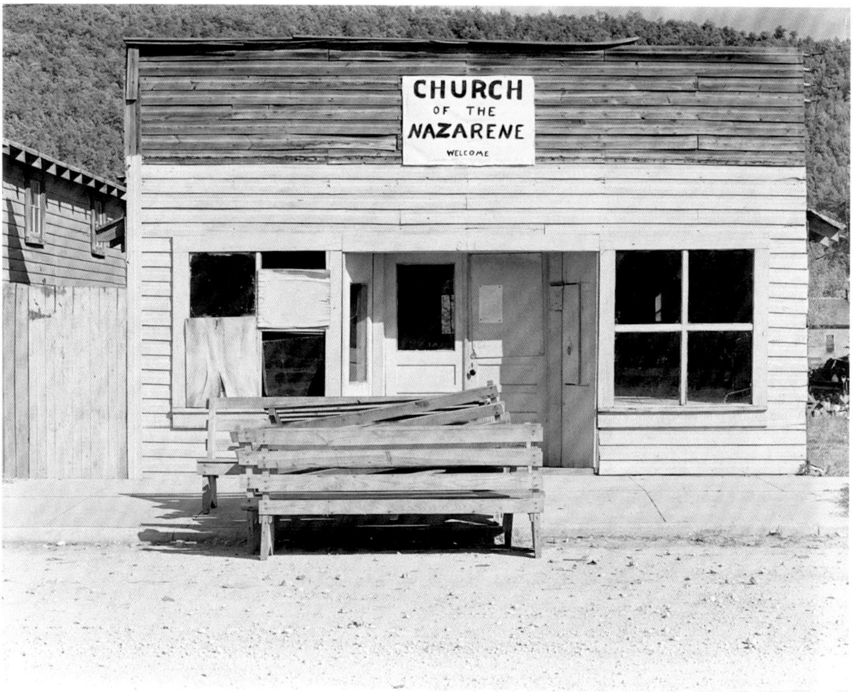

102 Ländliche Kirche, Tennessee, 1936, veröffentlicht in „Primitive Churches", *Architectural Forum*, Dezember 1961

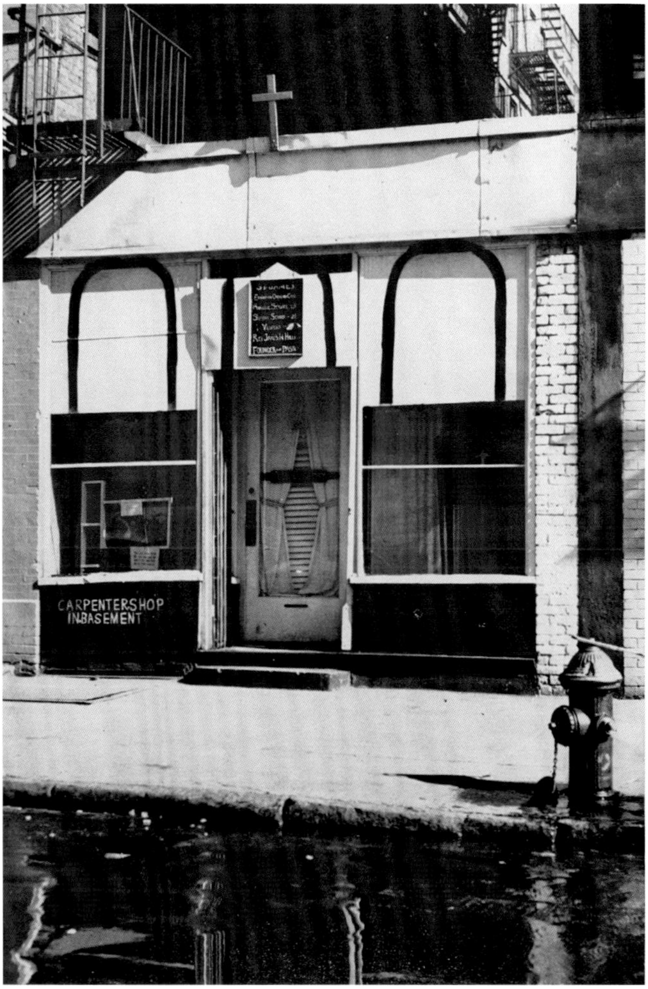

103 St. James, äthiopisch-orthodoxe Kirche, East 95th Street, New York, 1961, veröffentlicht in „Primitive Churches“, *Architectural Forum*, Dezember 1961

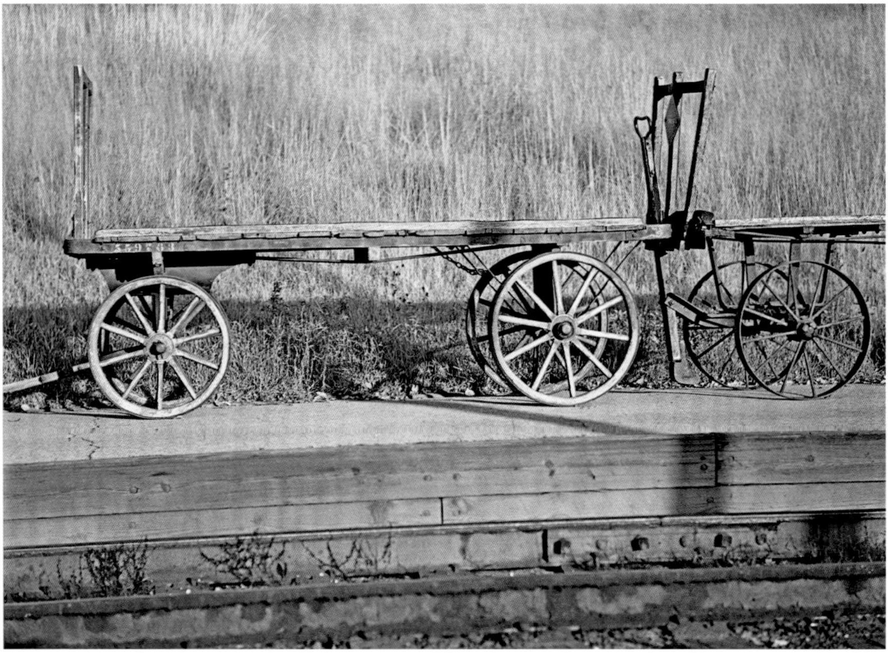

104 Gepäckwagen, Galena, Illinois, Ansichten von Industriearchitektur, für eine unveröffentlichte Serie, *Fortune*-Magazin (Detail), 1963

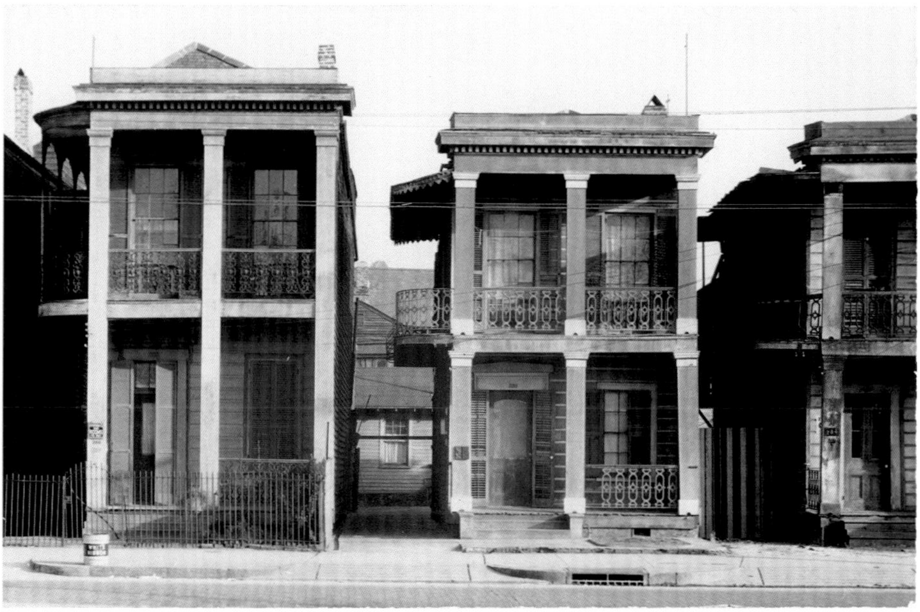

105 „Häuser in New Orleans“, 1935, Detail

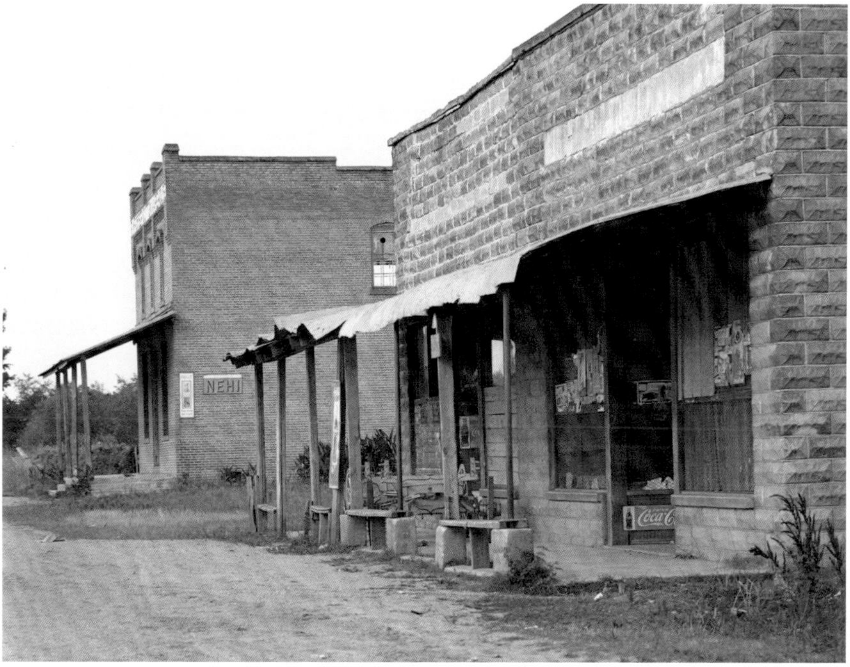

106 Ladenfronten, Advance, Alabama, 1936

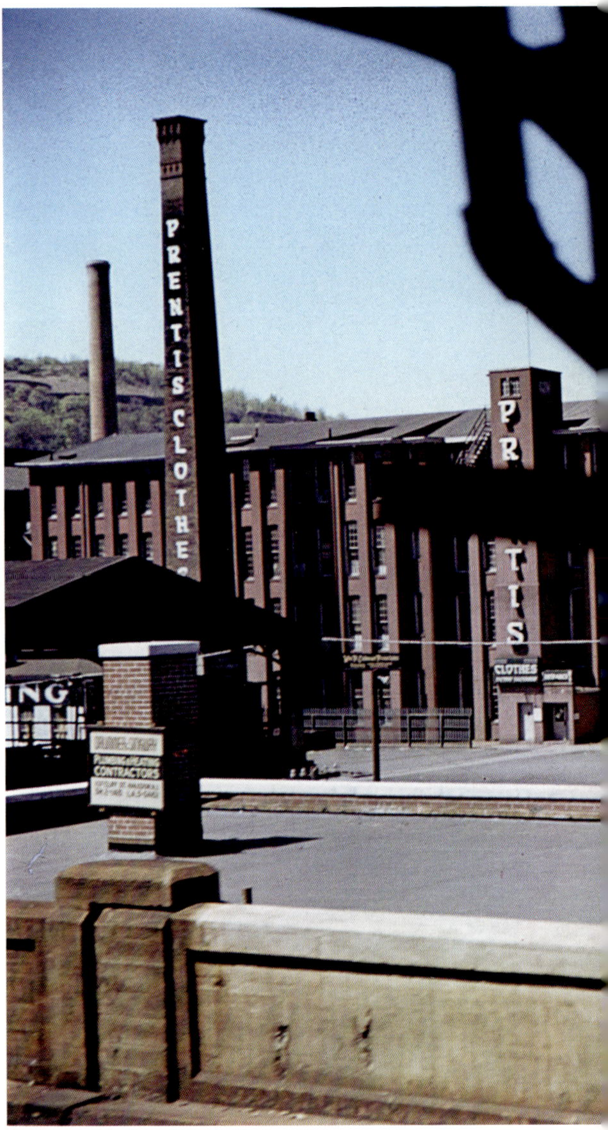
PRENTIS CLOTHE
CONTRACTORS
CLOTHES

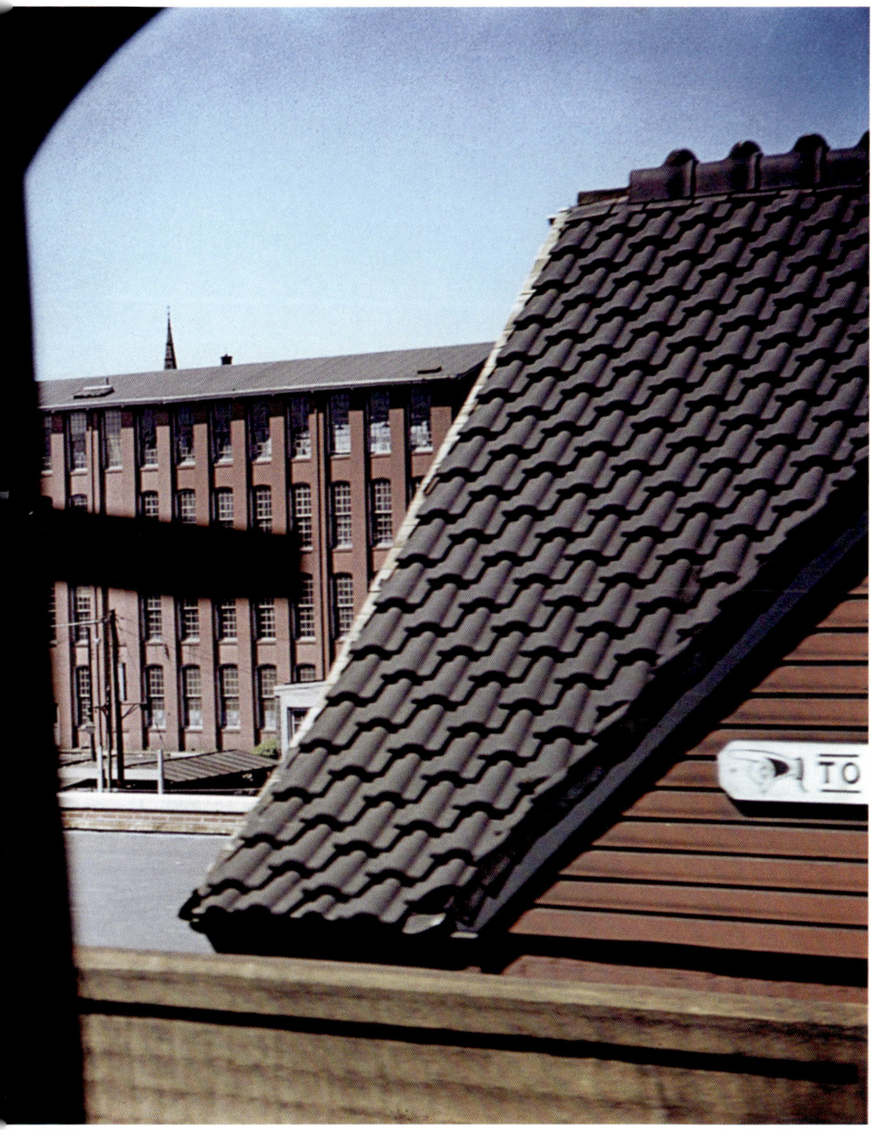

107 Blick aus dem Zug (für den Artikel „Along the Right-of-Way“ im *Fortune*-Magazin), 1950

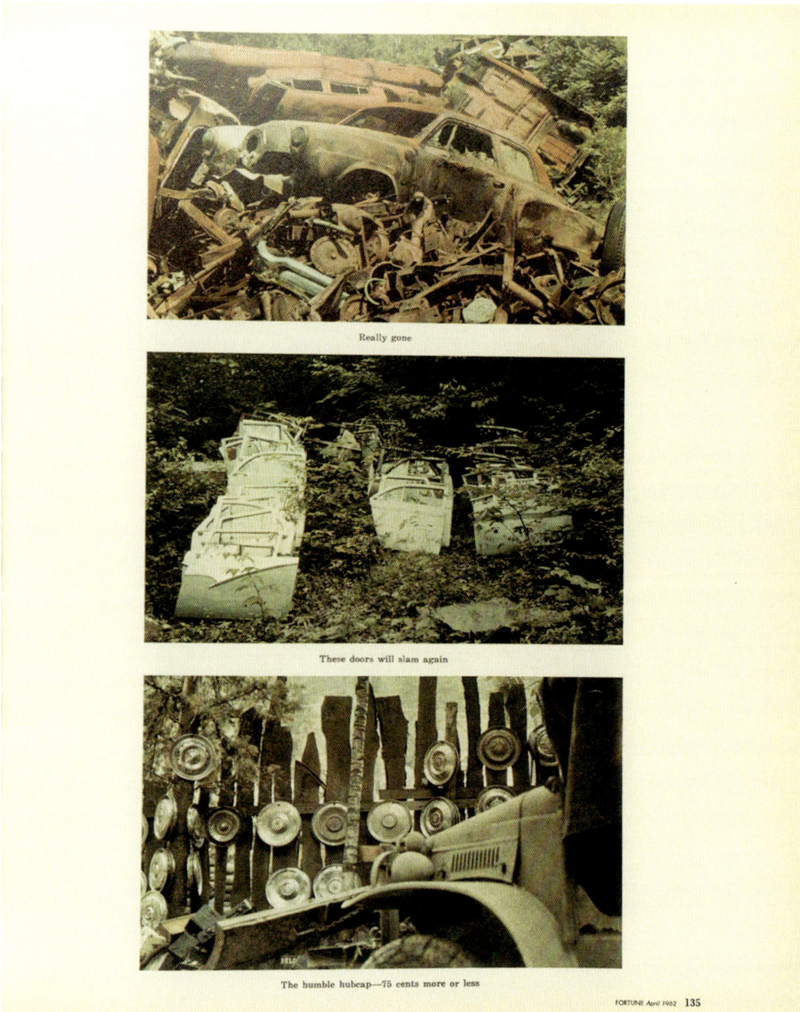
Really gone

These doors will slam again

The humble hubcap—75 cents more or less

FORTUNE April 1962 135

108 „Der Autofriedhof“, *Fortune*, April 1962, S. 135

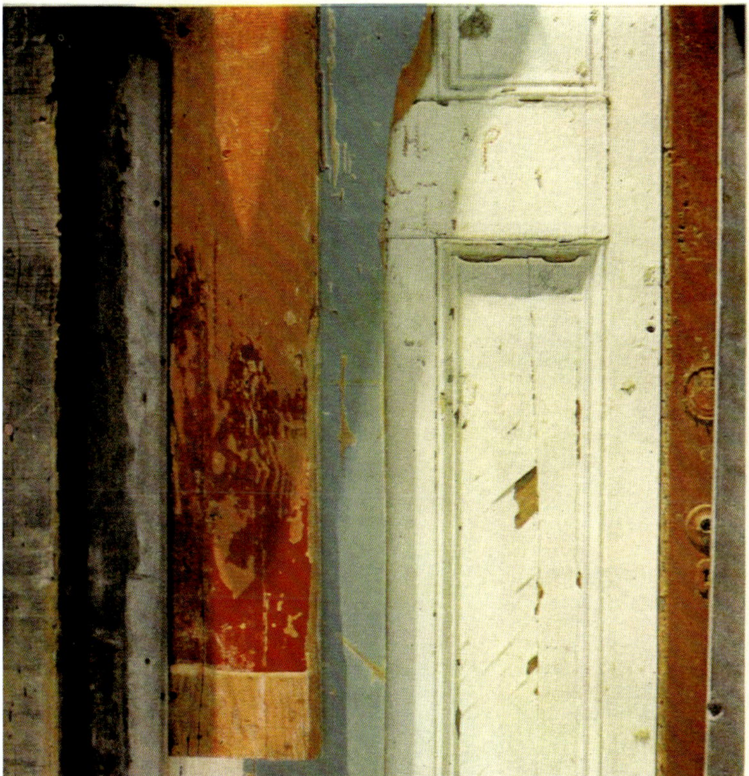

Some day, a bright young stylist in the world of modern architecture is going to borrow color haphazardry, most consciously, as motive for an outside wall—say on a pavilion or an estate playhouse. The painted old doors like those now used to board up demolition sites will be an excellent source for some really daring tone patterns.

109 „Color Accidents“, *Architectural Forum,* Januar 1958, S. 114

Similarly, the subtle explosion which is the photograph at the right might have been a conception of Jackson Pollock's. Such specimens may serve as a reminder that it does require authority to bring off a painting with something new in it; for a perfect painting, immense authority.

The pocks and scrawls of abandoned walls recall the style of certain contemporary paintings, with, of course, the fathomless difference that the former are accidents untouched by the hand of consciousness. Paul Klee would have jumped out of his shoes had he come upon the green door below. The courage, purity, and gaiety of these scarlet shots in violent green space would be applauded by all the Klee audience.

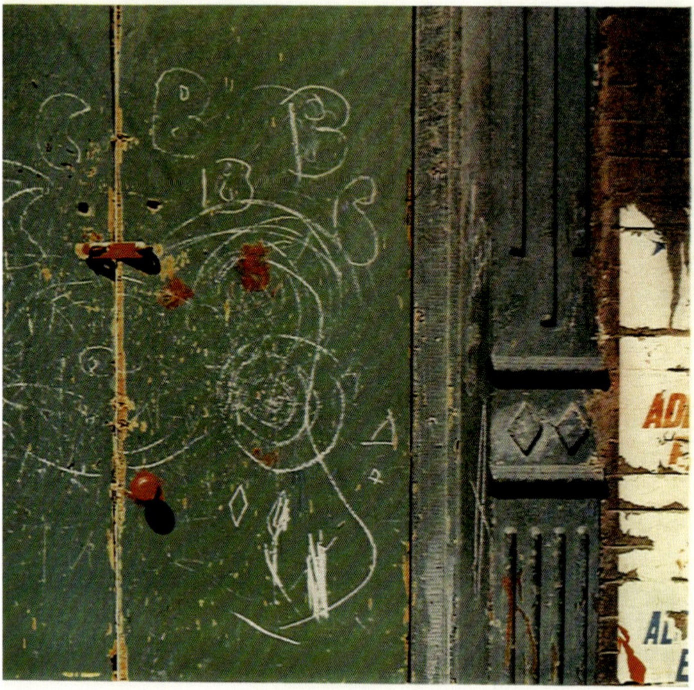

110 „Color Accidents", *Architectural Forum*, Januar 1958, S. 112

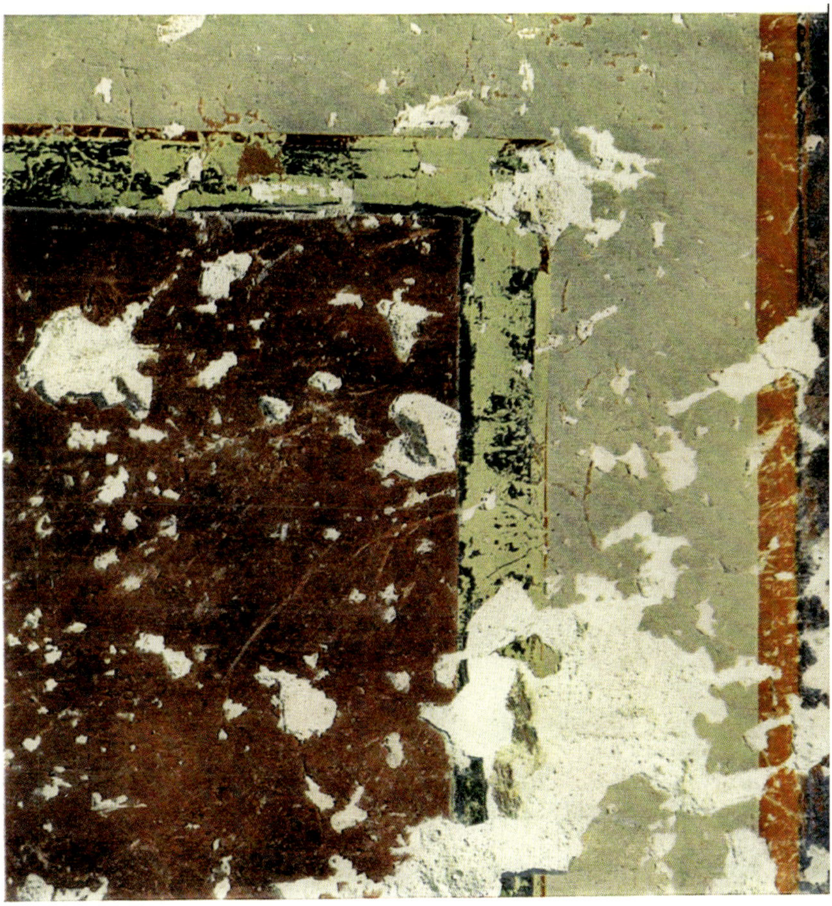

III „Color Accidents“, *Architectural Forum*, Januar 1958, S. 113

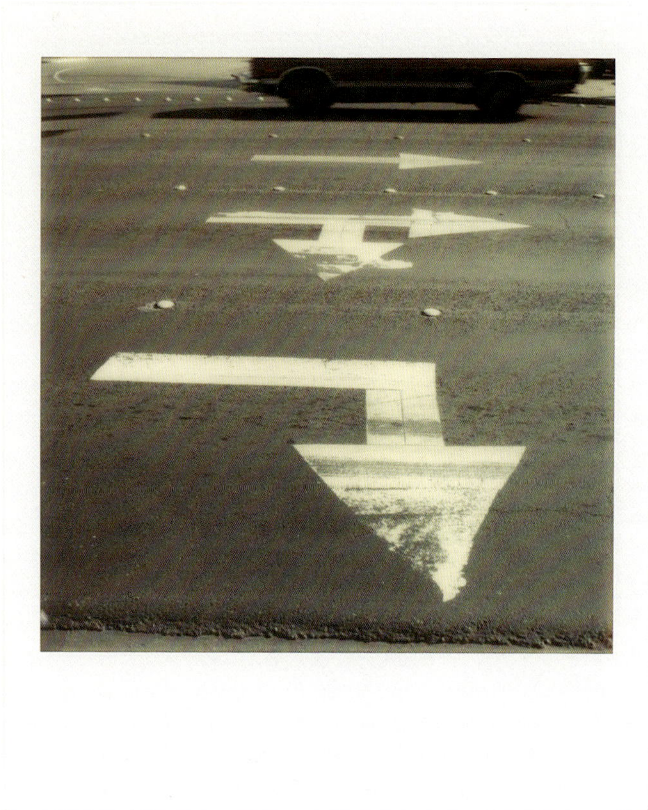

112 Straßenmarkierung, 1973/74*

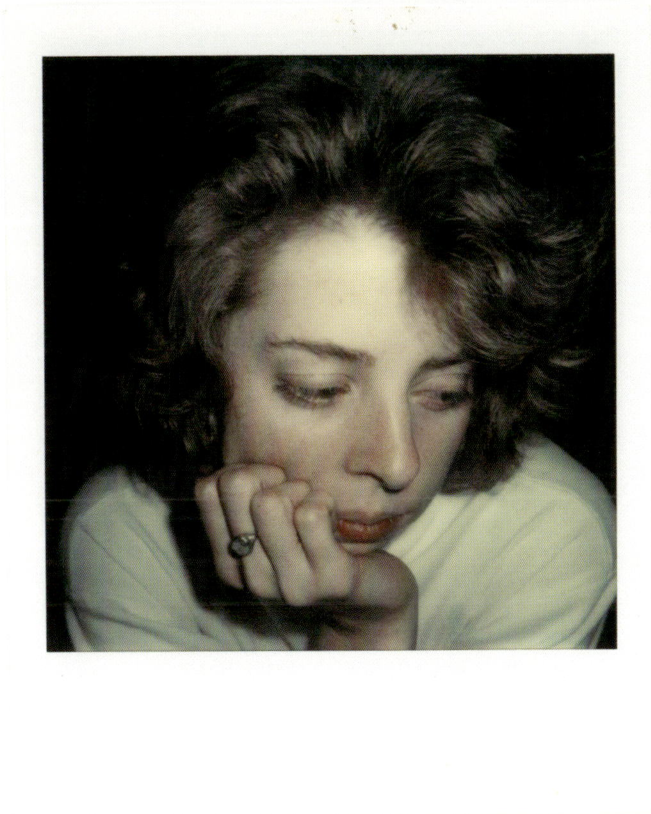

113 Nancy Shaver, 1973*

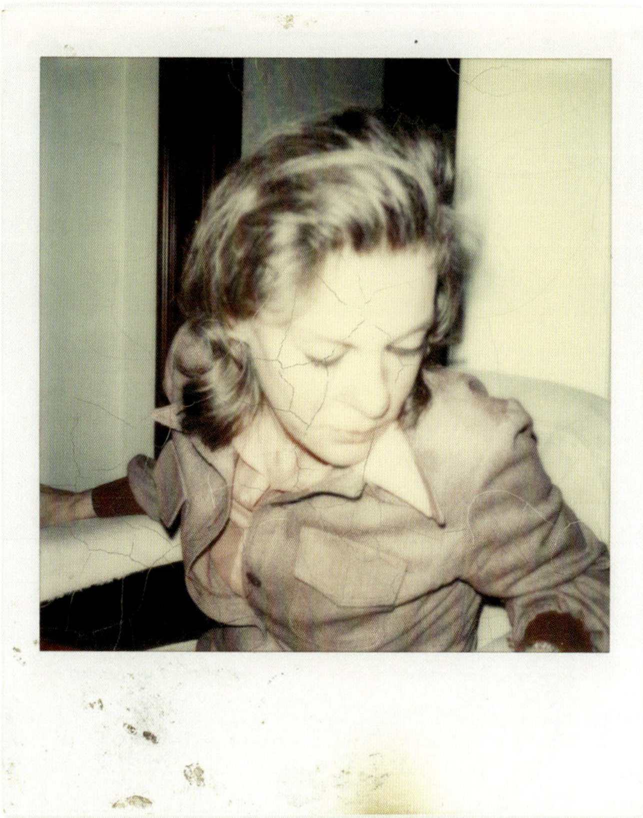

114 Caroline Lowell, England, 1973*

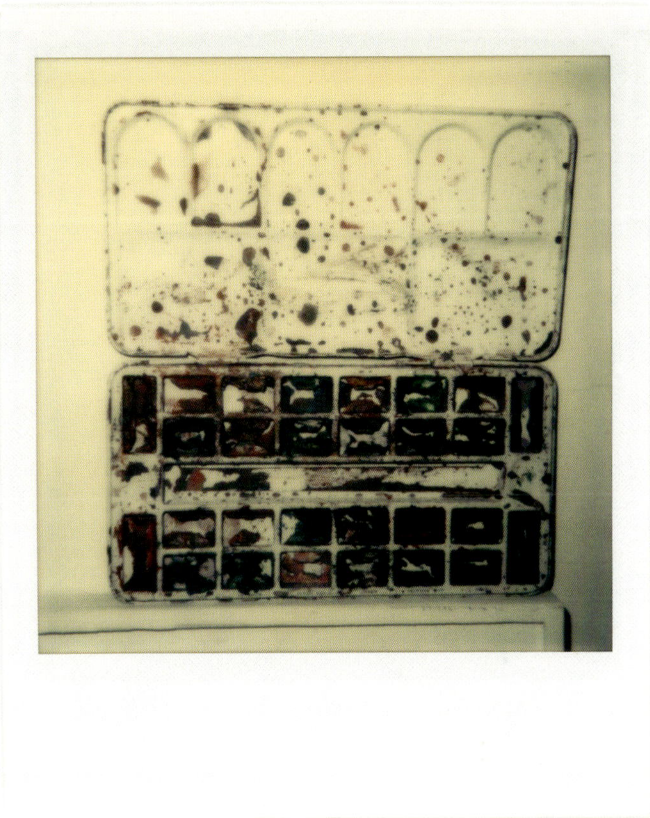

115 Farbkasten, 1973/74*

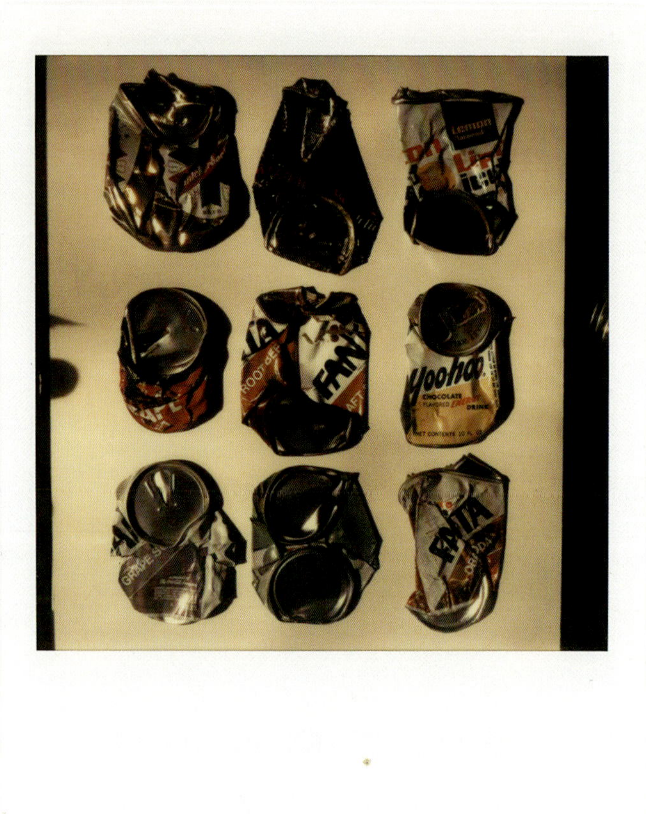

116 Assemblage: zerdrückte Blechdosen, 1973/74*

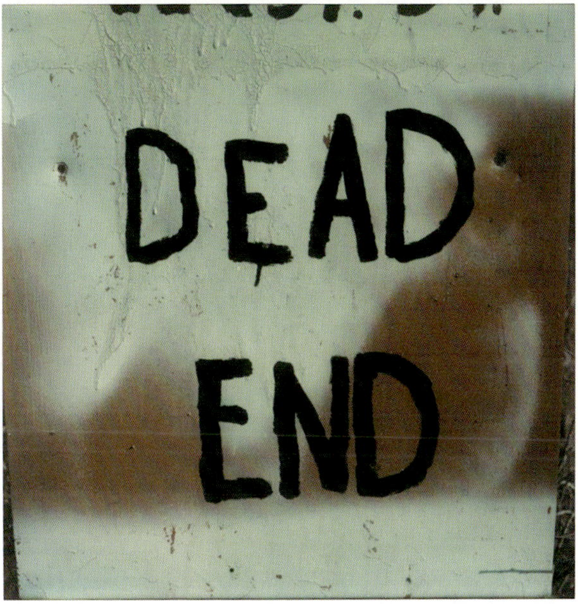

117 Detail eines Schilds: „Dead End“, Old Saybrook, Connecticut, 1973*

Nachwort

WOLFGANG KEMP

Svetlana Alpers ist eine der bedeutendsten US-amerikanischen Kunsthistorikerinnen. Sie wurde mit einem Schlag berühmt durch ihr Buch *The Art of Describing: Dutch Art in the Seventeenth Century* (1983, deutsch 1985: *Kunst als Beschreibung – Holländische Malerei des 17. Jahrhunderts*). Das Buch machte Furore, weil es den Realismus der Niederländer ernst nahm und ihn nicht als Versteck geheimer Botschaften begriff. Alpers gab damals die Zeitschrift *Representations* mit heraus, welche bestrebt war, „Darstellung" als Teil einer Episteme im Foucault'schen Sinne zu verstehen. Im Fall der Niederländer ließ sich z. B. die Pflege der Gattung Landschaft sehr gut mit dem für sie notwendigen kartographischen Interesse zusammenbringen: notwendig für die Seefahrt, aber auch für ein nicht-feudales Land mit viel privatem Landbesitz.

Alpers hat danach methodologisch andere Wege beschritten. Genannt seien die ebenfalls erfolgreichen Bücher *Rembrandt's Enterprise: The Studio and the Market* (1988, deutsch 2003: *Rembrandt als Unternehmer. Sein Markt und sein Atelier*) und – verfasst zusammen mit Michael Baxandall – *Tiepolo and the Pictorial Intelligence* (1994, deutsch 1996: *Tiepolo und die Intelligenz der Malerei*). Wenn sie jetzt ein erstes Buch über einen Photographen schreibt, könnte man das mit ihrem ursprünglichen Interesse für die realistische Tradition der abendländischen Kunst in Verbindung bringen? Eine Rückkehr zur „Kunst der Beschreibung"? Wenn man „describe, description" in allen Abwandlungen durchzählen lässt, kommt man im englischen Originaltext auf ca. 175 Funde. Die Vorsilben in be-schreiben und de-scribe sind vermutlich die sachhaltigsten zwei Buchstaben unserer beiden Sprachen. Indirekt drücken sie aus, dass da ein Ding ist, ein Sachverhalt, auf den das Be-schreiben gerichtet ist. Und gleichzeitig kündet das Verb vom ewigen Logozentrismus unseres Umgangs mit der Welt. Wenn der Rechner richtig zählt, kommt „depict" nur dreimal vor, und davon wird das Verb zweimal auf ein Werk der Malerei angewandt. In Photographien beschreibt Evans die Welt, und damit wird in seinem Fall wieder gesagt, dass das eine sehr genaue und bewusste Aufnahme der Wirklichkeit ist. Aber, wir bleiben beim Schreiben in Beschreiben, im Fall von Evans gibt es anders als bei den Niederländern dieses Text-Bild-Kontinuum, auf das die Autorin immer verweist: der beschreibende Modus der Photographie wird vorbereitet durch penible Listen und begleitet von einer Schar von verbalen Skizzen, die meisten wurden nicht veröffentlicht und waren dafür wohl auch nicht bestimmt. Nehmen wir dazu noch den Leser Evans, den von Flaubert und Baudelaire geprägten Evans, und denken daran, dass er, wo immer es anging, Buchstaben, Schilder, Plakate, Zeichen aufnahm, und dass er mit Dichtern wie James Agee und mit einem so herausragenden Essayisten wie Lincoln Kirstein zusammenarbeitete sowie nach dem Krieg als Mitarbeiter der Zeitschrift *Fortune* photographieren und zu seinen Photographien Texte schreiben musste, dann betrachten wir ein massives Doppelinteresse, eine Doppelexistenz. Ob man daraus schließen kann, dass Evans eine „literarische“ Art der Photographie betreibt, wird man verschieden beurteilen. Zumindest ist die Möglichkeit gegeben, dass Evans das Mit- und Nebeneinander der Künste auch als Arbeitsteilung nutzen konnte. Aber wir werden zu dem Sinn, den Alpers der Qualität „literarisch“ gibt, noch kommen.

PHOTOGRAPHY IN THE MAKING

Realismus ist ein Stil unter Verdacht. Entweder er wird heute als Trick ausgegeben – vom Realismus-Effekt spricht z. B. Roland Barthes –, oder er ist eine Konstruktion. Dem ist nur entgegenzuhalten, dass Realismus zuerst Arbeit bedeutet – Studium, Empirie, Augenzeugenschaft, auf dem Motiv arbeiten, wie man im 19. Jahrhundert sagte. Für den Photographen ist das im Grunde eine Selbstverständlichkeit, aber es ist sehr lehrreich zu verfolgen, wie sich Alpers nach dem Realismus der Niederländer dem Realismus des Walker Evans annähert. Schon im ersten Buch gab es ein Kapitel über das mit apparativen Hilfsmitteln arbeitende „Handwerk der Darstellung“, schon im ersten Buch wurde die Aufgabe einer wirklichkeitsgetreuen Wiedergabe von Welt im Format der Fläche ernst genommen, jetzt rückt Alpers nicht nur das „Machen“ in den Vordergrund, das Photographieren, die Ausrüstung, die Arbeit am Negativ und Kontaktabzug, den Vertrieb der fertigen Abzüge in Ausstellungen, Büchern und Zeitschriften usw., sie hat sich auch einen Photographen ausgesucht, dessen Hunger nach für ihn neuer Wirklichkeit kaum zu stillen war und der sich dezidiert der Flächigkeit seines Endprodukts verschrieben hatte. Wiederum eine Rückkehr zur gemeinsamen Basis von Literatur und Photographie? Man muss auch daran denken, dass im Englischen der photographische Abzug „print" heißt. Sein Leben lang produzierte der verhinderte Schriftsteller Evans also „Drucke". Alpers bekniete den Übersetzer, das Wort beizubehalten, das Evans persönlich für die Bearbeitung von Negativen und Kontaktaufnahmen benutzte: „to edit, editing" etc. Diese Wörter gehören nicht nur zum Handwerk des Lektors und der Lektorin, sie beinhalten auch den Akt des Herausgebens und Veröffentlichens, was wiederum für den Fall Evans sehr interessant ist, als er nur das überarbeitete Negativ für die Veröffentlichung bestimmte. Wer lesen möchte, wie „editing" im Englischen „richtig" klingt, halte sich an die entsprechende Einweisung des Museum of Modern Art:

> „Unlike other American photographers in this period, particularly the dogmatic Edward Weston and Group f/64, Evans did not champion the unadulterated contact print; rather, he used enlarging and cropping to focus on seemingly insignificant details. The tight crop on this print produces a found montage of pictorial and textual signs, one of Surrealism's hallmarks, by extracting everyday objects from their surrounding environment."

„Enlarging, cropping" gleich „editing": Wie das im Einzelnen vor sich ging, erläutert Alpers an vielen Beispielen und bringt ebenso oft eine andere Eigenart der Evans'schen Produktion ins Spiel: dass er mit verschiedenen Kameras im Mittel- bis Großformat arbeitete. Man kann sich heute auf der enorm nützlichen Plattform Picryl zehntausende von Aufnahmen, oft Bildstrecken und ganze Tagewerke anschauen und nimmt das wie einen Film wahr, der die Tendenz zur Endlosschleife hat. Und dennoch geht es bei Evans immer auch um den zweiten Schöpfungsakt: Welche der vielen Ansichten bearbeitete er bis zur letzten, der publizierten oder ausgestellten

Fassung. Aber auch mit dieser Version ist noch nicht das Ende, „the iconic image“ erreicht, denn Evans hat für verschiedene Anlässe verschiedene „Editionen“ von demselben Motiv oder demselben Negativ veröffentlicht. Im Amerikanischen heißt Alpers' Buch im Untertitel *Starting from Scratch*, es hätte auch heißen können: *Photography in the Making*. Es stellt sich der grundsätzlichen Problematik einer photographischen Praxis, die das Bild im Zustand ständiger Latenz hält.

Und man muss dazu wissen, dass wir es nicht mit einem Photographen der Kleinbildära zu tun haben, der schnell und mühelos schießt und gespannt ist auf das, was die Negative dann ergeben. An Motorkameras dürfen wir sowieso nicht denken. Von Anfang an und bis weit in die Nachkriegszeit hat Evans mit der 8 x 10-Plattenkamera gearbeitet, und wenn er unbeachtet bleiben wollte, hat er zu Kleinbildkameras oder zur Rolleiflex gegriffen oder einen Winkelsucher benutzt. Then he burned film, wie man im Amerikanischen sagt, aber noch einmal: Auch die Stativkamera wurde nicht eingesetzt, um *ein* Bild, das finale Bild zu erzeugen. Auch da wurde mehrmals und auf verschiedenen Standorten abgedrückt, und in den Negativen blieb das Bild latent bis zu einer der „endgültigen“ Ausgaben.

Wir hören in diesem Buch oft Evans selbst, meist aus der Quelle später Interviews. Ein alter Mann spricht da, ungehalten über vieles, auch über sich selbst, dieses aber ohne jegliche Ironie. Es gibt frühe Zitate, die uns veranlassen, eine Konstante seiner Wesensart anzunehmen. Alpers spricht einmal von Hass auf alles und jeden. Und nicht nur im Gespräch und im Brief manifestiert sich diese Haltung, auch in den eigenen Texten versteigt er sich bisweilen zu grotesken Überreaktionen, so wenn er ausgerechnet einem harmlos gedrechselten Möbel (Abb. 32) „einiges von der Falschheit und vom Kummer des Jahrhunderts“ andichtet – wobei nicht klar ist, welches Jahrhundert er meint und ob er mit diesem Urteil nicht seinen bedeutenden Konkurrenten Wright Morris treffen will, der diesen Stuhl photographiert hatte. Man darf also annehmen, dass er sich im Moment des „Edierens“ auch gegen seine eigenen Vorleistungen mit Verachtung oder soll man sagen: mit neuer Selbstermächtigung wandte.

WALKER EVANS: WORK AND LIFE

Svetlana Alpers kam wie gesagt nach langer Arbeit über europäische Kunstgeschichte zur Photographie. Weil sie zum ersten Mal als Amerikanerin über einen Amerikaner schreibt, der sich Amerika zum Thema gemacht hat, dürfen wir diese großzügige geographische Angabe stehen lassen. (Auch die idiosynkratische Zitierweise blieb.) Für mich, der ich schon 1974 nach derselben Ausbildung wie Alpers zur Photographie kam, ist dieses Buch von 2020 quasi das ultimative Dokument einer seit damals vollzogenen Entwicklung. Mein erstes Buch, im selben Verlag wie dieses erschienen, galt August Sander, dem älteren Zeitgenossen, dessen Werk Evans 1931 gewürdigt hat. Als ich das Buch schrieb, wusste ich über den Menschen Sander nur von seinen Wohn- und Arbeitsorten, dass er Goethe verehrte, aber auch Oswald Spengler und dass sein Sohn in Nazihaft starb und dass er sich nicht zuletzt auch deswegen von der Portraitphotographie ab- und dem Thema Landschaft zugewandt hatte. Mein Thema war nicht der Photograph, sondern die Photographien. Der kunstgeschichtliche Beweis einer Relevanz des im Fach wenig gewürdigten Mediums Photographie war nur über die Werkbetrachtung zu führen. Im Jahr 2020 ist das Leben, ist der Künstler genauso wichtig wie das Werk. In diesem Buch wird Evans aus Tagebüchern, Briefen, Notizen, eigenen Schriften, Vorträgen und aus vielen Interviews zitiert, Itinerarien werden aufgerollt, Zeitabläufe rekonstruiert, Anekdoten übermittelt, und das Archiv eines Mannes, der wohl nichts wegwerfen konnte, steuert weitere Funde hinzu. Und was sehr viel mehr ist, in einem Hauptkapitel widmet sich die Verfasserin wie in einem Entwicklungsroman der einzigen großen Lehrzeit, die Evans absolvierte, und das war das kurze Jahr, das er lesend, schreibend, reisend in Frankreich verbrachte, bevor er 1930 mehr oder minder „starting from scratch" zu photographieren begann. Das heißt, der Photograph hat sich heute die gleiche werkmonographische Behandlung wie ein berühmter Maler und Bildhauer derselben Epoche verdient. Ja, die Rangerhöhung geht noch weiter. Anders als mittlerweile in der Kunstgeschichte und anderen geisteswissenschaftlichen Fächern üblich, nimmt Alpers Evans' Selbstinterpretation als die richtige und endgültige Interpretation an. Evans hat zwar nur eine beschränkte Werkhoheit für sich beansprucht – siehe das unablässige „editing“ –, aber die Deutungshoheit ist die seine.

STRAIGHT PHOTOGRAPHY, LYRIC DOCUMENTARY, TRANSCENDENT

Evans gab in späteren Jahren sehr viele Interviews und Artist Talks an Universitäten. Evans wäre nicht Evans, wenn er die Aufgabe einer Selbstdarstellung vorbehaltlos und ohne doppelten Boden absolviert hätte. Er entwickelte eine gewisse Routine und ließ das Gegenüber zappeln. Das berühmt gewordene Oral History-Interview mit Paul Cummings hat die gesamte Evans-Literatur ausgeschrieben, nicht nur was die Fakten, sondern auch die Urteile eines Mannes anbelangt, der jetzt ziemlich genau Bescheid wusste und immer mehr Gefallen daran fand, ein wenig abfällig und destruktiv zu sprechen. Oder etwas auszutesten. Er definierte dort als wichtigste Qualität guter Photographie „visual impact“ und empfahl den Begriff dem dankbaren Gegenüber mit den Worten: „I purposely took that because it is a vague phrase.“ Man muss sich aber vorstellen, dass es in den USA informelle Evans-Fan-Clubs gibt, die diese und andere Dicta wie einen Bibelvers der Exegese unterziehen – mit Ergebnissen wie diesem: „I think ‚visual impact‘ means different things for different people – but we all can instinctually know what is an impactful photograph and what isn't.“[1] Also wie Pornographie: Man kann sie nicht gerichtfest definieren, aber wenn man sie sieht, weiß man sofort, dass es sich darum handelt. Es würde sich lohnen, die vielen Begriffe, die Evans fallen ließ, aufzuzählen, um zu begreifen, wie ernst man sie nehmen muss, wenn er sagte: „These are words that you throw around to make your students interested and make them come alive.“[2]

Ob das jemanden zum Leben erweckt oder nicht: Im Angebot bleiben vorneweg drei Begrifflichkeiten: „straight photography“, „lyric documentary“ und „transcending, transcendent“. Das erste Label ist richtig, aber sehr allgemein. Als reine Photographie bezeichnet man alle Ansätze, die, nach dem Piktorialismus kommend, nicht hemmungslos manipulativ in den photographischen Prozess eingreifen, vor dem Motiv und im Labor. Lincoln Kirstein, dem wir den ersten und bis heute gültigen Text zu Walker

Evans verdanken, schrieb im Nachwort zu *American Photographs* 1938: „Das auffälligste Merkmal von Evans' Werk ist seine Reinheit, ja sein Puritanismus. Das ist ganz ‚reelle' Photographie [straight photography], nicht nur von der Technik her, sondern auch in der Direktheit des Blickes. Nach einer seitlich versetzten Perspektive wird man in den Bildern dieses Buches vergeblich Ausschau halten. Jedes Objekt wird frontal betrachtet, mit der unerbittlichen Freimütigkeit einer russischen Ikone oder eines niederländischen Portraits."[3]

Evans hatte sich wie alle Photographen seiner Epoche für eine klare Bildästhetik entschieden, aber seine intensive Postproduktion und Dunkelkammerarbeit müsste als ein Sonderweg des „straight" beschrieben werden. Das Ergebnis freilich war immer straight, und Evans hielt sich an die Kulturtechnik der Moderne, und das ist der Schnitt. In die weiche Chemie griff er nicht ein. Wenn man mir folgt, dann sortieren sich die Photographen nach den zwei Elementen, die ihrer Technik zu Grunde liegen: Chemie und Optik. Die Piktorialisten, an ihrer Spitze Stieglitz, zu dem wir gleich kommen, hielten sich an die Chemie, Evans gehörte zu den optischen Photographen: Plattenkamera, sehr spezielle Objektive, viele Sichtweisen und die praktische und theoretische Konzentration auf das Sehen, das richtige Sehen, womit Alpers anfängt und auf die sie an vielen Stellen größten Wert legt. Sie sagt: „das Auge". Ohne von meiner Unterscheidung zu wissen, deutet sie in dieselbe Richtung, wenn sie schreibt: „Da ist Klarheit und Zielsicherheit in [Henry Fox] Talbots Werk, während die französischen Landschaftsbilder von dem mysteriösen Sinn für das Auftauchen eines Bildes aus der Papieroberfläche zeugen."

Dass Photographie „transzendiert", ist ein Versuch, das ästhetische Plus, den Überschuss (je)der Photographie zu benennen und zu sagen, dass sie „mehr" leistet als eine Selbstabbildung der Sache. Hier eine solche Versicherung aus der Evans-Literatur: „Fotografie wie Evans sie versteht, *beschreibt* Wirklichkeit, aber sie bildet sie nicht einfach ab. Immer ist sie auch Deutung, Versuch zu verstehen, was sie zeigt, und dieses Verstehen zugleich in der Bildstruktur abzubilden."[4] Wenn wir das „transzendieren" oder „lyrisch" nennen, soll das so sein, interessant ist aber vor allem die Wortwahl im US-amerikanischen Kontext. Denn Evans' großer Rivale auf dem Gebiet der künstlerischen Photographie war der eine Generation ältere Alfred Stieglitz, der sich mit vollem Einsatz dem Programm des US-amerikanischen Transzendentalismus verschrieben hatte – in seiner piktorialen wie auch in seiner neusachlichen, straighten Werkperiode. Nun mochte Evans Stieglitz nicht, obwohl er sich bei ihrer einzigen Begegnung so wunderbar mit seinem großen Vorgänger über Baudelaire hätte unterhalten können – Stieglitz hatte damals mit seiner Serie der Wolkenbilder abgeschlossen, für die er den Baudelaire'schen Begriff der „Äquivalenz" ausgesucht hatte: *Equivalents* hieß die Folge der zwischen 1925 und 1934 entstandenen ca. 600 Aufnahmen – ein Schwelgen in der chemischen Affinität von Silbergelatine und Atmosphäre. (Evans: „Aber seine Bilder von Wolken bedeuten mir nichts, absolut nichts. Und er dachte, sie seien das größte Ding, das er je vollbracht hatte.") Evans' Beanspruchung des Terminus „transzendent" kam wohl spät, als sich die Assoziation mit Stieglitz und dem Transzendentalismus nicht mehr unmittelbar aufdrängte. Aber es gibt jetzt interessante Versuche, Evans' Arbeit in der alles entscheidenden Phase der dreißiger Jahre in eine Erneuerung dieses Programms einzubinden, eine Erneuerung, die sich eine Neuentdeckung der USA und ihrer spirituellen Wurzeln vorgenommen hatte.[5]

Wir kommen auf den intrinsischen Sinn des Wortes transzendent zurück, wenn wir uns den nächsten Begriff vorgenommen haben: „lyrischer Dokumentarismus", von Evans zuerst 1964 bei einem Vortrag an der Yale University ausgegeben. Auch hier, wie im Interview mit Cummings, stellen wir absurde Einsprengsel fest. Was musste das Publikum, was müssen wir von diesem Vortragenden halten, wenn er ein Tonbandgerät aufbaut, um abzuspielen, was ein namenloser Freund einige Zeit zuvor über Atget gesagt hatte, den von Evans sehr bewunderten Photographen, dem auch Svetlana Alpers viele Seiten widmet. Der Freund hörte sich so an: „... so beautiful, and so powerful. What a shock that is. I think it's great. Terrific." Fünfzehn Wörter, Ende der Durchsage. Man breche das hinunter auf „lyric documentary", einen photographischen Stil, der in Atget, Evans zufolge, seine „höchste" Vollendung fand. Wir wissen, dass Kirstein quasi genötigt wurde, diese Worte „lyric" und „documentary" in seinen großen Essay einzubauen, nicht von Evans, aber von dessen Freund und Förderer Thomas

Mabry, der immerhin als Veranstalter, als Executive Director des MoMA für Ausstellung und Buchpublikation verantwortlich war. Aber wir haben Kirsteins andere Sicht auf Evans gelesen. Er erlaubt sich dann einmal das Adjektiv „poetisch" und versucht sich vorzustellen, dass Evans in Filmen „seine höchste Lyrik" entfalten würde.

Also „amtlich" wurde der Begriff erst durch besagten Vortrag. Als Lecture Performance ist er überhaupt erst zu entdecken, und dabei habe ich noch nicht einmal erwähnt, dass Evans' eigentliches Thema seine geliebten Bildpostkarten aus der Zeit um 1900 waren. (Alpers: „Der Vortrag ist eine kuriose, hybride Affäre.") Das heißt: mit „eigentlich" kommt man nicht weiter. Im Strom der freien Assoziationen findet sich Ulkiges, Menschliches, Überraschendes und Richtiges. Mittendrin zwei sorgfältig präparierte Sätze, die naturwissenschaftlichen Illustrationen gelten und die Alpers für Evans' beste Selbstbeschreibung hält: „Das wahre Ding, über das ich spreche, besitzt Reinheit und eine gewisse Strenge, Stringenz, Einfachheit, Unmittelbarkeit, Klarheit und ist ohne künstlerische Prätention im selbstbewussten Sinne. Das ist seine Basis: es ist hart und stark." Das soll gelten – für den Dokumentaristen. Aber es geht ja um den schmückenden Zusatz, das epitheton ornans „lyric". Bei Leonardo versucht Evans es so: Er reklamiert für ihn „wissenschaftliche Neugier und Reinlichkeit und Distanziertheit". Dann: „And, of course, his line is lyric." Die Gemeinde hat dieses „of course" der Selbstdarstellung so überzeugt, dass eine der letzten großen Publikationen zu Evans diesen Titel vorneweg trägt: *Walker Evans: Lyric Documentary.*[6]

James Agee könnte bei der Begriffsfindung ebenfalls mitgemischt haben oder die Überbleibsel des Vorschlags von Mabry aufgegriffen haben. Auf jeden Fall war er um 1946 bereit, das Werk der Freundin und Kollegin Helen Levitt als „lyrical" einzuordnen.[7] Vermutlich ist mit „lyrisch" so etwas wie „poetisch" gemeint, aber damit beginnt die wahre Schwierigkeit: Alpers möchte für Evans' photographischen Stil die Qualität „literarisch" anmelden. Sie stützt sich auf Clement Greenberg und einen Artikel über Evans, in dem er ausruft: „Lasst Photographie ‚literarisch' sein!" Damit ist aber eindeutig die Kategorie „lyrisch" nicht angesprochen. „Lyrisch" ist eine Farbe, „literarisch" aber meint, dem Verständnis von Greenberg und Alpers zufolge, das erzählerische Potential von Photographie. Alpers: „Es liegt in der Natur einer Photographie von Evans, dass sie eine Geschichte verspricht." Will man wirkliche Gleichheit zwischen den Künsten herstellen, sollte man nicht „literarisch", sondern narrativ sagen – narrative Dichtung, narrative Photographie, das wäre der neutrale Grund, auf dem sich Literatur und Bildende Kunst treffen.

AMERICAN SCENE

Wenn wir aber einen Moment bei den drei Kunstformen lyrisch, episch, dramatisch bleiben, dann würde ich mich anstrengen und eher „epischer Dokumentarismus" sagen wollen – siehe noch einmal narrativ. Episch ist natürlich und nicht nur vordergründig Evans' Begeisterung für das Serielle, Uniforme und endlos Fortsetzbare: Reihenhäuser, Clapboard-Wände, nach Schema x gebaute hölzerne Kirchen, hundert Portraits im Fenster eines Photographen, Reihen geparkter Autos, Menschen in der U-Bahn etc. Wichtigter aber ist eine Dimension, die Kirstein und Alpers für das Gesamtwerk und besonders für Evans' produktivste Schaffensphase, die Arbeit im Süden, erschließen: Ersterer spricht von dem „unendlich reichen Thema der amerikanischen Zivilisation" und fragt: „Welcher Dichter hat so viel gesagt? Welcher Maler hat so viel gezeigt? Nur die Zeitungen, die Komponisten volkstümlicher Musik, die Werbe- und Rundfunktechniker haben in ihrer blinden Energie versehentlich, zufällig ein derart gewaltiges Monument unserer Zeit für zukünftige Historiker beschworen. Und Evans' Werk zeichnet sich darüber hinaus durch Intention, Logik, Kontinuität, Klimax, Gespür und Perfektion aus."[8] Bei Alpers heißt „so viel": „breadth", „latitude", „multitude", „the multitudinous America", „complexity", „reach", „looking widely". „One is made to feel that America contains multitudes", schreibt sie – schon der Plural von „multitude", „Vielfalten" deutet an, dass hier auf Walt Whitmans berühmte Zeilen angespielt wird: „Do I contradict myself?Very well then I contradict myself, (I am large, I contain multitudes.)"

Das singt er im „Song of Myself" über sich, aber es ist kein billiger Analogieschluss, wenn wir sagen, diese Zeile: „I am large, I contain multitudes" hätte Whitman auch Amerika sagen lassen – zuerst sagen lassen. Im Übrigen ist auch das Bekenntnis zum Widerspruch nicht nur für Amerika, sondern auch für Whitman und Evans gültig. Das Bild, das er in *American Photographs* von Amerika zusammenstellte, ist höchst divers, nicht nur was Themen, sondern auch photographische Zugangsweisen anbelangt. Vor allem ist es kein Potpourri, keine „from sea to shining sea"-Show. Der New Yorker Evans nimmt noch nicht einmal seine frühen Bilder von New Yorker Wolkenkratzern auf, was nun das einfachste Mittel gewesen wäre, um „Amerika" anzutönen. Sein Freund Lincoln Kirstein nannte die Zusammenstellung von Evans' Bildstrecken das „lebende Zitat von Hegels Theorie der Widersprüche". Weder Vielfältigkeit noch Widersprüchlichkeit sind Selbstwerte, was zählt ist eine vorurteilsfreie Bereitschaft, nicht alles, aber vieles aufzunehmen, vieles, das Beziehungssinne stiftet, vieles, was bisher noch überhaupt nicht oder anders gesehen wurde. „Reichweite und die … entschlossene Anerkennung amerikanischer Vielfalt" nennt Alpers das. Wenn man das in den zeitgenössischen Kontext stellt: Die Jahrzehnte zwischen den Kriegen sind die große Epoche des Regionalismus. In Europa wie in den USA beginnt man in Zeiten der Krise und der grassierenden Armut die eigenen Werte und die gebliebenen Reichtümer zu entdecken. Ich habe in diesem Zusammenhang einmal das damals ausgegebene Schlagwort der „inneren Kolonisation" aufgegriffen und vom „Selbstbestimmungsrecht der Regionen" gesprochen.[9] In den USA war „innere Kolonisation" das Programm von Roosevelts „Resettlement Agency" (RA), die später „Farm Security Administration" (FSA) genannt wurde und für die Evans arbeitete. Es ging um die Unterstützung von etwa einer halben Million von Farmern und ihrer Familien, die durch den Klimawandel („dustball"), ein mittelalterliches Pachtsystem, Überproduktion und unwirtschaftliche Betriebsgrößen in Not geraten waren. „Selbstbestimmungsrecht der Regionen" heißt in Kunst übersetzt „American Scene" oder „American Regionalism".[10] Es reicht, wenn man auf der Seite der Maler Grant Wood, Charles Sheeler und Edward Hopper nennt. Das würde aber lediglich Neuengland und den Mittleren Westen „abdecken". Für den Süden könnte man nur Evans beanspruchen, was die Bildenden Künste angeht. Aber der Süden wurde natürlich zur Sphäre einer neuen US-amerikanischen Dichtkunst – die Rede ist hier von der „Southern Renaissance", und Namen wie William Faulkner, Tennessie Williams, Thomas Wolfe und Margaret Mitchell fallen einem als erste ein. Als ambulanter Photograph wurde Evans nie Mitglied einer „Szene" oder von „Renaissance"-Bewegungen, aber Alpers kann sehr schön zeigen, wie Evans an den historisch und politisch empfindlichen Punkten ansetzt und nicht in Exotismen schwelgt. Es ist ihr zu verdanken, dass die großen Themen des Südens: der Bürgerkrieg und die Schwarzen, aber auch Fragen des kulturellen Austausches zwischen Schwarz und Weiß im Zusammenhang mit Evans ausführlich gewürdigt werden.

Später dann, als Evans und Agee ihre berühmte Reportage über die Pachtbauern in Hale County starten, ist der geographische Kontext wieder der Süden, genauer Alabama, und der Fokus noch konzentrierter auf die Lebenswelt, den Alltag weißer Pächterfamilien in Zeiten von Dürre und Depression gerichtet. Episch-lyrisch hin oder her, auf jeden Fall verdient Evans den Titel eines kritischen Regionalisten und Ethnologen im eigenen Land – eines Entdeckers einer genuin US-amerikanischen Schilderkunst, Plakatsprache, Alltags-Innen- und Außenarchitektur. All das weit entfernt von den gängigen Wahrzeichen des modernen Amerika. Es ist rührend und richtig zugleich, wenn uns Alpers zuerst als Evans' Leitmotiv den hölzernen Karren vorstellt. Der Volkskundler, der Evans ist, kann und will in den USA nicht wie seine Kollegen in Deutschland nach Stammesmerkmalen suchen, das Material ist allamerikanisch bereits durch die Kulturindus-
48 trie überformt – nichts macht das deutlicher als sein berühmtes Bild *Häuser mit Billboard, Alabama* 1936: Dass die Billboards die „porch", die Veranda, das Leitmotiv der Architektur im Süden verrammeln, ist an Symbolkraft nicht zu übertreffen: Hier zu sitzen, zu reden, zu trinken und den Verkehr auf der Straße und auf dem Bürgersteig zu beobachten und anzusprechen, das war das Kino vor dem Kino. Noch einmal Kirstein: „Ebenso dokumentiert er die Vulgarisierung, die zwangsläufig aus der weit verbreiteten Zunahme an Gütern und Dienstleistungen entsteht und den naiven Schöpfergeist, der dem gemeinen Mann unauslöschlich innewohnt."[11]

MANSCAPE

„Dramatischer Dokumentarismus“: ginge das auch? Kirstein, der wie gesagt mit „lyrisch“ nicht viel anfangen konnte, schreibt: „Evans benötigt keine photographischen Tricks, um sein Material zu dramatisieren, denn das Material ist als solches bereits ungeheuer dramatisch. Selbst unbelebte Dinge wie Schreibtischschubladen, Töpfe, Reifen, Ziegelsteine, Schilder scheinen mit einer ganz eigenen geduldigen Würde darauf zu warten, von ihm portraitiert zu werden.“[12] Wenn man sich in diesem Zusammenhang noch einmal die von Alpers so prominent herausgestellte Aufnahme des Kaktus von Truro vornimmt, dann wäre ein Titel wie „Das Drama der Dingbeziehungen im Werk von Walker Evans“ eine echte Option. Denn es 7
ist klar: Evans hat die Sachphotographie auf eine neue Höhe geführt, in Teil 2 von *American Photographs* tauchen auf 37 Photographien nur dreimal kleine Menschen auf. Die USA sind eine menschengemachte Welt – Alpers nennt das unübersetzbar „manscape“ –, aber nicht unbedingt eine von Menschen belebte. Kein Wunder, dass sich Duchamp zurücknehmen konnte und das US-amerikanische Jahrhundert der Moderne mit dem Readymade anfangen ließ: eine massenproduzierte Toilettenschüssel, betitelt *The Fountain*, und als ahnte er, was für phantasiereiche Interpretationen dem Ding angedient werden würden, verteidigte Duchamp die Objektwahl mit dem Hinweis auf den hohen Stand US-amerikanischer Hygienearmaturen.

Die Sachphotographie auf einen neuen Stand heben will etwas heißen, denn Evans hatte natürlich im Zeitalter der „Neuen Sachlichkeit“ bedeutende Konkurrenten, man denke in den USA nur an Edward Weston, Wright Morris und Peter Sekaer. Was ihn freilich abhebt, ist die „menschliche Note“. Das Ding allein ist nicht genug. Das Ding bei Evans ist in Gebrauch – auf jeden Fall gewesen, oft noch immer. Und an dieser Stelle lohnt es sich, wieder auf die Qualität „transzendent“ zurückzukommen. Zu der berühmten blechernen Blendfassade, deren Aufnahme die Abbildung 1 bei Alpers ist, sagte er 1971: „Du fühlst, das ist transzendent. Das ist da, die verschwundene Transzendenz und Nachdrücklichkeit von Wandel, Aktion und Zufall. Das ist da, und dieses Gefühl kannst du nicht leugnen.“ Ein Begriff des Übergangs, des Überschreitens ist heikel, wie man hier sehr gut

sehen kann, wenn die Schlussfolgerung dann heißt: „über diese seine Photographie *Wellblechfassade* [hat er] die Bemerkung gemacht: ‚Du fühlst, das
1 ist transzendent.'" Beim genauen Lesen zeigt sich, nicht die Photographie, sondern die Blechfassade ist „transzendent". Aber Alpers hat auch recht, wenn auch nicht in Bezug auf diese, sondern auf eine andere Stelle, die sie nicht heranzieht. Im selben Jahr sagte Evans in einem anderen Interview: „Ich denke, was ich tue, ist wertvoll und sinnvoll, und ich gebrauche dafür das Wort *transzendent*. Das ist ziemlich prätentiös, aber es befriedigt mich sehr, dass etwas Transzendentes in einer Photographie aufscheint, die ich gemacht habe."[13] Hier kann eine spitzfindige Lesart zu dem Schluss kommen, dass im ersten Satz „transzendent" die Qualität von Evans' photographischem Schaffen und im zweiten Satz die Eigenschaft der Sache ist, welche er photographisch erfasst. Nur im Fall der Blechfassade ist eindeutig, sie hat sich durch „Wandel, Aktion und Zufall" so etwas wie Transzendenz verdient. Um auf diesen wackligen Grund noch einen schwierigen Begriff aufzupflanzen: Es drängt sich hier Benjamins Aura-Begriff auf. Und Evans hätte es gefreut, dass Benjamin Aura im Kontext von Atget anspricht. Bei ihm sieht er kurioserweise aber die „Befreiung des Objekts von der Aura" vollzogen, was Evans und Alpers niemals zugeben würden, und definiert die Aura als „sonderbares Gespinst aus Raum und Zeit: einmalige Erscheinung einer Ferne, so nah sie sein mag".[14] Vermutlich hat Evans mit „verschwundene Transzendenz" eigentlich sagen wollen, dass Zeit im Spiel ist, Zeit, die sich in den Spuren der Vergangenheit abgelagert hat. Adorno, ziemlich angestrengt den Begriff des Freundes sich vergegenwärtigend, sagt bzw. fragt etwas sehr Stichhaltiges: „Ist nicht die Aura allemal die Spur des vergessenen Menschlichen am Ding?" Lassen wir das mit dem „vergessenen" oder sagen wir „des nur noch ahnbaren Menschlichen", dann sind wir zu jenem Hauptanliegen von Evans zurückgekehrt, das wir die menschliche Note nannten und lieber „the human touch" nennen sollten. Stieglitz hat eine seiner berühmtesten Photographien „The Hand of Man" betitelt, das muss nicht wie bei ihm großräumig ausgelegt werden, sondern kann man mit Clément Chéroux sachnäher formulieren: Evans „war daran interessiert, wie das Nützliche in das Sichtbare transformiert, mit anderen Worten, wie das Nützliche durch Gebrauch sichtbar gemacht wurde".[15]

Das muss freilich ergänzt werden durch Evans' Entscheidung, die „Hand des Menschen" auch ohne den Menschen, ja gerade dann zu zeigen, wenn der Mensch sozusagen spürbar die Szene verlassen hat – eine Spezialität, auf die Alpers allergrößten Wert legt und die sie als das Incognito des Walker Evans beschreibt.

Nun hat Evans nach seiner anfänglichen Verbeugung vor der Moderne in New York mehrheitlich Gegenstände mit Patina und Aura (oder Transzendenz), im Zustand der Verlassenheit oder Zerstörung photographiert. Oder einfach Dinge gesucht, die aus der Zeit, aus der Mode gefallen waren. Erst hat er sie unsystematisch mit aufgelesen, später zu Bildstrecken ausgeformt: *The Wreckers* (1951), *Color Accidents* (1958), *The Auto Junkyard* (1962), das sind Beispiele für Bildessays, die meist in *Fortune* erschienen, einer Illustrierten, die sicher gerne mit „Vermögen" oder „Glück" übersetzt werden möchte und für Fortschritt und Neukauf plädiert(e), aber im Unglücksjahr 1930 gegründet wurde. Auf jeden Fall kann man sagen, dass Evans die weite Strecke von der Ruinenromantik (die aufgelassenen Herrensitze der Plantagen) über das modernistische Interesse am Abfall/Müll bis hin zu der in den USA erfundenen Obsoleszenz bzw. zur geplanten Obsoleszenz photographisch begleitet hat.[16] Bernard London hatte 1932 mit seinem Pamphlet *Ending the Depression Through Planned Obsolescence* den Begriff und damit die Forderung ausgegeben, Produkte mit nur begrenzter Haltbarkeit zu produzieren, um den Verbrauch anzukurbeln. Vance Packard besichtigte dann dreißig Jahre später die Ergebnisse dieser Strategie. Sein Buch *Die Verschwendungsmacher (The Waste Makers)* erschien 1960, zwischen *The Wreckers* und *The Auto Junkyard*. In letzterer Bilderstrecke registrierte Evans die Resultate der erfolgreichsten Art von geplanter Obsoleszenz: die sogenannte Modellpolitik der Autobauer, die Fahrzeuge stilistisch schnell veralten ließ. Für *Fortune* und damit für journalistische Zwecke suchte Evans mehr nach allgemeinen Trends und zusammenfassenden Bildern. Vor dem Krieg hatte er sich ziemlich zweckfrei in die kleinen Vergänglichkeiten vertieft. Alpers hat in den herausragenden Analysen der Plakate für die Minstrel-Shows darauf verwiesen, wie kurzlebig (und kurzweilig) Gegenwart und Vergangenheit sein können: für Ort und Zeit werbend und schon zerfetzt. Evans selbst hat einmal gesagt: „Ich bin sehr interessiert an der unmittelbaren Vergangenheit von Dingen …". Das ist viel weniger dramatisch, als Kirsteins grandiose Erklärung von 1938: „Here are the records of the age before an imminent collapse." Weniger dramatisch, aber auf Dauer folgenreicher. „Ich bin sehr interessiert an der unmittelbaren Vergangenheit von Dingen …". Diese Aussage wollen wir in dem Begriff der Obsoleszenz zusammenbringen. Er ist nicht nur genuin US-amerikanisch motiviert, sondern auch kritisch zu wenden – anders als der etwas spätere Modebegriff der Nostalgie, mit dem Evans zu Recht nicht identifiziert werden wollte. Das Ende von „waste" ist Müll, aber vorher ist „waste" Verschwendung, die es aufzuhalten gilt – und sei es nur durch eine Photographie. Eine Photographie? Durch ein Lebenswerk der Photographie. Der melancholisch stimmende Charakter dieses Versuchs war Evans bewusst. Seine berühmteste Selbstdefinition lautet: „Evans war und ist an dem Anblick interessiert, den jegliche Gegenwart als Vergangenheit bieten wird."

ANMERKUNGEN

[1] Ein typisches Beispiel: https://erickimphotography.com/blog/2013/09/05/17-lessons-walker-evans-has-taught-me-about-street-photography/. Viel interessanter wird es, wenn die Orte berühmter Evans-Photographien wieder aufgesucht werden. Eine sehr lehrreiche Exkursion: http://sandersmeanders.com/path-walker-evans-took/

[2] Paul Cummings, „Interview mit Walker Evans", Archives of American Art, Smithsonian Institution, Washington, D.C.

[3] *American Photographs: Mit einem Essay von Lincoln Kirstein*, München 2012, 199 (zuerst 1938).

[4] Heinz Liesbrock, „Chirurg am flüchtigen Körper der Zeit. Historiographie und Poesie bei Walker Evans", in *Walker Evans Tiefenschärfe*, hrsg. von dems. und John T. Hill (München: Prestel), 25.

[5] Caroline Blinder, „The Transparent Eyeball: On Emerson and Walker Evans", in *Mosaic* 37/4, 2005, 149–163.

[6] Walker Evans, *Lyric Documentary*, hrsg. von John T. Hill (Göttingen: Steidl 2006). Der Band bringt auch den „Urtext", den Vortrag von 1964, ausführlich illustriert, allerdings nur den ersten Teil. Der ganze Vortrag in: Jeff. L. Rosenheim, *Walker Evans and the Picture Postcard* (Göttingen: Steidl 2009). Kühn finde ich die Idee, den Umschlag für *Lyric Documentary* mit einem Ausschnitt aus dem berühmten Bild des Fotostudios, Abb. 78, zu illustrieren.

[7] Thomas Dikant, „Helen Levitt, 10 Photographs", in: *Philologie im Netz* 25, 2003: http://web.fu-berlin.de/phin/phin25/p25i.htm.

[8] Kirstein, 195 (wie Anm. 3).

[9] Wolfgang Kemp, *Wir haben ja alle Deutschland nicht gekannt. Das Deutschlandbild der Deutschen in der Zeit der Weimarer Republik* (Heidelberg: Heidelberg University Press 2017).

[10] Dickram Tashjian, *William Carlos Williams and the American Scene 1920–1940* (New York: The Whitney Museum of American Art 1978); *The American Scene and the South: Paintings and Works on Paper 1930–1946* (Athens: Georgia Museum of Art 1996).

[11] Kirstein, 196f. (wie Anm. 3).

[12] Ebenda, 199.

[13] Walker Evans und Leslie George Katz, *Walker Evans Incognito* (New York: Eakins Press Foundation, 1995), 19.

[14] Walter Benjamin, „Kleine Geschichte der Photographie (1931) in *Gesammelte Schriften*, (Frankfurt am Main: Suhrkamp 1977) Bd. II, 378.

[15] Clément Chéroux, “L'art de l'oxymore. Le style vernaculaire de Walker Evans”, in: *Walker Evans* (Paris: Editions du Centre Pompidou 2017), 11.

[16] Als ich mich das erste Mal mit Evans befasste, in den *Foto-Essays* von 1978, geschah das in dem Kapitel „Bilder des Verfalls: Die Fotografie in der Tradition des Pittoresken“. (Englisch in *October* 54, 1990. Eine erweiterte Neuausgabe der *Foto-Essays* erschien 2006, München: Schirmer/Mosel.) Ich versuchte damals zu zeigen, wie sich die Photographie als eine um Anerkennung ringende Kunst und oft von Dilettanten betrieben für jene ästhetische Kategorie begeisterte, die zuerst Dilettanten viel Erfolg eingebracht hatte, ja von einem Dilettanten erfunden worden war: das Malerische oder Pittoreske. Zuerst war das ein Kult des Ruinösen, dann eine Pflege genuin malerischer Werte wie Atmosphäre, Nuancierung, Stimmung, Oberflächenreize. In Bezug auf Evans bestand meine Aufgabe darin, herauszufinden, wie ein neusachlicher und allen „künstlerischen“ Konventionen abholder Photograph wie Evans das Potential dieser Kategorie kritisch wenden konnte. Wie sehr er allerdings dem Thema „Verfall“ verfallen war, wusste ich damals nicht.

Bildnachweis

Für Abbildungen von Werken im Metropolitan Museum of Art, New York: © The Metropolitan Museum of Art. Quelle: Art Resource, N.Y. Für Abbildungen von Werken im Museum of Mordern Art, New York: Digital Image © The Museum of Modern Art/Licensed by SCALA/Art Resource, NY.

TAFELN

Alle Werke stammen von Walker Evans. Mit Ausnahme derjenigen in der Sammlung der Library of Congress gilt für alle Evans-Werke: © Walker Evans Archive, The Metropolitan Museum of Art.

1 *Wellblechfassade, Moundville, Alabama*, 1936. Silbergelatineprint, Abzug ca. 1970. 16,5 x 23,1 cm. The Museum of Modern Art, New York.
2 *Georgette Maury mit Turban, an einen Steinpfosten gelehnt, Les Cyprès de St. Jean par Grasse, Frankreich*, 1927. Silbergelatineprint, 6,2 x 3,8 cm. The Metropolitan Museum of Art, New York. Walker Evans Archive.
3 *Drei 35mm-Filmbilder: Frau mit Glockenhut und Pelzkragen, Fußgänger, Fulton Street, New York City*, 1929. Filmnegativ, 35mm. The Metropolitan Museum of Art, New York. Walker Evans Archive.
4 *Junge Frau in der Fulton Street, New York*, 1929. Silbergelatineprint, 18,6 x 11,7 cm. The Museum of Modern Art, New York.
5 *Geschäftsviertel, South 3rd St., Paducah, Kentucky*, 1947. Silbergelatineprint, 19,3 x 17,3 cm. The Museum of Modern Art, New York.
6 *Salon in Muriel Drapers Wohnung, New York City*, 1934. Filmnegativ, 16,5 x 21,6 cm. The Metropolitan Museum of Art, New York. Walker Evans Archive.
7 *Interieur eines portugiesischen Hauses, Detail*, 1930. Silbergelatineprint, 20,2 x 15,6 cm. The Museum of Modern Art, New York.
8 *Interieur mit Pflanzen und Familienportraits auf Kaminsims und Wand im De Luze-Haus, Truro, Massachusetts*, 1931. Filmnegativ, 16,5 x 21,6 cm. The Metropolitan Museum of Art, New York. Walker Evans Archive.
9 *Ausrangierter Wagen in Gebüsch, Somerstown Road, Ossining, New York*, 1931. Glasnegativ, 16,5 x 21,6 cm. The Metropolitan Museum of Art, New York. Walker Evans Archive.
10 *Wagen, Old Wallabout Market, Brooklyn, New York*, 1930/31. Filmnegativ, 12,7 x 17,8 cm. The Metropolitan Museum of Art, New York. Walker Evans Archive.
11 *Gepäckwagen, Galena, Illinois, Ansichten von Industriearchitektur (für eine unveröffentlichte Serie im* Fortune-*Magazin)*, 1963. Filmnegativ, 5,7 x 5,7 cm. The Metropolitan Museum of Art, New York. Walker Evans Archive.
12 *Umzugswagen und Spiegelkommode, Brooklyn, New York*, 1929–31. Filmnegativ, 12,7 x 17,8 cm. The Metropolitan Museum of Art, New York. Walker Evans Archive.
13 *Wagen und Wirtschaftsgebäude einer Zuckerplantage, Kuba*, 1933. Filmnegativ, 16,5 x 21,6 cm. The Metropolitan Museum of Art, New York. Walker Evans Archive.
14 *Eine Wagenladung Baumwolle vor dem „Cotton Gin", der Maschine zum Entfernen des Samens, Umgebung von Moundville, Alabama*, 1936. Filmnegativ 35mm. Library of Congress, Prints & Photographs Division, FSA/OWI Collection.
15 *Ringling Zirkuswagen, Sarasota, Florida*, 1941. Silbergelatineprint, 17,3 x 14,2 cm. National Gallery of Art, Washington.
16 *Frau eines Pachtbauern, Hale County, Alabama* (Katie Tingle), 1936. Silbergelatineprint, Abzug (?) Rolf Petersen, 19,4 x 6,7 cm. The Museum of Modern Art, New York.
17 *Grundbesitzer* (Watson Tidmore), 1936. Silbergelatineprint, 19,5 x 12,7 cm.

Photography Collection, Harry Ransom Center, The University of Texas at Austin.

18 *Frau eines Baumwollpachtbauern in Alabama* (Allie Mae Burroughs), 1936. Silbergelatineprint, 22 x 17,6 cm. The Museum of Modern Art, New York.

19 *Straßenmüll, New York,* ca. 1962. Silbergelatineprint, 12,3 x 18,4 cm. Courtesy Peter Kayafas.

20 *Blech-Relikt,* 1930. Silbergelatineprint, Abzug Charlie Rodemeyer ca. 1969, 15 x 18 cm. The Museum of Modern Art, New York.

21 *Photostudio, New York,* 1934. Silbergelatineprint, 18,9 x 14,7 cm. The Metropolitan Museum of Art, New York.

22 *Paar in Coney Island, New York,* 1928. Silbergelatineprint, Abzug James Dow, 23,2 x 16,5 cm. The Museum of Modern Art, New York.

23 *South Street, New York,* 1932. Silbergelatineprint, 14,6 x 18 cm. The Museum of Modern Art, New York.

24 *Straßenbettler mit ausgestrecktem Arm, Havanna,* 1933. Filmnegativ, 6,4 x 10,8 cm. The Metropolitan Museum of Art, New York. Walker Evans Archive.

25 *Paar im Luna Park, Rückenansicht, Coney Island, New York,* 1928. Filmnegativ, 6,4 x 10,8 cm. The Metropolitan Museum of Art, New York. Walker Evans Archive.

26 *Hauptstraße, Saratoga Springs, New York,* 1931. Silbergelatineprint, 18 x 14,2 cm. The Museum of Modern Art, New York.

27 *Häuser von Mühlenarbeitern in Willimantic, Connecticut,* 1931. Silbergelatineprint, Abzug Charlie Rodemeyer, 20,3 x 25,4 cm. The Museum of Modern Art, New York.

28 *South Street, New York,* 1932. Silbergelatineprint, Abzug Charlie Rodemeyer, 18,5 x 24 cm. The Museum of Modern Art, New York.

29 *Brooklyn Bridge, New York,* 1929. Silbergelatineprint, 22,4 x 13,7 cm. The Museum of Modern Art, New York.

30 *Grabstein von Colonel Jonas Clark,* ca. 1930. Silbergelatineprint, 10,7 x 7,5 cm. Philadelphia Museum of Art.

31 *Landstreicher im Prado von Havanna,* 1933. Silbergelatineprint, 16,9 x 23,8 cm. The Art Institute of Chicago/Art Resource, NY.

32 *Zwei Arbeiter im Kohlehafen mit Schaufeln, Havanna,* 1933. Filmnegativ, 16,5 x 21,6 cm. The Metropolitan Museum of Art, New York. Walker Evans Archive.

33 *Mann in weißem Anzug und Strohhut vor einem Zeitungskiosk, Havanna,* 1933. Filmnegativ, 6,3 x 10,8 cm. The Metropolitan Museum of Art, New York. Walker Evans Archive.

34 *Jose Antonio Fernandez de Castro, Havanna,* 1933. Filmnegativ, 16,5 x 21,6 cm. The Metropolitan Museum of Art, New York. Walker Evans Archive.

35 *Bettler auf der Straße, Havanna,* 1933. Filmnegativ, 6,4 x 10,8 cm. The Metropolitan Museum of Art, New York. Walker Evans Archive.

36 *Marktplatz, Havanna,* 1933. New York Public Library.

37 *Ananasverkäufer mit Männern um den Wagen, Havanna,* 1933. Filmnegativ, 6,4 x 10,8 cm. The Metropolitan Museum of Art, New York. Walker Evans Archive.

38 *Frau hinter einem vergitterten Fenster, Havanna,* 1933. Filmnegativ, 16,5 x 21,6 cm. The Metropolitan Museum of Art, New York. Walker Evans Archive.

39 *Friseurladen, Havanna,* 1933. Filmnegativ, 6,4 x 10,8 cm. The Metropolitan Museum of Art, New York. Walker Evans Archive.

40 *Baracken mit Kirche und Stadt im Hintergrund, Stadtrand von Havanna,* 1933. Filmnegativ, 6,4 x 10,8 cm. The Metropolitan Museum of Art, New York. Walker Evans Archive.

41 *Mutter und ihre Kinder an einer Türschwelle auf der Straße, Havanna,* 1933. Filmnegativ, 6,4 x 10,8 cm. The Metropolitan Museum of Art, New York. Walker Evans Archive.

42 *Strand von Coney Island,* ca. 1929. Silbergelatineprint, 22,5 x 31 cm. The J. Paul Getty Museum, Los Angeles.

43 *Straße in Havanna,* 1933. Silbergelatineprint, 23,5 x 15,9 cm. The J. Paul Getty Museum, Los Angeles.

44 *Detail des „Mussolini"-Paneels aus Diego Riveras Wandgemälde für die New Worker's School, New York City,* 1933. Filmnegativ, 16,5 x 21,6 cm. The Metropolitan Museum of Art, New York. Walker Evans Archive.

45 *Schlafender Bettler, Havanna,* 1933.
Filmnegativ, 6,4 x 10,8 cm.
The Metropolitan Museum of Art, New York.
Walker Evans Archive.

46 *„El Pirulero", Süßigkeitenverkäufer, Havanna,* 1933.
Filmnegativ, 6,4 x 10,8 cm.
The Metropolitan Museum of Art, New York.
Walker Evans Archive.

47 *Häuser in New Orleans,* 1936. Filmnegativ, 12,7 x 17,8 cm. Library of Congress, Prints & Photographs Division, FSA/OWI Collection.

48 *Häuser und Reklametafeln, Atlanta, Georgia,* 1936.
Courtesy John T. Hill.

49 *Wohnraum eines Bergarbeiters mit Schaukelstuhl und Werbeplakaten an der Wand, West Virginia,* 1935.
Filmnegativ, 20,3 25,4 cm.
The Metropolitan Museum of Art, New York.
Walker Evans Archive.

50 *Junge im Haus eines Bergarbeiters, bei Morgantown, West Virginia,* 1935. Filmnegativ, 20,3 x 25,4 cm.
The Metropolitan Museum of Art, New York.
Walker Evans Archive.

51 *Frühstücksraum der Belle Grove Plantage, White Chapel, Louisiana,* 1935.
Silbergelatineprint, 17,7 x 21,7 cm.
The Museum of Modern Art, New York.

52 *Unabhängigkeitstag, Terra Alta, West Virginia,* 1935.
Filmnegativ, 35mm. Library of Congress, Prints & Photographs Division, FSA/OWI Collection.

53 *Unabhängigkeitstag, Terra Alta, West Virginia,* 1935.
Filmnegativ, 35mm. Library of Congress, Prints & Photographs Division, FSA/OWI Collection.

54 *Offizier der American Legion, Bethlehem, Pennsylvania,* 1935. Filmnegativ, 35mm.
Library of Congress, Prints & Photographs Division, FSA/OWI Collection.

55 *Ansicht von Häusern, Bahngleise und Brückenpfeiler, von Easton, Pennsylvania aus gesehen, Phillipsburg, New Jersey,* 1935. Filmnegativ, 20,3 x 25,4 cm.
The Metropolitan Museum of Art, New York.
Walker Evans Archive.

56 *Friedhof, Arbeiterhäuser und Stahlwerk, Bethlehem, Pennsylvania,* 1935. Filmnegativ, 20,3 x 25,4 cm.
Library of Congress, Prints & Photographs Division, FSA/OWI Collection.

57 *Joes Autofriedhof, Pennsylvania,* 1935.
Silbergelatineprint, 10,7 x 22,2 cm.
The Metropolitan Musem of Art, New York.
Gilman Collection.

58 *„Joe's Autofriedhof", bei Easton, Pennsylvania,* 1935.
Silbergelatineprint, 13,7 x 21 cm.
The J. Paul Getty Museum, Los Angeles.

59 *Kirche, South Carolina,* 1936.
Das Bild links ist mit einer längeren Brennweite aufgenommen. Aus: Walker Evans/Jerry L. Thompson, *Walker Evans at Work* (New York: Harper and Row, 1982), S. 144.

60 *Kirche, South Carolina,* 1936.
Aus: Walker Evans/Jerry L. Thompson, *Walker Evans at Work* (New York: Harper and Row, 1982), S. 144.

61 *Häuserfront an der Hauptstraße, Selma, Alabama,* 1936. Silbergelatineprint, 16,9 x 23,1 cm.
The Museum of Modern Art, New York.

62 *Straßenfront mit Läden, Selma, Alabama,* 1935.
Filmnegativ, 20,3 x 25,4 cm.
Library of Congress, Prints & Photographs Division, FSA/OWI Collection.

63 *Straßenfront mit Läden, Selma, Alabama,* 1935.
Filmnegativ, 20,3 x 25,4 cm.
Library of Congress, Prints & Photographs Division, FSA/OWI Collection.

64 *Häuser von Schwarzen, am Stadtrand von Tupelo, Mississippi,* 1936. Filmnegativ, 20,3 x 25,4 cm.
Library of Congress, Prints & Photographs Division, FSA/OWI Collection.

65 *Im Schwarzenviertel, Tupelo, Mississippi,* 1936.
Courtesy John T. Hill.

66 *Friseurladen, Vicksburg,* 1936.
Silbergelatineprint, 17 x 23,6 cm.
The Museum of Modern Art, New York.

67 *Friseurladen für Schwarze, Atlanta, Georgia,* 1936.
Courtesy John T. Hill.

68 *Kriegerdenkmal* (Tilghman), *Vicksburg, Mississippi,* 1936. Silbergelatineprint, 19,3 x 24,5 cm.
The Museum of Modern Art, New York.

69 *Plantagenhaus aus der Vorkriegszeit, Vicksburg, Mississippi,* 1936. Filmnegativ, 20,3 x 25,4 cm.
Library of Congress, Prints & Photographs Division, FSA/OWI Collection.

70 *Kriegerdenkmal* (Lee), *Vicksburg, Mississippi,* 1936.
Filmnegativ, 20,3 x 25,4 cm.
Library of Congress, Prints & Photographs Division, FSA/OWI Collection.

71 *Straßenszene, Vicksburg, Mississippi*, 1936. Filmnegativ, 20,3 x 25,4 cm. Library of Congress, Prints & Photographs Division, FSA/OWI Collection.

72 *Ohne Titel (Banda-Kopfschmuck), Baga/Nalu*, 1935. Silbergelatineprint, 25,4 x 20,3 cm. The Metropolitan Museum of Art, New York.

73 *Figur, der sogenannte Kriegsgott, gehämmertes Messing, Abomey, Königreich Dahomey*, 1935. Silbergelatineprint, 21,7 x 12,5 cm. The J. Paul Getty Museum, Los Angeles.

74 *Maultiergespann und Plakat, Alabama*, 1936. Filmnegativ, 20,3 x 25,5 cm. Library of Congress, Prints & Photographs Division, FSA/OWI Collection.

75 *Minstrel Show-Plakat, Detail*, 1936. Silbergelatineprint, 18,9 x 23,7 cm. The Museum of Modern Art, New York.

76 *Minstrel-Plakat, Alabama*, 1936. Filmnegativ, 20,3 x 25,4 cm. Library of Congress, Prints & Photographs Division, FSA/OWI Collection.

77 *Die Burroughs-Familie, Hale County, Alabama*, 1936. Filmnegativ, 20,3 x 25,4 cm. The Metropolitan Museum of Art, New York. Walker Evans Archive.

78 *Schaufenster eines Photostudios mit Penny Pictures, Savannah, Georgia*, 1936. Silbergelatineprint, 21,9 x 17,6 cm. The Museum of Modern Art, New York.

79 *Die Fields-Familie, Hale County, Alabama*, 1936. Courtesy John T. Hill.

80 *Die Tingles beim Singen von Kirchenliedern, Hale County, Alabama*, 1936. Silbergelatineprint, 20,3 x 25,4 cm. Library of Congress, Prints & Photographs Division.

81 *Tisch, Feuerstelle und Bilder an der Wand von Floyd Burroughs' Schlafraum, Hale County, Alabama*, 1936. Filmnegativ, 20,3 x 25,4 cm. The Metropolitan Museum of Art, New York. Walker Evans Archive.

82 Unpaginierte Doppelseite aus dem Bildteil von: James Agee und Walker Evans, *Let Us Now Praise Famous Men* (Boston: Houghton Mifflin, 1969).

83 Unpaginierte Doppelseite aus dem Bildteil von: James Agee und Walker Evans, *Let Us Now Praise Famous Men* (Boston: Houghton Mifflin, 1969)

84 Unpaginierte Doppelseite aus dem Bildteil von: James Agee und Walker Evans, *Let Us Now Praise Famous Men* (Boston: Houghton Mifflin, 1969)

85 Unpaginierte Doppelseite aus dem Bildteil von: James Agee und Walker Evans, *Let Us Now Praise Famous Men* (Boston: Houghton Mifflin, 1969)

86 *Küche eines Bauern, Hale County, Alabama*, 1936. Silbergelatineprint, Abzug Rolf Petersen (?), 21,4 x 17,2 cm. The Museum of Modern Art, New York.

87 *Squeakie Burroughs, schlafend*, 1936. Filmnegativ, 35mm. Library of Congress, Prints & Photographs Division, FSA/OWI Collection.

88 *William Tingle, Hale County*, 1936. Filmnegativ, 20,3 x 25,4 cm. Library of Congress, Prints & Photographs Division.

89 *Familiengrab, Mayfield, Kentucky*, 1947. Filmnegativ, 5,7 x 5,7 cm. The Metropolitan Museum of Art, New York. Walker Evans Archive.

90 *Hochwasseropfer in Arkansas*, 1937. Silbergelatineprint, 22,5 x 19 cm. The Museum of Modern Art, New York.

91 *Beaufort, South Carolina*, 1936. Courtesy John T. Hill.

92 *U-Bahn-Fahrgäste, New York City*, 1938. Silbergelatineprint, 12,2 x 15 cm. The Metropolitan Museum of Art, New York.

93 *U-Bahn-Fahrgast, New York City: Mutter mit Kind auf dem Schoß*, 1938. Filmnegativ, 35mm. The Metropolitan Museum of Art, New York. Walker Evans Archive.

94 *Blick durch den U-Bahn-Wagen: Akkordeonspieler im Gang, New York City*, 1938. Filmnegativ, 35mm. The Metropolitan Museum of Art, New York. Walker Evans Archive.

95 *Chicago, zwei blinde Straßenmusikanten*, 1941. Silbergelatineprint, 25,4 x 19,2 cm. The J. Paul Getty Museum, Los Angeles.

96 „Labour Anonymous" aus *Fortune*, November 1946, S. 152–153. © 1946 FORTUNE Media IP All rights reserved. Copyright for Evans Images © Walker Evans Archive, The Metropolitan Museum of Art.

97 *Fußgänger in doppelreihigem Anzug, nach unten schauend, Detroit* (für den Artikel „Labour Anonymous" im *Fortune*-Magazin), 1946.

Silbergelatineprint, 14 x 11,6 cm.
The Metropolitan Museum of Art, New York.

98 *Fußgänger und Fußgängerin, Detroit* (für den Artikel „Labour Anonymous“ im *Fortune*-Magazin), 1946. Silbergelatineprint, 16,1 x 11,4 cm. The Metropolitan Museum of Art, New York.

99 *Kreuzung State und Randolph Street, Chicago*, 1946. Silbergelatineprint, 15,9 x 13,1 cm. The Metropolitan Museum of Art, New York.

100 *Blechschere*, 1955, veröffentlicht in „Beauties of the Common Tool“, *Fortune*, Juli 1955, S. 105. © Walker Evans Archive, The Metropolitan Museum of Art.

101 *Maurerkelle*, 1955, veröffentlicht in „Beauties of the Common Tool“, *Fortune*, Juli 1955, S. 106. © Walker Evans Archive, The Metropolitan Museum of Art.

102 *Ländliche Kirche, Tennessee*, 1936, veröffentlicht in „Primitive Churches“, *Architectural Forum*, Dezember 1961. Filmnegativ, 20,3 x 25,4 cm. Library of Congress, Prints & Photographs Division, FSA/OWI Collection.

103 *St. James, äthiopisch-orthodoxe Kirche, East 95th Street, New York*, 1961, veröffentlicht in „Primitive Churches“, *Architectural Forum*, Dezember 1961, S. 104.

104 *Gepäckwagen, Galena, Illinois, Ansichten von Industriearchitektur*, für eine unveröffentlichte Serie, *Fortune*-Magazin (Detail), 1963. Filmnegativ, 5,7 x 5,7 cm. The Metropolitan Museum of Art, New York. Walker Evans Archive.

105 *„Häuser in New Orleans“ (Detail)*, 1935. Silbergelatineprint, 8,7 x 13,7 cm. The Metropolitan Museum of Art, New York.

106 *Ladenfronten, Advance, Alabama*, 1936. Filmnegativ, 20,3 x 25,4 cm. Library of Congress, Prints & Photographs Division, FSA/OWI Collection.

107 *Blick aus dem Zug* (für den Artikel „Along the Right-of-Way“ im *Fortune*-Magazin), 1950. Dye Transfer-Print, 24 x 36,1 cm. The Metropolitan Museum of Art, New York. Walker Evans Archive.

108 „Der Autofriedhof“, *Fortune*, April 1962, S. 135. C-Print, 19,4 x 19,4 cm. The Metropolitan Museum of Art, New York. Walker Evans Archive.

109 „Color Accidents“, *Architectural Forum*, Januar 1958, S. 114.

110 „Color Accidents“, *Architectural Forum*, Januar 1958, S. 112.

111 „Color Accidents“, *Architectural Forum*, Januar 1958, S. 113

112 *Straßenmarkierung*, 1973/74. SX-70 Polaroid, 7,9 x 7,8 cm (Bild), 10,8 x 8,8 cm (Blatt). Yale University Art Gallery.

113 *Nancy Shaver*, 1973. SX-70 Polaroid, 7,9 x 7,8 cm (Bild), 10,8 x 8,8 cm (Blatt). Yale University Art Gallery.

114 *Caroline Lowell, England*, 1973. SX-70 Polaroid, 7,9 x 7,8 cm (Bild), 10,8 x 8,8 cm (Blatt). Yale University Art Gallery. Caroline Lowell ist identisch mit der im Text genannten Schriftstellerin Lady Caroline Blackwood (1931–1996), die mit dem Künstler Lucian Freud, dem Komponisten Israel Citkowitz und dem Dichter Robert Lowell verheiratet war.

115 *Farbkasten*, 1973/74. SX-70 Polaroid, 7,9 x 7,8 cm (Bild), 10,8 x 8,8 cm (Blatt). Yale University Art Gallery.

116 *Assemblage: zerdrückte Blechdosen*, 1973/74. SX-70 Polaroid, 7,9 x 7,8 cm (Bild), 10,8 x 8,8 cm (Blatt). Yale University Art Gallery.

117 *Detail eines Schilds: „Dead End“, Old Saybrook, Connecticut*, 1973. SX-70 Polaroid, 7,9 x 7,8 cm (Bild), 10,8 x 8,8 cm (Blatt). Yale University Art Gallery.

ABBILDUNGEN IM TEXT

1 Peter Sekaer, *Walker Evans mit Großbildkamera*, ca. 1936. Silbergelatineprint, 22 x 16,9 cm. The Metropolitan Museum of Art, New York. © Estate of Peter Sekaer. Courtesy Howard Greenberg Gallery, New York.

2 Berenice Abbott, *Portrait André Gide*, 1920er Jahre. Silbergelatineprint, Courtesy of the Masters Collection, Getty Images.

3 Berenice Abbott, *Eugène Atget*, 1927. Silbergelatineprint, Courtesy of the Masters Collection, Getty Images.

4 Étienne Carjat, *Charles Baudelaire*, ca. 1863. Abzug Goupil et Cie. Woodburytypie, 52,6 x 40,5 cm. The Metropolitan Museum of Art, New York.

5 Charles Meryon, *Pont-Neuf, Paris*, 1853. Kaltnadelradierung, 18,3 x 18,3 cm (Bild), 31,8 x 28,7 cm (Blatt). The Metropolitan Museum of Art, New York.

6 Andreas Vesalius, „Muscolo" aus *De humani corporis fabrica*, 1555. Holzschnitt, 38,7 x 26 cm. The Metropolitan Museum of Art, New York.

7 Von Walker Evans gesammelt: Ausschnitt aus den *New York Daily News* (14. Januar 1928), S. 1, Ruth Snyder auf dem elektrischen Stuhl, späte 1930er Jahre. Diashow. Blatt: 40,8 x 26,8 cm. © Walker Evans Archive. The Metropolitan Museum of Art.

8 Eugène Atget, *Versailles, Vase*, 1905. Matter Albumindruck, 22 x 16,7 cm. The Museum of Modern Art, New York. Abbott-Levy Collection.

9 Eugène Atget, *Boutique, Marché aux Halles*, 1925. Matter Silbergelatineprint vom Glasnegativ, Abzug Berenice Abbott, 1929. 23,1 x 17 cm. The Metropolitan Museum of Art, New York.

10 Eugène Atget, *91 rue de Turenne*, 1911. Albumindruck, 23,8 x 17,8 cm. The Museum of Modern Art, New York. Abbott-Levy Collection.

11 Eugène Atget, *Ambassade d'Autriche (Österreichische Botschaft), 57 rue de Varenne*, 1905. Albumindruck, 17,5 x 21,3 cm. The Museum of Modern Art, New York. Abbott-Levy Collection.

12 Eugène Atget, *Fête du Trône (Krönungsfest)*, 1925. Silbergelatineprint nach Papierdruck, 16,4 x 21,5 cm. The Museum of Modern Art, New York. Abbott-Levy Collection.

13 Eugène Atget, *Ohne Titel (Umzugswagen)*, 1908. Albumindruck, 22 x 18 cm. The Museum of Modern Art, New York. Abbott-Levy Collection.

14 Eugène Atget, *Kaktus, Nizza*, vor 1900. Albumindruck, 16,5 x 21,6 cm. The Museum of Modern Art, New York. Abbott-Levy Collection.

15 Eugène Atget, *Versailles, Vase (Detail)*, 1906. Albumindruck, 22 x 16,7 cm. The Museum of Modern Art, New York. Abbott-Levy Collection.

16 Paul Cézanne, *Stillleben mit Kerzenleuchter*, 1881–84. Bleistift auf Papier, 12,5 x 19,6 cm. Kunstmuseum Basel. Photo: Kunstmuseum Basel, Martin P. Bühler.

17 Paul Cézanne, *Vier Männer unter einem Baum sitzend*, 1871–74. Bleistift auf Papier, 10,3 x 16,9 cm. Kunstmuseum Basel. Photo: Kunstmuseum Basel, Martin P. Bühler.

18 Berenice Abbott, *Photographischer Entwurf für einen Mülleimer*, 1931. Silbergelatineprint, 19,1 x 24,1 cm. Philadelphia Museum of Art. Courtesy of the Masters Collection, Getty Images.

19 Paul Strand, *Blinde Frau*, 1916. Nach einer Ausgabe von *Camera Work* 49–50 (Juni 1917). Courtesy New York Public Library.

20 Walker Evans, *Kopie einer Zeitungsaufnahme: Leiche eines Ermordeten mit Messer, Seil und Strohhut, wahrscheinlich Kuba*, 1933. Filmnegativ, 14,6 x 22,9 cm. The Metropolitan Museum of Art, New York. Walker Evans Archive. © Walker Evans Archive, The Metropolitan Museum.

21 Walker Evans, *Kopie einer Zeitungsaufnahme: Leiche von Gonzalez Rubeira auf dem Boden mit blutverschmiertem Gesicht, Havanna*, 1933. Filmnegativ, 15,9 x 22,9 cm. The Metropolitan Museum of Art, New York. Walker Evans Archive. © Walker Evans Archive, The Metropolitan Museum.

22 August Sander, *Maurermeister*, 1926. Silbergelatineprint, 25,8 x 18,7 cm. The Museum of Modern Art, New York. © Die Photographische Sammlung/SK Stiftung Kultur – August Sander Archiv, Köln.

23 Seite von Evans rotem, leinengebundenem Tagebuch, 1932/33. Bleistift und Tinte auf Papier, 19,5 x 12,5 cm. The Metropolitan Museum of Art, New York. Walker Evans Archive. © Walker Evans Archive, The Metropolitan Museum.

24 Doppelseite von Evans rotem, leinengebundenem Tagebuch, 1932/33. Bleistift und Tinte auf Papier, 19,5 x 12,5 cm. The Metropolitan Museum of Art, New York. Walker Evans

Archive. © Walker Evans Archive, The Metropolitan Museum.

25 Walker Evans, die 31 Bilder von *The Crime of Cuba*, abgebildet im Miniaturformat in Gilles Mora, *Walker Evans: Havana 1933* (New York: Pantheon Books, 1989). Copyright für Evans-Bilder: © Walker Evans Archive, The Metropolitan Museum.

26 Eugène Atget, *Bourg-la-Reine, Camille Desmoulins Hof*, 1901. Albumindruck, 18 x 22 cm. The Museum of Modern Art, New York. Abbott-Levy Collection.

27 Alexander Gardner, *Alexander Gardner, Brigadegeneral Gustavus A. DeRussy und Mitarbeiter auf den Stufen des Arlington House, Arlington, Virginia*, 1864. Albumindruck vom Glasnegativ, 17,2 x 23 cm. The Metropolitan Museum of Art, New York.

28 Lee Friedlander, *Brigadegeneral Lloyd Tilghman, Louisiana State Memorial, und Brigadegeneral Daniel Adams. Vicksburg National Military Park, Mississippi*, 1974. Silbergelatineprint, 19,2 x 28,8 cm. The Museum of Modern Art, New York.

29 Peter Sekaer, *Veranda in Birmingham*, ca. 1938. Silbergelatineprint, 24,8 x 33,3 cm. © Estate of Peter Sekaer. Courtesy Howard Greenberg Gallery, New York.

30 Pieter Bruegel d. Ä., *Die flämischen Sprichwörter*, 1559. Öl auf Eichenholz, 117 x 13 cm. Gemäldegalerie der staatlichen Museen zu Berlin (Stiftung Preußischer Kulturbesitz). Photo: Jörg P. Anders. Photonachweis: bpk Bildagentur/Gemäldegalerie/Jörg P. Anders/Art Resource, NY.

31 Fred Astaire in *Swing Time*, 1936 Regisseur George Stevens (RKO Radio Pictures, 1939). Courtesy of the Everett Collection.

32 Wright Morris, *Einfacher Lehnstuhl, The Home Place, bei Norfolk, Nebraska*, 1947. Silbergelatineprint, 35,6 x 27,9 cm. Museum of Nebraska Art Collection, Kearney, Nebraska. Photo: Edward Weston. © Center of Creative Photography, Arizona Board of Regents.

33 Dorothea Lange, *Heimatlose Mutter, Nipomo, Kalifornien*, 1936. Silbergelatineprint, 28,3 x 21,8 cm. The Museum of Modern Art, New York.

34 Carleton E. Watkins, *El Capitan, Yosemite*, 1865/66. Albumindruck vom Glasnegativ. The Metropolitan Museum of Art, New York.

35 *„Friends Meeting House. Philadelphia, Pa.“*, 1900er Jahre. Photomechanischer Abzug, 9 x 14 cm. The Metropolitan Museum of Art, New York. Walker Evans Archive.

36 *„Santa Fe Station and Yards, San Bernardino, Calif.“*, 1910er Jahre. Photomechanischer Abzug, 9 x 14 cm. The Metropolitan Museum of Art, New York. Walker Evans Archive.

37 Jerry L. Thompson, Schilder vom Straßenrand, ausgestellt in der Yale Art Gallery anlässlich der Ausstellung *Walker Evans: Forty Years*, 1972. Aus: Jerry L. Thompson, *The Last Years of Walker Evans* (London und New York: Thames & Hudson, 1997). © Jerry L. Thompson.

Register

Kursive Seitenzahlen verweisen auf Abbildungen.

A

Abbott, Berenice, 28, 29, 67, 69, 70, 72, 75, 78, 82, 104, 238, Anm. 34,
André Gide (1920er Jahre), *29*
Eugène Atget (1927), *29*, *69*
Photographischer Entwurf für einen Mülleimer (1931), *103*

Adams, Ansel, 207, 236
Adams, Daniel, 154
Adams, Robert, 237
African Negro Art (Ausstellung MoMA, 1935), 104, 156, 204, *Tafeln 72–73*
Agee, James, 12, 20, 49, 50, 54, 59, 83, 93, 146, 167, 168, 180, 187, 216, 223, Anm. 10, Anm. 192, 386, 393
Let Us Now Praise Famous Men (mit Walker Evans, 1/1960/1969), 122, 140, 168, 169, 171, 172, 173, 174, 175, 181, 185, Anm. 192, 396, *Tafeln 82–85*
Unpaginierter Bildteil von: James Agee und Walker Evans, *Let Us Now Praise Famous Men* (Boston: Houghton Mifflin, 1969), 343, 345, *Tafeln 82–85*

Agha, Mehmed Fehme, 70
Alinder, Jim, Anm. 224
Archives of American Art, 189, Anm. 6, Anm. 15, 400 Anm. 2
Astaire, Fred, 164, 165, *165*, 166
Atget, Eugène, 17, 18, 23, 28, 29, 30, 58, 66–82, 84, 87, 102, 103, 104, 122, 134, 140, 154, 207, 220, 230, 231, 238, 239, 240, 241, Anm. 27, Anm. 93, Anm. 94, Anm. 99, 392, 398
Ambassade d'Autriche (Die österreichische Botschaft), 57 rue de Varenne (1905), *76*
Atget: Photographe de Paris (Erhard Weyhe, 1930), 70, 78, Anm. 110
Bourg-la-Reine, Camille Desmoulins Hof (1901), *134*
Boutique, Marché aux Halles (1929), 69, *69*
Eugène Atget (Berenice Abbott, 1927), *29*
Fête du Trône (1925), *76*
Kaktus, Nizza (vor 1900), *77*, 78
La Voiture à Paris (1910), 78
Ohne Titel (Umzugswagen; 1908), *77*, 78
91 rue de Turenne (1911), *76*
The Work of Atget (Szarkowski und Hambourg, 1981–85), 68
Versailles, Vase (1905), *67*
Versailles, Vase (Detail) (1906), *80*

Atlanta, Ga., Photos von, *Tafel 48*, *Tafel 67*
Audubon, John James, 219

B

Babes in Arms (Film, 1929), 162
Baier, Leslie K., 209, Anm. 272
Ballesta, Jordi, Anm. 263
Banfield, Ann, Anm. 50
Barberie, Peter, Anm. 93, Anm. 151
Barnes, Clive, 41, Anm. 60
Barnes, Djuna, 28
Barrault, Jean-Louis, 166
Batista, Fulgencio, 114
Baudelaire, Charles, 7, 29, 30, 51–66, 87, 94, 111, 190, 198, 203, 229, Anm. 50, Anm. 79, Anm. 83, Anm. 85, Anm. 87, Anm. 91, 386, 392
Charles Baudelaire (Étienne Carjat, ca. 1863), 52–55, *52*, 111, 171, 215
La Mort des Pauvres, 64
Le Spleen de Paris, 56, 59, 64, Anm. 83, Anm. 88
Le Squelette Laboureur, 63, 64
Les Bijoux, 57, 63
Les Fleurs du Mal, 64

Baxandall, Michael, Anm. 55, Anm. 101, 385
Beach, Sylvia, 28
Beals, Carleton, *The Crime of Cuba* (1933), 41, Anm. 171, Anm. 176
Becher, Bernd und Hilla, 145, 183
Becker, John, 102
Bellini, Giovanni, 200
Berthier, Mme, 25, 29, 59
Bertrand, Anne, 217, 243, Anm. 5, Anm. 39, Anm. 57, Anm. 62, Anm. 134, Anm. 240, Anm. 255, Anm. 263, Anm. 275
Bethlehem, Pa., Photos von, 140, 145, 153, 183, 207, 210, *Tafel 54*, *Tafel 56*
Bickel, Karl A., *The Mangrove Coast* (1942), 199
Bishop, Elizabeth, 83, 194–197, Anm. 253, Anm. 254, Anm. 256, Anm. 257
The Man-Moth (Der Mann-Mott) (1935), 194, 195

Blackwood, Lady Caroline (Caroline Lowell), 234, *Tafel 114*
Block, Lou, 158
Boeschenstein von Steiger, Isabelle, 216
Bourke-White, Margaret, 70, 102
Brady, Matthew, 153, 162, 179, 180, 206, 207, 220, Anm. 203, Anm. 230
Brassaï, *Das Atelier von Picasso* (1944), *20*
Bravo, Manuel Alvarez, 104, Anm. 153
Britisches Museum, 242
Britton, John A., Anm. 176
Brooks, Peter, Anm. 75
Bruegel, Pieter, d. Ä., 161, 165
Die flämischen Sprichwörter (1559), *161*

Brusius, Mirjam, Anm. 301
Burroughs, Allie Mae, 49, 51, 53, 54, 111, 169, 171, 172, 173, 175, 193, 197, *Tafel 18*
Burroughs, Floyd, 169, 175, *Tafel 81*
Burroughs, Squeakie, 174, *Tafel 87*
Burroughs-Familie, 49, 167, 171, 173, 174, *Tafel 77*
C
Calcar, Jan van, 64, 219, 220
Callens, Anne-Céline, Anm. 263
Calmettes, André, 69
Cameron, Julia, 53
Campany, David, 211, 243, Anm. 86, Anm. 251, Anm. 260, Anm. 276, Anm. 295
Walker Evans: The Magazine Work (2014), 214
Caplan, Lincoln, Anm 9
Carjat, Étienne, 51, 54, 111
Charles Baudelaire (ca. 1863), 52, 111, 171, 215
Carlson, Carl, 63
Carné, Marcel, 166
Cartier-Bresson, Henri, 8, 70, 72, 102, 104, Anm. 77
Decisive Moments (1952), 51
Castro, Jose Antonio Fernando de, 117, 125, *Tafel 34*
Castro, Fidel, 129
Century Association, 199, 218
Cézanne, Paul, 71, 97–100, 106, 200, Anm. 145
Stillleben mit Kerzenleuchter (1881–84), 98
Vier Männer unter einem Baum sitzend (1871–74), 99
Chéroux, Clément, 55, 205, 243, Anm. 39, Anm. 58, Anm. 93, Anm. 117, Anm. 296, 398, 401 Anm. 15
Chevrier, Jean-François, Anm. 77, Anm. 230
Chicago, Photos von, *Tafel 95*, *Tafel 99*
Christenberry, William, 226, 227
Clark, Colonel Jonas, *Tafel 30*
Clark, Kenneth, *One Hundred Details from the National Gallery, London* (1938), 91
Cochran, Gifford, Jr., 139, 141
Cocteau, Jean, 28
Codrescu, Andrei, Anm. 172
Colet, Louise, 31, Anm. 40–42
Compagnon, Antoine, Anm. 79
Conrad, Joseph, *Nigger of the Narcissus* (1897), 12
Crane, Arnold, 216
Crane, Hart, 83, 94, 101
Crick, Francis, 236
Crosby, Bing, Anm. 212
Cummings, E. F., 83
Cummings, Paul, 110, 140, 141, 179, 189, 217, Anm. 6
D
Daguerre, Louis, 40, 72, 215
Dartmouth College, 146, 232
Darwin, Charles, 196, 197
Daumier, Honoré-Victorin, 188
de Bos, Charles, Anm. 48
DeRussy, Gustavus A., 153
Detroit, Photos von, 138, 200, 201, 203, 211, *Tafeln 96–98*
Deux Magots, Les (Café in Paris), 17, 187
Dickens, Charles, 188
Dos Passos, John, 83
Doud, Richard, Anm. 15
Dow, Jim, 20, 21, 182, 212, Anm. 20
Draper, Muriel, 28, *Tafel 6*
Duchamp, Marcel, 102, 397
Dylan, Bob, 166, 167
Chronicles (Autobiographie), Anm. 211
Love and Theft (Album, 2001), 166
E
Easton, Pa., Photos von, *Tafel 55*, *Tafeln 57–58*, *Tafel 108*
Eisenman, Alvin, Anm. 278
Eklund, Douglas, Anm. 30, Anm. 126, Anm. 141, Anm. 167
Eliot, T. S., 62, 71
Empson, William, 89
Enfants du Paradis, Les (Film, 1945), 166
Evans, Ernestine, 108, 114, 137, 138, 180
Evans, Jane (Schwester), 25, 28, 39, 44, 94, 95, 179
Evans, Walker
Ananasverkäufer mit Männern um den Wagen, Havanna, 1933, 118, *Tafel 37*
Ansicht von Häusern, Bahngleise und Brückenpfeiler, von Easton, Pennsylvania aus gesehen, Phillipsburg, New Jersey, 1935, 145, *Tafel 55*
„Along the Right-of-Way“, *Fortune* (September 1950), 60, 190, 203, 212, *Tafel 107*
American Photographs (MoMA, Ausstellung und Buch, 1938), 19, 20, 35, 38, 83, 84, 87, 88, 89, 90, 99, 100, 117, 135, 137, 138, 139, 140, 141, 142, 144, 146, 149, 154, 160, 167, 170, 171, 172, 179–184, 185, 186, 189, 193, 199, 205, 210, 213, 222, 391, 395, 397
Assemblage: zerdrückte Blechdosen, 1973/74, *Tafel 116*
Ausrangierter Wagen in Gebüsch, Somerstown Road, Ossining, New York, 1931, 39, *Tafel 9*
Baracken mit Kirche und Stadt im Hintergrund, Stadtrand von Havanna, 1933, 118, *Tafel 40*
Beaufort, South Carolina, 1936, 230, *Tafel 91*
„Beauties of the Common Tool“, *Fortune* (Juli 1955), 204, *Tafeln 100–101*
„Before They Disappear“, *Fortune* (März 1957), 204
Bettler auf der Straße, Havanna, 1933, 89, 119, 131, *Tafel 35*
Blech-Relikt, 1930, 77, 94, 102, *Tafel 20*
Blechschere, 1955, in „Beauties of the Common Tool“, *Fortune*, Juli 1955, *Tafel 100*
Blick aus dem Zug (für den Artikel „Along the Right-of-Way“ in *Fortune*), 1950, 60, *Tafel 107*
Blick durch den U-Bahn-Wagen: Akkordeonspieler im Gang, New York City, 1938, 191, *Tafel 94*
Brooklyn Bridge, New York, 1929, 81, 94, 101, *Tafel 29*
Caroline Lowell (Lady Caroline

Blackwood), *England*, 1973, 234, *Tafel 114*
Chicago, zwei blinde Straßenmusikanten, 1941, *Tafel 95*
„Chicago: A Camera Exploration", *Fortune* (Februar 1947), 96
„Color Accidents", *Architectural Forum*, Januar 1958, S. 112: 211, 212, 399, *Tafel 110*
„Color Accidents", *Architectural Forum*, Januar 1958, S. 113: 211, 212, 399, *Tafel 111*
„Color Accidents", *Architectural Forum*, Januar 1958, S. 114: 211, 212, 399, *Tafel 109*
„Der Autofriedhof", *Fortune*, April 1962, S. 135,*Tafel 108*
Detail des „Mussolini"-Paneels aus Diego Riveras Wandgemälde für die New Worker's School, New York City, 1933, 119, 120,*Tafel 44*
Detail eines Schilds: „Dead End", Old Saybrook, Connecticut, 1973, *Tafel 117*
Die Burroughs-Familie, Hale County, Alabama, 1936, 49, 167, 171, 173, 174, *Tafel 77*
Die Fields-Familie, Hale County, Alabama, 1936, 167, 170, 171, *Tafel 79*
Die Tingles beim Singen von Kirchenliedern, Hale County, Alabama, 1936, 171, *Tafel 80*
Drei 35mm-Filmbilder: Frau mit Glockenhut und Pelzkragen, Fußgänger, Fulton Street, New York City, 1929, 18, 19, *Tafel 3*
Eine Wagenladung Baumwolle vor dem „Cotton Gin", Umgebung von Moundville, Alabama, 1936, *Tafel 14*
„El Pirulero", Süßigkeitenverkäufer, Havanna, 1933, 123, *Tafel 46*
Familiengrab, Mayfield, Kentucky, 1947, 178, *Tafel 89*
Farbkasten, 1973/74, *Tafel 115*
Figur, der sogenannte Kriegsgott, gehämmertes Messing, Abomey, Königreich Dahomey, 1935, 158, *Tafel 73*
Frau eines Baumwollpachtbauern in Alabama (Allie Mae Burroughs), 1936, 49, 51, 53, 54, 111, 169, 171, 172, 173, 175, 193, 197, *Tafel 18*
Frau eines Pachtbauern, Hale County, Alabama (Katie Tingle), 1936, 47, 171, 175, *Tafel 16*
Frau hinter einem vergitterten Fenster, Havanna, 1933, 131, *Tafel 38*
Friedhof, Arbeiterhäuser und Stahlwerk, Bethlehem, Pennsylvania, 1935, 145, 183, 210, *Tafel 56*
Friseurladen für Schwarze, Atlanta, Georgia, 1936, 21, 149, 152, *Tafel 67*
Friseurladen, Havanna, 1933, 118, *Tafel 39*
Friseurladen, Vicksburg, 1936, 162, *Tafel 66*
Frühstücksraum der Belle Grove Plantage, White Chapel, Louisiana, 1935, 21, 142, 231, *Tafel 51*
Fußgänger in doppelreihigem Anzug, nach unten schauend, Detroit (für den Artikel „Labour Anonymous" in *Fortune*), 1946, 201, 211, *Tafel 97*
Fußgänger und Fußgängerin, Detroit (für den Artikel „Labour Anonymous" in *Fortune*), 1946, 201, 211, *Tafel 98*
Georgette Maury mit Turban, an einen Steinpfosten gelehnt, Les Cyprès de St. Jean par Grasse, Frankreich, 1927, 16, 80, *Tafel 2*
Gepäckwagen, Galena, Illinois, Ansichten von Industriearchitektur für eine unveröffentlichte Serie in *Fortune* (Detail), 1963, 223, 224, *Tafel 104*
Gepäckwagen, Galena, Illinois, Ansichten von Industriearchitektur für eine unveröffentlichte Serie in *Fortune*, 1963, 39, 224, *Tafel 11*
Geschäftsviertel, South 3rd St., Paducah, Kentucky, 1947, *Tafel 5*
Grabstein von Colonel Jonas Clark, ca. 1930, 66, 102, *Tafel 30*
Grundbesitzer (Watson Tidmore), 1936, 49, 51, 79, *Tafel 17*
Hauptstraße, Saratoga Springs, New York, 1931, 95, 96, *Tafel 26*
Häuser in New Orleans, 1936, 141, *Tafel 47*
„Häuser in New Orleans" (Detail), 1935, 218, 223, *Tafel 105*
Häuser und Reklametafeln, Atlanta, Georgia, 1936, 141, 396, *Tafel 48*
Häuser von Mühlenarbeitern in Willimantic, Connecticut, 1931, *Tafel 27*
Häuser von Schwarzen, am Stadtrand von Tupelo, Mississippi, 1936, 149, *Tafel 64*
Häuserfront an der Hauptstraße, Selma, Alabama, 1936, 148, *Tafel 61*
Hochwasseropfer in Arkansas, 1937, 180, *Tafel 90*
Im Schwarzenviertel, Tupelo, Mississippi, 1936, 149, *Tafel 65*
Interieur eines portugiesischen Hauses, Detail, 1930, 138, *Tafel 7*
Interieur mit Pflanzen und Familienportraits auf Kaminsims und Wand im De Luze-Haus, Truro, Massachusetts,1931, 36, 78, 98, *Tafel 8*
„Joe's Autofriedhof", bei Easton, Pennsylvania, 1935, 145, 146, 207, 208, 210, *Tafel 58*
Joes Autofriedhof, Pennsylvania, 1935, 145, 146, 207, 208, 210, *Tafel 57*
Jose Antonio Fernandez de Castro, Havanna, 1933, 117, *Tafel 34*
Junge Frau in der Fulton Street, New York, 1929, 19, 20, 79, 100, 185, 186, 193, 197, *Tafel 4*
Junge im Haus eines Bergarbeiters, bei Morgantown, West Virginia, 1935, 142, *Tafel 50*
Kirche, South Carolina, 1936. Aus: Walker Evans/Jerry L. Thompson, *Walker Evans at Work* (New York: Harper and Row, 1982), S. 144, 146, 213, *Tafeln 59, 60*
Kreuzung State und Randolph Street, Chicago, 1946, 202, *Tafel 99*
Kriegerdenkmal (Lee), *Vicksburg, Mississippi*, 1936, 155, *Tafel 70*
Kriegerdenkmal (Tilghman), *Vicksburg, Mississippi*, 1936, 154, *Tafel 68*
Küche eines Bauern, Hale County, Alabama, 1936, 174, *Tafel 86*

„Labour Anonymous“ aus *Fortune*, November 1946, S. 152/153, 201, *Tafel 96*
Ladenfronten, Advance, Alabama, 1936, 126, *Tafel 106*
Ländliche Kirche, Tennessee, 1936, in „Primitive Churches“, *Architectural Forum*, Dezember 1961, 213, *Tafel 102*
Landstreicher im Prado von Havanna, 1933, 116, *Tafel 31*
„Lyric Documentary“ (1964), 42, 214, 217, 218, 226, 245, Anm. 108
„Main Street Looking North from Courthouse Square," *Fortune* (Mai 1948), 220
Mann in weißem Anzug und Strohhut vor einem Zeitungskiosk, Havanna, 1933, 117, 183, *Tafel 33*
Marktplatz, Havanna, 1933, 117, *Tafel 36*
Many Are Called (1966), 187, 191, 217, Anm. 232
Maultiergespann und Plakat, Alabama, 1936, 160, *Tafel 74*
Maurerkelle, 1955, in „Beauties of the Common Tool“, *Fortune*, Juli 1955, S. 106, 204, *Tafel 101*
Message from the Interior (1966), 15, 200, 217, 231
Minstrel Show-Plakat, Detail, 1936, 160, *Tafel 75*
Minstrel-Plakat, Alabama, 1936, 160, 165, *Tafel 76*
Mutter und ihre Kinder an einer Türschwelle auf der Straße, Havanna, 1933, 119, *Tafel 41*
Nancy Shaver, 1973, 233, *Tafel 113*
Newsboys (Zeitungsjungen), Havana, Cuba (1933), 134
Offizier der American Legion, Bethlehem, Pennsylvania, 1935, 79, 144, *Tafel 54*
Ohne Titel (Banda-Kopfschmuck), Baga/Nalu, 1935, 104, 157, *Tafel 72*
„One-Newspaper Town“, aus *Fortune* (August 1947), 203
Paar im Luna Park, Rückenansicht, Coney Island, New York, 1928, 90, *Tafel 25*
Paar in Coney Island, New York, 1928, 88, 89, 100, 130, *Tafel 22*
Parque Central I und II (Zentralpark I und II), Havana, Cuba (1933), 131
Patio (Innenhof), Havana, Cuba (1933), 134
Patron Saint (Statue der heiligen Patronin), Havana, Cuba (1933), 131
„Pictures of the Times 1925–35“ (Skizzenbuch), 100
Photostudio, New York, 1934, 79, *Tafel 21*
Plantagenhaus aus der Vorkriegszeit, Vicksburg, Mississippi, 1936, 153, 154, *Tafel 69*
„Primitive Churches“, *Architectural Forum* (Dezember 1961), 213, *Tafeln 102–103*
Ringling Zirkuswagen, Sarasota, Florida, 1941, 45, *Tafel 15*
Salon in Muriel Drapers Wohnung, New York City, 1934, 28, *Tafel 6*
Schaufenster eines Photostudios mit Penny Pictures, Savannah, Georgia, 1936, 189, *Tafel 78*
Schlafender Bettler, Havanna, 1933, 121, *Tafel 45*
Small Town (Kleine Stadt), Havana, Cuba (1933), 134
South Street, New York, 1932, 193, 197, *Tafel 23*
South Street, New York, 1932, 99, *Tafel 28*
Squeakie Burroughs, schlafend, 1936, 174, *Tafel 87*
St. James, äthiopisch-orthodoxe Kirche, East 95th Street, New York, 1961, in „Primitive Churches“, *Architectural Forum*, Dezember 1961, S. 104, 213, *Tafel 103*
Strand von Coney Island, ca. 1929, 120, *Tafel 42*
Straße in Havanna, 1933, 120, *Tafel 43*
Straßenbettler mit ausgestrecktem Arm, Havanna, 1933, 89, 119, *Tafel 24*
Straßenfront mit Läden, Selma, Alabama, 1935, 148, 162, *Tafel 62*, *Tafel 63*
Straßenmarkierung, 1973/74, 105, 233, *Tafel 112*
Straßenmüll, New York, ca. 1962, 228, 229, 399, *Tafel 19*
Straßenszene, Vicksburg, Mississippi, 1936, 156, *Tafel 71*
Street Corner (Straßenecke) (1933), 131
„The Auto Junkyard“, *Fortune* (April 1962, S. 135), 205, 208
The Bridge (Hart Crane, 1929), 83, 101
„The Reappearance of Photography“ (1931), 72, 103, Anm. 28, Anm. 98
The Seeing-Eye Man (1969), 11
„The U.S. Depot“, *Fortune* (Februar 1953), 204
Tisch, Feuerstelle und Bilder an der Wand von Floyd Burroughs' Schlafraum, Hale County, Alabama, 1936, 173, *Tafel 81*
U-Bahn-Fahrgast, New York City: Mutter mit Kind auf dem Schoß, 1938, 171, *Tafel 93*
U-Bahn-Fahrgäste, New York City, 1938, 201, *Tafel 92*
Umzugswagen und Spiegelkommode, Brooklyn, New York, 1929–31, 18, 44, 77, 78, 91, 94, 100, *Tafel 12*
Unabhängigkeitstag, Terra Alta, West Virginia, 1935, 143, 144, *Tafel 52–53*
Unpaginierter Bildteil von: James Agee und Walker Evans, *Let Us Now Praise Famous Men* (Boston: Houghton Mifflin, 1969), 172, *Tafeln 82–85*
Wagen und Wirtschaftsgebäude einer Zuckerplantage, Kuba, 1933, 44, *Tafel 13*
Wagen, Old Wallabout Market, Brooklyn, New York, 1930/31, 41, 44, 77, 94, *Tafel 10*
Wellblechfassade, Moundville, Alabama, 1936, 11, 13, 16, 43, 75, 183, 195, 214, 235, *Tafel 1*, 398
„When ‚Downtown' was a Beautiful Mess“, *Fortune* (Januar 1962), 220

William Tingle, Hale County, 1936, 176, *Tafel 88*
Wohnraum eines Bergarbeiters mit Schaukelstuhl und Werbeplakaten an der Wand, West Virginia, 1935, 142, *Tafel 49*
Zwei Arbeiter im Kohlehafen mit Schaufeln, Havanna, 1933, 117, *Tafel 32*

F
Farm Security Administration (FSA; ehem. Resettlement Administration), 11, 137, 139, 140, 245, 395
Faulkner, William, 177, 178, 396
Absalom, Absalom! (1936), 177
Ferris, William R. (Bill), 151, 152, 154, 156, 167, 175, 211, 217, Anm. 7, Anm. 188, Anm. 198, Anm. 209, Anm. 294
Fields, Bud, 170, 175
Fields-Familie, 167, 170, 171, *Tafel 79*
Fineman, Mia, Anm. 30
Fitzgerald, F. Scott, 27
Flaubert, Gustave, 29, 30, 31–40
À propos du „style" de Flaubert (Proust), 37
Die Erziehung des Herzens, Anm. 52
Madame Bovary, 31, 33, 35, 47, 49, 50, Anm. 47, Anm. 48, Anm. 72
Forbes, Familie, 95
Fortune-Aufträge, 128, 147, 168, 177, 178, 180, 190, 195, 199–215
Foster, Stephen, 164
Frank, Robert, 144, 203, 204, 234, 237 Anm. 43, Anm. 241, Anm. 261
Blick aus dem Fenster des Hotels, Butte, Montana (1940), 145
Fried, Michael, Anm. 48
Friedlander, Lee, 155, 237
Brigadegeneral Lloyd Tilghman, Louisiana State Memorial, und Brigadegeneral Daniel Adams. Vicksburg National Military Park, Mississippi (1974), 154
„Friends Meeting House, Philadelphia, Pa." (Postkarte, 1900), 222
FSA, siehe Farm Security Administration
Fuller, Charles, 95, 96, Anm. 144

G
Galassi, Peter, 243, Anm. 230
Galena, Ill., Photos von, *Tafel 11*, *Tafel 104*
Gardner, Alexander, *Alexander Gardner, Brigadegeneral Gustavus A. DeRussy und Mitarbeiter auf den Stufen des Arlington House, Arlington, Virginia* (1864), 27
Garland, Judy, 162
Genette, Gérard, Anm. 50
Gernsheim, Helmut und Alison, 40, 41, 215
Gide, André, 7, 27, 28, 29
Ginzburg, Carlo, Anm. 46
Goell, Jonathan, Anm. 134
Gombrich, E. H., 8, Anm. 1
Gonzalez Rubeira, *121*
Gorky, Arshile, 102, 106
Gowing, Lawrence, 23, 98, 205, Anm. 23, Anm. 145
Grant, Ulysses S., General, 155
Green, Silas, 160, 162
Green, Tyler, Anm. 264
Greenberg, Clement, 106, 107, 108, 110, 148, 176, Anm. 158, Anm. 161, 393
Greenfield, Howard, Anm. 165
Greenough, Sarah, Anm. 234, Anm. 242
Gutiérrez Alea, Tomás, 129

H
Haldemann, Anita, Anm. 145
Hale County, Alabama, Photos von, 140, 143, 147, 167, 174, 176, 177, *Tafel 16*, *Tafel 77*, *Tafeln 79–81*, *Tafel 86*, *Tafel 88*
Hambourg, Maria Morris, 5, 68, 238, Anm. 30, Anm. 62, Anm. 95
The Work of Atget (mit John Szarkowski, 1981–85), Anm. 27
Hamill, Susan, Anm. 262
Hartshorn, W. S., 215
Havanna, Photos von, *siehe* Kuba, Photos von
Hemingway, Ernest, 27, 51, 83, 107, 128, 170
Henri, Edmond, Anm. 46
Hill, John T., *Walker Evans at Work* (hrsg. mit Frances Lindley, 1984), 39, 97, Anm. 17
Walker Evans: Havana 1933 (mit Gilles Mora, 1989), 130, 132, Anm. 172, Anm. 283
Walker Evans: The Hungry Eye (mit Gilles Mora,1993), 183, Anm. 229
Walker Evans: Lyric Documentary (2006), Anm. 194, 393, 400 Anm. 6
Hobsbawn, Eric, 151
Homer, 71
Hopper, Edward, 148, 395

I
Ingres, Jean-August-Dominique, 54
Instagram, 237
Ives, Burl, Anm. 212

J
J. B. Lippincott (Verlag), 114
James, Henry, 107
Javitz, Ramona, 118
The Jazz Singer (Film, 1927), 162
Jenkins, Nicholas, Anm. 90
Johnson, Geraldine A., Anm. 262
Jolson Al, 162
Jones, J. Jefferson, 130
Joyce, James, 28, 62, 71

K
Kahlo, Frida, 128
Kalstone, David, Anm. 254
Katz, Leslie G., 30, 40, 41, 53, 55, 58, 63, 74, 75, 85, 110, 183, 214, 217, 229, 230, 231
Interview with Walker Evans (1971), 217, Anm. 5, Anm. 37, Anm. 82
Keller, Judith, Anm. 68, Anm. 172
Kemmerer, Allison, Anm. 207
Kenner, Hugh, Anm. 122
Kirstein, Lincoln, Anm. 90, Anm. 125, Anm. 187, Anm. 203, 386, 390, 392, 393, 394, 395, 396, 397, 400
Klee, Paul, 212
Kopkind, Andrew, 208
Kopp, Robert, Anm. 88, Anm. 91
Krauss, Rosalind F., Anm. 93
Kronenberger, Louis, 11, 51, 53, 101, 107

Quality: Its Image in the Arts (1969), 110, 111, 174, 191, 207, 217, 235, Anm. 19
Kuba, Photos von, *Tafel 13*, *Tafeln 31–41*, *Tafel 43*, *Tafel 45*, *Tafel 46*
Kuhn, Thomas S., *The Structure of Scientific Revolutions* (1962), 236
Kurta, Ron, Anm. 34
L
Lange, Dorothea, *Heimatlose Mutter* (1936), 176, 177, 182
Laurencin, Marie, 28
Lawrence, Jacob, 178
Le Corbusier, 214
Lee, Robert E., 152
Lee, Stephen, *Tafel 70*
Leonardo da Vinci, 75, 393
Levine, Sherrie, 19
Levy, Julien, 102, 103, 104, 106, 112, Anm. 151
Leyda, Jay, 135
Libanius, Anm. 55
Library of Congress, 171, 245
Liesbrock, Heinz, Anm. 130, 400 Anm. 4
Limerick, Jeffrey W. (Jeff), 189, 202, 209, 211, 231, Anm. 240
Lincoln, Abraham, 151, Anm. 204
Lincoln, J. C., 148, 160, 162, 165
Lindley, Frances, *Walker Evans at Work* (hrsg. mit John T. Hill, 1984), 39, 97, Anm. 17
Loomis School, Connecticut, 26
Lott, Eric, *Love and Theft: Black Minstrelsy and the American Working Class* (1993), 163, 164, 166
Lowell, Caroline (Lady Caroline Blackwood), 234, *Tafel 114*
Lowell, Robert, Anm. 254
Luce, Henry, 208
Lugon, Olivier, Anm. 117
Luke, Megan R., Anm. 262
Lum, Ray, 151
Lunar Orbiter I (aus *Quality*, 1969), 207
Lynes, George Platt, 102
M
Mabry, Thomas, 102, 104, 156, 157, 180, 223, Anm. 200, 393
Machado y Morales, Gerardo, 65, 117, 119, 129
Mac-Orlans, Pierre, Anm. 110
Manet, Édouard, 106
Mariani, Paul, Anm. 120
Masson, Bernard, Anm. 41
Maury, Georgette, 16, 26, 80, *Tafel 2*
McDonald, Dwight, Anm. 10
Mehring, Christine, Anm. 161
Mella, Julio Antonio, 119
Mellow, James R., 138, 179, Anm. 49, Anm. 134
Memories of Underdevelopment (Film, 1968), 129
Mercersburg Academy, Pennsylvania, 26
Meryon, Charles, 61, 62, 203
Pont-Neuf, Paris (1853), 62
Metropolitan Museum of Art, 108, 187, 208, 218, 220, 228, 243, 245
Miller, Emmett, 166
Miró, Joan, 236
MIT, 104
Mitchell, Margaret, *Gone with the Wind (Vom Winde verweht)* (1936), 139, 396
Modotti, Tina, 119
MoMA, *siehe* Museum of Modern Art
Moore, Marianne, 83, 85, Anm. 254
Mora, Gilles,
Walker Evans: Havana 1933 (mit John T. Hill, 1989), 130, 132, Anm. 172, Anm. 283
Walker Evans: The Hungry Eye (mit John T. Hill,1993), 183, Anm. 229
Morgantown, WV, Photos von, 141, 143, 170, *Tafel 50*
Morris, Wright, 174, 388, 397
Einfacher Lehnstuhl, The Home Place, bei Norfolk, Nebraska (1947), 174, 175, 215
Moundville, Alabama, Photos von, 13, 43, 234, *Tafel 1*, *Tafel 14*
Mumford, Lewis, 103, 164
Museum of Modern Art (MoMA), 30, 33, 41, 44, 83, 87, 102, 135, 156, 157, 158, 170, 180, 182, 187, 188, 217, 223, 226, 237, 238, 243, 387, 293
N
Nabokov, Vladimir, 107, 219
Nadar, 51, 53, 54, 55, 111, 171, 198, 215
Nelson, Patricia L., Anm. 240
Nesbit, Molly, Anm. 93
New Orleans, Photos von, *Tafel 47*, *Tafel 105*
New York City, Photos von, *Tafel 3*, *Tafel 4*, *Tafel 6*, *Tafel 10*, *Tafel 12*, *Tafel 19*, *Tafeln 21–23*, *Tafel 25*, *Tafel 28*, *Tafel 29*, *Tafel 44*, *Tafel 94*, *Tafel 103*. *Siehe auch* U-Bahn-Portraits
New York Public Library, 26, 57, 63, 64, 109, *109*, 110, 118, 157, 219, 243
Newhall, Beaumont, Anm. 14
Nickel, Douglas R., Anm. 230
Niépce, Joseph Nicéphore, 215
Ninas, Jane Smith, 142, 144, 199, 216
O'Brian, John, Anm. 158
O'Neal, Hank, Anm. 34
Ossining, NY, Photos von, 39, 44, 95, *Tafel 9*
O'Sullivan, Timothy, 207
P
Palladio, Andrea, 219
Papageorge, Tod, Anm. 43
Pemberton, John C., 152, 155
Penn, Irving, 8, 236
Philipp, Michael, Anm. 230
Phillips, Christopher, Anm. 95
Phillips Andover Academy, Massachusetts, 26
Picasso, Pablo, 20, 236
Piranesi, Giovanni Battista, 219
Poe, Edgar Allan, 215, 217
Pollock, Jackson, 105, 212
Porgy and Bess, 164
Presley, Elvis, 149
Proust, Marcel, 27, 41, Anm. 53
À propos du „style" de Flaubert, 37, 38
Auf der Suche nach der verlorenen Zeit, 195
R
Radcliffe College, 31, 192
Raffael, 71
Rainey, Ma, 162
Rathbone, Belinda, 93, 243, Anm. 10, Anm. 20

Ravinthiran, Vidyan, Anm. 257
Ray, Man, *Pfingstrose und Handschuh*, 104
Rembrandt van Rijn, 71, 236, 257
Resettlement Administration, *siehe* Farm Security Administration
Rich, Adrienne, 86
Rinhart, George, 217
Rivera, Diego, 119, 120, 128
Detail des „Mussolini"-Paneels aus Diego Riveras Wandgemälde für die New Worker's School, New York City (Walker Evans, 1933), 119, 120, *Tafel 44*
Robinson, Bill „Bojangles", 164, 165
Rodin, Auguste, *Der Denker*, 117
Rogin, Michael, *Blackface, White Noise*, 162, Anm. 208
Roh, Franz, 72, Anm. 103
Roosevelt, Franklin Delano, 149, 153, Anm. 204, 395
Rosenberg, Julius und Ethel, 186
Rosenheim, Jeff L., 243, Anm. 30, Anm. 58, Anm. 64, Anm. 65, Anm. 108, Anm. 153, Anm. 189, Anm. 201, Anm. 204, Anm. 232, Anm. 283
Walker Evans and the Picture Postcard (2009), 218, 221
Rourke, Constance, *American Humor—A Study of the National Character* (1931), 163, 164, Anm. 211
S
Saarinen, Eero, 205
Sander, August, 34, 75, 76, 123, Anm. 117, 389
Antlitz der Zeit (1929), 122, 123
Maurermeister (1926), 122
Menschen des 20. Jahrhunderts, 123
„Santa Fe Station and Yards, San Bernardino, Calif." (Postkarte, 1910er Jahre), 222
Savannah, Ga., Photos von, 141, 148, *Tafel 78*
Sayre, Nora, 12, 16, 29, 58, 165, 191, Anm. 11
Scherer, Edmond Henri Adolphe, Anm. 46
Schomberg, Arthur A., 157
Schwarz, Lloyd, Anm. 256
Sekaer, Peter, 156, 158, 159, Anm. 207, 397
Veranda in Birmingham (ca. 1938), *159*
Walker Evans mit seiner Großbildkamera (ca. 1936), *15*
Selma, Alabama, Photos von, 148, 160, 162, *Tafeln 61–63*
Shahn, Ben, 93, 94, 112, 120, 129, 158, Anm. 165
Shaver, Nancy, *Tafel 113*
Shore, Stephen, 236, 237, 243, Anm. 295
Sire, Agnès, Anm. 77
Skolle, Hanns, 46, 93, 108, 112, 113
Smith, Bessie, 162
Smith, Eugene, 53
Snyder, Ruth, 65, *65*, 186
Steegmuller, Francis, 31
Steiner, Ralph, 70, 74, 93, 102, Anm. 137
Stevenson, Anne, Anm. 256
Stieglitz, Alfred, 70, 82, 83, 101, 102, 220, 224, 235, 391, 392, 398
Camera Work, 110, 219
Zwischendeck, (Steerage) 19
Stoller, Ezra, 205
Storey, Isabelle, Anm. 36
Stott, William, Anm. 217
Strand, Paul, *Blinde Frau* (1916), 19, 109, *109*, 110, 182, 191, 215, 219
Stryker, Roy Emerson, 149, 180, Anm. 15
Sublett, John „Bubbles", 164
Sunny South Minstrel, 160
Swing Time (Film, 1936), 164, *165*
Szarkowski, John, 23, 30, 33, 44, 70, 78, 80, 81, 87, 89, 142, 170, 217, 230, 238, Anm. 26, Anm. 58, Anm. 94, Anm. 99
The Photographer's Eye, 91, Anm. 132
The Work of Atget (mit Maria Morris Hambourg, 1981–85), 68, Anm. 27
T
Tagg, John, Anm. 57
Talbot, Henry Fox, 242, Anm. 301, 391
Pencil of Nature, 241
Talmadge, Eugene, 150
Thompson, Jerry L., 201, 227, 232, 243, Anm. 17, Anm. 78, Anm. 125, Anm. 130, Anm. 139, Anm. 241, Anm. 243, Anm. 251, Anm. 259, Anm. 278, Anm. 287
Tidmore, Watson, 49, 51, 79, *Tafel 17*
Tilghman, Lloyd, 154, *154*, 155, 158, 159, 211, *Tafel 68*
Tingle, Frank, 172
Tingle, Katie (Mrs. Frank Tingle), 47, 171, 175, *Tafel 16*
Tingle, William, *Tafel 88*
Tingle-Familie, 167, 171, 172, 175, 176, *Tafel 80*
Tizian, 236
Tomlinson, Charles, Anm. 121
Tosches, Nick, *When Dead Voices Gather*, 166, Anm. 215
Trachtenberg, Alan, Anm. 194, Anm. 230
Trilling, Lionel, 51
Tschichold, Jan, Anm. 103
Tworkov, Jack, 217
U
U-Bahn-Portraits, 217, Anm. 243, *Tafeln 92–94*
University of Michigan, 188, 209, 225, Anm. 14
V
van Vechten, Carl, Anm. 248
Velázquez, Diego, 71
Vesalius, Andreas, *De humani corporis fabrica* (1555), 64, *65*, 219, 220
Vicksburg, Miss., Photos von, 140, 152–159, 162, 177, 178, Anm. 200, *Tafeln 66–71*
W
Walker Evans (Ausstellung MoMA, 1971), 182, 183, 188, 217, 226
Walker Evans: Forty Years (Ausstellung Yale University, 1971), 217, 226, 227
Walker Evans Incognito (Eakins Press, 1995), 217, Anm. 5, Anm. 251, 401 Anm. 13
Ware, Katherine, Anm. 151
Watkins, Carleton E., 206, 207
El Capitan, Yosemite (1865–66), *206*
Watson, Thomas E., 138
Webb, Virginia-Lee, Anm. 206

Westheider, Ortrud, Anm. 230
Weston, Edward, 387, 397
Weyhe, Erhard, *Atget: Photographe de Paris* (1930), 70, 78, 102, Anm. 110
Wheelwright, John Brooks, 95
Whitfield, Sarah, Anm. 23
Williams, William Carlos, 83, 84
„Asphodel, That Greeny Flower", 85, 86
„The Poor" (1938), 84, 85
Williams College, 26
Wilson, Charles Reagan, Anm. 209
Wilson, Edmund, 50
The Triple Thinkers (1938), 50, Anm. 74
The Wound and the Bow, 50, Anm. 74
Winogrand, Gary, 16, 32, 89

Y

Yale University, 217, 218, 226, 233, 243, 245

Z

Zander, Thomas, Anm. 251
Ziegler, Ulf Erdmann, 243, Anm. 22